旭山城，葛山城，大峰城の遠景（河西克造撮影）

犀川《さいかわ》と裾花川《すそばな》の合流点から臨む．川中島合戦に深く関わった三城は，宗教拠点（信濃善光寺）を見下ろす尾根にある．武田氏の旭山城と上杉氏の葛山城は裾花川を境界として対峙しており，信濃善光寺とともに，武田・上杉両氏が激しい攻防を繰り広げた

整備・復元した松代城（中田眞澄撮影）

18世紀後半の姿に蘇った松代城．本丸は石造り，二の丸と三の丸は土塁囲みである．近世的要素と中世的要素が融合したこの姿こそ，松代城の特徴である

上田城の遠景（上田市教育委員会提供）

天正 11 年(1583)，真田氏が築城した上田城は尼ケ淵《あまがふち》の断崖を巧みに利用した縄張．断崖の高さは現在でも約 15 m をはかる．仙石氏段階には本丸に 7 棟の隅櫓《すみやぐら》がつくられたが，現在は 3 棟(北櫓・南櫓・西櫓)が残る．すべて 2 重 2 階である

龍岡城の遠景（佐久市教育委員会提供）

龍岡城は大政奉還の前年(慶応 2 年〈1866〉)に完成した城。雨川扇状地《あめかわせんじょうち》に立地し，堡塁《ほるい》全体が星形となる内郭と，桝形《ますがた》を伴う外郭とで構成されている．石垣は伊那高遠藩から招いた石工が建設した

松本城天守群（河西克造撮影）

内堀の水面に雄大な姿を映す松本城天守群．石川氏が文禄2・3年（1593–94）に大天守と乾《いぬい》小天守，渡櫓《わたりやぐら》を築造し，寛永11年(1634)に辰巳《たつみ》附櫓と月見《つきみ》櫓が増設された．大天守と乾小天守の石垣には，県内でも古い様相の算木積《さんぎづみ》が残る

山家城主郭の石積（河西克造撮影）

主郭の南東側に施された石積で，高さは約2mをはかる．松本盆地は扁平な石を垂直に積むこのような石積を多用する山城が分布するが，山家城の石積はその規模から特筆できる

大島城の三日月堀（河西克造撮影）

写真左側の丸馬出《まるうまだし》を巡る堀で，土塁を伴う２重の構造である．県内にはかかる事例はなく，また卓越した規模をもつ堀．築造者については再検討が必要な防御施設

伊豆木陣屋(旧小笠原書院)**の懸造《かけづく》り**（河西克造撮影）

江戸時代初期(1624年頃)に建造されたと推測されるこの陣屋は，建物の３分の１が崖上に突出した懸造りの構造

中澤克昭・河西克造［編］

甲信越の名城を歩く

長野編

吉川弘文館

刊行のことば

長野県はほぼそのまま、かつての信濃国とかさなっており、「信州」は長野県の通称として親しまれている。越後（新潟）・上野《こうずけ》（群馬）・武蔵（埼玉・東京）・甲斐（山梨）・駿河・遠江《とおとうみ》（静岡）・三河（愛知）・美濃・飛驒（岐阜）・越中（富山）の一〇州と接していたが、国境の多くは「日本の屋根」と称される山脈で、信濃国内も山地が地域の境界になっている。特に、フォッサ・マグナに沿った筑摩山地と八ヶ岳連峰で分かれる東信・北信と中信・南信との地域差は大きかった。前者には日本海へ向かう千曲川、後者には太平洋に向かう木曽川・天竜川が流れ、各流域に「平」（善光寺・上田・佐久・安曇・松本）や「谷」（伊那・木曽）とよばれた盆地が形成されており、それぞれ特色ある歴史と文化をもっている。

本州の中央部に位置する信濃国は、東日本と西日本、太平洋側と日本海側との境界でもあり、東西・南北、それぞれの方面からさまざまな影響をうけてきた。これがまた、「平」や「谷」の地域性に影響している。さらに、奈良・京都から遠く、鎌倉・江戸ともある程度の距離をもっていたことに注意が必要だろう。本州の十字路と言うべき要地でありながら、都から離れており、けわしい山地が多く、「平」や「谷」ごとに地域性が強い。為政者にとって、信濃は統治が難しい国であった。

木曽義仲が平氏政権に牙をむき、鎌倉幕府滅亡後には、北条時行を擁した信濃武士が一時的に鎌倉を奪回する。足利義満が任命した守護の強権発動に対して、信濃の国人たちは一揆を結んで戦った。義満からも信頼された禅僧の義堂周信は、世間の評判として、「信濃は山が険しく気候は寒烈。その気風は勇敢剛烈で、白刃もおそれず、氷霜の酷苦にあっても操《こころざし》をかえない」と記している。ついに戦国大名が成長せず、国人たちが地域に割拠してせめぎあったのも、安易な妥協を嫌う信州人の気質に一因があるかもしれない。東北信の村上氏と中南信の小笠原氏との対立には根深いものがあり、越後長尾（上杉）氏や甲斐武田氏の侵入をゆるすことになる。武田氏滅亡後は、上杉・北条・徳川の三氏による信州争奪戦がくりひろげられ、近世をむかえても石高の大きな大名が配置されることはなかった。

こうした地理的条件と歴史があるからこそ、県内には実に多彩な城館跡をみることができるのである。本書には、そのなかから厳選した五九城を掲載した。各城の解説は、できる限りその城が所在する地域で文化財に関わるお仕事をされ、その城の歴史や城跡の土地利用などについて熟知された方々に執筆していただいた。その結果、『名城を歩く』シリーズ中でもっとも多くの執筆者が分担する一冊となっている。

ひとりでも多くの方に、本書を手がかりにして現地を歩いていただきたいと思う。本書には、歩きながら城跡との対話を楽しむためのヒントを詰め込んだつもりである。ただし、城跡によっては危険な場所もあるので、あまり「勇敢剛烈」な歩き方をしないように。また、北信の山城の多くは冬季、積雪によって登城が困難になる。南信でも、冬の城歩きは「氷霜の酷苦」に対する備えを忘れずに。

二〇一七年十月

中澤克昭
河西克造

目次

信濃の城と館——出現と実像

中澤克昭

【「城」の出現】 信濃に「城」が出現したのは、いつのことだろうか。

治承四年（一一八〇）九月、源義仲は信濃の木曽で兵を挙げた。義仲はまず佐久の武士たちを味方につけ、東信濃を制圧したらしい。一三世紀に成立した『平家物語』（語り本系）は、この頃の義仲の拠点を「依田城《よだ》」としている。養和元年（一一八一）、越後の城資職《じょうすけもち》らが義仲追討のために大軍を率いて北信濃に侵攻してきた。義仲は、横田河原（長野市篠ノ井）で城氏ら平氏方の軍勢を撃退したが、『平家物語』（読み本系）によれば、この後しばらく義仲は「横田城」に居住したという。源頼朝は、治承四年の挙兵直後から甲斐源氏に信濃を制圧させようとしていたようで、一三世紀後半に編纂された歴史書『吾妻鏡』によれば、同年九月、甲斐の武田信義《のぶよし》・一条忠頼《ただより》らが諏訪郡に侵入し、「伊那郡大田切郷の城」に襲いかかり、平氏方の菅冠者《すがのかじゃ》を滅ぼしたという。

義仲・頼朝が挙兵した治承四年頃、信濃に「城」が出現していた。しかし、これらの「城」は、いずれもその実像がよくわからない。上田市丸子町の御嶽堂《みたけどう》に依田氏の城館跡伝承地があり、義仲が拠った「依田城」もここだったとする説がある。しかし、一二世紀の遺物や遺構が確認されているわけではない。長野市篠ノ井会区の集落をほぼ矩形《くけい》に囲むような水路（堀跡）があるから、ここが「横田城」の跡地だろうと言い伝えられている。しかし、その水路の下に一二世紀の遺構が存在するか否かは確認されていない。

駒ヶ根市赤穂の北原、大田切川の南岸に空堀跡や館に関連しそうな地名があることから、ここを「大田切之城」の推定地とする説があるものの、やはり一二世紀の遺物・遺構が確認されているわけではない。その西方の山麓の「荒城」と通称される城跡を大田切城跡として有力視する説もある。

何とも心許ないと思われるかもしれないが、中世前期（平安末期〜鎌倉・南北朝期）の城館には、このように文献史料上にその名が見えるものの、規模や構造はよくわからないという場合が少なくないのである。それはなぜだろうか。

【「城」という言葉とその実像】 中世の城について考える立場は、二つあると言えよう。一つは、現在「城」と称されているものを中世に探究する立場である。もう一つは、中世の人々が「城」と称したものについて、その実態を探究する立場である。研究者の間でも、この二つの立場を混同したまま議論をしていると、「城」とは何かがわからなくなる。まず考えなければならないのは後者すなわち「中世の人々にとって「城」とは何だったか?」である。

中世の文献史料にみられる「城」という言葉について調べてみると、つぎのようなことがわかる。まず、中世前期の「城」・「城郭」は、戦闘に際して臨時に構築されるもので、「城郭を構える」ことは武力の発動の一形態であった。「館」も日常的には「城」と称されず、戦時に「城」と化した。『吾妻鏡』は、甲斐源氏が「大田切之城」に襲来すると、萱冠者は戦わずに「館」に火を放って「自殺」したと記している。これも、萱冠者の「館」が戦時に「城」化して「大田切《おおたぎり》之城」と称されたのだと考えられよう。

では、「城郭を構える」とは、具体的に何をすることだったのだろうか。『吾妻鏡』や『平家物語』によれば、「逆茂木《さかもぎ》（枝の先を尖らせて立てる）」・「垣楯《かきだて》（楯を立て並べる）」・「柵」などのバリケードを敷設したり、堀を掘ったりすることが、「城郭を構える」と称されていた。後世の城にくらべて、かなり簡素だったわけだが、それは当時の戦い方に対応したものだったと考えられる。中世前期の戦闘の主力は少数精鋭の騎馬武者で、彼らの騎射戦が勝敗を左右した。洋種馬よりも小型の馬にまたがった当時の騎馬武者は、幅の狭い堀であっても飛び越えられず、塀や柵を突破することもできない。城を攻める場合は、門や木戸（城戸）に殺到し、そこが攻防の焦点になった。

城郭化したのは「館」だけではなかった。信仰の対象であった山や重要な道路などに「城」が構築されることも多く、寺院を城郭化することもめずらしくなかった。いずれにしても、臨時に構築された「城」は、恒常的に維持されるものではなかったから、その痕跡はのこりにくく、考古学の発掘調査で遺構を確認することも難しいのである。

【館の出現と実像】　中世の文献に、領主の住宅がどのようにあらわれるか調べてみると、多くの場合、「屋敷」と表記されている。「館」は国司や地域を支配する豪族たちの政庁的な機能・性格をもつ空間の呼称・表記として用いられていることが多く、武士特有の住宅様式だったわけではない。南北朝期にも地方における卓越した政治の場を「館」と称している場合があり、菅冠者の「館」も伊那郡の支配に重要な役割をはたしていた場だった可能性がある。

中世武士の屋敷（居館）の多くが方形の平面プランをもっているのは、古代の政庁の方形プランを規範として受け継ごうとしていたからだろう。県内でも中世初期の方形区画溝の存在が確認されている。塩尻市の吉田川西遺跡では、一一世紀中頃の溝で囲まれた隣接する二つの方形区画が検出され、そのなかに大型の竪穴建物や掘立柱建物、鍛冶関連遺構、食器捨場なども確認された。多量の食膳具（土器）、緑釉陶器、

●—『一遍聖絵』巻5に描かれた大井太郎の屋敷（清浄光寺蔵）

朱墨パレット、鉄鏃、馬具などが出土しており、朱墨はこの館の主が朱筆（あるいは朱印）を用いた公的な職務を行っていたことを物語っている。

鎌倉時代の古文書に「堀内《ほりのうち》」という文言が見えることから、かつて多くの研究者が中世前期の武士の居館は、堀と土塁で方形に囲まれていたと考え、その堀による農業用水の統制が在地領主制成立の基盤であったと説いていた。いわゆる「堀内体制論」である。しかし、中世前期に河川から館の堀へ導水し、その水を農業用水にしている例は見あたらない。橋口定志が、中世前期の館は土塁や大規模な堀をともなわない、比較的開放的な空間であったことを指摘し、「堀内体制論」は否定された。鎌倉時代の絵巻物に描かれている武士の屋敷（館）に、大規模な堀や土塁が見あたらないのは、存在しなかったからである。

一三世紀末の『一遍聖絵《いっぺんひじりえ》』巻五に描かれた大井太郎の屋敷は、地方の有力武士の屋敷が開放的な空間であったことをよく伝えている。弘安二年（一二七九）

の冬、信州佐久の有力武士大井太郎の屋敷で、一遍と彼に帰依する人々「数百人」が「三日三夜」の踊念仏を行った。屋敷の板敷まで踏み落とされるほどだったが、一遍一行が帰った後、太郎は「一遍聖のかたみ（記念）」にと、板敷を修繕せずにそのままにさせたという場面である。大きな建物が複数棟たちならぶその屋敷は、この絵巻に登場する地方武士のなかでももっとも有力な家として描かれていると思われるが、庭のまわりに柴垣や溝は見えるものの、土塁や矢倉門のような防御施設は描かれていない。

【南北朝の動乱と城郭】 元弘三年（一三三三）、鎌倉幕府が滅亡し、後醍醐天皇の新政が始まった。しかし、貴族や新興武士を重用する後醍醐の専制政治に対して、旧幕府系武士の不満はつのり、政情は安定しない。さらに、各地で北条氏の残党が起死回生を狙っており、建武二年（一三三五）七月、信濃で中先代の乱が勃発した。北条氏得宗家《とくそうけ》と結び付いて繁栄していた諏方《すわ》氏が「中先代」北条時行《ときゆき》を奉じ、諏方社の氏人である神党が結束して挙兵したのである。同年二月頃から、北信濃の善光寺（長野市）や一時守護所となった船山（千曲市）で攻防が繰り返され、七月、北条時行・諏方頼重《よりしげ》ら主力が府中（松本市）の国司を討ち、上野・武蔵を南下して、鎌倉に攻めこみ、足利方の軍勢を一掃した。しかし、足利尊氏が救援に駆けつけると、わずか二十数日で時行は逃走し、諏方頼重ら主力の多くは自刃する。信濃では、守護の小笠原貞宗《さだむね》が、信州惣大将の村上信貞《のぶさだ》や高梨経頼《つねより》・市河助房《すけふさ》らを従えて残党の鎮圧・掃討にあたった。この頃の着到状（戦陣にはせ参じたことを上申する文書）や軍忠状（戦場での功績を上申する文書）に、「城」・「城郭」がよくあらわれる。

建武二年三月の市河助房等着到状には、助房らが守護に従って、同月八日、「水内《みのち》郡常岩北条において」、「城郭を破却」したとみえる。同年十月の市河倫房《みちふさ》・同助保《すけやす》軍忠状によれば、八月一日、倫房・助保は小

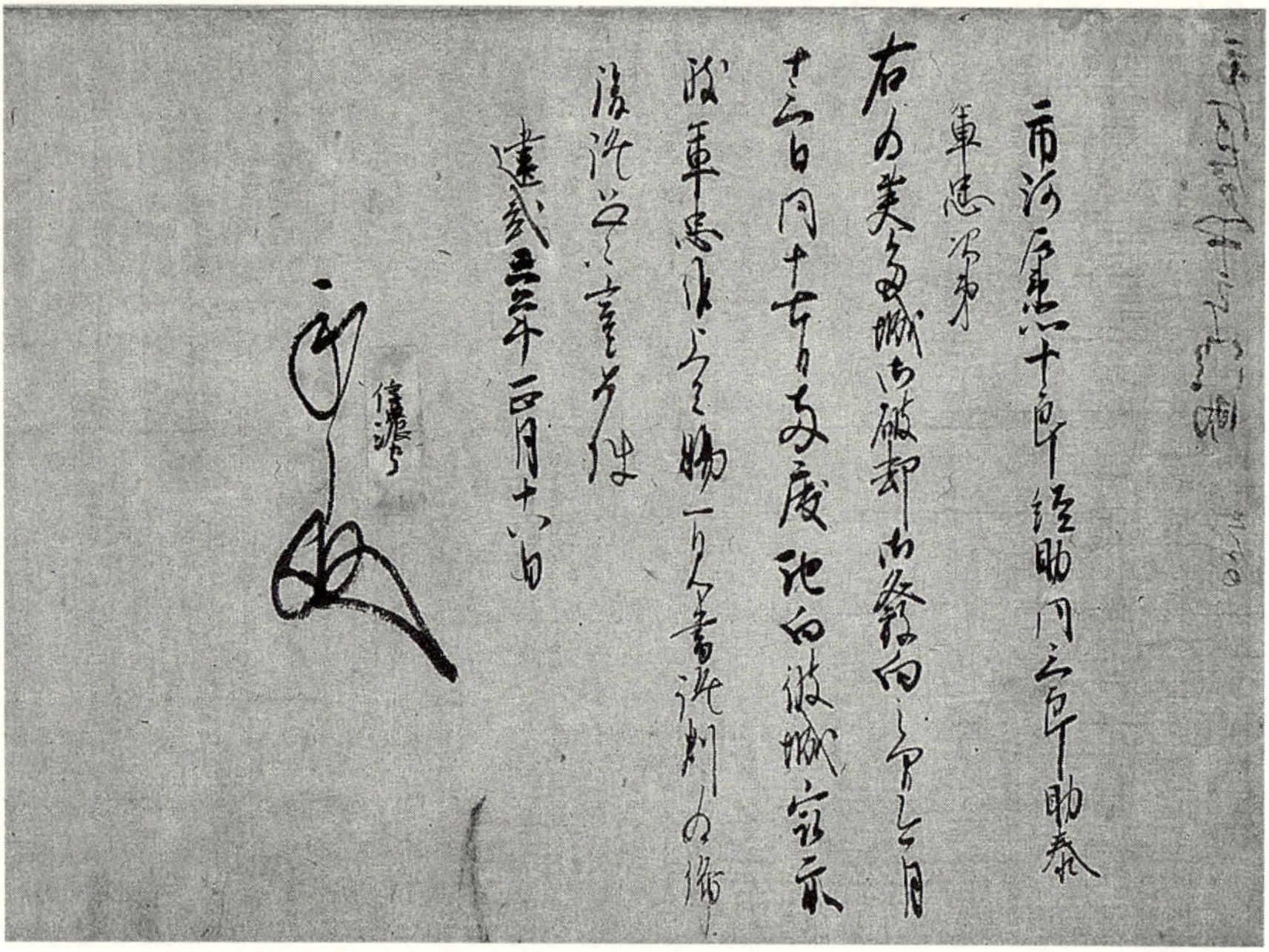

●―「英多城御破却」の文言がみえる建武３年（1336）１月18日 市河経助・同助泰軍忠状（公益財団法人 本間美術館所蔵）

笠原経氏《つねうじ》らとともに「望月城に押し寄せ合戦を致し、城郭を破却」したという。この「望月城」は、佐久市望月町望月の望月城とする説が有力であるが、同町天神の西の丘陵にも城跡がある。建武二年に破却された「望月城」はこの天神林城とする説もあって、はっきりしない。倫房・助保はさらに同月の着到状で、九月三日から守護の指揮下に入って、安曇・筑摩・諏訪・小県の諸郡に発向し、「所々の城郭」において「軍忠」をあげたと記している。同年九月二十二日の市河経助《つねすけ》軍忠状によれば、薩摩刑部《ぎょうぶ》左衛門入道が埴科《はにしな》郡坂木北条《きたじょう》に「城郭」を構えたので、経助は村上信貞《のぶさだ》にしたがって、「大手」として「合戦忠」をあげ、「かの城を責め落とし」たという。この「北条」の「城」は、坂城町御所沢に位置したと考えられているが、その規模や構造はよくわからない。

あけて建武三年（一三三六）にも、各地で「城」をめぐる戦いがくりひろげられている。正月十七日の市河経助軍忠状や同十八日の市河経助・同助泰《すけやす》軍忠状などによれば、村上信貞にしたがった市河経助・助泰らは、同月十三日・十七日の二度、「英多《あがた》庄清滝城」を「破却」するために発向し、「軍忠」をあげたという。今も長野市松代町東条の山腹に清滝観音堂《きよたきかんのんどう》があり、「清滝城」が構えられたのは、この付近だったと考えられる。

同年六月二十九日の市河経助軍忠状などによれば、北条方の香坂小太郎入道心覚《しんがく》らが「牧城」に楯籠もったので、正月二十三日、惣大将村上信貞が市河経助らを率いて同城を攻めた。六月にも守護代小笠原経義《つねよし》が、市河経助《つねすけ》・高梨時綱《ときつな》らとともに同城を攻撃している。さらに、同年十一月三日の高梨時綱軍忠状によれば、上杉兵庫助《ひょうごのすけ》らが牧城に楯籠もったので、時綱らは「山田要害」に押し寄せ、十月十五日に合戦になったという。この「牧城」は、長野市信州新町の牧之島城とする説もあるが、上高井郡高山村の牧村とする説が有力である。同村字福井原・屋知の「福井城」と通称されているところが「牧城」跡だろうとする説もあるが、確証は無い。「山田要害」については、高山村中山字馬場の「山田城」と称されている山城跡をあてる説がある。

【維持される城の出現】 南北朝期にも、「城」・「城郭」は戦闘に際して構えられるもので、寄せ手においては「城郭」の「破却」が「軍忠」と認定されていた。源平合戦の頃と同様、「城」は恒常的に維持されるものではなかったと考えられるが、戦乱が続くなかで、「牧城」のように籠城戦が長期化した場合もあっただろう。「牧城」は堅固だったらしく、軍忠状のなかにはこの城を攻撃した寄せ手の負傷者を多数書き上げたものもある。

打ち続く内乱は、合戦に参加する人々の資質・数量ともに拡大させ、それにより戦闘形態は変化し、城郭の構造も変化していく。『太平記』などの一四世紀の軍記物をみると、歩兵が城郭に攻め寄せ、堀底から城壁際へ登り、垣楯や逆茂木などを破壊する様子が描写されている。こうした攻撃が一般的になると、それに対応して城壁は堅牢な板塀や塗塀が多くなり、城壁を屈折させて、そこに櫓を設置したり、落下させる岩石や木材を備えたりすることも行われるようになった。

いつ武力衝突が発生するかわからなくなった一五世紀。領主は城を恒常的に保持する必要性を感じるようになったのだろう。館の周囲に堀を掘ったり、土塁をめぐらせたりして、防御性を増強するようになる。あらかじめ近くの山に城（当初は「要害」と称されることが多かった）を構築しておき、それを維持することも増えた。やがて、信濃においても城のある風景は日常になっていくのである。

【主要参考文献】井原今朝男「中世城館と民衆生活」『中世のいくさ・祭り・外国との交わり』（校倉書房、一九九九）、齋藤慎一「本拠の展開」『中世東国の領域と城館』（吉川弘文館、二〇〇二）、中澤克昭『中世の武力と城郭』（吉川弘文館、一九九九）、同「居館と武士の職能」小野正敏・萩原三雄編『鎌倉時代の考古学』（高志書院、二〇〇六）、橋口定志「中世方形館を巡る諸問題」（『歴史評論』四五四、一九八八）、同「中世東国の居館とその周辺」（『日本史研究』三三〇、一九九〇）

長野県の名城を探る——城郭の概観・調査・保存

河西克造

【長野県の歴史的背景と城郭】　長野県（旧国名、信濃国、以下「信濃」と呼称）に分布する中世城郭は、その大半が中世後半（室町・戦国時代）に築城もしくは改修されたものである。ここでは、中世後半以降の歴史的背景と城郭との関わりに触れる。

①国人領主の時代　信濃は戦国大名が成立しなかった国である。河川などで形成された盆地には、高梨氏（**高梨氏館・鴨ヶ岳城**）・井上氏（**井上城**）・村上氏（**葛尾城**）・大井氏（**大井城**）・諏訪氏（**上原城・桑原城**）・藤沢氏（**福与城**）・知久氏（**神之峰城**）など数多くの国人《こくじん》領主が割拠し、彼らが各地域を支配した。

応永七年（一四〇〇）に勃発した大塔《おおとう》合戦を記録した文献史料（『大塔物語』など）には守護側が立籠もった**塩崎城**（長野市）など多くの城郭が登場する。信濃ではこの頃城郭が出現したと考えられるが、基本的に戦時にのみ用いる臨時的な施設であった。

京都で勃発した応仁の乱（一四六七〜七七）の余波が各地に伝播した。日本列島（特に本州）は戦乱の渦となり、信濃のほぼ全域で国人領主間での支配領域争いや一族内での勢力争いが繰り広げられる。城郭の発掘調査で出土した遺物によると、山（尾根）を切り盛りして曲輪・堀切・土塁といった明確な城郭施設で構成された「城郭」は一五世紀後半以降には形成されたと考えられる。応仁の乱の余波を契機として具現化したことを示すものである。

天文初年頃には国人領主の支配領域も一応の安定がみられるようになる。信濃守護小笠原氏は、内紛の結果分裂していたが、府中の小笠原氏は館（井川城、松本市）と山城（林城、同市）を構え、また伊那郡の小笠原氏は、**松尾城**と**鈴岡城**を本拠とした。このような状況下の信濃に、隣国甲斐の武田氏が侵入する。

②甲斐武田氏の侵攻　天文十一年（一五四二）、信濃支配を目指す武田晴信（以下、「信玄」に統一）は、諏訪郡に侵攻する。諏訪氏の本城である**上原城**（茅野市）と**桑原城**（諏訪市）を攻撃し、諏訪氏を滅亡させた。諏訪郡を支配領域とした信玄は、伊那郡（上伊那、下伊那）、府中（松本）、小県郡、佐久郡に侵攻し、信濃守護や国人領主との衝突に勝利することで支配領域を拡大する。信玄は笠原氏の**志賀城**（佐久市）、藤沢氏の**福与城**（上伊那郡箕輪町）、村上氏の**砥石城**（上田市）・**葛尾城**（埴科郡坂城町）などを攻撃した。府中では、武田軍が押し寄せたため**林城**・**山家城**などが自落し、守護小笠原氏は越後に逃亡した。府中北側にある虚空蔵山城の麓を放火し、塔ノ原城（安曇野市）は自落した。また、信玄は侵攻時に**海ノ口城**などを陣城として使い、支配領域の拡大とともに**北熊井城**（塩尻市）・**前山城**（佐久市）・**長窪城**（小県郡長和町）・**前山城**（佐久市）・**青柳城**（東筑摩郡筑北村）などを改修しつつ北上し、長野盆地（犀川《さいかわ》以南）に侵攻する。犀川以南では東条氏の**尼巌城**（長野市）を攻略した後に千曲川の自然堤防上に**松代城**の前身である海津城を築城する。信玄は犀川を渡河し、越後の長尾景虎（以下、「上杉謙信」に統一）と衝突することになる。いわゆる川中島合戦である。信濃善光寺の背後にある武田氏の**旭山城**（長野市）と上杉氏の**葛山城**（長野市）は両氏の攻防戦を代表する城郭で、**替佐城**（中野市）・**野尻城**（上水内郡信濃町）・**飯山城**（飯山市）・**髻山城**（長野市）・**大峰城**（長野市）・**塩崎城**（長野市）などは合戦と深く関わり、武田氏もしくは上杉氏が利用した城郭である。

武田信玄は、信濃支配において諏訪郡の**上原城**（茅野市）・**高嶋城**（諏訪市）、伊那郡の**高遠城**（伊那市）・**大島城**（下伊那郡松川町）・**飯田城**（飯田市）、府中の**深志城**（松本城の前身、松本市）、小県郡の**塩田城**・**岡城**（上田市）、佐久郡の**小諸城**（小諸市）、埴科郡の**海津城**（松代城の前身、長野市）、上水内郡の**長沼城**（長野市）などの拠点的城郭を築城（改修）し城郭網を形成する。これら城郭には、武田氏の築城技術の特徴である丸馬出《まるうまだし》（三日月堀）が遺存、もしくは絵画資料に描かれている。中世の三日月堀は**岡城**と**大島城**に残っており、**大島城**は信濃においては卓越する規模を有し、土塁を画して二重に堀がめぐる信濃では珍しい構造をもつ。近世まで継続して存続した**長沼城**と**松代城**には三日月堀の痕跡が残る。**長沼城**・**松代城**・**松本城**を描いた近世絵図には丸馬出（三日月堀）が描かれているが、中世段階におけるこれら施設の存否は不明である。このほかに、武田家臣団の城である**牧ノ島城**（長野市）には、丸馬出（三日月堀）が整備・復元されている。

天正元年（一五七三）、武田信玄が死去したため勝頼が武田家の家督を相続する。

天正六年、上杉謙信の跡目《あとめ》争い（御館《おたて》の乱）で、それまで上杉氏の領域であった**飯山城**（飯山領、飯山市）が武田氏のものとなる。武田勝頼の段階で信濃全域が武田領となるのである。

③織豊期の信濃　天正十年二月、織田氏の武田攻めが始まる。甲斐への進軍ルートにあたる信濃には、織田軍の主将である織田信忠と家臣団が侵攻する。信忠は伊那郡（下伊那、上伊那）と諏訪郡を経由して甲斐に侵攻する。信忠は**飯田城**（飯田市）と**大島城**（下伊那郡松川町）を攻略し、城主仁科五郎盛信《もりのぶ》が籠る**高遠城**に迫った。織田軍の総攻撃に対して盛信は奮闘するが城は一日で落城する。この**高遠城**こそ、武田氏が徹底抗戦した唯一の城郭である。高遠城攻めに際して信忠は、高遠城の西方に広がる三峰川扇状地（「か

いぬま原」）に陣を構えたことが『信長公記』に記載されており、その場所が**一夜の城**（伊那市）と推測されている。同年三月に戦国大名武田氏は滅亡する。

武田氏滅亡後、信濃は織田氏の支配領域となり、北信濃四郡は森長可《ながよし》、木曽・筑摩・安曇郡は木曽義《よし》昌《まさ》、伊那郡は毛利秀頼、諏訪郡は河尻秀隆《ひでたか》、小県・佐久郡は滝川一益《かずます》といった家臣が分割支配する。信濃の国人領主・土豪は織田軍の侵攻に徹底的に抵抗し、**芋川館**を本拠とした芋川氏と近隣の民衆は大倉城（長野市）を改修して立籠もった。大倉城の攻防は『信長公記《しんちょうこうき》』にも記載されており、有名な事象である。

同年六月、本能寺の変で織田信長が死去したことで織田氏の分割体制はくずれ、信濃は支配領域の拡大を目指す上杉氏、北条氏、徳川氏の三強の草刈場となる。天正壬午《てんしょうじんご》の乱である。上杉景勝は北信濃四郡（長野盆地）に侵攻し**長沼城**・**海津城**・**飯山城**・**牧ノ島城**を拠点とした支配体制を形成する。景勝は**矢筒城**（上水内郡飯綱町）・**麻積城**（東筑摩郡麻積村）をも利用し、**鞍骨城**（長野市・千曲市）にも登城している。また、安雲郡と筑摩郡まで手をのばし**青柳城**と**麻績城**を改修した。北条氏直《うじなお》は上野から小県郡・佐久郡に侵攻し、**小諸城**を信濃侵攻の拠点とした。徳川家康は伊那郡の国人領主を服属させた。諏訪郡と佐久郡では氏直と家康が激しく対立した。真田氏の**上田城**（上田市）と菅沼氏の**知久平城**（飯田市）はこの混乱期に築城されたものである。

天正十七年、徳川家康の関東移封にともない、**松代城**（長野市）に田丸直昌《ただまさ》、**松本城**（松本市）に石川数正《かずまさ》とその子康長《やすなが》、**小諸城**（小諸市）に仙石秀久《ひでひさ》、**上田城**（上田市）に真田昌幸、**高島城**（諏訪市）に日根野高吉、**飯田城**に毛利秀頼といった豊臣系大名もしくは豊臣方の大名が入部して築城（改修）する。これらの城郭は、石垣・瓦（高島城を除く）・礎石建物といった織豊系城郭を構成する要素を具備した「石造りの城」で、これらの城郭により、「象徴としての城郭」、「見せる城」が信濃に出現する。**松代城戌亥《いぬい》隅櫓《すみやぐら》台《だい》**、**松本城天守**（大天守、乾小天守）、**小諸城天守台**の石垣は、石垣の構造から文禄・慶長期に比定でき、信濃でも古い様相を残す石垣である。

●—松本城天守

慶長五年（一六〇〇）、関ヶ原の合戦後、小藩分立を特徴とする信濃の幕藩体制の原型が形成される。**飯山城・長沼城・松代城・小諸城・上田城・松本城・高島城・高遠城・飯田城**は、藩の居城として明治維新まで存続する。さらに、幕末には龍岡藩で陣屋と呼称した西洋の稜堡式城郭がつくられる。この**龍岡城**（佐久市）は、函館の五稜郭と同じ星形の城郭で、日本列島に二つしかない五稜郭の一つである。

【城の調査・研究】

①踏査による城郭の認識（個別調査から城郭の全容把握へ）

大正時代初年〜昭和時代前半、長野県の城郭は「史蹟（史跡）」として扱われ、『長野県史蹟名勝天然記念物調査報告』（長野県、大正十二〜昭和二十六年）と『長野県町村誌』（長野県、昭和十一年）で報告された。前者では現地踏査で記録した詳細な実測図を掲載して約一〇〇ヵ所が報告されている。後者は旧町村に残る史跡・名勝・天然記念物などを集大成したもので、今では旧状をとどめていない城郭施設が記録されているものが多い。いっぽう、信濃教育会佐久部会が刊行した『南佐久郡古城址調査』と信濃教育会上高井部会が刊行した『上高井郡山城居館類集』が特筆される調査報告である。特に『南佐久郡古城址調査』は、南佐久郡にある三九ヵ所の城郭と小諸城・上田城・松本城を踏査し、詳細な実測図と現地の写真を掲載して報告されており、長野県の城郭調査の金字塔として評価できるものである。

　昭和時代後半には、県内に分布する城郭の全体像を把握する動きがみられた。昭和四十二年の『日本城郭全集』（人物往徠社）では六四二ヵ所、昭和五十五年の『日本城郭大系』（新人物往来社）では九八〇ヵ所、昭和五十八年に長野県教育委員会が刊行した悉皆《しっかい》調査報告書（『長野県の中世城館跡―分布調査報告書―』）では一二六二ヵ所の城郭（近世城郭、陣屋を含む）が確認されている。これらにより、県内

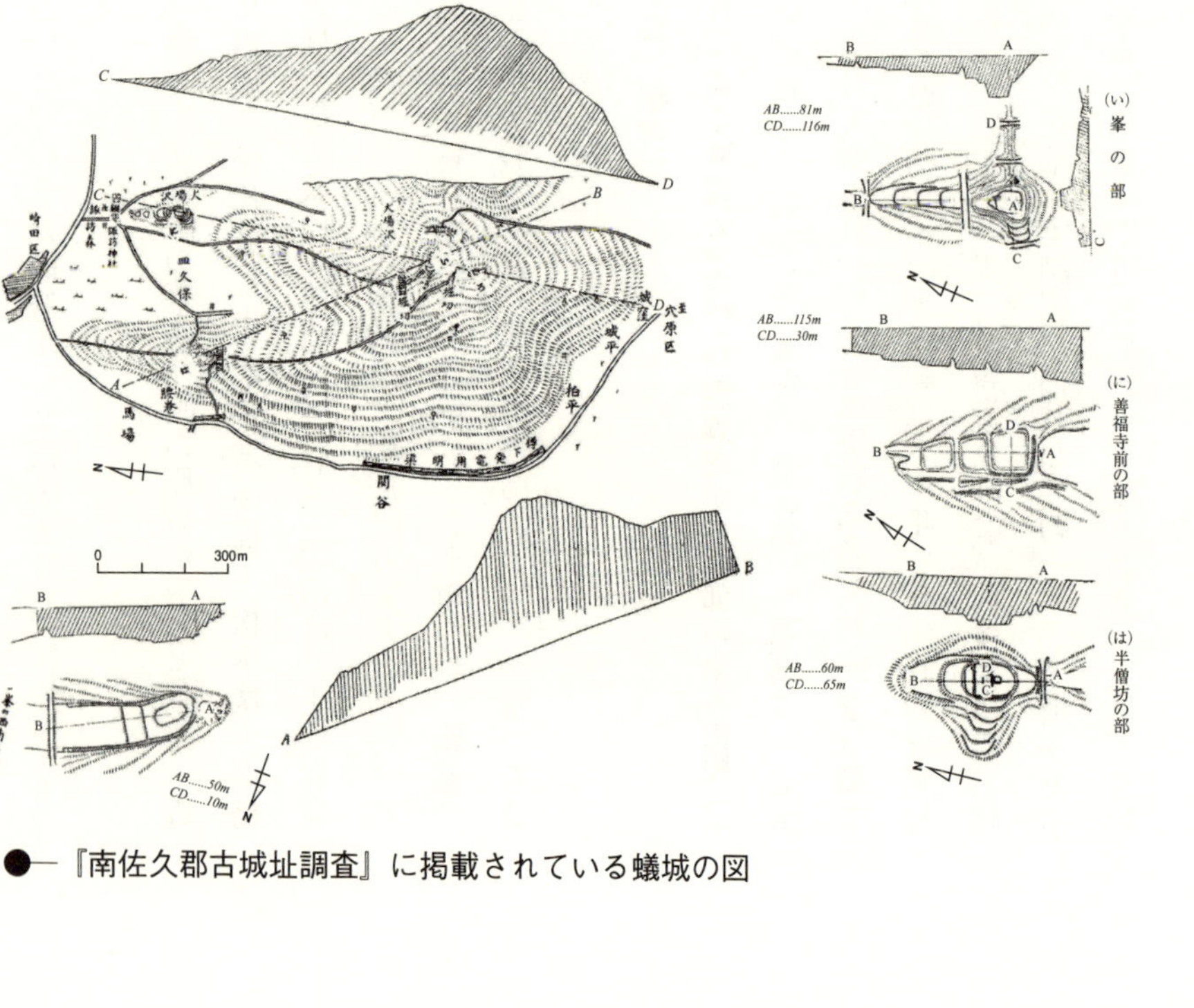

●—『南佐久郡古城址調査』に掲載されている蟻城の図

に分布する城郭の基礎的資料の蓄積がされた。いっぽう、個人による調査では宮坂武男の一連の調査があり、宮坂の調査報告（『図解山城探訪』第一集～一四集、長野日報社）は県内の城郭の全容がうかがえる資料といえよう。

②城郭研究（縄張り調査・研究）の進展（一九八八年頃以降）

信濃の城郭は、複雑な地形に起因して地域（盆地）ごとに分布状況に異なりが見られる。縄張研究では、信濃が山城発達地域（長野盆地・松本盆地、上田盆地・諏訪盆地など）と段丘上の城郭発達地域（佐久盆地・伊那盆地など）とに分けられることが明らかとなった。

さらに、平成時代には、山城と段丘上の城郭とで目覚ましい研究の進展があった。山城では三島正之が一連の縄張調査・研究により、武田氏に代表される戦国大名の築城技術を明らかにした。いっぽう、段丘上の城郭では丸馬出の出現と発展段階を論じた萩原三雄の論考がある。これは丸馬出研究の先駆けと評価でき、最近は縄張調査と後述する考古資料を総合し、武田氏の拠点的城郭の構造を論じた萩原三雄と筆者の研究がある。

③城郭の発掘調査・考古学的研究の進展

長野県における城郭の発掘調査は、昭和四十三年に開始された**塩田城**（学術調査）を嚆矢《こうし》とする。昭和時代後半になると、開発にともなう緊急調査（記録保存）が行われ、中央自動車道建設では樋口内城館・小坂城・大熊城で広範囲にわたる発掘調査が行われた。特に小坂城では山城の主郭部全域が調査され、全国的に注目された。さらに、主に平成時代初頭から史跡整備にともなう発掘調査が行われ、中世城館としては**高梨氏館**、近世城郭としては**松代城・松本城**（**二の丸御殿**）がある。

戦国大名に関わる城郭では、**岡城**（上田市）・**牧ノ島城**（長野市）・**大島城**（下伊那郡松川町）が発掘調査された。**岡城**では丸馬出の虎口部分から門跡と考えられる礎石が発見されている。**牧ノ島城**では丸馬出の虎口《こぐち》空間から門跡の礎石と排水用の石組みの水路が発見されており、遺構から丸馬出内部の空間構成が分かる県内唯一の事例である。**大島城**では本丸と大手虎口が発掘調査され、本丸では建物跡、大手虎口では門跡と考えられる礎石が発見されている。また、廃城時期（天正十年）とほぼ同じ時期の土器・陶磁器が出土している。

武田氏の拠点的城郭で、近世まで存続した国史跡の**松代城**・**高遠城**では史跡整備にともなう発掘調査、**松本城**（**三の丸跡**）・**飯田城**（**二の丸**・**三の丸**）では緊急発掘がされている。**松代城**では海津城段階と考えられる鍛冶遺構、高遠城では近世の整地層下から中世に遡る可能性が高い溝跡（堀）、**松本城**では深志城段階の堀跡や、総堀の土塁《どるい》際に密集して打設された杭列（乱杭）が発見されている。この杭列は石川段階のものと推定されており、打設位置と形状は「大坂冬の陣図屛風」に描かれた杭列と酷似する興味深い防御施設である。**飯田城**では段丘上を断ち切る近世の堀跡のほかに、二の丸の下層から中世の竪穴建物跡や一六世紀の土器・陶磁器が発見されている。中世の遺構・遺物の確認地点からすると、中世の飯田城は現在の二の丸と本丸付近にあり、城域は二の丸の外側（三の丸方向）まで広がっていなかったと推測されている。

川中島合戦との関わりが推測されている**大峰城**（長野市）では、主郭から逆「卍」と「鬼」字が墨書されたカワラケが出土しており、築城時の地鎮に伴う遺物と理解されている。

国人領主・在地土豪の城郭では、国史跡の**上田城**と大倉城が発掘調査された。**上田城**では本丸を囲む内堀の堀底に堆積する瓦層から金箔瓦が発見されている。この瓦層は、その分布範囲から真田氏段階の隅《すみ》櫓《やぐら》を内堀に破却したことを示すものと解釈されており、瓦層が本丸土塁の下に入り込んでいることから、仙石氏の上田城本丸復興は、破却された真田氏段階の上田城に土を盛り上げ、真田氏段階の縄張を基本的に踏襲したものと理解されている。天正十年、織田信長家臣の森長可が北信濃四郡に侵攻した際に芋川氏が立籠もった大倉城では、曲輪と堀切・竪堀《たてぼり》が発掘調査されている。

信濃守護小笠原氏の本城（林城）の対岸に位置する**桐原城**（小笠原系城郭）には、斜面の中腹もしくは裾で屈曲する竪堀が構築されており、その屈曲部分が発掘調査されている。竪堀の壁と底面は岩盤が露出しており、中世城郭存続時の姿を彷彿するものである。知久氏の本城といわれる神之峰城では遺跡が立地する独立丘陵の中腹から寺院（堂宇）が発見されており、山頂に城郭（防御空間）、中腹に寺院（宗教空間）といった、少なくとも二つの異なる性格の空間が存在したことが明らかとなっている。信濃に所在する国人領主の本城の様相を考える上で貴重な資料である。

城郭と宗教との関わりがわかる事例では、**塩田城**（上田市）・**虚空蔵山城**・**殿村遺跡**（松本市）・**替佐城**（中野市）がある（**虚空蔵山城**はコラムで中井均が言及しているため割愛）。県史跡の**塩田城**は、従来中世前半は北条氏、中世後半は村上氏や武田氏と深く関わる城郭と認識されていた。しかし、最近、塩田城と指定されている場所（空間）の土地利用について再検討がされている。遺跡が立地する山（独鈷山）は険しい山容であり、山頂には主郭など明確な曲輪がない。さらに、地表面観察で確認できる数多くの平場が谷状地形内にあり、山頂に向かい直線的にのびる道の両側に雛壇状に配置する様相を示すことが再確認された。また、発掘調査では方三間もしくは五間仏堂の可能性が高い総柱の礎石建物跡が確認されていることから、

●―高梨氏館　庭園

戦国時代の文献史料に登場する塩田城は別の場所にあるか、仮にあったとすると、山岳寺院を城郭化としたものと指摘されている。替佐城では、発掘調査で城郭が立地する中腹から五輪塔群で構成された墓域が発見されている。比較的小規模で定型化した五輪塔が数多くあり、五輪塔の形態から城郭の存続期間（一六世紀）に五輪塔が林立する墓域が存在したと推測される。築城主体者と造墓主体者の関連性を明らかにすることが今後の課題となろう。

　中世城館では、**高梨氏館**（中野市）・**井上氏館**（長野市）・**芋川氏館**（上水内郡飯綱町）・**真田氏館**（上田市）・**野沢館**（佐久市）・**板垣平**（茅野市）が発掘調査されている。**高梨氏館**では、館を囲む土塁内部から築地塀が発見され、構築当初は築地塀で囲まれた屋敷で、後に堀と土塁で構成された館に変遷したことが明らかとなった。また、館の南東隅では枯山水の庭園が発見され、さらに、館内は庭園がある東側に礎石建物跡が密集し、表門がある西側は空白域であることがわかった。地方の国人領主の館の空間構成がわかるものである。**井上氏館**と**芋川氏館**では堀跡が発掘調査された。芋川氏館では堀の底面に段差や畦畔《けいはん》状の高まりが発見され、地方の国人・土豪クラスの館にも堀内障壁が設けられていたことが明らかとなった。**真田氏館**では虎口が発掘調査され、土塁開口部の裾に設置された石列が発見され、また、土塁の断ち割りでは構築状況が把握されている。**野沢館**は市街地に所在するが、良好に残る土塁とその周囲の堀跡推定地に水路が流れる姿は、中世的景観をうかがうことができる遺跡である。虎口部分の発掘調査では、堀の曲輪側に施された石積と石を崩した破却痕跡が確認されている。**板垣平**は、諏訪氏の本城である上原城の麓にある館である。発掘調査では、整地層を挟んで、上層から武田氏段階の遺構、下層から諏訪氏段階の遺構が発見された。文献史料（『高白斎記』）には、諏訪氏滅亡後に武田氏は城代である板垣氏を入城させ、屋敷を普請したことが記載されており、この普請が発掘調査で発見された整地層に該当するものと思われる。考古学資料と文献史料が一致した興味深い事例である。

陣城の可能性がある**一夜の城**（伊那市）も発掘調査されている。遺跡は東側に虎口を設けた方形単郭で、発掘調査では土塁の構築方法と土塁の周りに堀が巡っていたことが明らかとなり、遺跡の性格を検討するうえで重要な資料が得られている。

城下もしくは城下町の発掘調査も県内各地で行われている。中世では**矢筒城下**（表町遺跡、上水内郡飯綱町）・**干沢城下町**（茅野市）、近世では**松代城下町**（長野市）・**松本城下町**（長野市）・**高島城下町**（諏訪市）・**上原城下町**（茅野市）・**飯田城下町**（飯田市）などがある。城下町の発掘調査では、最下層で中世後半もしくは中世末の遺跡・遺物が発見されており、今までわからなかった中世段階の城下形成期の姿と、近世城下町へと変遷するその様子をうかがうことが可能となっている。**干沢城下町**は諏訪大祝氏の館がある諏訪大社上社前宮（神殿）の前面に広がる遺跡で、発掘調査では堂宇と推測される総柱の礎石建物跡や溝跡で区画された屋敷地が数多く発見され、出土土器・陶磁器の下限は一五世紀末と判明した。文献史料（『守矢満実書留』文明十二年〈一四八〇〉の条）には、諏訪大社上社前宮（神殿）の前面に「東大町」・「西大町」が存在したことが記載されており、発掘調査で発見された遺構群は争乱で廃絶した「東大町」・「西大町」の一部に比定される。**松代城下町**と**松本城下町**では、城下町形成期から近世末にかけて造成を繰り返して屋敷地を構築した状況が確認され、近世では屋敷地内の空間構成が明らかになっている。特に松本城下町では木樋や竹管、集水枡などが良好な状態で確認され、上水道を完備したことが明らかになっている。また、近世整地層の最下層では一六世紀末の遺構が発見され、小笠原貞慶が形成した城下町の様相が次第に明らかになりつつある。**高島城下町**では、豊臣系大名の日根野高吉が高島城を築城する以前に存在した漁村（高島）にともなうと推測される一六世紀の遺物が発見されている。

開発にともなう発掘調査は、県内各地で行われ資料が蓄積されている。山城では**塩崎城見山砦**（長野市）・**愛宕山城**（小諸市）・**小坂城**（岡谷市）・鷲ケ城・**北本城城**（飯田市）、段丘上の城郭では**金井城**（佐久市）で全面発掘がされている。調査対象地は遺存しないため本書には掲載しなかったが、これらの発掘調査で得られた考古資料から、城郭の構造や曲輪内の空間構成などが把握されている。

【城の整備・保存】 築城から廃城までの存続期間において、城郭は繰り返し改修された。また、廃城から近現代に至る間、城跡は多岐にわたる土地利用がされた。また、廃城後の改変で姿を消した城郭施設も多い。その城郭を本来の姿に戻し、立体構造物として後世に残すいわゆる史跡整備が長野県でも行われている。整備の方法は、遺跡の遺存状況や歴史的背景に起因して異なりはあるが、基本的に古い遺構は保存し、最も新しい遺構を対象とした整備がされている。

現在史跡整備中の遺跡を含め、中世城館では**高梨氏館**・**虚空蔵山城**（殿村遺跡を含む）・**小笠原氏城館**など、近世城郭では**松代城**・**牧ノ島城**（大手桝形）・**松本城**（二の丸）・**上田城**・**高遠城**などがある。**高梨**

氏館は長野県において初期に整備事業に着手した遺跡である。**小笠原氏城館**では、守護小笠原氏の館（井川城）と山城（林城）の整備に着手しており、従来は遺跡単独で行われていた整備が、ここでは「小笠原氏支配領域」という空間内に分布する遺跡群を整備する手法がとられている。**松代城**は水田地帯に本丸石垣のみが表出する姿であったが、整備によって一八世紀の姿として蘇った。松代城は千曲川を背後とし、本丸を中心に南側（城下町側）に二の丸・三の丸が配置する悌郭式《ていかくしき》の縄張で、石造りの本丸と土造りの二の丸・三の丸が融合する本来の姿に整備・復元された。今まで、絵画資料でしかわからなかったこの松代城の特徴は、そこに訪れた誰でもがわかるようになった。

●―松代城　整備・復元された北不明門と櫓門

整備・復元されることで、城郭は考古資料の域を超え、「景観」という歴史資料となる。城郭と日々対面する地域住民がその城郭の真の姿を理解し身近に感じることこそ、「城郭とは何か」という究極的な課題に迫る第一歩と思われる。

●長野県〈北信〉名城マップ

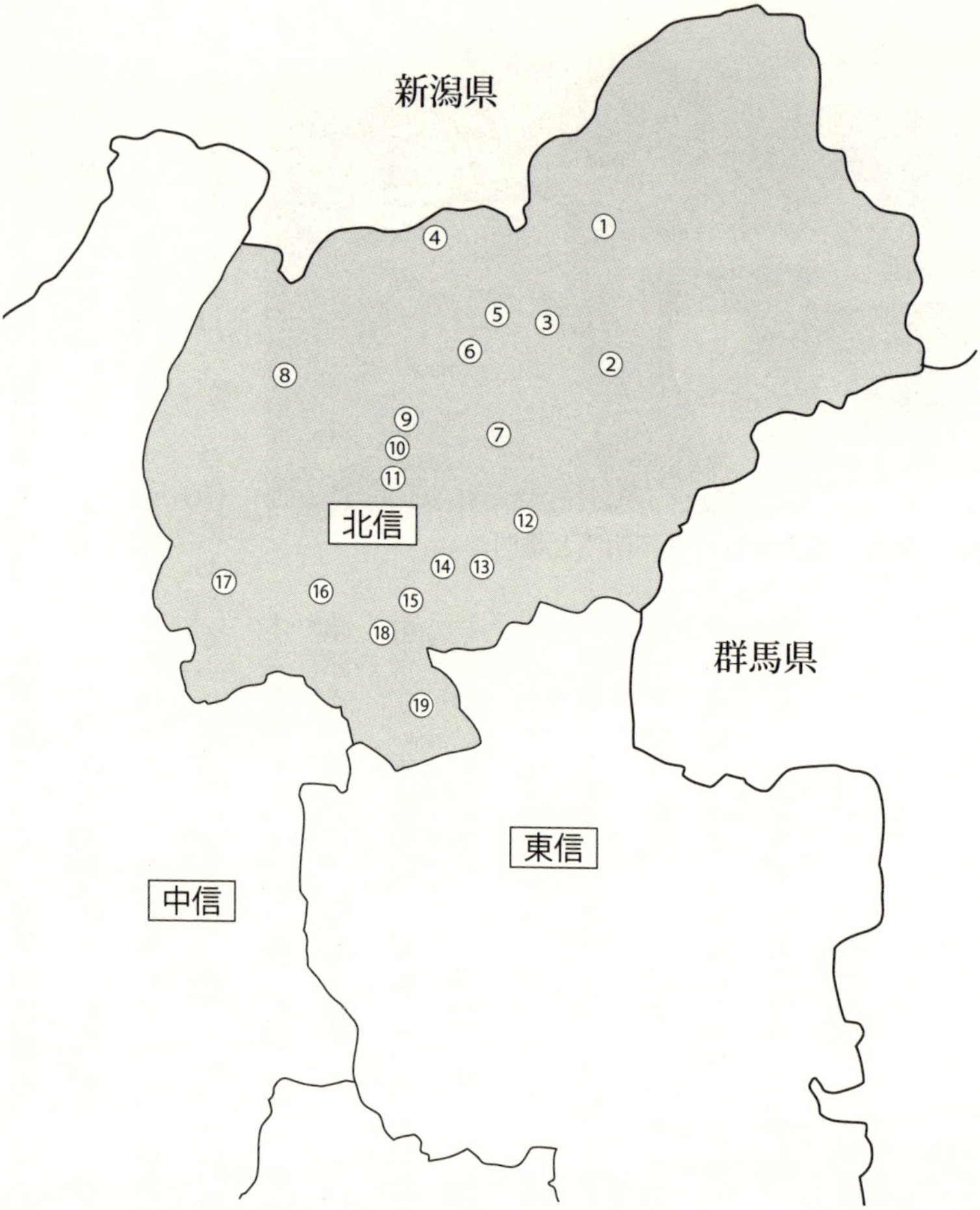

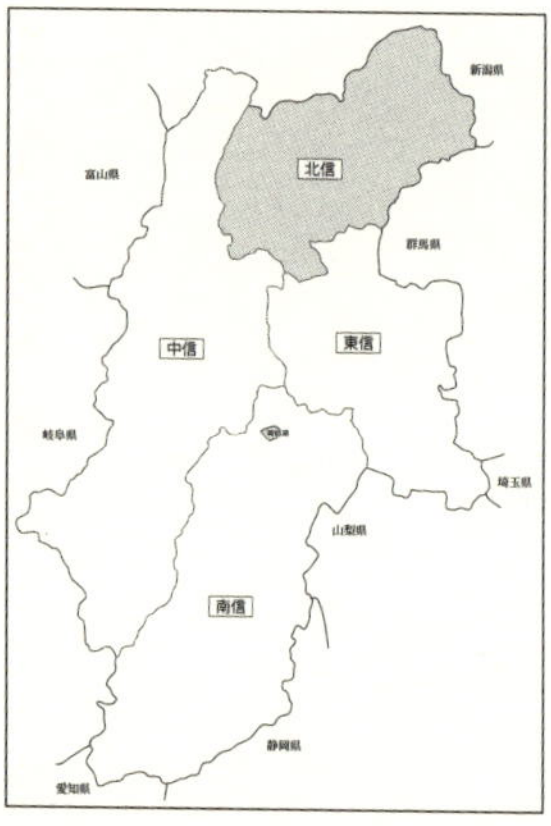

長野県
〔北信〕

①飯山城
②高梨氏館・鴨ヶ岳城
③替佐城
④野尻城
⑤芋川氏館
⑥矢筒城
⑦長沼城
⑧福平城
⑨大峰城
⑩葛山城
⑪旭山城
⑫井上城・井上氏館
⑬尼巌城
⑭松代城
⑮鞍骨城
⑯塩崎城
⑰牧之島城
⑱屋代城
⑲葛尾城

●長野県〈東信〉名城マップ

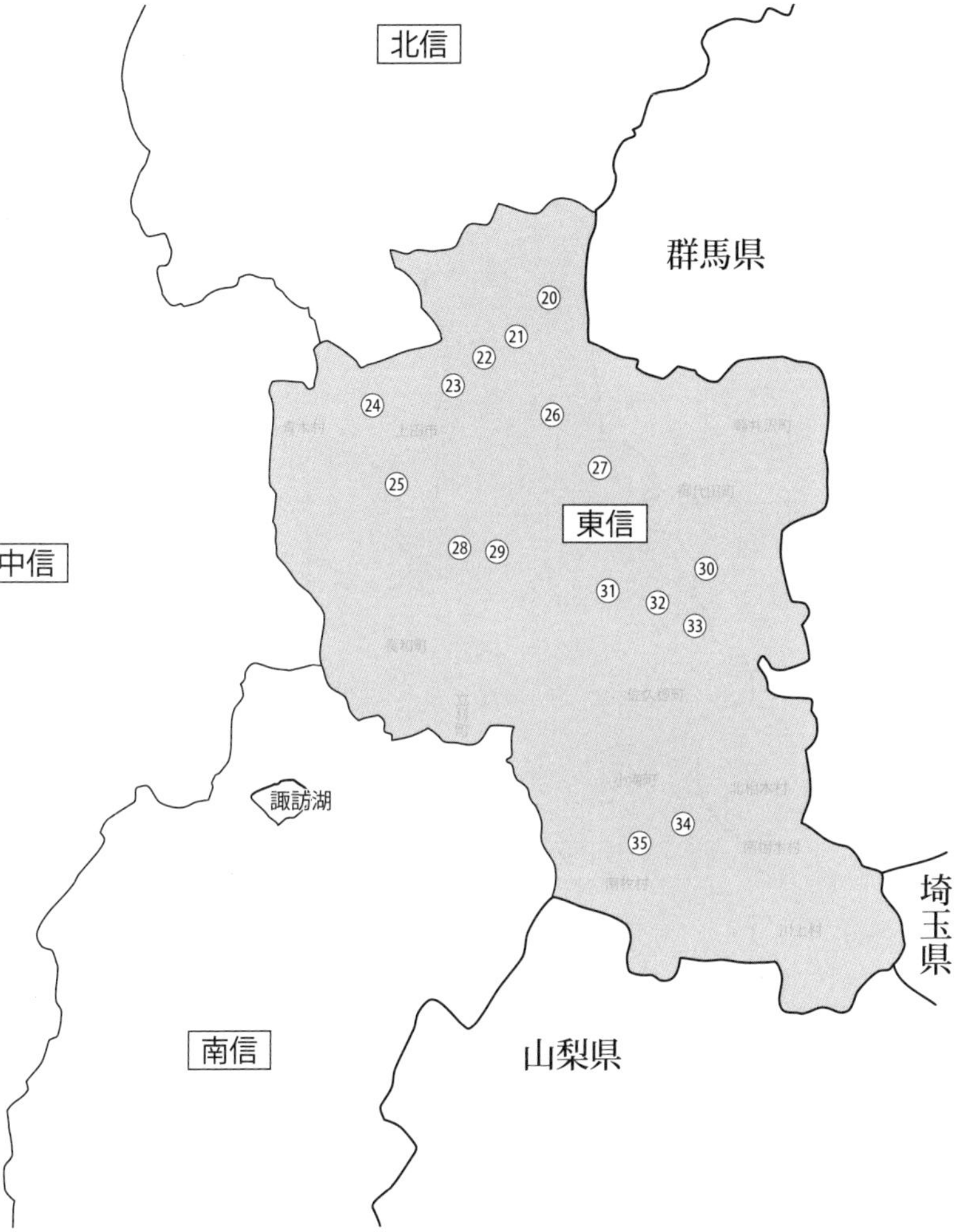

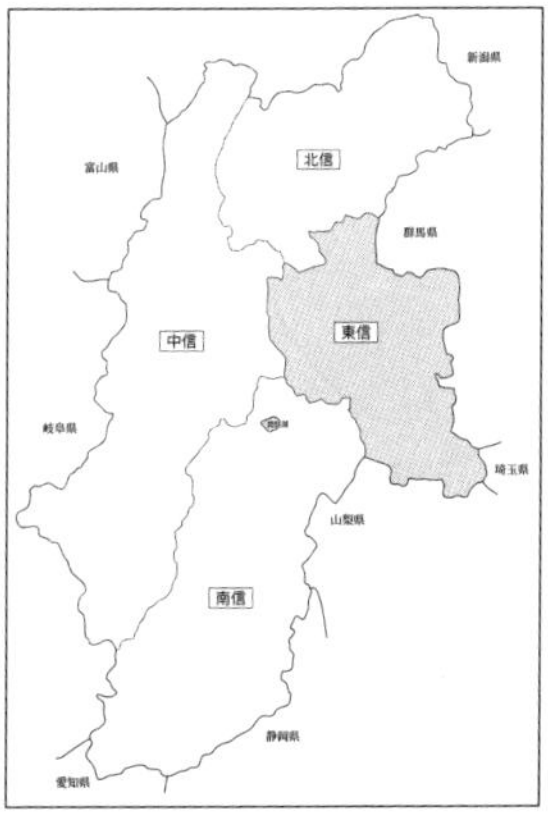

〔東信〕
⑳松尾城
㉑真田氏館
㉒砥石・米山城
㉓上田城
㉔岡城
㉕塩田城
㉖祢津城
㉗小諸城
㉘長窪城
㉙芦田城
㉚志賀城
㉛前山城
㉜野沢館
㉝龍岡城
㉞海ノ口城
㉟海尻城

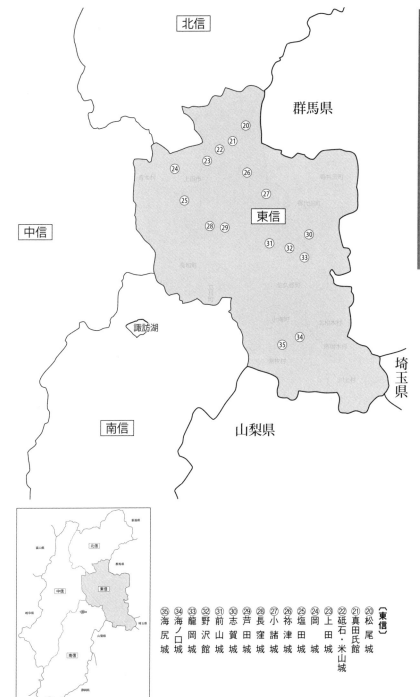

●長野県〈中信〉名城マップ

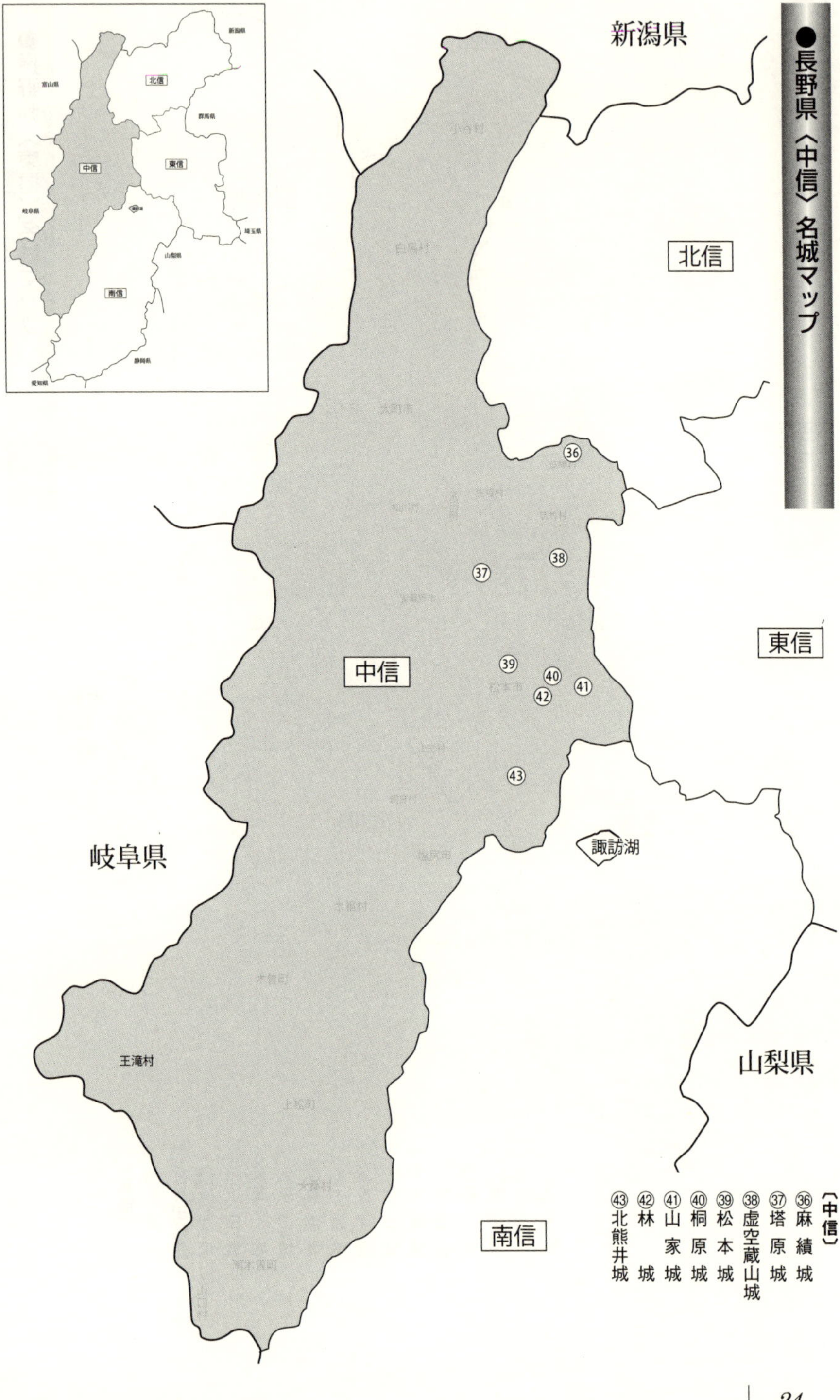

〔中信〕

㊱麻績城
㊲塔原城
㊳虚空蔵山城
㊴松本城
㊵桐原城
㊶山家城
㊷林城
㊸北熊井城

●長野県〈南信〉名城マップ

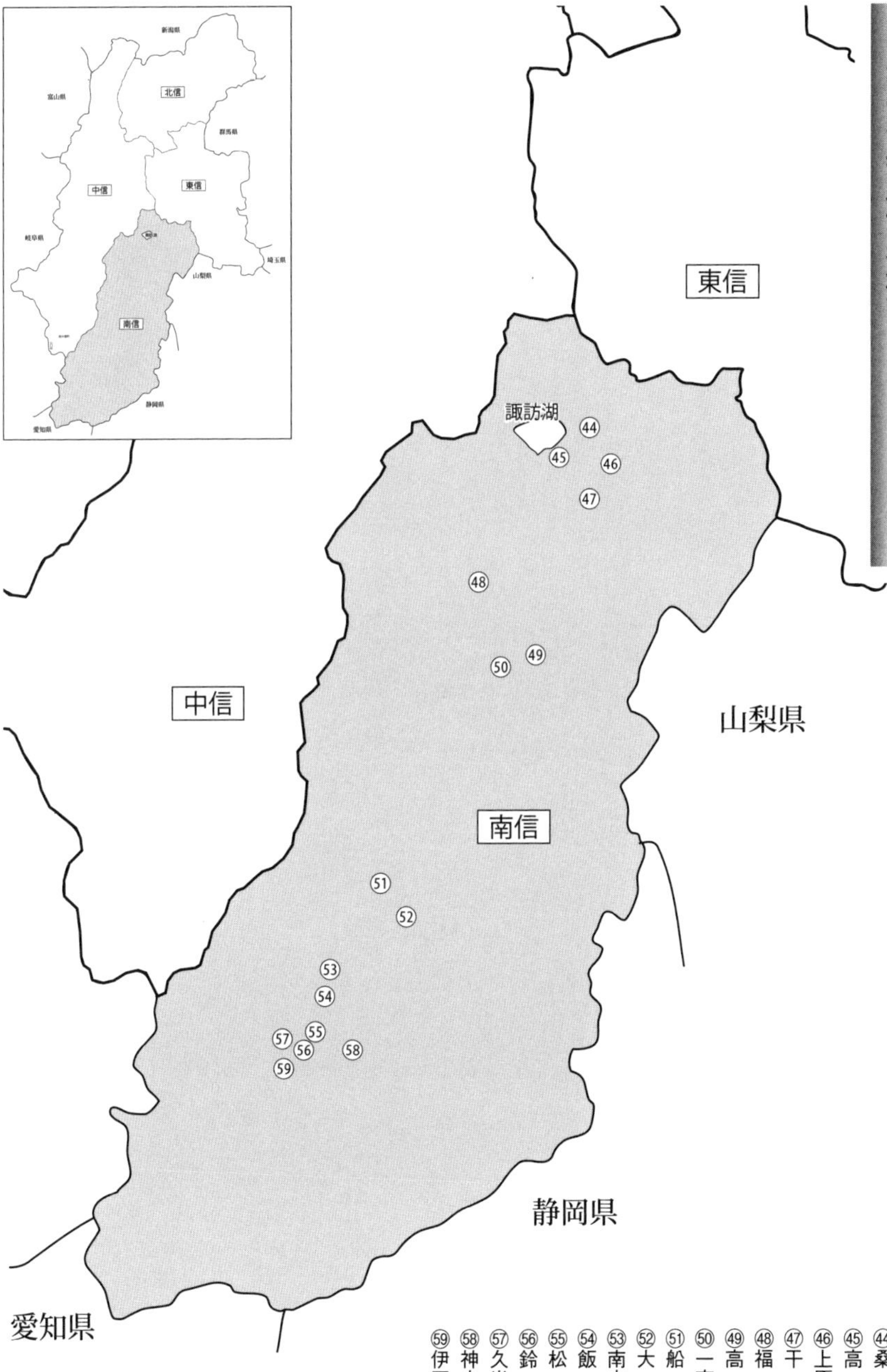

〔南信〕

㊹桑原城
㊺高島城
㊻上原城・板垣平
㊼干沢城
㊽福与城
㊾高遠城
㊿一夜の城
51船山城
52大島城
53南本城城
54飯田城
55松尾城
56鈴岡城
57久米ヶ城
58神之峰城
59伊豆木陣屋

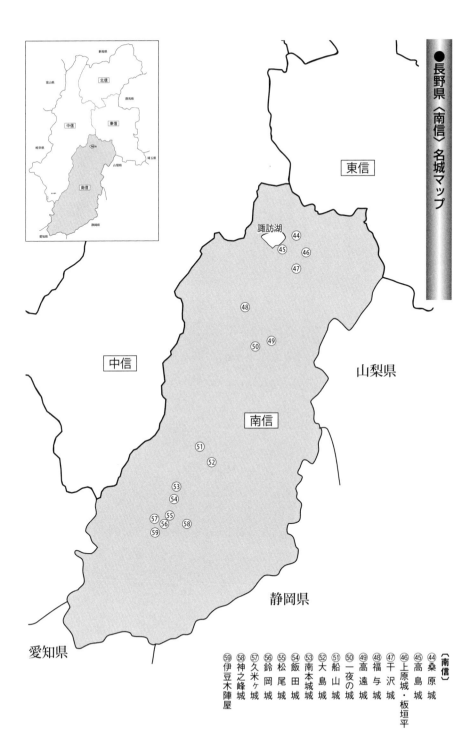

◆北信

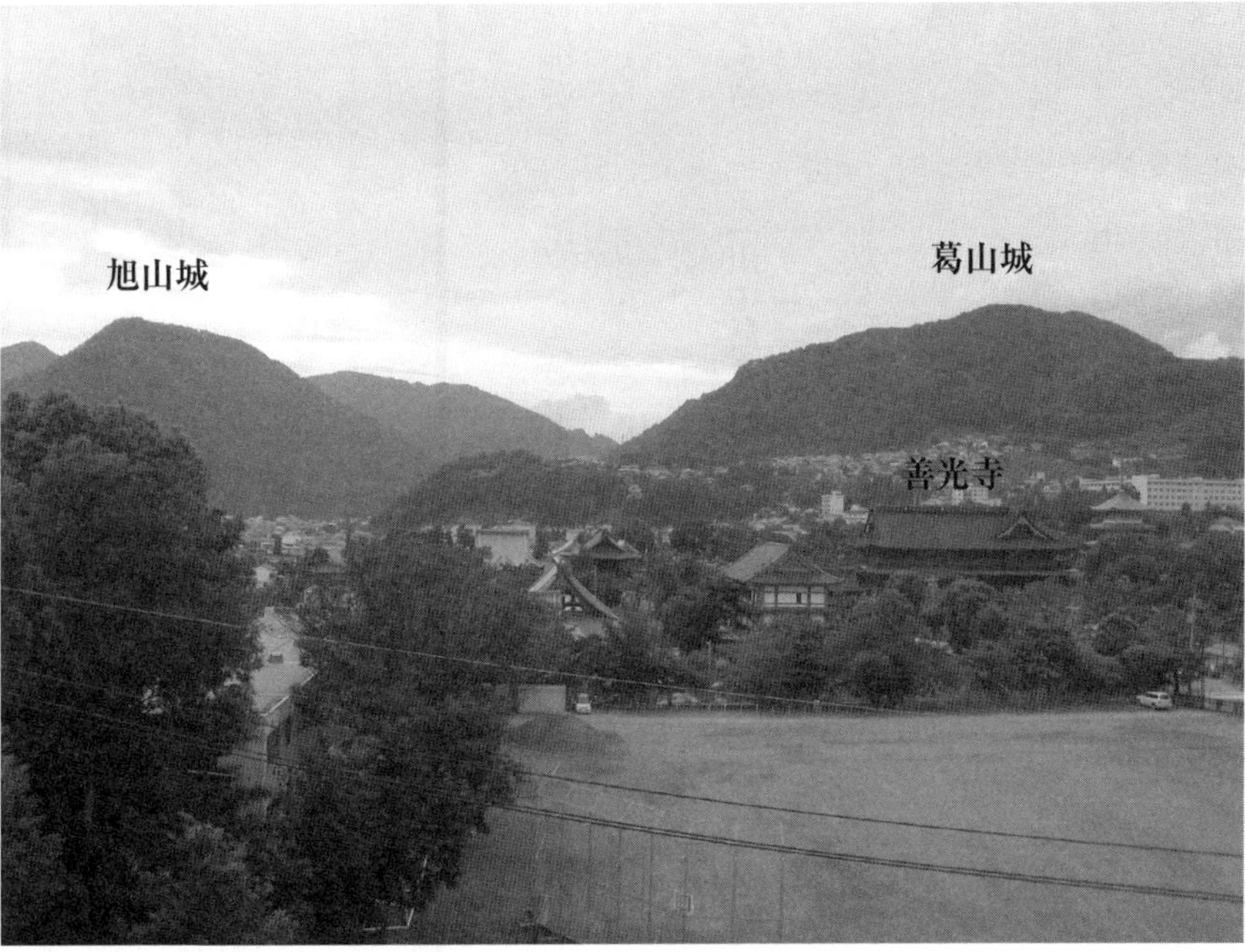

信濃善光寺を見下ろす旭山城と葛山城　(河西克造撮影)

善光寺一帯は，武田氏と上杉氏の攻防戦がもっとも激しかった地域

●信越国境、武田軍の猛攻をしのぐ

飯《いい》山《やま》城《じょう》

〔県指定史跡〕

〔所在地〕飯山市飯山
〔比　高〕二五メートル
〔分　類〕平山城
〔年　代〕永禄七年（一五五九）～〇〇年
〔城　主〕泉氏
〔交通アクセス〕ＪＲ飯山線「北飯山駅」下車、徒歩五分。

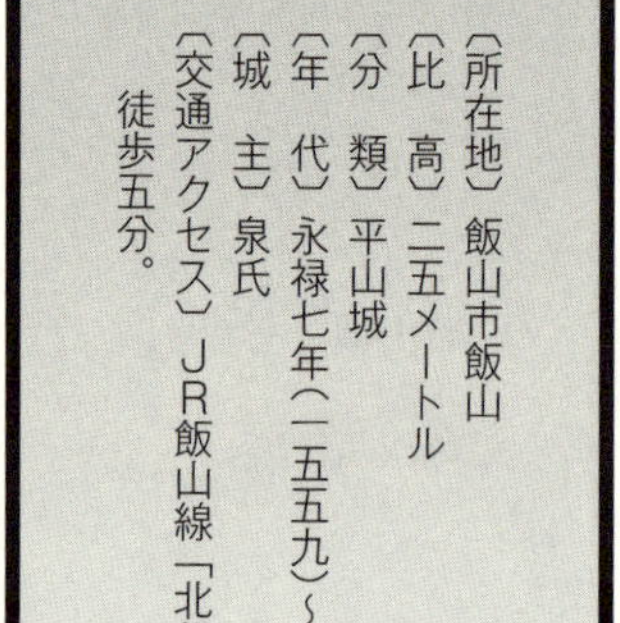

【信濃と越後を結ぶ城】　飯山は長野県最北部に位置し、新潟県南部と接している。全国的にも有数の豪雪地帯として知られるが、北から西にそびえる関田山脈を越えて頸城《くびき》平野へ。千曲川に沿って十日町方面へ通じ、古くから信濃と越後を結ぶ交通の要衝であった。

飯山城は、飯山市街地（旧城下町）北部の独立丘陵上（比高二五《メートル》）に築かれた。この丘陵は飯を盛ったような形から飯笠山《いいがさやま》とも呼ばれ、飯山の語源になったとも言われている。東に千曲川・北に皿川が流れて堀の役目を果たし、西・南は築城当時は湿地帯が広がっていた。まさに天然堅固の要害である。

飯山城の城主は、常岩《ときわ》（常磐）牧《まき》一帯を支配した豪族の泉氏である。永禄年間（一五五八～七〇）の「上杉輝虎書状案」（蔵田文書）には、「弥七郎（泉重蔵）は城ぬしであるから、実城《みじょう》（本丸）をもとのように守るように」と記されている。

【川中島合戦】　武田晴信（以後、信玄）の信濃攻略は、天文二十二年（一五五三）頃までに北信濃を残すのみとなった。北信濃の諸将は、長尾氏と姻戚関係にある中野の高梨氏を通じて、景虎（以後、上杉謙信）に救援を求めた。川中島合戦の始まりである。ところが、信玄は北信濃諸将の一族や家臣を調略《ちょうりゃく》すると、弘治三年（一五五七）年頃、高梨政頼《まさより》は飯山城への退去を余儀なくされ、飯山城将となった。

永禄四年（一五五六）の第四回川中島合戦後、北信濃は武田方の支配するところとなり、上杉方の防衛線は飯山城まで

●—飯山城遠景

後退する。このため、謙信は同年七月飯山城の本格的な築城にとりかかった。同年十月二日付の「上杉輝虎書状案」に「飯山普請《ふしん》悉《ことごと》く成就候間、昨日馬を納め候」と記され、現在の梯郭《ていかく》式の形態はこの頃に完成されたと考えられる。同文書には、「実城」「二のくるわ」などの言葉がみえる。

永禄十一年、信玄は長沼城（長野市）を拠点に飯山城やその周辺に大攻勢をしかけた。同年十一月には上蔵《かみくら》城が落城している。上蔵城の所在は不明だが、飯山周辺と考えられる。しかし、飯山城は武田軍の猛攻をしのいだ。謙信は、八月十一日付の書状で「飯山衆の勇戦ぶりを範に、関山城（新潟県）を守るように」と命じている。

謙信（後、上杉家）の家督を継いだ景勝は、武田勝頼との和睦のために飯山城を譲った。天正十年（一五八二）に武田氏・織田氏があいついで滅びると、飯山城は景勝が支配した。飯山城将に岩井信能《のぶよし》が任じられ、現在の飯山の城下町をつくったという（「清水家文書」）。

【飯山藩成立の後】　飯山藩（二万石）が成立すると、藩主は関一政《かずまさ》など変遷をくり返した。享保二年（一七一七）以後、本多氏が明治維新まで藩主を務めた。明治元年（一八六八）、旧幕府側の衝鋒隊《しょうほうたい》が飯山に侵入すると、新政府側となった飯山藩兵との戦いとなった（飯山戦争）。城下は灰燼に帰し

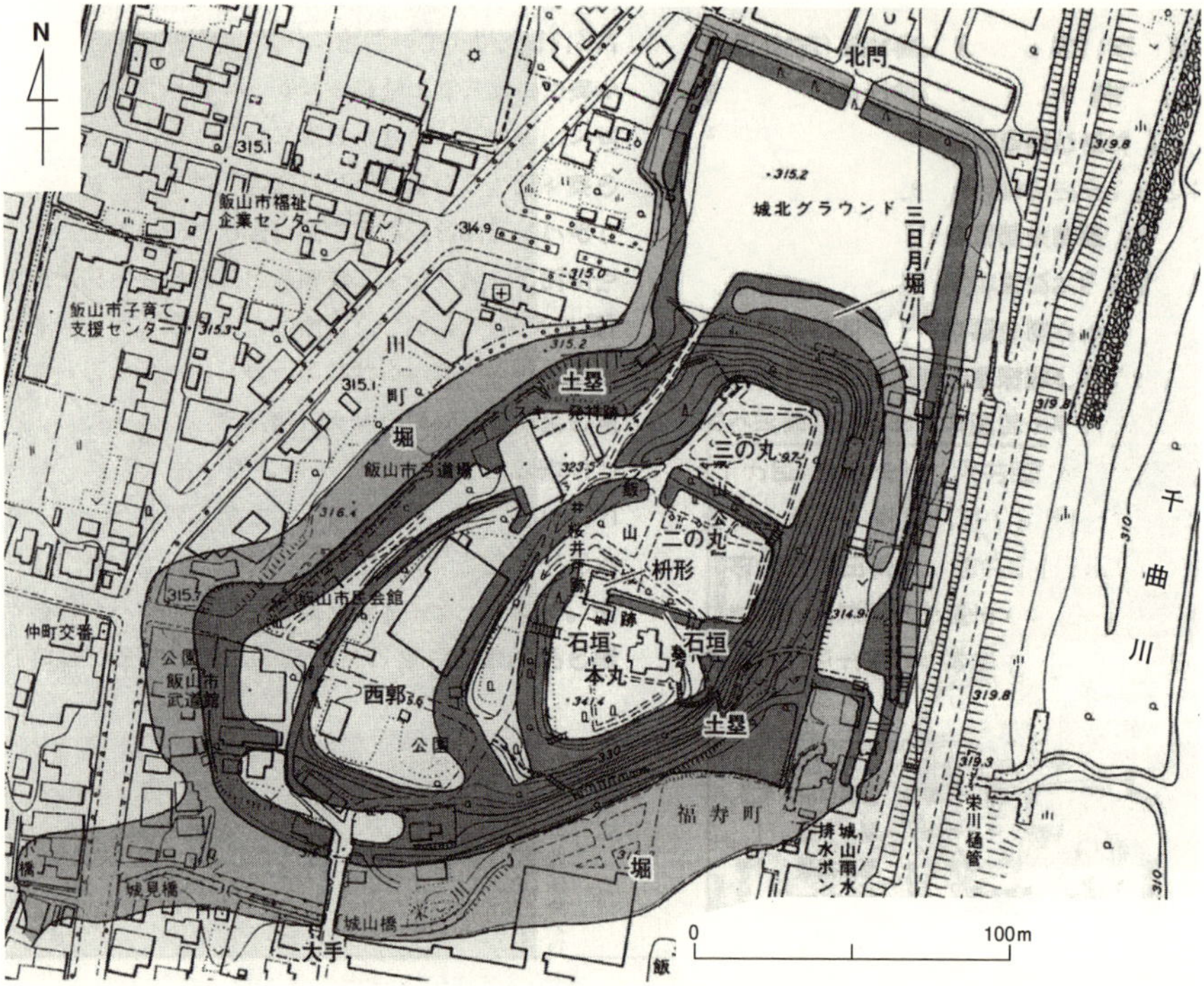

●―飯山城縄張図（『長野の山城ベスト50を歩く』2013より転載，サンライズ出版，作図：酒井健次）

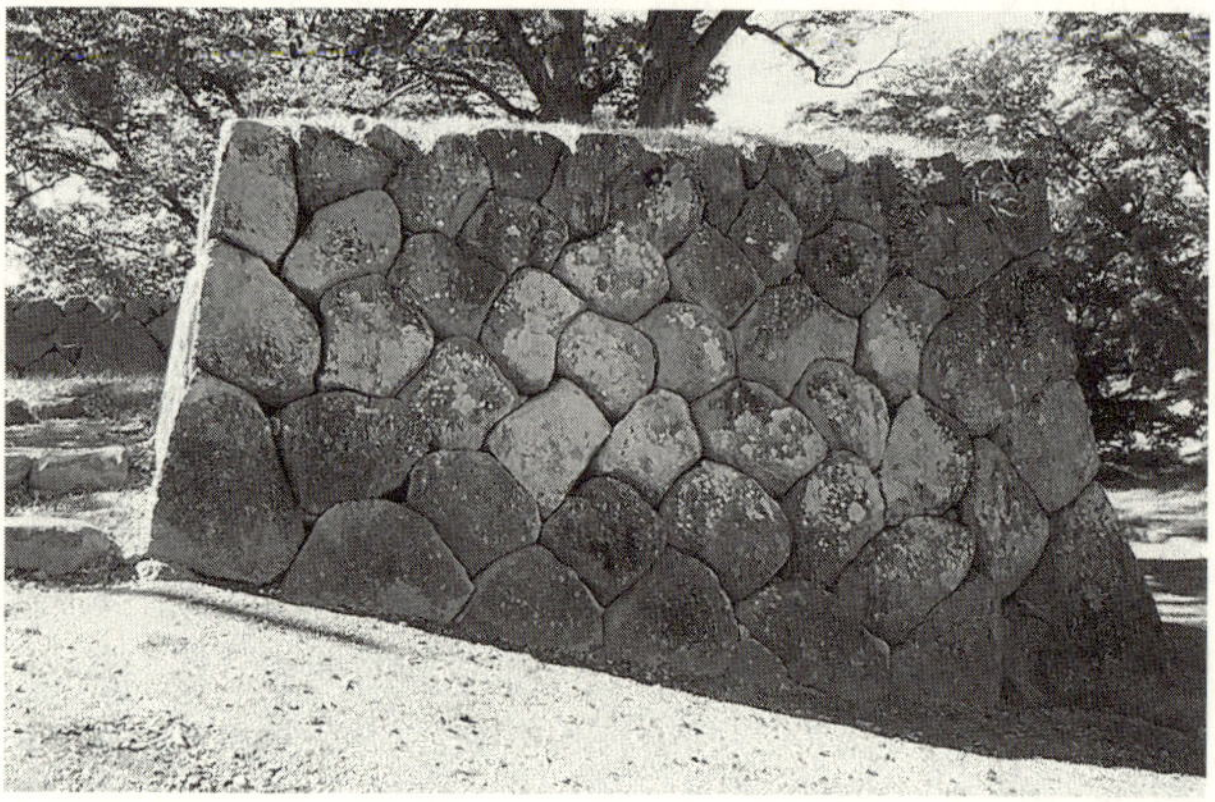

●―本丸虎口の入口

たが、飯山城は戦災をまぬがれた。その後、飯山城の建物は取り壊されたり、火災で焼失したが、大手門は信叟寺《しんそうじ》（長野市）に移築されている。

【現在の姿】　現在の飯山城は本丸（六〇×六〇メートル）・二の丸（七〇×五〇メートル）・三の丸（六〇×五〇メートル）が南から北に並び、西側に西郭がある。本丸と二の丸との

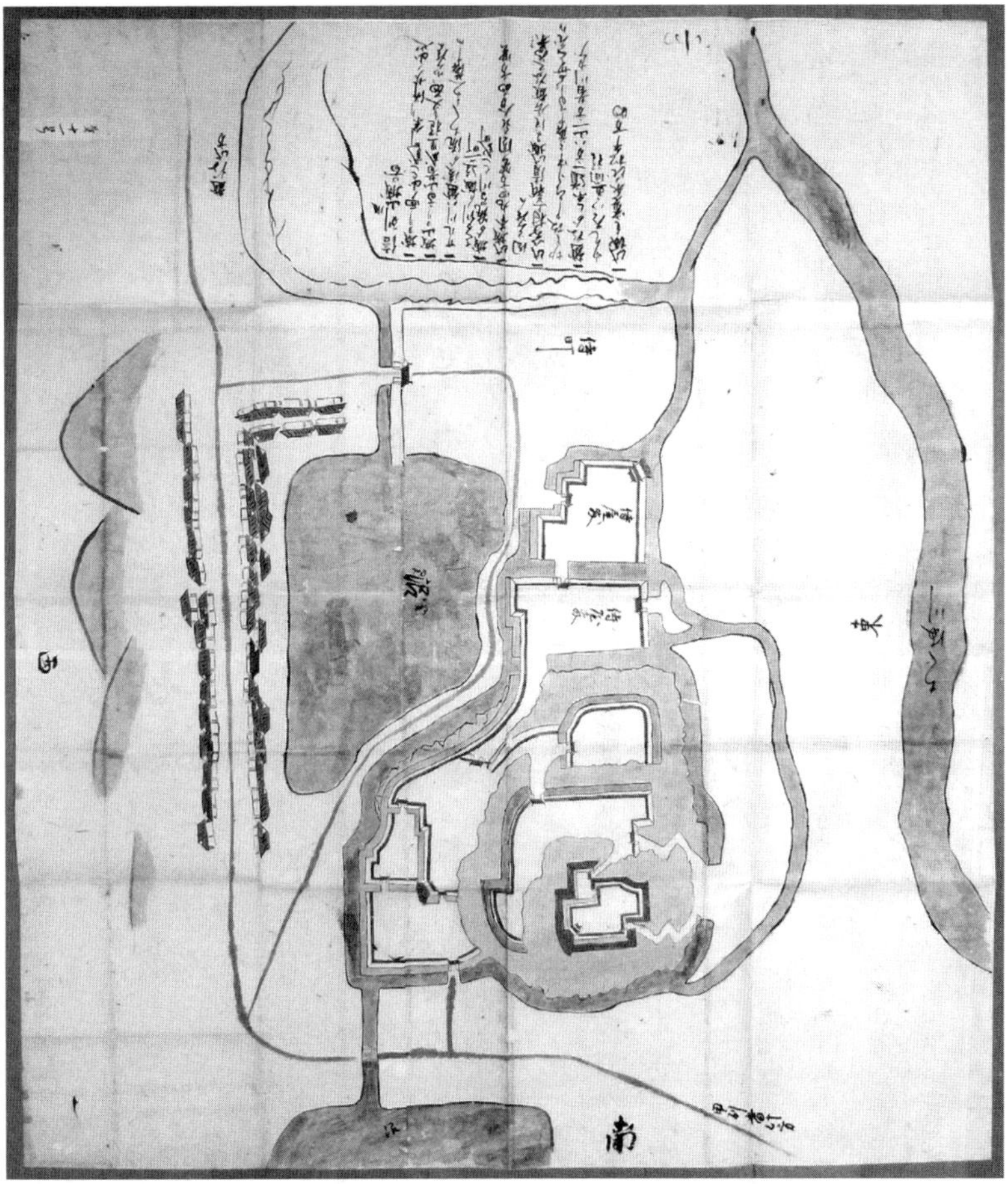

●—江戸時代前期に描かれた飯山城絵図（上智大学中澤研究室所蔵）

間に石垣が築かれ、桝形《ますがた》が配置されている。しかし、石垣は近世の「打込みはぎ」であり、江戸時代に整備・拡張されたものである。

江戸時代、飯山城の大手《おおて》は南となっているが、戦国時代は関田峠越えの道が重視されていたため、築城当初は北側を大手としていたと推定される。現在、飯山城址公園となっているが、本丸には葵神社がある。城の周囲には水堀がめぐらされていたが、現在は住宅や畑になっている。飯山市では、水堀も含め飯山城の姿を復元する計画がある。

【参考文献】『飯山市誌』（飯山市、一九九三）、『定本北信濃の城』（郷土出版社、一九九六）、『探訪信州の古城』（郷土出版、二〇〇七）、『長野の山城ベスト五〇を歩く』（サンライズ出版、二〇一三）

（酒井健次）

●改修された跡が読み取れる館と城

高《たか》梨《なし》氏《し》館《やかた》・鴨《かも》ヶ《が》岳《たけ》城《じょう》

〔高梨氏館・国指定史跡〕
〔鴨ヶ嶽城・県指定史跡〕

〔所在地〕中野市大字中野字大平山・山ノ内町戸狩、中野市大字中野字小館
〔比高〕三〇五メートル（館から山頂）
〔分類〕平城（館）と山城
〔年代〕高梨氏館：一五～六世紀、鴨ヶ岳城：天正十年頃に大改修か
〔城主〕高梨氏か
〔交通アクセス〕長野電鉄「信州中野駅」下車、徒歩一〇分。（館まで）

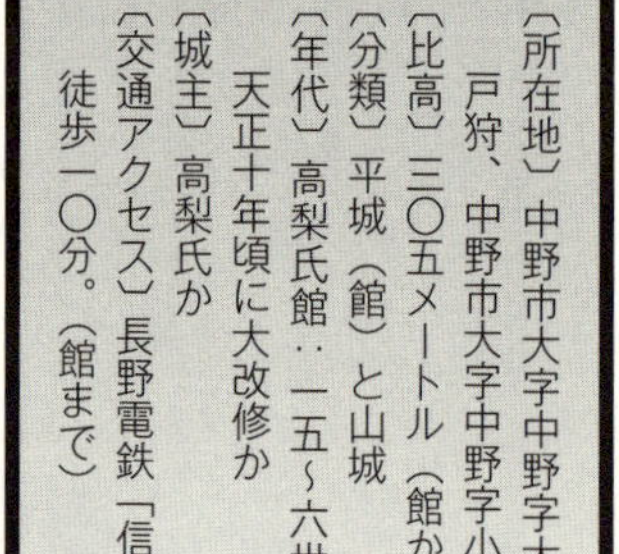

【北信濃の政事・文化の拠点　中野】　中野市街地の東に屏風《びょうぶ》のようにそびえる山々がある。大きな鞍部を挟んで北が箱山、南の長い稜線の山が鴨ヶ岳である。いずれも頂部に高梨氏にちなんだ伝承をもつ城館跡がある。麓との比高はおよそ三〇〇メートルほどもあり、随所に岩がむき出しになった山容は、稜線山の信仰との関連をうかがわせる。現在の鴨ヶ岳は、稜線部にこそ明瞭な信仰遺構は読み取れないが、西麓の如法寺《にょほうじ》が「今昔物語集」に往生譚《おうじょうたん》が記されている同名の寺に比定され、在地の武力と聖地との結びつきをうかがわせる。

この鴨ヶ岳山麓から五〇〇メートルほど西に高梨氏館跡がある。東西約一三〇メートル、南北約一〇〇メートルの館は、信濃の有力国人高梨氏の最盛期の館と考えられている。高梨氏は中世前期から続く北信濃の国人で、越後との結びつきが強く、戦国後期には武田氏に圧迫されて飯山に移り、上杉氏に属した。鴨ヶ岳城は、この館と対になる「詰城《つめじろ》」と考えられてきた。

【発掘でみえてきた館の姿】　高梨氏館では、昭和六十一年（一九八六）の試掘を皮切りに数次にわたる発掘調査が行われ、興味深い成果が上がっている。

館は高い土塁《どるい》と堀に囲まれ、平面形は変則的な台形である。四辺の軸線が不整合であることと、南北両辺の中央付近に屈曲があることがその原因である。土塁の開口部も五ヵ所（南辺の土塁屈曲部両側を含む）あるようにみえ、全体の構造がわかりにくい。発掘調査で南辺の屈曲部西側で土塁を断ち割ったところ、内部から築地《ついじ》塀がみつかった。断面の観察か

ら、この部分は最初に築地塀があり、塀の両側に築地より低く土が盛られ、さらに築地を覆うように土塁がかさ上げされたことがわかっている。しかし、東側の土塁にはそのような痕跡がみられず、現況の館は南北両辺の土塁屈曲箇所から東西で成立過程が異なると考えられている。土塁の軸線が整合しないこともこれが原因と推定され、西側の方形館が先に成立し、後に東側が付加されたとみられている。

　高梨氏館の大きな特色として、東側の区画から大規模な庭園が検出され、これと関連する建物跡がみつかったことがある。建物跡に切り合い関係はないが、軸線が五度ほどずれる二群に分かれることから、建築時期が異なる建物があったとみられる。これらの大半は東の区画に集中しているが、西の区画にも小規模な庭園跡があり、地中により古い時代の遺構が眠っているとみられる。このため、館の内部がどのように変化したかは未解明である。

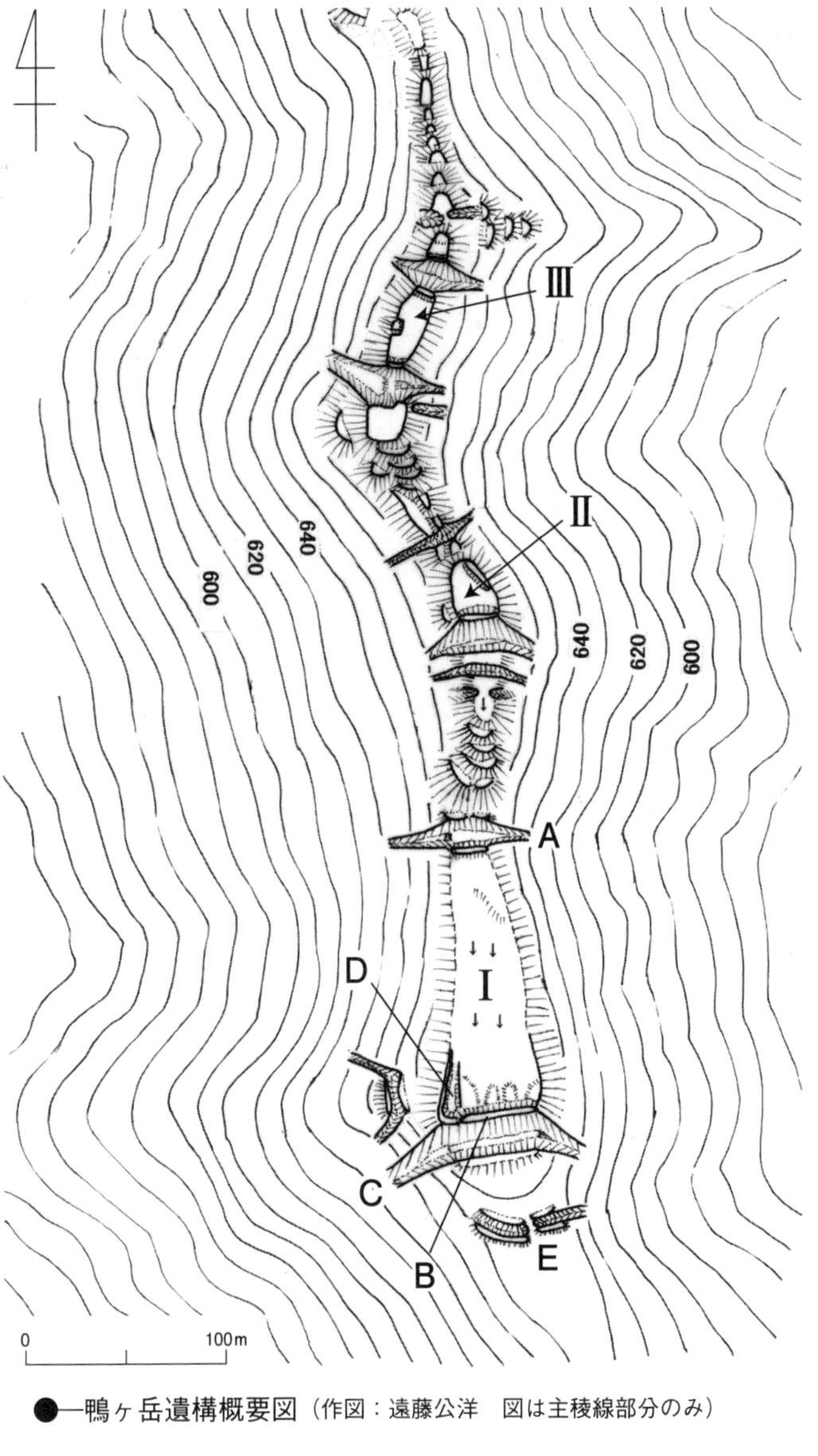

●—鴨ヶ岳遺構概要図（作図：遠藤公洋　図は主稜線部分のみ）

　館が機能した時期について、報告書

●―高梨氏館　北東隅からみた館の内部．中央奥が庭園址

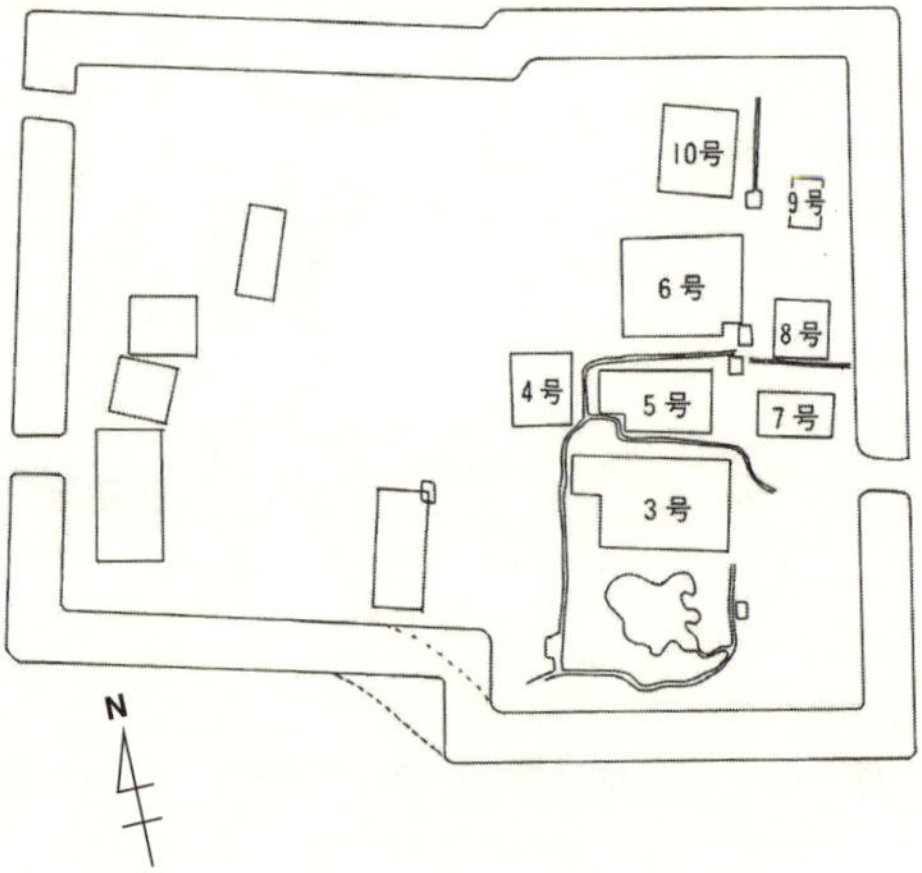

●―高梨氏館，建物跡配置図（『高梨氏館跡 発掘調査報告書』1933，中野市教育委員会提供）

（二〇〇〇年刊行）は、出土した土師質《はじしつ》土器の皿を分類し、約八〇%を占める二種（「D・E類」）の年代から一五世紀後半から一六世紀中葉としている。これは、高梨氏が中野に入り飯山に移転する前までにあたるという。

また、土塁開口部の調査では、かつて正門とみられていた南辺土塁の西側開口部の正面に池跡が検出され、土塁が築かれた後に機能した出入り口は東西にある二ヵ所と判明した。発掘調査で確認された遺構は、三〜四時期に分かれ、高梨氏が館に入ったとみられる一六世記初期の改変と、飯山に退去するまでの一六世紀半ば頃の防備の強化が読み取れるという。正面は西側で、二つのうち、まず南、次いで北の順で正門の機能を果たしたと考えられている。そのため、高梨氏館を正面からみたとき、背後には鴨ヶ岳城がそびえる景観だったと考えられている。

●—鴨ヶ岳城　主郭Ⅰの南端にある塁線Bの石塁（西外から近景）

【鴨ヶ岳城の構造から浮かび上がる大規模増築】　この城のみどころはⅠ郭と、Ⅱ郭（主郭）からⅢ郭にかけての造成法の違いであろう。Ⅱ郭からⅢ郭周辺は東西の勾配がきつい痩せ尾根を堀切で分断して物理的に進入を阻む設計で、平場は丁寧に水平に造成されているが、それほど広くない。

これに対し、Ⅰ郭はⅡ郭からⅢ郭のすべてを合せたより広いが、段切りなどで丁寧に水平に造成した痕跡はない。防御施設が南北両端にあるが、北端のAは北からの進入を阻止するものではない。ここは、尾根の地形変換点を利用して高い切岸《きりぎし》を削りだし、その下に浅い堀状の溝と土塁を設置した塁線である。このような塁線は、新潟県から長野県北部では、比較的勾配がゆるく人の接近が容易な場所を見下ろすように設置される例が多い。塁線Aも、敵が南からⅠ郭に進入することを前提に、より北側への進入を阻止する施設である。

Ⅰ郭自体を守るための施設は南端で、石塁B（土石混交か）と直下の深い堀切C、その脇に設置された土塁のあるテラスDで構成される。さらに、その南の緩い斜面の裾にも塁線Eが設けられており、三重の塁線を用いてより広い空間を「囲い込む」意図がうかがえる。空間Ⅰを丁寧に造成していない点に加え、南端の石塁内側にある土砂をすき取ったような不定形の凹みをみると、この普請が臨時に、しかも最小限の労力で最大の空間を確保する目的で行われたことがうかがえる。おそらく、既存のⅡ・Ⅲ郭だけでは不足する空間を補うため、塁線Aから南を急造したものであろう。

尾根先端部の勾配の緩い空間を、あまり整形せぬまま弧状の塁線で抱え込む施設は、長野県内では野尻城（信濃町／41頁参照）、岩井城（飯山市／中野市）、安源寺城（中野市）、竹の城（須坂市）などにある。尾根先端に限らなければ、山口城（飯山市）、福井城（高山村）、若宮城、髻《もとどり》大《おお》城（飯綱町）などで、より大規模に実現されている。新潟県内でも酷似した遺構が検出されており、近隣では妙高市の鮫ヶ尾城、鳥坂城、赤坂城や上越市の箕冠城などがある。ただし、新潟県内の遺構は基本的に土砂を用いるのに対し、県境付近から長野県内には石材の含有率が高い塁線が現れる。

【天正十年の城普請】　このような塁線をめぐらせた城が新潟県から飯山・中野周辺や信濃町・飯綱町周辺に分布する背景として考えられるのが、天正十年（一五八二）の軍事的緊張である。織田勢の侵攻により武田家がわずか一ヵ月で滅び、北信濃は突然、上杉氏に与する勢力と織田勢との前線になった。細部はわからないが、四月初頭の織田勢は長野市北東部の長沼城を拠点とし、飯山周辺と牟礼周辺を拠点とする上杉勢（信濃衆を含む）が、長沼の奪還をねらっていた。このとき、「信長公記」は「大蔵の古城」が取り立て（改修）られたと記しているし、上杉景勝は場所が明記されない「新地」を牟礼《むれ》の近くで普請させている。また、直接普請には言及しないものの、天正十年六月の景勝出馬にあたって、髻大城（飯綱町／長野市）を陣にするよう命じた直江兼続の書状も残る。比較的安定した武田氏の支配のもと、しばらく大規模な城普請が必要とされなかった信濃が、突然大規模な戦乱に巻き込まれたため、新造・改修を問わず眼前の大きな戦に対応した城が必要になったのであろう。織田をはじめ上杉、北条、徳川ら国外から進入した勢力や、これと結んだ在地勢力により、各地で城普請が行われている。鴨ヶ岳城にみられる臨時的な普請のあり方や、より多くの人員が入れる広い空間を囲い込む構造も、このような状況を念頭に置くと理解しやすい。

中野市付近でこのような塁線がみられる城は、飯山から千曲川右岸伝いに南下して長沼城と対峙するかのように分布しており、鴨ヶ岳城はその中間点にあたる。高梨氏自体の動向は不分明だが、この一帯は上杉氏に与している岩井氏や井上氏、須田氏（当人は越中にいた）らの本貫《ほんがん》の地でもある。おそらく、現在の鴨ヶ岳城の姿は、この頃に普請（拡張・改修）されたもので、高梨氏館と対になっていた当時の山城は、Ⅱ・Ⅲ郭を核とする北半分の土台になっているのであろう。

【参考文献】中野市教育委員会『高梨氏館跡―発掘調査報告書―』（一九九三）、中野市教育委員会『高梨氏館跡発掘調査報告書』（二〇〇〇）、遠藤公洋「髻大城と長野県北部の城館遺構―横堀遺構に着目した再評価の視点―」『市誌研究ながの』一六号（二〇〇九）

（遠藤公洋）

お城アラカルト

屋敷から館へ

中井　均

中野市に所在する高梨氏館跡は、北越後の有力国人高梨氏の居館である。周囲が方形ではなく凸形となり、土塁《どるい》と空堀《からぼり》がめぐる。館背後の山頂には鴨《かも》ヶ《が》嶽《たけ》城が位置しており、典型的な戦国時代の居館と考えられていた。

ところが昭和六十一年（一九八六）に実施された発掘調査によって、こうした概念は大きく覆された。まず土塁の構造を明らかにするため断ち割ったところ、土塁の内面中央部に長方形の粘土で造られた芯の存在することが明らかとなった。この芯は土塁築造にともなうものではなく、先行して築かれた築地塀《ついじ》の痕跡であり、それが後に埋められて土塁にされてしまったものである。築地塀の構築は一四世紀で、それが一五世紀に埋められたとみられる。さらに凸形の突出部からは築地塀の痕跡は検出されておらず、築地塀で囲まれた屋敷が造営された段階では方形プランの屋敷地であったとみられ、塀に替わって土塁を構築した際に、平面構造を凸形とし、周囲に空堀をめぐらせたようである。おそらく戦国時代になると防御施設としては築地塀では対処できず、土塁を構築して対処したのである。こうした築地塀から土塁への変化はこの高梨氏館跡だけではなく、周防の守護所である大内氏館跡でも確認されている。

室町将軍の屋敷である花の御所は、「洛中洛外図屏風」に描かれているが、その構造は築地塀によって囲まれている。こうした将軍の屋敷が全国の守護館や、有力国人の屋敷に影響を与えたことはまちがいない。それは権威としての屋敷ではあったが、戦国時代には対処できるものではなくなり、空堀と土塁を導入する館へと大きく変化していくのである。

もうひとつ高梨氏館では謎が残されている。それは館が一五世紀に廃絶したことである。鴨ヶ岳城とセット関係にはなかったのである。屋敷から館へ変化し、さらに館でも対処できず、山城が出現するのはその後になるようである。

●北信濃随一の巨大山城

替《かえ》佐《さ》城《じょう》

〈中野市指定史跡〉

〈所在地〉中野市豊津
〈比　高〉二四〇～二九〇メートル
〈分　類〉山城
〈年　代〉永禄年間（一五五八～七〇）～
〈城　主〉不詳
〈交通アクセス〉ＪＲ飯山線「替佐駅」下車、徒歩二〇分。

【交通要衝の城】　替佐は、千曲川左岸の旧下水内郡豊田村豊津に位置している（平成十七年〈二〇〇五〉、千曲川右岸の中野市と合併）。替佐には斑尾《まだらお》川に沿って、穴田・永江から越後へ通じる東山道支道。永江から柏原（信濃町）へ続く飯山往還。替佐峠から飯山をへて十日町（新潟県）に通じる谷街道の三つの道が通過し、古くから交通の要衝であった。

明徳三年（一三九二）三月、北信濃一帯を支配していた高梨朝高は一族の所領を書き上げ、幕府に安堵を求めた（「高梨文書」）。この中に「水内郡若槻新庄加佐郷」とあるのが初見である。応永七年（一四〇〇）、信濃守護小笠原長秀《ながひで》は、前年の大内義弘《よしひろ》の乱平定に功績があったとして、市河義房（栄村）に加佐郷を宛行《あてが》っている。

替佐城の麓には、「対面所」「馬場」「市場」の小字《こあざ》がある。「対面所」は政庁があったとされ、「市場」には市神が残っている。上信越自動車道の建設時に、替佐城北東の対面所《たいめんじょ》遺跡と飛山《とびやま》遺跡が調査された。対面所遺跡は中世墓地、飛山遺跡は中世塚であることが確認された。替佐には戦国時代の前期には館があり、城下集落が形成されたとみられる。

替佐城は、西の米山《こめやま》山塊から派生する独立状の山頂に立地している。千曲川を眼下に望み、対岸の北東へ三キロ離れた壁《へき》田《だ》城（中野市壁田）とともに、武田方の最前線として千曲川に並行する道を抑えている。替佐城の北にある上杉方の飯山城（飯山市）までの距離は、直線で約一〇キロである。

【武田方の支配】　永禄四年（一五六一）九月の第四回川中島

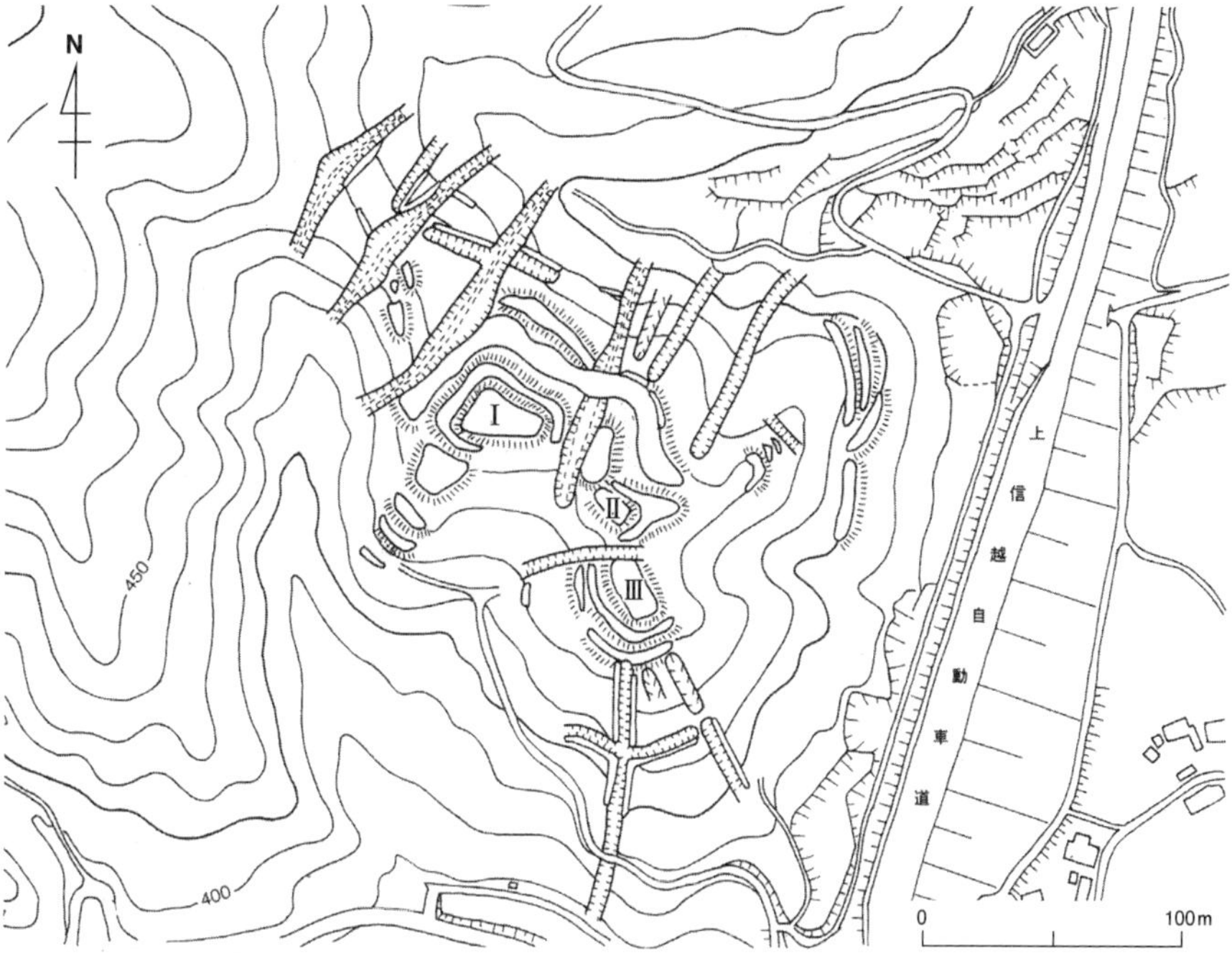

●—替佐城縄張図（作図：酒井健次）

合戦以後、北信濃の大半は武田方が支配し、上杉方は飯山城まで後退した。武田方は永禄十一年、信越国境攻略のため長沼城（長野市）を拠点として再建した。この頃、替佐城は飯山城攻撃のため、壁田城とともに整備されたという。

●—替佐城遠景

●—主郭Ⅰを望む

城将は壁田城とともに小幡上《おばたかず》総介《さのすけ》と伝えられるが、詳細は不明である。なお、永禄九年九月、信玄は山田飛騨守・同左衛門尉に壁田を宛行っており、この頃すでに壁田城は整備され、両名が守備についていたと考えられる。

【城の構造】　替佐城は独立状の山全体が城域となっており、東西約二・五キロ、南国約一・六キロにもおよび、北信濃では最大級の山城である。北西から南東に主郭Ⅰ・Ⅱ・Ⅲが並び、比高差は約一二〇メートルである。

主郭Ⅰ（四三×二七二メートル）は東西に細長く、周囲には高さ七～一〇メートルの切岸《きりぎし》がみられる。眺望がよく、北の飯山方面から対岸の壁田城まで見通すことができる。対岸の壁田城とは、狼煙《のろし》によって連絡を取り合っていたと推定される。主郭Ⅰには幅一〇メートル、長さ二〇〇メートルの腰郭が設けられている。

郭Ⅱは主郭Ⅰの東側にあり、主郭Ⅰとの間は幅一八メートルもの大きな箱堀状の堀切で区切られている。北側（一五×二七メートル）と南側（一二×二五メートル）の二つに分かれ、南側は一メートルほど高くなっている。Ⅲ郭（一五×三一メートル）はⅡ郭の南側にあり、浅い堀でⅡ郭と区切られている。Ⅱ郭・Ⅲ郭を中心に竪堀が放射状に掘られている。Ⅲ郭の南には長大な竪堀が二条あり、直交して長さ八〇メートルの横堀がある。

替佐城に関する記録はないが、舶来品の青磁・白磁・染付、国産の陶器や土器片がみつかっている。いずれも一六世紀を中心とするものとみられ、替佐城はこのころには使用されていたと考えられる。

天正十年（一五八二）三月、武田氏が滅びると、替佐城は壁田城とともに廃城となったという。

【参考文献】『定本北信濃の城』（郷土出版社、一九九六）、『探訪信州の古城』（郷土出版社、二〇〇七）、『長野の山城ベスト五〇を歩く』（サンライズ出版、二〇一三）

（酒井健次）

野《の》尻《じり》城《じょう》

●上杉・武田に争奪された境目の城

（所在地）信濃町野尻
（比　高）四四メートル（湖面から）
（分　類）平山城
（年　代）永禄十二年頃
（城　主）不詳
（交通アクセス）しなの鉄道「黒姫駅」から約五キロ。上信越自動車道信濃町ＩＣから約一〇分。（野尻湖岸に町営駐車場有り）

【信越の境にある野尻湖】　野尻湖は、長野・新潟県境から少し長野県側に入ったところにある湖で、その水は新潟県側に流れ出ている。周辺に多数の旧石器時代の遺跡があり、湖底からナウマン象などの化石がみつかることでも知られている。芙蓉湖の別名のとおり複雑な形で、北西寄りに琵琶島（弁天島）がある。中世には、ここに弁才天が祀られており、一四世紀半ばに大般若経六〇〇巻が施入されたことが、現存する経典の奥書からわかる。野尻とは、この湖の北西側一帯を指し、中世には新潟県妙高市から長野県に向かう主要な道筋の一本がここを抜けていた。

【中世の野尻】　野尻湖の北西側には城館跡が三ヵ所ある。遺跡の名前でいうと、琵琶島にあるのが琵琶島城、島と向き合う湖岸の尾根上にあるのが野尻城で、近世の野尻宿の西側にある水田に突き出た半島状の丘にあるのが土橋《どばし》城である。本書はこのうち野尻城を主題とするが、文献史料に出てくる「野尻の城」が狭い範囲に集中するどの城を指すのかは検討を要する。

「野尻の城」が文献に現れるもっとも古い例は、南北朝時代の正平七年（南朝／一三五二）に小県《ちいさがた》郡夜山中尾で行われた戦いに、武田弥六が「野尻城よりはせ参ずるのところ」と記す軍忠状である。しかし、城館の累積的な普請《ふしん》を考えれば、これを現存遺構のどれかに安易に比定するのは困難である。あえて位置のみを推測するなら、さきの弁才天に近い野尻湖北岸が有力候補であろう。野尻城跡に近い旧野尻湖中学

●—琵琶島遠景　中央の針葉樹の小山にみえるのが琵琶島，右端に宇賀神社の鳥居がみえる

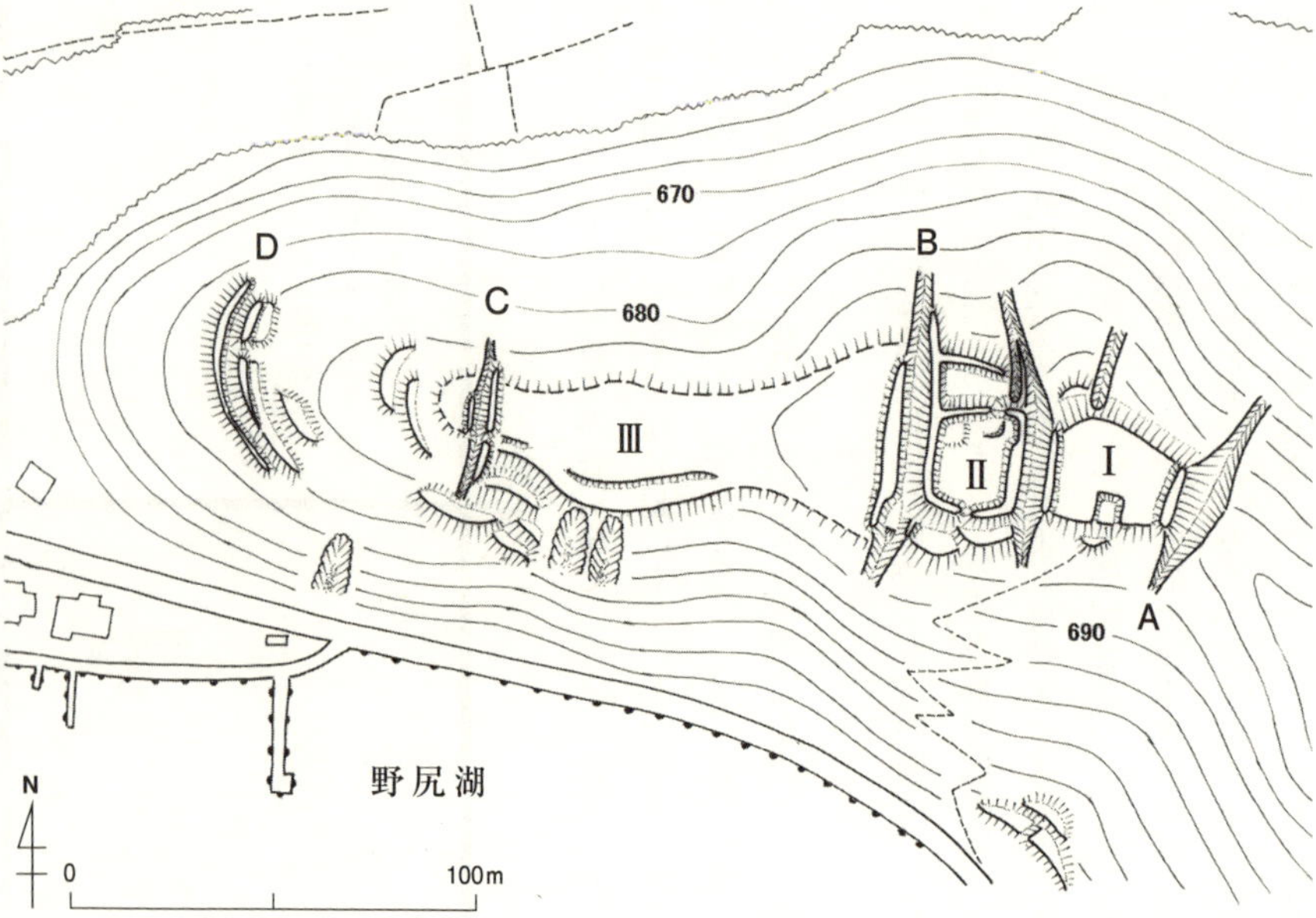

●—野尻城遺構概要図（作図：遠藤公洋）

校遺跡からは鎌倉から南北朝期のものとみられる銅製十一面千手観音像（町指定有形文化財）が発見されているし、近くに複数の五輪塔《ごりんとう》も残っている。中世の「野尻」の中心部はこのあたりだったのではないだろうか。

【信越境の「野尻の城」】　次に「野尻の城」が文献に現れるのは川中島合戦の頃である。武田信玄は、永禄四年（一五六一）に京都の清水寺成就院《じょうじゅいん》宛の願文《がんもん》で「于今、市川・野尻両城残党楯籠《ざんとうたてこもる》様ニ候」と記している。長野盆地以北の上杉勢力を駆逐しようとしている信玄の眼には、この地は敵側の「残党」が籠もる拠点と映っていた。ここをめぐって衝突が起きたのは永禄十年で、上杉輝虎は五月七日付色部修理《いろべしゅりの》進《しん》宛書状で「野尻島敵乗取候処、不移時日取返候」と記している。これに先立つ四月下旬に、武田信玄と山県昌景《まさかげ》が前後して蘆名家家臣の鵜浦《うのうら》左衛門入道に送った書状には、ともに「野尻落居」と記されているので、武田方が落とした「野尻の城」は島であったことがわかる。永禄四年以降、武田・上杉間で争奪の焦点となっていたのは琵琶島城だったようだ。むろん、これには軍事拠点としての意味だけでなく、信仰の対象・聖地の帰趨をめぐる争奪の性格もあったであろう。現在、琵琶島で観察される造成痕には弁才天（現宇賀神社）のものも混在するだろうが、防御性がはっきりした城館跡の遺構も残っている。東西に長い島を中央付近の堀切《ほりきり》で分断し、平場の南縁に大きな土塁《どるい》を設けた構造は、飯山市の山口城の中心部に似て、単純ながら比較的大規模な城といえる。

上杉方は、ただちに琵琶島を取り返したが、北信濃では長沼城を拠点とする武田側の圧力が高まった。これにより、信州口の防備を固める必要に迫られた上杉輝虎は、永禄十二年の八月に、「飯山・市川・野尻新地」を油断なく守るように直江大和守に書状を送っている。一連の書状から、永禄十年五月から同十二年八月までに、上杉側の境目の拠点として、琵琶島とは別に野尻の「新地」が取り立てられたことがわかる。

【境界としての「野尻」の変質】　野尻が明確に「城」として文献に現れるのは、「野尻新地」が最後である。織田勢を迎えて存亡をかけた戦をしていた天正十年（一五八二）四月、長沼城奪取の報に接した直江兼続《かねつぐ》は、「長沼を抱えても『多切の地』（妙高市）が必要か（野尻の位置は両者の間）」と「吉松（不詳）」に書状で尋ねている。永禄十二年に比べ、軍事拠点としての野尻の重要性が低下しているようにみえる。この年の七月に上杉景勝が島津淡路守に宛てた知行目録には「野尻」の三〇〇貫文がみえ、長沼の島津氏が支配したことがわかる。注目したいのは翌天正十一年九月付の嶋津淡路守

●―南からみた塁線Ｂ．高い切岸のすそに土塁が併走する

宛て景勝朱印状で、「野尻新町」の郡司不入と諸役免除が認められていることである。永禄十二年以前の「野尻新地」取り立てとは間が空きすぎるので、「新町」はおそらく天正十年以降に新設されたものであろう。

「新町」は、近世野尻宿の北側を囲むように広がる字名《あざめい》である。天正十年からこの場所に集落が作られたとすれば、それは街道整備と不可分であろう。上杉家では天正十一年から文禄三年（一五九四）にかけて、この地域の街道交通に関する指示を次々に出し、近世の北国《ほっこく》街道の原形が固まっていく。あらためて街道沿いに「新町」を設けなければならなかったのは、「野尻新地」が北国街道の予定線から離れていたからであろう。こう考えれば、「野尻新地」は、北国街道の道筋から一キロ近く東に引っ込んでいる野尻城に比定するのがふさわしい。野尻城周辺から越後へは、北国街道ルートではなく、城の北にある小本道の小盆地を抜けて一直線に熊坂集落に向かうルートが合理的である。しかし、川中島四郡を景勝が確保し、小笠原氏・真田氏との境が前線となった天正十年以降は、軍事拠点としての「野尻の城」の重要性は低下した。いっぽう、野尻湖西岸をかすめて直線的に南に向かう北国街道筋の重要性は増し、国境の中継点として「野尻新町」が必要になったのであろう。

新町地籍の西はずれにある土橋城は資料が乏しいが、一連の流れの中に位置付けられる可能性もある。この遺構は、周囲の湿地に依存して段切りと土塁のみで構成され、戦国末期の大規模な戦いに備えた城とは異質である。しかしその位置は、野尻宿を北に抜けた北国街道が屈曲し、小さな峠を越える場所である。仮に土橋城がこの時期に機能したなら、眼前を切り通し（現況では）で抜ける北国街道に関与するには良い立地である。

【野尻城の遺構の特色】　野尻城は、東から西にのびる舌状尾根を深い堀切Aで断ち切って城域を確保し、東寄りに築いた中心部と、西の尾根先に構えた弧状の防御施設Dの間に、あまり整地されない平坦な空間Ⅲを抱え込んだ城館跡である。

東端のもっとも標高が高いⅠ郭を主郭とみる論者もあるが、これは堀切Aの外から城の内部を遮蔽《しゃへい》する役割も果たす施設で、土塁が全周する曲輪Ⅱが主郭であろう。主郭Ⅱの西にあるBは、内外の法面が著しく不均衡で落差四《メートル》以上ある切岸の基部に幅が広く低い土塁が併走している。「堀」というより高低差のある二段の土塁による防御施設（塁線）である。平面図で堀切のようにみえるC、Dもすべて切岸《きりぎし》の裾と天端に土塁が設けられた同様の施設である。西端のDは断面だけでなく弧を描く平面形にも特色があり、幅の広い尾根先を囲い込むように水平な塁線を構築した結果である。この類例は、岩井城（飯山市・中野市）、竹の城（須坂市）などにみられる。また、十分整形しない広い空間Ⅲを塁線で囲い込んでいる構造は、越後側の大間城（上越市）、赤坂城（妙高市）、信濃側の山口城（飯山市）、鴨ケ岳城（32頁参照／中野市）、若宮城、髻大城《もとどりおお》（飯綱町・長野市）などに類例がある。

主郭Ⅱの北側にあるテラスも、両側面を竪堀で守りながら、やや傾斜の緩い北斜面に備えた塁線と理解でき、野尻城は要所に工夫した塁線を構築していることが特色と言える。近隣の、このような塁線がある城で文献に年次が示された例には、天正十年に信濃に出馬する景勝の陣所になった髻大城（飯綱町）がある。信越地域では塁線を用いた構造は比較的新しいとみられる。いっぽう野尻城の現存する遺構がすべて永禄期に普請されたとは限らない。むしろ、今の姿は野尻城が使命を終える天正十年頃の姿であろう。Ⅰ郭の南縁にある「逆四角錐台」形に掘り込んだ虎口《こぐち》も新潟県から長野県北部に類例が分布し、管見では野尻城が長野県内の典型例である。これらの特色からは、野尻城が戦国末期に堺目として重視された歴史がうかがえる。

【参考文献】　信濃町『信濃町誌』（一九六八）、上越市『上越市史　別編一　上杉氏文書集一』（二〇〇三）、上越市『上越市史　別編二　上杉氏文書集二』（二〇〇四）

（遠藤公洋）

●障子堀をめぐらす国人の館

芋《いも》川《かわ》氏《し》館《やかた》

〔飯綱町指定史跡〕

〔所在地〕飯綱町芋川
〔比　高〕ほぼ〇メートル
〔分　類〕平城（館）
〔年　代〕一五～一六世紀
〔城　主〕芋川氏
〔交通アクセス〕しなの鉄道「牟礼駅」から約二・五キロ。上信越自動車道豊田飯山ＩＣから二〇分。

【芋川荘と芋川氏】　矢筒城（五一頁参照）の対岸にあたる鳥《とり》居《い》川北岸には、広い段丘面が開けている。ここに北から流れてきて大きく東に向きを変えていく斑《まだ》尾《お》川上流は開けた谷で、中世の芋川荘の中心部とみられている。このあたりを本拠とした国人《こくじん》が芋川氏で、史料こそ少ないが、中世末の動乱期に文字通り歴史の表舞台に躍り出る。

武田晴信（信玄）が永禄九年（一五六六）に芋川親正《ちかまさ》に宛てた越後攻めに関わる書状があるので、川中島合戦が一段落した頃には芋川氏は武田氏に属していた。その後、天正六年（一五七八）の御館《おたて》の乱を契機に、上杉景勝は武田勝頼と結び、信濃全域が武田氏の領国となった。しかし、天正十年の織田勢の侵攻により、またたく間に武田氏は滅亡し、信濃北部の国人らは自らの命運を託す大勢力の選択を迫られた。芋川氏は上杉氏に属し、四月初頭には「誓紙《せいし》」を差し出したことが景勝の書状にみえる。この時すでに織田勢は眼前の長野盆地まで進出しており、上杉と結ぶことは織田勢との対決の最前線に身を置く決断であった。

【芋川氏の本拠】　芋川氏の本拠と考えられているのが谷の西側にある鼻見城山の麓である。山頂から南東と南にのびる二本の尾根の間に、城下の施設等を置くには好適な緩傾斜地が広がる。その下の街道沿いには「町」という字名《あざめい》も残っており、古いたたずまいを残す集落がある。ここにある健翁寺《けんのうじ》には、かつて芋川氏の館であったとの伝承もある。いっぽう、この一帯から斑尾川を二キロほど遡った若宮の城を芋川氏の

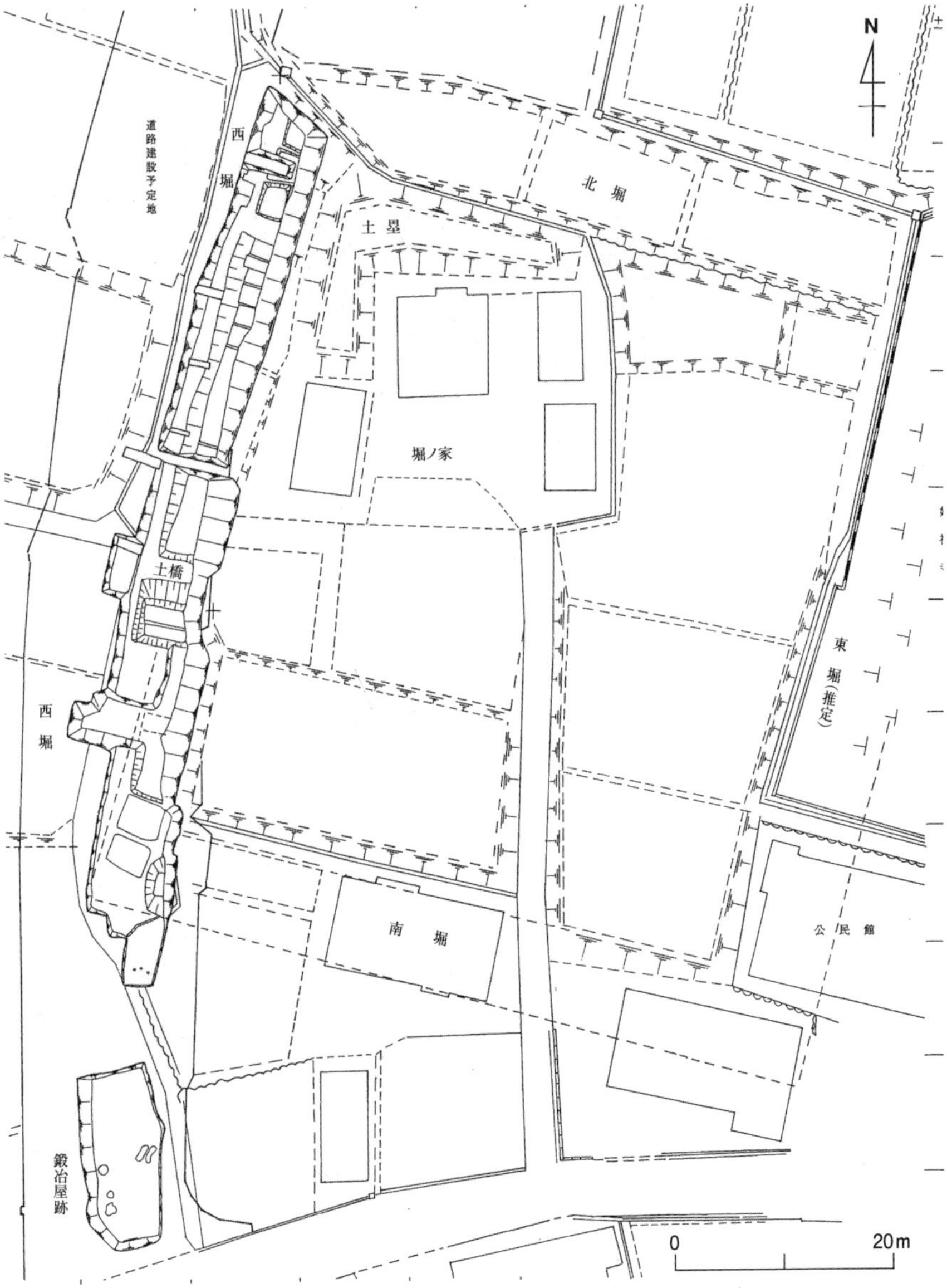

●—芋川氏館発掘全体図（「芋川氏館跡発掘調査報告書」2002，飯綱町教育委員会提供）

●—芋川氏館の土塁（東北東側からみた北西隅の土塁）中央の民家の右側マウンドが土塁

「本拠」もしくは「要害」とする伝承もある。しかし、地表で観察される若宮城と鼻見城の遺構には大きな違いがある。

若宮城は大規模で明瞭な外郭施設によって複数の尾根を丸ごと囲み込むいっぽう、中央の尾根を除けば平場造成などは不十分である。これに対し、鼻見城は山頂部の稜線を堀切《ほりきり》で二分する以外は明瞭な堀もなく、工夫された防御遺構は見出せない。ただし、平場は水平に造成され、一定の時間をかけて普請《ふしん》や管理が継続された様相がうかがえる。このように、二つの城の廃絶時の姿は、少なくとも同一主体がほぼ同じ頃に普請したと考えるには無理がある。いっぽう、若宮城に顕著にみられる外郭施設や石材を多量に用いた土塁《どるい》（石塁）は、同じ町内の矢筒城（51頁参照）、髻《もとどり》大《おお》城からも検出される。矢筒城と髻大城には、天正十年に上杉勢が入っている史料があるので、在地領主としての芋川氏の足跡を今日まで伝えているのは鼻見城山と山麓一帯であろう。

●—鼻見城の主郭

【地表からみた芋川氏館】　芋川氏館は、字「町」から二〇〇《メートル》ほど北東にあり、南にゆるく下る斑尾川の扇状地に占地している。平面形は東側の妙福寺境内をなす大きな正方形と、西隣の民家や耕地からなる小さな正方形の区画が並んでいるようにみえる。これを、主郭と副郭《ふっかく》二つの曲輪とみる論者もあるが、これまでの芋川氏館の調査では西側の正方形部分のみが館跡と考えられている。現在、北西隅部に土塁と堀跡とみられる細長い低地が確認できる。土塁は外側からの高さ二メートルほどのしっかりした構造だが、外に廻っていた堀は、地表からその幅や深さをうかがい知ることはできない。

【芋川氏館の発掘成果】　平成十三年（二〇〇一）から翌年にかけ、芋川氏館で道路拡幅にともなう発掘調査が行われた。最大の調査成果は、館を囲む堀の検出であった。西側の堀の西側（外側）部分だけが調査区だったが、多くのことがわかった。館の規模は、堀の内側法面で東西約五〇メートル、南北六〇メートルと判明した。堀は、西堀北側部分で幅約八メートル、この付近の最も深いところで土塁天端から四・六メートルであった。注目されたのは、堀底から一八基の堀障子《ほりしょうじ》が出現したことで、長野県内の城館跡では初めての発見であった。堀障子のほとんどが堀の走行方向に対して直交するが、区画の大きさは一様でなく深さも異なっている。この点は、大坂城や米沢城などで発掘されたものと似ている。堀には追加工事の痕跡がみられず、報告書は、全国的な障子堀の出現時期や、高梨党としての越後との軍事的緊張を踏まえ、この館の普請は一六世紀に入ってからであろうと結論づけている。

【天正期の芋川氏の動向】　この地域は、天正十年に大きな軍事的緊張に見舞われる。芋川氏が上杉景勝に属したとき、長野盆地の織田勢は、長沼城（五六頁参照）を拠点に飯山や野尻をうかがっていた。上杉方も飯山と牟礼《むれ》（飯綱町の矢筒城付近）に進出し、地元の信濃衆を引き付けて備えを固めていた。飯山側では岩井氏を筆頭にした「外様《とざま》衆」と呼ばれる地侍が織田方と対峙していたが、牟礼側では芋川氏が信濃衆を束ねたようだ。『信長公記』は四月五日条で「敵山中へ引《ひき》籠《こもり》、大蔵之古城拵、いも川と云者一揆致大将楯籠」と記している。大蔵城の深い堀切は、このときの軍事的緊張に関わるものとみられている。四月の初頭に上杉勢は長沼城を一時的に奪ったが、すぐ奪還された。『信長公記』によれば、四月七日には上杉・信濃衆の連合軍が長沼を攻めたが逆襲され、大蔵城の付近で、犠牲が「女童《おんなわらわ》千余切捨、以上頸《くび》数二千四百五十余有」と記される大敗を喫した。四月十八日付の書状で上杉景勝が、牟礼に派遣した家臣らに、「新地（新しい城）」の普請を督促しているので、相当の敗北を喫したのは間違いない。筆者はこの「新地」が芋川の谷の奥にある若宮城ではないかとみているが、本書はさらに芋川氏の動向を追いたい。さきほどの「新地普請」の翌十九日、景勝は芋川越前守（親正《ちかまさ》）に新たに「十郎分」を宛行《あてが》っている。上杉家に属してからの期間を考えると、景勝が評価したのは長沼と大蔵での戦いであり、芋川氏を味方に引きつけ続けるための宛行でもあろう。芋川氏はこのときも本拠のあたりにいたはずだが、具体的な動きはわからず、鼻見城にもこの時期の大規模な戦に備えた遺構はない。おそらく、土塁による大規模な塁線を築いた、矢筒城、若宮城、髻大城のいずれかに信越の侍らとともに詰めていたのであろう。

次に文書に芋川氏が現れるのは、本能寺の変で織田勢が瓦解した後の六月十五日で、景勝は芋川の貢献を高く評価している。この後、七月九日付の書状で芋川氏は、安曇《あずみ》郡に近いとみられる城の普請を督励されている。同月二十六日には、牧之島城（長野市信州新町、九七頁参照）の将として景勝から条書を授かっているので、七月上旬の普請も牧之島のものだったのかもしれない。

このように、芋川氏は天正十年四月から六月上旬まで飯綱町付近で織田勢の矢面に立ち、七月に入ると上杉家臣として牧之島城で小笠原氏と対峙した。

【芋川氏館の廃絶】　館の存続時期については、実用品の内耳《ないじ》鍋《なべ》が一五から一六世紀のものが出土していることから、この時期に機能していたとみられる。下限を確定する手がかりは数次の発掘でもみつかっておらず、報告書は上杉景勝の会津転封（慶長三年）と想定している。しかし、景勝が川中島四郡を支配した期間を通して、芋川氏は領域南西端の牧之島城を任されていた。ここは芋川氏館から直線距離でも三〇キロ以上離れ、当主が日常的に芋川に居住したとは考えにくい。

この地域は当時も芋川氏の知行《ちぎょう》であり続けたようだが、周辺には島津氏の知行地が広がっていた。芋川氏の知行は文禄三年の「定納員数目録」で四四八六石余にのぼるが、これだけの知行地を芋川周辺に与えられていたとは考えにくい。天正十年七月二十六日付の宛行状で、新知として与えられた「香坂一跡・大岡分」は、牧之島城の周辺から南方にかけてである。おそらく芋川親正はほとんどの知行を新たな任地で与えられたであろう。こう考えると、芋川氏は、信濃衆の中でもとりわけ明瞭に本貫《ほんがん》の地から切り離され、旧来の主従関係に基づかない体制で牧之島城を預かったと言えよう。だとすると、芋川に残る館はどのように運用されたのであろうか。芋川氏館は、今後の調査・研究により、中近世移行期に在地領主の城館が廃絶していく過程を読み解く重要な手がかりを与えてくれるかもしれない。

【参考文献】三水村教育委員会『芋川氏館跡発掘調査報告書』（二〇〇二）

（遠藤公洋）

●戦国末期にも使用された国人の城

矢《や》筒《づつ》城《じょう》

〔飯綱町指定史跡〕

〔所在地〕飯綱町大字牟礼字城山
〔比　高〕六七メートル（八蛇川から山頂）
〔分　類〕平山城
〔年　代〕一六世紀前半
〔城　主〕島津氏（一六世紀中頃まで）
〔交通アクセス〕しなの鉄道「牟礼駅」から約一・五キロ。上信越自動車道豊田飯山ＩＣまたは信濃町ＩＣから三〇分。

【山間の十字路牟礼】　上水内《かみみのち》郡飯綱《いいづな》町の牟礼《むれ》宿は、鳥居《とりい》川のほとりにある北国《ほっこく》街道の宿場である。宿場の北側を蛇行しながら鳥居川が流れ、宿場を挟むように、複数の河川を集めた八蛇《やじゃ》川が南側から合流している。宿場の周辺には複雑で落差がある段丘地形が発達するとともに、総体としては小さな盆地状になっている。このため、牟礼は山間地でも四方から道が集まる場所であった。

矢筒城の周辺からは、大規模な集落跡（表町遺跡）も発掘されていることから、中世にはこの付近に城下集落があったとみられる。

【崖の城】　矢筒山は、八蛇川の南の段丘の縁に位置する矢筒山（標高五六六メートル）と周囲の段丘面に占地している。東側と西側にもそれぞれ八蛇川に流れ込む沢があり、小規模な田切地形になっている。南麓にある病院からの比高は四二メートルだが、東西と北は段丘崖によってさらに落差があり、八蛇川からの比高は六七メートルに達する。その点では矢筒城は崖を巧みに利用した城と言えるだろう。

時期による変遷はあるが、おおまかに整理すれば、矢筒城は矢筒山そのものと、その裾の平坦面を城として利用し、谷を挟んだ南側の平坦地に集落が営まれた城だと言える。

【発掘された城下の集落】　表町遺跡は、小さな谷を挟んで矢筒山と向き合う、北向きの緩傾斜地に広がる集落遺跡である。道路建設にともない、平成十六年（二〇〇四）から長野県埋蔵文化財センターと飯綱町教育委員会によって記録保存

●—矢筒城全景（西南西からみた矢筒城）頂部のなだらかさがわかる．右端の建物が病院．山の頂部だけでなく，中腹やふもとにも大きな平場がある

のための発掘調査が行われた。その結果、一部で一四世紀の威信材も出土したが、一五世紀後半から一六世紀半ばをピークとする中世の集落が確認された。しかし、一六世紀後半の遺物はほとんどみられない。調査報告書は、牟礼を領していた島津泰忠《やすただ》が天正六年（一五七八）に武田氏に宛てた書状で、近隣地域を指して「一切荒所」と表現していることに着目し、川中島合戦期以降、上杉・武田両勢力の前線地帯になって村落が荒廃した可能性を指摘している。

出土した威信材などから、島津氏の初期の館は山麓側ではなく、表町遺跡にあったという見方もあるが、今のところ位置を確定するに足る手がかりはみつかっていない。表町の集落だけでも一世紀ほど機能しているので、館の位置の変遷も含めて今後の課題である。

【矢筒城を取り巻くテラス】　矢筒城の最大の特徴となる遺構は、矢筒山の南東側から北東側にかけて（現存部分のみ）とりまく大規模な横堀（テラス）状遺構（A）である。この遺構には外側に石材を多用した土塁《どるい》（石塁）が、人の腰から胸ほどの高さで併走している。昭和六十一年（一九八六）に、現在の健康センター北側で堀と土塁の断ち割り調査が行われた結果、深さ（土塁との落差）が四メートル以上ある底の平らな堀が検出された。土塁は堀の掘削で生じた土砂を盛った本来の

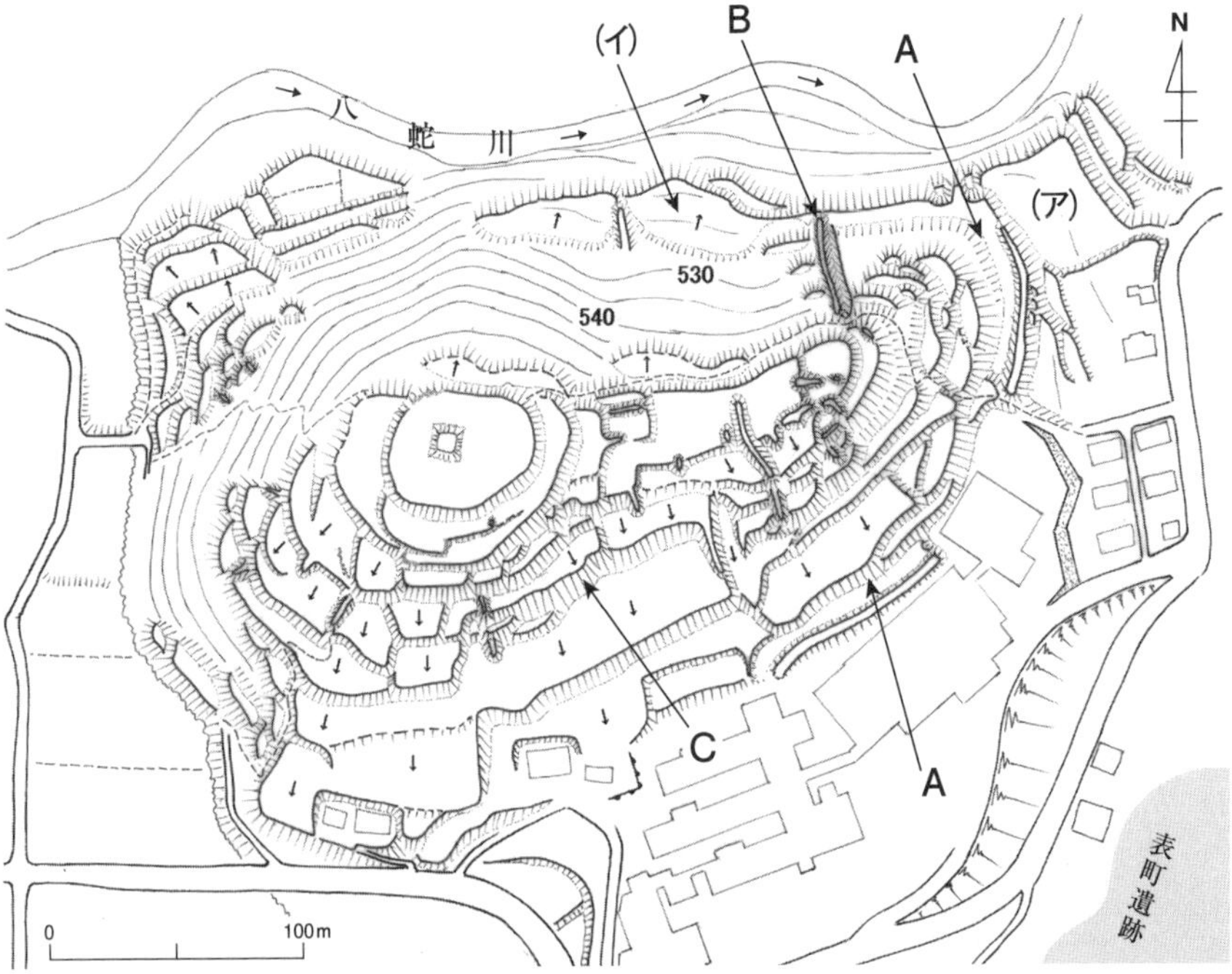

●—矢筒城遺構概要図（作図：遠藤公洋）

●—テラス状の遺構（病院の裏で西向きに撮影）左側のマウンドが土塁

ものと判明した。この堀は、一定期間機能した後に山側から一気に大量の土砂が放り込まれたこともわかったが、その時期は明らかになっていない。また、調査箇所が限られるので、テラスのすべてがその過程を経たかは今のところわからない。そのため、このテラスが「周囲に深い横堀を廻らせた城の廃絶」の痕跡か、「横堀改修（埋め戻し）後にも再利用された施設」なのかもわからない。

このテラスの北寄り部分には、走向方向に沿った勾配があり、北に行くほど下がっているが、その底部と土塁の相対的な高低差はほぼ一定である。仮に「堀の埋め戻し」が全体にわたって行われていたとしても、「勾配に対応しつつ均一な高さの土塁が併走するテラス」が破却によって偶然できたとは考えにくい。加えて、このテラスは矢筒山の北東麓で、遮断と導入の機能を効果的に果たしているようにみえる。矢筒山の東側から北西側にかけては、大きく三つに分かれる平坦面がある。テラスAは、平坦面アと矢筒山を内外に分断し、土塁の内側からこの平坦面を見下ろす城壁のような構造になっている。北端の土塁が切れる部分は、あるいは出入り口施設の名残かもしれない。このテラスの先は、段丘崖の上で廻廊状になるが、すぐに土塁（多量に石を含む）が併走する竪堀《たてぼり》Bに突き当たる。ここが平坦面イの入口と思われ、山体全体を防壁に見立てたうえ、竪堀Bで東からの進入を制限している。これらの構造を重視すると、矢筒山の裾を廻る横堀（テラス）状の遺構は、埋め戻し後に再び土塁を生かした外郭施設として機能したのではないかと考えられる。

【石を用いた遺構と高い切岸】　矢筒城では、地山に角礫が多く含まれるため、意図的な選別かどうかは定かでないが、多量に石を含んだ土塁が随所にみられる。水平方向だけでなく、勾配に沿って設けられたものが、出入りや空間を区画する要所でよく用いられている。中でも顕著なのは竪堀Bに併走するもので、その規模は圧巻である。石材を多用した（場合によっては石材だけの）類似の施設は、飯綱町内の「若宮城」「髻大《もとどりおお》城」でも検出され、戦国末期に機能したこの地域の大規模な城館の特色と言っても良い。いずれも、土塁を用いて広い空間を囲い込む施設をもつ城である点が注目される。

この城のもう一つのみどころとして、高い切岸《きりぎし》を用いた防御ラインがある。山の南側が顕著で、テラスより内側の空間が、高さ五メートルを越える切岸Cによって山頂周辺と、下位の平場群とに二分されている。城が機能していたときに、南からみたこの城の頂部は、「城壁」にたとえられそうな山腹の切岸の上に、そびえ立つようにみえたであろう。

【矢筒城のわかりにくさ】 矢筒山の山頂部については、空間は広いものの、十分水平に造成されていない平場や、不分明なエッジが多い。かつての公園化で改変が加えられたようだが、その範囲や程度はよくわからない。

かつて稜線を断ち切る堀切があったが、埋められたのではないかとする見方もある。しかし、わざわざ山頂部が広くなだらかな矢筒山を選びながら、そこを大規模に掘り切るのはやや合理性に難がある。テラス状の外郭施設や高い切岸を重視すれば、矢筒城は山上や山裾に効率的に広い空間を確保する構造とみるのが自然であろう。

また、頂部にある平場のとりわけ東側には、山腹や山麓の遺構にみられるのと似た土塁による区画施設があり、導入路を意識した配置から遺構が生きている可能性がうかがえる。しかし、いっぽうで、防御上の合理性だけでは構造を説明しにくく、山腹以下の外郭部に比べてわかりにくい。

【矢筒城の成立と廃絶】 表町遺跡の調査成果から、矢筒山周辺には一五世紀には島津氏の拠点が構えられていたことがわかっている。一六世紀後半には、表町遺跡の集落は廃絶しており、島津氏も長沼（五六頁参照）を拠点としていたので、矢筒城の様相はわからない。しかし、天正十年の武田氏滅亡に始まる激動の中で、飯綱町付近を拠点に織田勢を迎え撃った上杉家臣の竹俣房綱《ふさつな》らが、同年三月五日に「むれ井之地」に到着したことを報告する書状がある。関連する複数の文書から、竹俣らは後続の齋藤・千坂らと合流し、信濃衆とともに長沼（56頁参照）を拠点とする織田勢と戦った。彼らは大蔵（長野市豊野町）で大敗して危機にさらされながらも、上條宜順の支援を受けて、本能寺の変までこの地を確保し続けた。

この一連の流れと今日の矢筒城の姿を対照したとき、矛盾なく説明できるのは横堀の埋め戻しを一六世紀半ば過ぎに想定することである。表町の集落がなくなった時期に城も一度は放棄されたが、一六世紀第4四半期のごく短期間、上杉方の中核拠点として改修された。これなら埋められた横堀が機能しているようにみえることも、類似する施設が近隣の城にあることも無理なく説明できる。頂部の造成が必ずしも十分でないことも、後世の改変だけでなく、最終段階の造成が不十分だったためかもしれない。

【参考文献】 上越市『上越市史　別編二　上杉氏文書集二』（二〇〇四）、長野県長野建設事務所・長野県埋蔵文化財センター『西四ツ屋遺跡・表町遺跡』（二〇〇九）、飯綱町教育委員会『表町遺跡』（二〇一四）

（遠藤公洋）

●絵図からよみがえった城

長《なが》沼《ぬま》城《じょう》

〈所在地〉長野市穂保
〈比　高〉ほぼ〇メートル
〈分　類〉平城
〈年　代〉永禄十年頃
〈城　主〉島津氏（中世）、佐久間氏（近世）
〈交通アクセス〉長野市コミュニティバス長沼線「津野公会堂」下車。徒歩〇分。

【果樹園から現れた近世の城】　長沼城は、長野市北東部の千曲川沿いにある。戦後は一面の果樹園になり、現在でもここを走る国道一八号線はアップルラインの愛称で呼ばれている。城跡は、国道と千曲川の間にあるが、地表面観察のみでこれを見出すのは至難である。地元の近世史料によれば、廃城後に開墾が行われていたことに加え、果樹栽培をする方に聞くと戦後も客土で農園を整備したという。このため、戦国時代末に長野市北部の重要拠点となり、江戸時代に入ってからも元禄元年（一六八八）の改易まで大名の居城であったにもかかわらず、長沼城はその姿がわからない城になっていた。これに対し、地元の方々が研究会を立ち上げ、往時の城の姿を復元しようと試みた。同会による区有文書や現地の調査により、現在では城跡の広がりをほぼつかむことができるようになった。この成果は平成二十六年（二〇一四）に『長沼城の研究～城跡の検証～』として刊行され、現地には案内板も設置されている。

【長沼城は島の城】　長沼の周囲には、赤沼、相之島、小島、屋島など低湿地や氾濫原に由来しそうな地名が多い。地域の寺院には繰り返された洪水の記録が柱に残り、近世の絵図にも「悪水路」が描かれるなど、むしろ排水に意を注ぐべき土地であり続けたことがわかる。

　長沼の土地の様子がうかがえるもっとも古い文書は、武田晴信（以下、信玄）が永禄六年（一五六三）に長沼の地下人らを還住せしめるよう命じた島津尾張守宛て朱印状である。還住の対象として「先々より在島の族」という文言がみられるので、長沼が「島」と認識されていたことがわかる。おそらく、低湿地の中の島状・半島状の微高地を指したものであろう。

現在は、城の明瞭な遺構は読み取れないものの、丁寧に観察すると一見平らにみえる果樹園にもわずかな凹凸があり、近世の長沼宿や城の中核部は、自然堤防由来とみられる微高地にあることがわかる。『長沼城の研究』によれば、その境界は標高三三四メートルの等高線にほぼ一致するという。

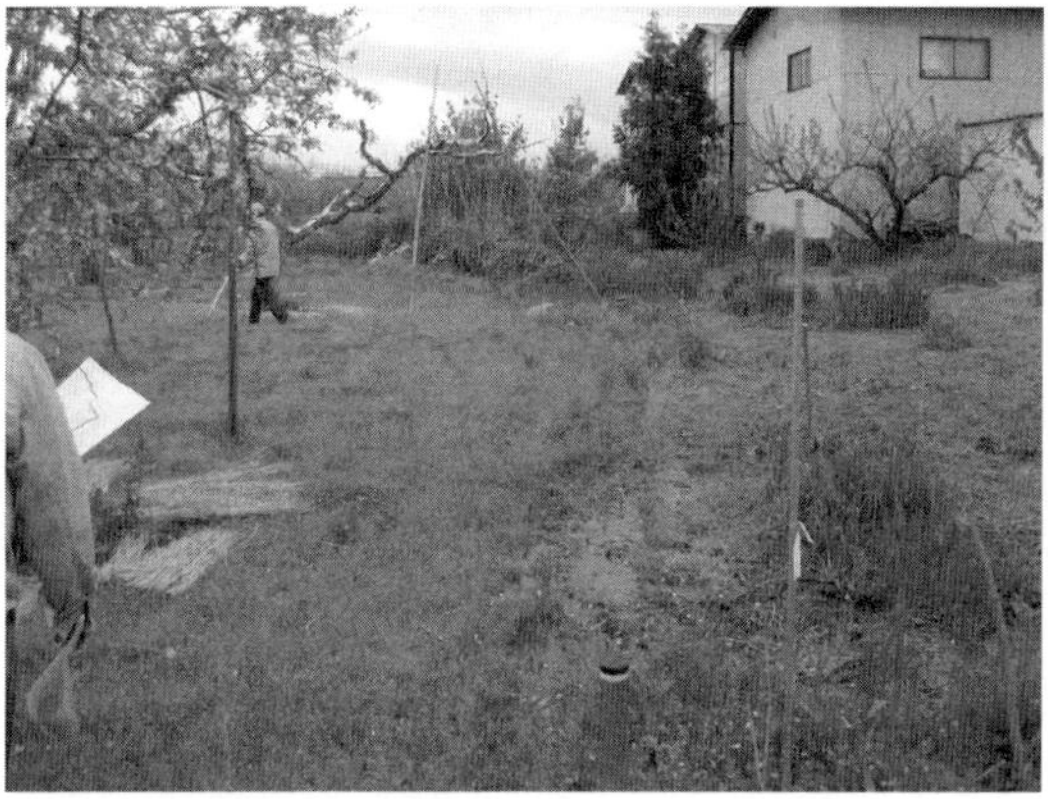

●—西側の三日月堀

【長沼城のおよその姿】　長沼城は東側の千曲川を背に、南北と西に三重の堀をめぐらせた方形の城である。内側から二本目の堀（以下、仮に「中堀」）の三方の出入り口にそれぞれ三日月堀が設けられていることと、中堀の外縁が曲線であるため、この部分は丸みを帯びた印象である。近世には、一番外側の堀（以下、仮に「外堀」）の中に北国脇街道を通し、武家地が置かれた。現在わずかに観察できる長沼城は、あくまで近世以降の姿である。地形の制約から中世の長沼城が近世に引き継がれたであろうし、城の骨格もそれほど変わらなかったであろうが、少なくとも外堀と街道は中近世移行期に大きく変化したであろう。武田氏や上杉氏の普請《ふしん》や運用を根拠に城の正面を南北それぞれに想定するむきもあるが、近世の姿から正しく中世の様子を推測するのは困難である。

【描かれた長沼城】　遺構が見出しにくい長沼城だが、浅野文庫「諸国古城之図」や、近世の地誌「千曲之真砂」に採録されている図をはじめ、複数の絵図が残る。これらの絵図は、方形の外堀の内側（近世の長沼宿の位置）に侍屋敷を描いた形式化されたもの（以下、A型）と、複数の屈曲がある外堀の中を街道が貫くもの（以下、B型）とに大別される。管見では、B型の図は長野市長沼公民館蔵の一点（写真）のみで、残りはすべて浅野文庫の図と大同小異である。互いの関係は不詳だが、A型はおそらく共通の原図に由来するものであろう。

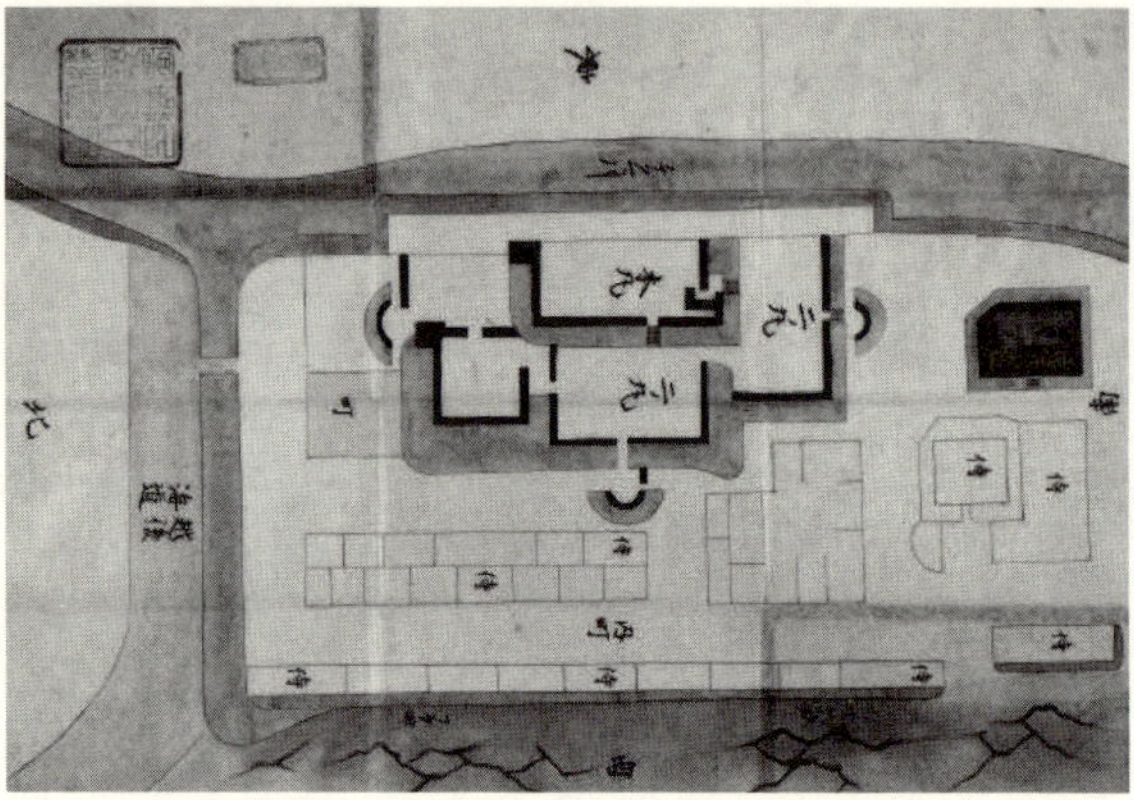

●—諸国古城之図，長沼（広島市立中央図書館所蔵）（A型）

　AとBを比較すると、おおよそ三点の大きな違いがある。第一は、長沼城中心部の南にある貞信寺と、その西の「侍屋敷」の描き方で、A型ではこれらが方形の堀をもつ館のように描かれるが、B型ではそれらが部分的にしか描かれない。第二に、A型には中堀の南北と西に三つの三日月堀が描かれているが、B型には北の三日月堀がないように見える。第三はすでに触れたように、外堀を方形に描くか多角形に描くかである。

【絵図と踏査から浮かび上がる長沼城】　長沼地区の研究会は、これら二系統の近世の絵図と、地元に残る区有文書を比較検討している。地元には、近世から近代の開墾、治水対策、地籍図作成などに関わる絵図・地図が複数残されている。これらは城郭が主題ではないが、近世に池として残っていた三日月堀や、耕地化された外堀の姿が明瞭に描かれている。とりわけ地籍図の筆界からは、堀の様相が詳しく読み取れた。その結果をもとに現地を踏査すると、外堀の形に沿って残る水路や、わずかにくぼむ中堀や三日月堀の跡などが見出された。この結果、近世の本丸部分は屈曲した千曲川の浸食でほぼ失われたものの、それ以外のかなりの部分は現在の集落と果樹園の中に埋もれていることが判明した。

　A型の図にある南方の方形館は地籍図や現況との差が大きく、より古い段階の姿が伝えられたものとみられる。ただし、外堀の形の相違は経年変化よりも形式化の影響であろう。長沼公民館蔵の絵図（B型）は、やや曲線的なきらいはあるが、外堀の屈曲などが現状とよく合っている。外堀内を街道がL字形に抜ける様子を描いている点も現況に近い。ただし、北側の三日月堀は地籍図から明瞭に読み取れるので、作図者が残存する三日月堀を中堀の一部と誤認した可能性があり、さらに検討を要するだろう。

【大河沿いの拠点　長沼城】　中世の長沼城は、川中島合戦以降、「境界」の地となることが多く重視された。近世につながる城の土台は、上杉氏との対立を背景として、永禄十年に

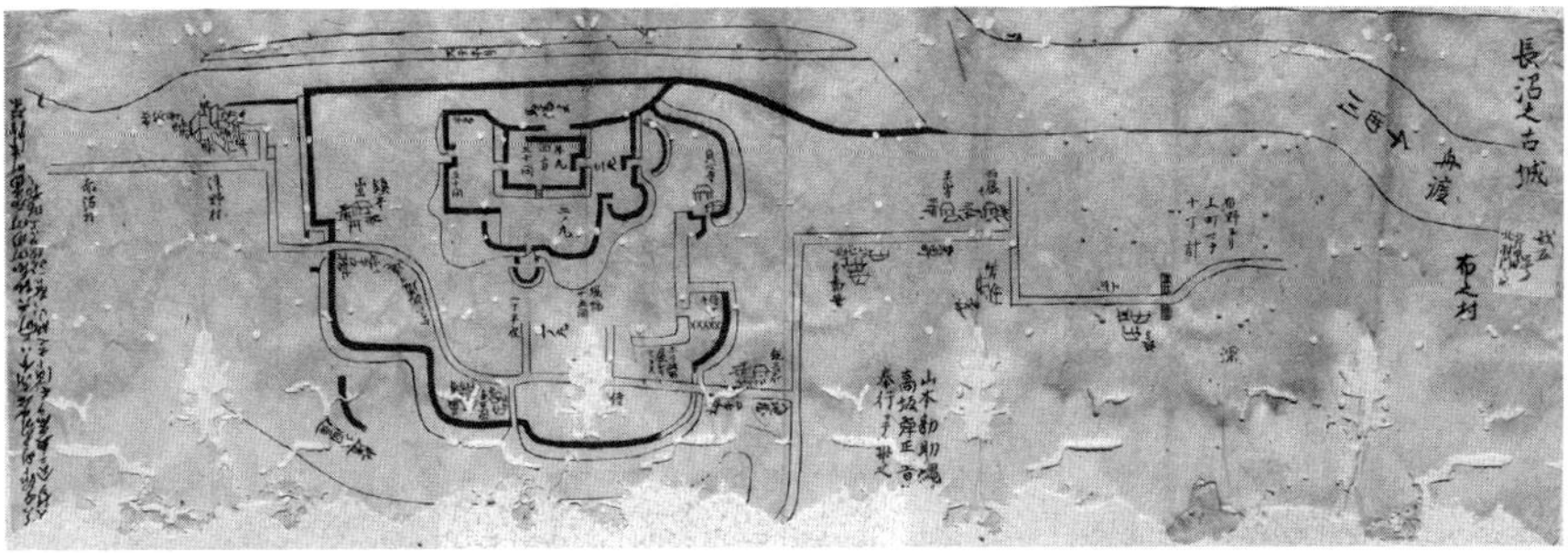

●―長沼古城図（長沼公民館所蔵）（B型）

武田信玄が再興した前線の拠点である。その後、武田勝頼が信濃一国を支配した時期をへて、長沼はふたたび軍事的境界になる。長野盆地に進出して、飯山方面と野尻方面をうかがう織田勢が拠点にしたのである。天正十年（一五八二）の四月初頭に、信濃衆を含む上杉勢は長沼城を攻めた。四月二日にこれを奪った景勝は、長沼に配置する家臣の人選をはじめている。このとき、寄せ手にいた小倉伊勢守の戦功を賞する直江兼続《かねつぐ》の書状に、伊勢守が「宿城」に乗り込んで数刻戦った旨の記述がある。このことから、長沼城が城下に集落（宿城）を備えた城であったことがわかる。長沼公民館蔵の絵図をみると、宿城の候補地は二ヵ所挙げられる。一つは、近世に武家地となった外堀に囲まれた空間で、もう一つは外堀の南方に位置し、近世の長沼宿となった上町方面の集落である。これだけの史料で結論は出ないが、千曲川沿いの輪中集落の存在を考えると、「島」と呼ばれた長沼の城が水除けの土手に囲まれた集落と関連しながら成立した可能性を視野に入れつつ、さらに研究する必要があろう。

　その後、長沼城は時間をおかずに織田勢に奪回され、両軍はにらみ合いになった。『信長公記』によれば四月七日に、ふたたび上杉側が攻勢をかけるも敗走し、長野市豊野町の大蔵城付近で多くの犠牲者を出したとされる。今では静かな果樹園の地中に、波乱の歴史が埋もれているのである。

　戦国時代の終わり頃、信濃北部で運用された城には、飯山、福島（須坂市）、牧之島、松代（長野市）、稲荷山（千曲市）など、川に面した平地（もしくは段丘上）の城が多い。そのうち、福島城（須坂市）、稲荷山城（千曲市）などは長沼と非常に良く似た立地だが、その姿はわからない。長沼城は、これらを解明していくうえでも重要な城館跡である。

【参考文献】長沼歴史研究会『長沼城の研究～城跡の検証～』（二〇一四）

（遠藤公洋）

●戸隠の山城ネットワークの中心的存在

福《ふく》平《だいら》城《じょう》

〔長野市指定史跡〕

〔所在地〕長野市戸隠栃原福平、溝口
〔比　高〕六〇メートル
〔分　類〕山城
〔年　代〕戦国時代
〔城　主〕詳細は不明
〔交通アクセス〕JR長野駅よりアルピコ交通「鬼無里」行バス「参宮橋入口」下車。そこで戸隠地区市営バス西部線に乗りかえ「大昌寺前」下車。徒歩一五分。

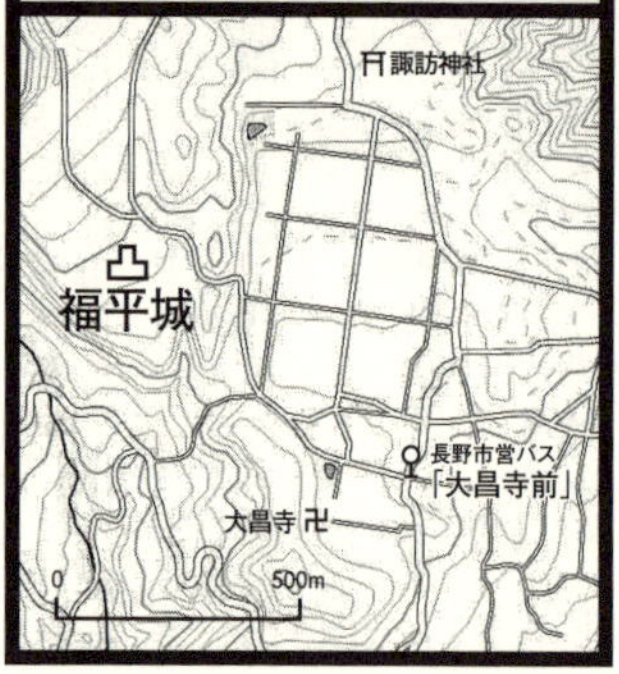

【戸隠地区最大の城】　福平城は、戸《と》隠《がくし》地区の南部、かつて柵《しがらみ》村とよばれた地域のほぼ中央に位置する。

この城は荒倉山の東麓にある南北に連なる丘陵上に築かれている。丘陵には約六〇メートルの比高があり、断層によって生じたものである。断層を境に城の東側に広がる水田を堀の代わりに防御用に利用する。山城ながら平山城に近い性格をもつ城跡である。丘陵の西側にも南北約四〇〇メートル、幅約四〇メートルの溝状の地形があって空堀《からぼり》として利用している。こうした両側に堀状の低地がある丘陵の斜面に空堀や土塁《どるい》を築き、南北四〇〇メートル、東西二〇〇メートルほどを城として利用している。戸隠地区では最大規模の城跡で、空堀や土塁の保存状況もよい。

もっとも標高が高く、見晴らしのよい部分（南北九〇メートル、東西四〇メートル）が主郭Ⅰと推定され、その中央には今木八幡社が建立されている。今木八幡社の北側には高さ一メートルほどの土塁が残っており、主郭が二分されている。主郭の南側には、農道をはさんで一段低い部分があり曲輪だったと考えられる。現在畑となっているが、ここから銭貨（開元通宝）が表採されている。

この主郭Ⅰの周囲を幅一〇メートル、深さ八メートル程の空堀が巡っている。明治時代初期に編纂された『長野県町村誌』には、この空堀が主郭部を一周している図が記載されており、堀の南東部分は最近の農地化により失なわれてしまったものと思われる。その空堀の北西から北側にかけて、幅一五メートル、深さ五メートル程の空堀が掘られている。この堀は主郭Ⅰの北東側では東

●―福平城遠望（写真中央が主郭Ⅰ）

へ続く深い竪堀ともなっている。そのさらに五〇メートルと一五〇メートル北側にも尾根の東西に竪堀《たてぼり》を掘り、防御性を高めている。

『長野県町村誌』には、近くに今井という集落があることから、木曽義仲の家臣今井四郎兼平《かねひら》が築いたものとの伝承があること、また永正年間（一五〇四～二〇）に溝口伯耆守《みぞぐちほうきのかみ》という武将が守り、その後、越後新発田へ移ったとの記載があるが、確証はない。また、この城跡から太刀や香炉のような遺物が出土したことも記されている。福平城の北側には、直径一八メートル高さ四メートルの富士塚が残る。これも福平城に関連するものと思われ、中世の富士山信仰を探るうえで興味深いものとなっている。

【戸隠南部の山城ネットワークの中心】 福平城の周囲には、この城との関連性がうかがえるいくつもの小規模な城跡がある。八〇〇～一三〇〇メートル程離れた場所に、四つの砦や城館跡が周囲を取り囲むように配置されているのも大きな特徴である。

福平城の北西約一三〇〇メートル離れた、荒倉山の尾根を利用した山城が大築城（長さ一〇〇メートル、幅五〇メートル）跡である。標高一一九九メートルの眺めのよい場所にあり、見張り台や詰めの城と思われる。城壁や土塁として使った巨岩や空堀、曲輪が残る。

福平城の東北東約八〇〇メートルの位置にあり、奈良尾沢の谷を望

●—空堀

む台地の縁に築かれたのが針立城《はりだち》（長さ一〇〇メートル、幅一〇〇メートル）である。急崖を守りにつかい、空堀や平場が残る。この針立という地名は、城の「張出《はりだし》」に由来すると推定される。福平城の東南東約八〇〇メートル、一段高くなった尾根を利用し、築かれたのが円光寺居館跡（長さ一〇〇メートル、幅一〇〇メートル）である。高さ四メートルの土塁や空堀、曲輪の跡が残り、保存がよい。福平城の居館跡といわれている。福平城の南側八〇〇メートルに位置し、大昌寺の西から南に位置する丘陵の山頂に築かれたのが大昌寺山城（長さ一〇〇メートル、幅六〇メートル程）である。空堀・土塁・腰郭《こしくるわ》などが良好に残っている。

ちなみに、この荒倉山一帯は謡曲「紅葉狩り」の舞台だったとされ、大昌寺には主人公、鬼女紅葉と平維茂《これもち》を一緒に祀った位牌が残る。他にも鬼女紅葉が隠れ住んだ洞窟（紅葉の岩屋）や鬼の塚（紅葉の首を埋めたとされる大型五輪塔など）など、紅葉関係の伝承や史跡が多く残る場所である。また、荒倉山には田頭の巌窟観音堂《がんくつかんのんどう》、奈良尾や宇和原の弘法《こうぼう》遺跡等、中世の山岳信仰に関係する保存のよい史跡が多く残っている。

戸隠地域の南部には、福平城を中心に半径三キロの範囲に、栃原志垣の志垣城、戸隠豊岡の根小屋城、古城、戸隠祖山の上祖山城など、大小合わせ一〇以上もの山城や砦が存在している。この地域はかつて「柵《しがらみ》」とよばれたが、城跡が多く残るためにそうよばれたという説もある。福平城は、こうした山城ネットワークの中心の城と思われ、当時の支配者にとって重要な場所だったことが考えられる。

【川中島合戦や戸隠山をめぐる争いとの関連】 戸隠地区は、長野市の北西部に位置し、山岳修験の場として開かれた戸隠山顕光寺を中心に発展してきた。嘉祥三年（八四九）、戸隠山の麓に奥院が学問行者によって開かれ、その後、康平元年（一〇五八）に宝光院が、寛治元年（一〇八七）に中院が開かれ、戸隠三院として整備されたという。その後、顕光寺は鎌倉時代に最盛期となったが、応仁年間になると天台宗と真言宗の争いが激化し、天台宗の大先達宣澄《せんちょう》が暗殺されるという事件も起こり、山内は衰退に向かうことになる。

その後、戦国時代の天文年間になると川中島をはじめ北信濃一帯で、武田晴信（以後、信玄）と上杉景虎（以後、謙信）の争いが激化し、戸隠山も巻き込まれていく。弘治三年（一五五七）、武田信玄が戸隠のすぐ東にある葛山城を攻め落とし戸隠に侵攻したので、戸隠山の衆徒は越後関山に避難を余儀なくされた。その後、上杉謙信が信濃へ出兵したので、武田方が引き、衆徒は戸隠に帰ることができた。しかし、永禄元年（一五五八）、武田信玄は中院に信濃国を支配するための願文《がんもん》を捧げた。それがきっかけとなり上杉方が戸隠山に出兵したので、衆徒は戸隠から小川村筏《いかだ》ガ峰に大日方氏をたよって避難することになったという。こうした争いの最前線となった戸隠一帯は破壊された。天正年間の前半は、戸隠一帯は武田家の支配下となるが、武田家が滅びると織田家の支配下となり、天文十年（一五八二）の本能寺の変後、上杉家が北信濃に侵入し、この地を支配した。この支配は、慶長三年（一五九八）、上杉家が会津へ移封《いほう》になるまで続くことになる。

福平城はこうした戸隠地区の南部に位置し、戦国時代にこの地域の支配者がめまぐるしく変わる中で築かれ、何度も改修が行われつつ存続したものと考えられる。可能性のひとつとして、この地域の南の小川村筏ガ峰に避難した戸隠衆徒を牽制するための意味合いがあったことが推定される。

【参考文献】長野県編纂『長野県町村誌』（一九三六）、柵村誌編集委員会『柵村誌』（一九六七）

（田辺智隆）

●善光寺後背にある山城

大《おお》峰《みね》城《じょう》

〔所在地〕長野市大字長野
〔比　高〕不明
〔分　類〕山城
〔年　代〕一六世紀頃
〔城　主〕葛山衆との関係があるか
〔交通アクセス〕ＪＲ信越本線「長野駅」下車、車で二〇分。

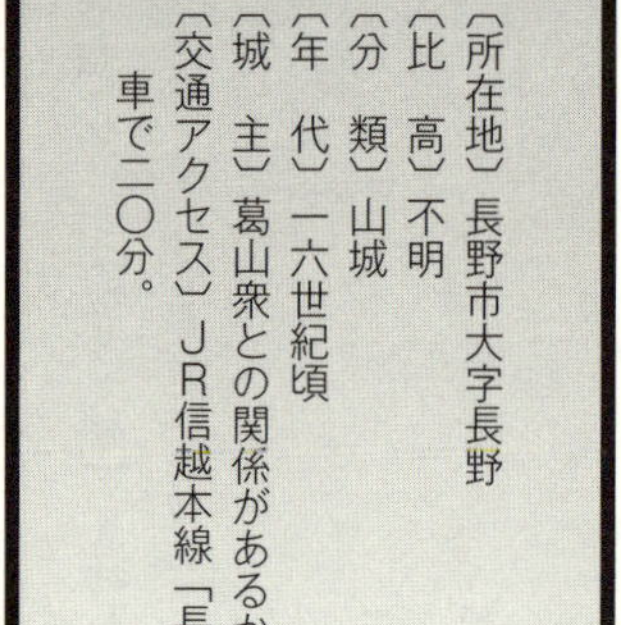

【善光寺を望む】　長野市・善光寺の北部に位置する場所に大峰山がある。標高は八二八メートルである。善光寺の裏山にあたり、ここからは古い時期に善光寺で使われた軒瓦が出土している。このことから、大峰山は善光寺とも何らかの関係を持っていたことが想定される。

大峰山の山頂には昭和三十七年（一九六二）に建設されたコンクリート造りの天守閣を模した展望台がある。長野市の観光の目玉にしようと、当時の市長・倉島至が展望台として建設したものである。現在でも、長野市内から白い天守閣を確認することができる。この展望台は世界の蝶を展示する博物館として公開されていたが、現在は閉館となっている。

ところで、この大峰山に存在したであろう大峰城については、その所在を示す文献史料は存在しない。このため、展望台をつくるに当たっては、山城であると言う認識をもとにして天守閣風に建築されたわけではなかった。

【一五世紀の遺物】　この状況がかわったのは、工事の途上でカワラケ・青磁・石臼・銭貨などが出土したことである。このうち、一五世紀と推定されるカワラケには、逆「卍」のなかに「鬼」が四文字墨書されており、築城に際しての呪術的な儀礼に用いられたものと想定されている。同じような呪術的な墨書《ぼくしょ》土器は、新潟県胎内《たいない》市江上《えがみ》館跡からも出土しており、館や城の築城に当たっての共通性が指摘される。その解釈はさまざまだが、呪術的な儀礼が営まれ、その効果を高めるために埋納したとここでは考えておこう。このようにカワラケという一五世紀の遺物が出土したことから、大峰城の成立をこの時期に求めることが有望となったのである。

大峰城については、近世以降に作られた資料がある。『水内郡古跡名勝絵図』所収の大峰城絵図には、展望台を建設した主郭Ⅰ周辺と尾根筋に築かれた曲輪と堀が描かれている。これによれば、主郭Ⅰは約二〇メートル四方の方形で、土塁《どるい》が囲んでいる様子がわかる。主な曲輪は主郭Ⅰの部分に限られるようである。

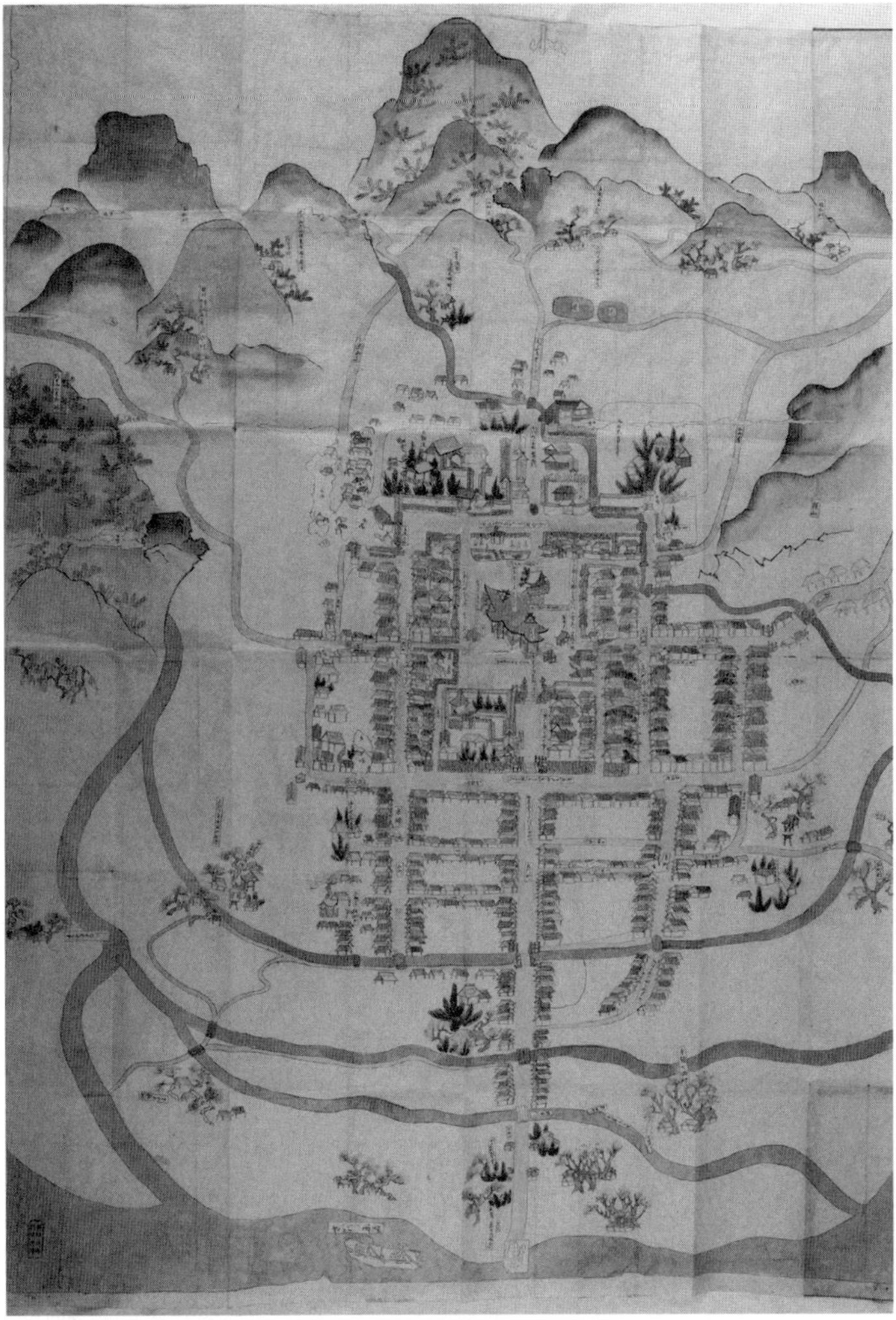

●—大峰城，善光寺の裏山（『彦神別神社遺跡之図』「寛文善光寺図」，長野市立博物館所蔵）

大峰城については、河西克造・小山丈夫が正確な図面を提示し、この絵図との比較を行っている。また、周辺の山城との比較検討を行っているので、本書ではその成果によることとする。

【二つの時代】 大峰城については、第一期と第二期の二つに分かれるという。

第一期は、先に示したカワラケの出土から導き出された年代観である。年代としては一五世紀が想定されている。この時、主郭を尾根の北に置いていた（Ⅱ

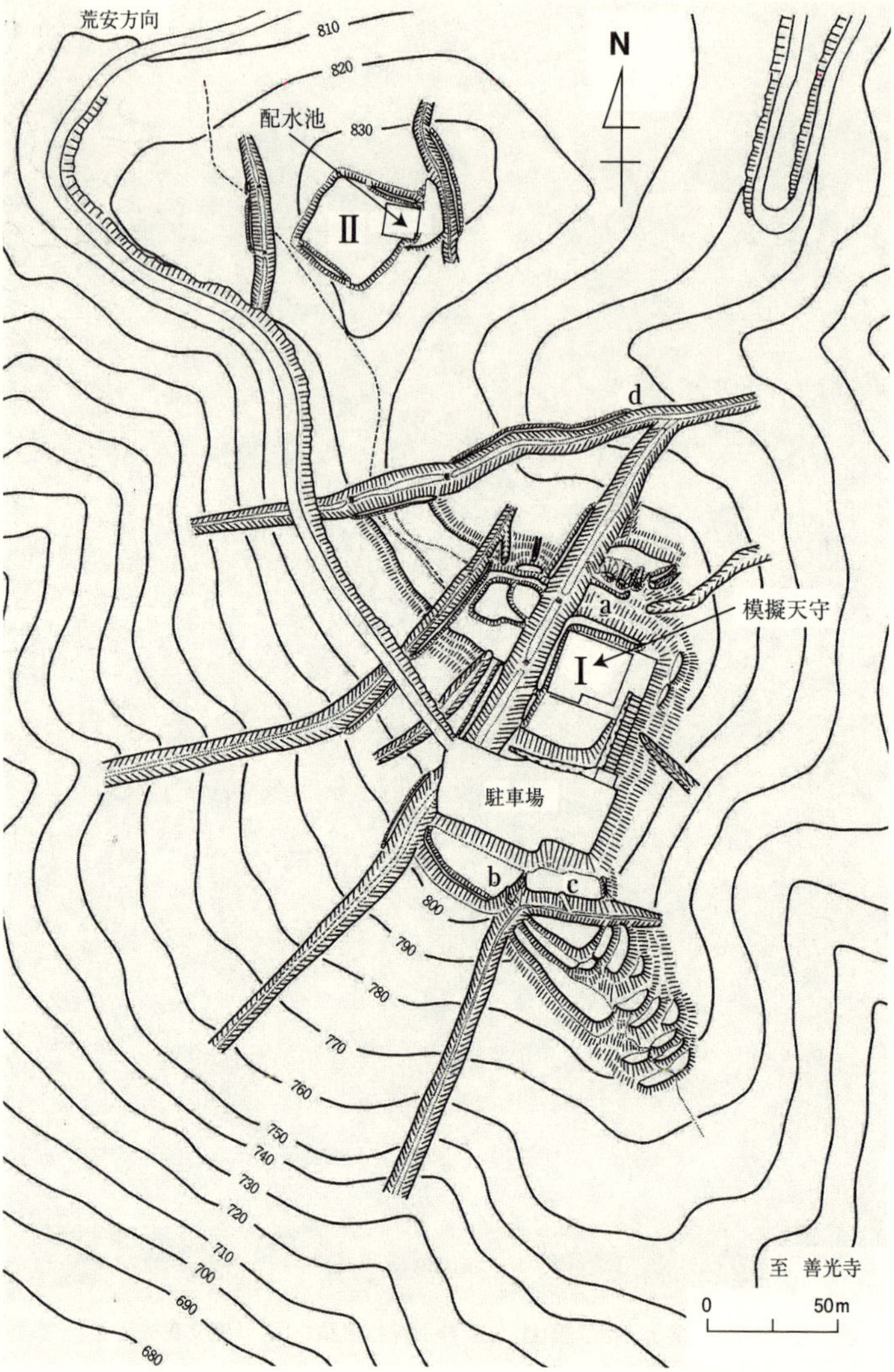

●―大峰城縄張図（『長野市誌』12巻，作図：河西克造）

郭）。築造の主体層としては、在地の領主層、武田氏が信濃に侵攻する以前の秩序の中で作られている。明治時代になってから作られた地誌類によると、城主は大峰氏というが定かではない。ただ、葛山城に近接するという立地を考えると、葛山城の葛山衆などを想定することも可能かもしれない。

第二期は、一六世紀の戦国時代に比定される。この時の主郭Ⅰは南側に移る。そして、主郭に土塁がまわり、尾根には堀切《ほりきり》がつくられるとする。一六世紀はまさに川中島の戦いと重なる時期である。また立地として、善光寺を中心として、旭山城、葛山城に隣接している。このことからすると、まず考えられるのは、隣接する葛山城との関係である。

【川中島の戦い】　川中島の戦いにおいては、弘治元年（一五五五）に起こった第二回の戦いで、栗田氏の籠る旭山城を葛山城から上杉方が攻撃を加えている。弘治三年におこった第三回の戦いにおいて武田信玄が葛山城を攻め、これに対して上杉方が応戦していることが史料から窺える。

このように、大峰城に隣接する葛山城、旭山城をめぐっては、武田信玄と上杉謙信との間で大きな戦いがあったのである。戦況の詳細については、旭山城、葛山城の項で触れたのでふたたびここでは触れない。ただ、特に葛山城に限ってみたとき、葛山城の後方に大峰城があるといった立地を考えると、上杉方から葛山城を攻略する拠点的な山城となった可能性も指摘できる。また、その背後、越後への道には、枡形城や髻山城などがあり、こうした越後からのルートの中で大峰城を理解することも可能であろう。

川中島の戦いの話しに戻そう。永禄四年（一五六一）に八《はち》幡原《まんばら》で起こった第四回の川中島の戦いは、信玄と謙信とが一騎打ちになるほどの激戦を展開したと世に知られたものである。この戦いの時期には、北信濃の大半はすでに信玄の配下に組み込まれていた。このことからすると、もし大峰城がこの戦いにおいても機能していたとするならば、現在残る城郭の様子は、武田氏の様相を持つこととなる。永禄年間になると、信玄は信濃のほとんどを掌握するにいたるが、この地を支配するにあたって、大峰城の城郭に手を加えたものであることが想定されるのである。

大峰城は、善光寺平を見下ろすことができる絶好の場所である。文献上にはあらわれない城ではあるため、その解釈は難しいが、旭山城・葛山城との関係を勘案し、かつ、出土遺物や縄張図を勘案することによって、両城と近似する性格を有していたことが想定される。かなり重要な城として利用されていた可能性のあることを指摘しておきたい。

なお、右記した二つの時期の問題については、「一城別郭」の様相から、北西尾根頂部の曲輪から大峰山頂への主郭の移動、もしくは大峰山頂の主郭と背後の陣城を想定する向きもあることを付言しておきたい。

【参考文献】『日本城郭体系　八　長野・山梨』（新人物往来社、一九八〇）、倉島至『大峰城』（一九九二）、河西克造・小山丈夫「長野市大峰城の縄張りと出土遺物について」『長野県考古学会誌』七三号（一九九四）、『長野市誌　第一二巻　資料編　原始古代中世』（二〇〇三）

（原田和彦）

●信玄が急襲した城

葛《かつら》山《やま》城《じょう》

〔長野市指定史跡〕

〔所在地〕長野市芋井鑪
〔比　高〕一〇〇メートル
〔分　類〕山城
〔年　代〕一六世紀頃
〔城　主〕葛山衆（落合氏）
〔交通アクセス〕アルピコバス戸隠線「茂菅」または「茂菅本郷」下車、徒歩約四七分。

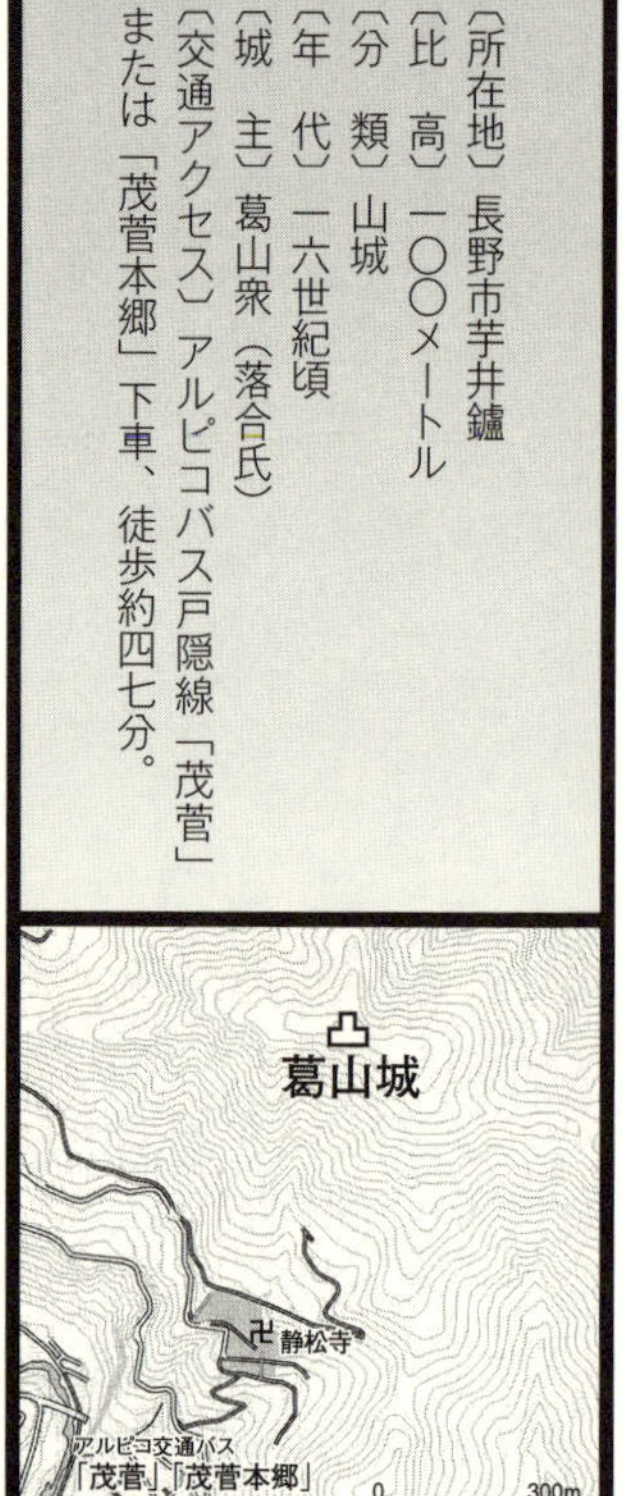

【高台に位置する城】　長野市街地から北西の方角、小高い山が連なる場所に長野市芋井《いもい》地区がある。ここに葛山城が存在する。葛山城は標高が八〇〇メートルを越える尾根に位置する山城であることでまず目を引く。このため長野市街地からもその容姿をはっきりと確認することができる。南には裾花《すそばな》川をはさんで旭山城がある。川中島の戦いについては、旭山城の項でも触れたので、重複する部分もあるが関連する部分についてはふたたび述べることとする。

　まずは葛山城の築城についてであるが、一般的に「葛山七郷」と言われる、現在の長野市芋井あたりを支配していた落合氏の城であると説明されてきた。ただ、葛山城が裾花川を挟んで旭山城と対峙しているという立地などを考慮すると、武田信玄（晴信とも、以後、信玄）、上杉謙信がこの地で一戦を交えた川中島の戦いに深い関係を持つ城であるとは容易に理解できる。

【築城について】　弘治元年（一五五五）、武田信玄は旭山城に籠る栗田氏を味方につけて、上杉方をけん制しようとした。上杉謙信は、信濃の武将たちの出陣の要請に応じて善光寺東の横山城に陣を取る。この時、上杉方では旭山城の攻略のために「旭の要害に向けて新地をとりたて」（「歴代古案」）て対抗した。この新地について、葛山城であると指摘する向きもある。上杉氏にとってみると、上杉支配下の葛山城周辺の武将（葛山衆）を防衛するため、葛山城の機能を強化したと言うことができよう。

次に、城を築城したとされる落合氏について触れることとしよう。

落合氏に関する史料として名高いのは、上杉家文書に含まれる弘治二年（一五五六）に武田信玄が葛山城近くの静松《じょうしょう》寺《じ》に宛てた書状である。この文書によって落合氏の動向を知ることができる。すなわち、「落合遠江守・同名三郎左衛門」が武田信玄に対しての忠節を誓う代わりに、惣領である落合二郎左衛門に服属していた立場の改善を求め、その身の上昇を約束させたものである。武田信玄は落合氏内部の切り崩しを図り、総領を孤立させたのである。

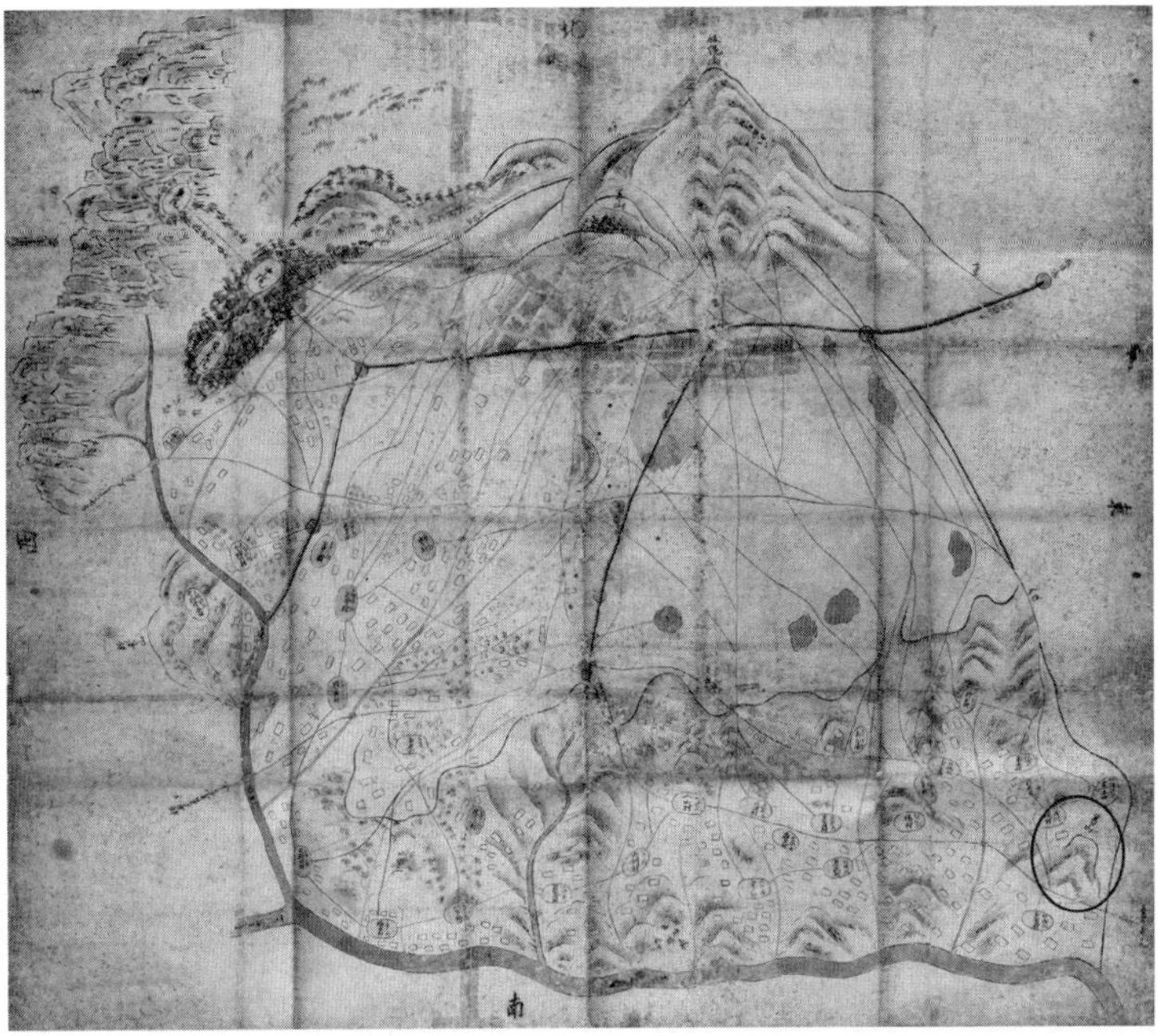

●―「飯縄裁許図」は右下に「葛山」がある（個人蔵　長野市立博物館寄託）

この時期、信玄は越後の上杉謙信に北信濃への侵攻を阻まれていた。弘治元年に旭山城周辺で行われた第二回目の戦いによって、旭山城の破却に応じた信玄にとって、北信濃攻略は重要な命題であった。こうしたなか、先に述べたように、信玄は落合一族内での不満に乗じて上杉方の落合氏の切り崩しに打って出たのである。

弘治三年の冬二月、雪によって越後との交通が遮断されるのを好機として信玄は北信濃に侵攻し、葛山城の攻略に乗り出したのである。この戦闘は激しいものであったようで、弘治三年三月には、「信州水内郡葛山地」での戦功に対する信玄の感状《かんじょう》が多く出されている。葛山城には近隣の武士たちが結集して籠城したが、結局、半月の籠城の後に葛山城は落城する。

このように、葛山城の落城については、川中島の戦いの中でも多くの感状が出されていることが知られ、かなりの激戦であったと言われている。

【落城の様子】 さて、大阪城天守閣が所蔵する岩手家文書には、葛山城の落城後の様子を示す文書が残されている。弘治三年七月六日に武田信玄が小山田備中守（虎満）に宛てたものである。

「当口の事は、春日・山栗田は没落、寺家・葛山は人質を出し、島津の者においては、今日降参すべきの趣、申越され候」とあり、春日と戸隠《とがくし》を支配していた山栗田は没落し、寺家、すなわち善光寺を支配していた栗田と葛山衆については人質を出し、島津については降参したと伝えている。また、「元より同心相通じられ候の条、別儀あるべからず候歟、此上《このうえ》は畢竟《ひっきょう》相極め、東条と綿内、真田方衆申し合わせ、武略専一に候、只々時節《じせつ》到来の趣見届け候間、聊《いささ》か油断あるべからず候」として、東条氏など上杉方の武将たちの動向についても問題視していることがわかる。

さて、葛山城の落城の報を聞いた謙信は、北信への出兵を目論むものの、越後の国人層は出兵を拒んでいた。謙信が動

●—葛山城縄張図（『長野市誌』12巻，作図：河西克造）

かないうちに信玄は北信の領有を狙うこととなったのである。八月にはいって上野原において武田と上杉の間で戦闘があったようで、謙信は三通の感状を出している。この戦いを第三回目の川中島の戦いとしている。

上杉謙信は五ヵ月あまり出陣するもののその効果なく、北信の主だった武将たちは武田方に通じることとなり、この戦いの後には、信濃国は信玄のほぼ掌握するところとなった。

【上杉配下の葛山衆】 武田氏が滅亡した後、天正十年（一五八二）以降になると、上杉景勝が北信濃を支配する。このころにはふたたび葛山衆が登場するようになる。このことをもって、葛山城はふたたび機能を持つようになったと理解されている。

上杉氏の配下となった葛山衆は、当時の史料から二五人の名があげられる。桜・立岩などこの地に由緒のある武士名がみられる。また、他の地域出身の武士の名もみえることから、上杉氏の武士団の中で葛山衆は川中島の戦いのころから一つのグループとして残されつつ、上杉の頃に再編が行われていたことがわかる。加えて、葛山衆は上杉家臣としてその構成員が固定化されるのもこの時期の特徴である。

いっぽう、その拠点が葛山城であったかは文献では確認できない。上杉景勝が会津に移封《いほう》されると、葛山衆も行動を共にすることとなる。従来、この時期を葛山城の廃城時期としているが、そもそも上杉景勝の時期に葛山城が機能していたことを示す文献がないため、確定することはできない。

城は標高八〇〇メートルを越える葛山の山頂に主郭Ⅰがあり、東西九〇〇メートル、南北六〇〇メートルの広範囲におよぶかなり広範囲な山城である。主郭Ⅰの西側、東側、北側にに虎口《こぐち》がある。主郭Ⅰは楕円形で、主郭Ⅰの両側は大規模な堀切《ほりきり》（A・B）がある。

城の構造からして、善光寺や旭山城を意識して構築されたものと思われる。ただし、曲輪が明確ではない点も特徴である。

【参考文献】『日本城郭体系　八　長野・山梨』（新人物往来社、一九八〇）、『長野市誌　第二巻　歴史編　原始・古代・中世』（二〇〇〇）、『長野市誌　第一二巻　資料編　原始古代中世』（二〇〇三）、原田和彦「「葛山衆」再考—弘治そして元亀年間の動向を中心に—」『長野市立博物館紀要』第一八号（人文系）（二〇一六）

（原田和彦）

●長野市街地東にある山城

旭《あさひ》山《やま》城《じょう》

〔所在地〕長野市安茂里
〔比　高〕約六〇ートル
〔分　類〕山城
〔年　代〕一六世紀頃
〔城　主〕善光寺堂主・栗田氏
〔交通アクセス〕JR信越本線「長野駅」から車で朝日山観世音堂。朝日山観世音堂から徒歩約三〇分。

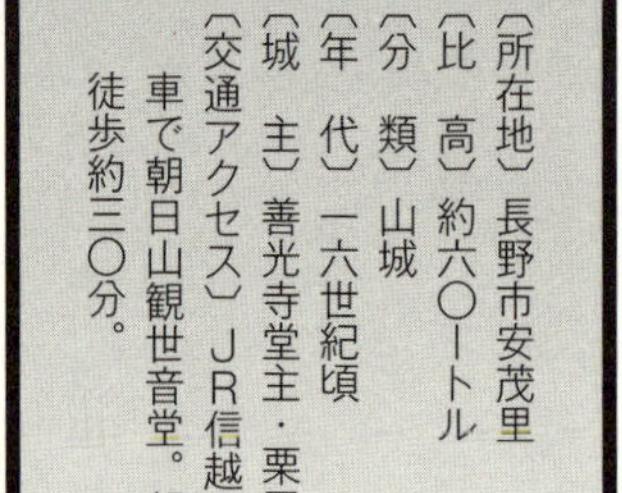

【善光寺の御林】　善光寺の南西にある旭山（朝日山）の山頂に山城がある。これが旭山城である。長野市街地からは、西にある尖った山として一目でわかる。

旭山は、中世・近世の善光寺にとって重要な山であったことが想定される。例えば、長野市立博物館が所蔵する「信濃水内彦神別神社《みのちひこかみわけじんじゃ》遺跡之図」と題された近世初頭の善光寺の境内と周辺の山を描いた図には、「朝日山如来御林」と記され、旭山が善光寺の御林として記されている。両者は密接な関係をもっていたのである。

そしてこのことは、江戸時代に成立した『善光寺道名所図会』に、旭山は善光寺御花山のひとつで、源頼朝が寄進したとする伝承を載せている。かつまた、頼朝が善光寺を参詣した際に紫雲がたなびき、これに乗って西方極楽浄土から阿弥陀如来が姿を現したという伝承も紹介しているのである。

【川中島の戦い】　さて、旭山城は川中島の戦いにおいて重要な役割をもつこととなる。ここでまず、川中島の戦いについて触れておかねばなるまい。

川中島の戦いは五回あったとされ、両者の最初の戦いは天文二十二年（一五五三）に信濃の布施《ふせ》（長野市篠ノ井布施に比定されている）という場所でであった。この第一回目の戦いの後、上杉謙信は上洛して、後奈良天皇から越後と信濃の敵である武田信玄平定に対する大義名分を得るのである。いっぽう、武田信玄は今川氏や北条氏と同盟を結ぶことで、甲・駿・相の三国同盟を結び、甲斐の南の備えを万全として、信

●—旭山城遠景

濃での戦いに臨むことになる。

さて、旭山城が史上はじめて現れるのは、次の第二回目の戦いの時である。弘治元年（一五五五）、武田信玄は南の備えを万全にし、北信濃へと進軍する。これに対して、北信濃の武将たちは謙信に出陣を促すのである。これに応じた謙信は、善光寺の東・横山城《よこやま》（現在の長野市城山）に陣を取る。いっぽうの信玄は、長野市内を東西に流れる犀川《さいがわ》の南・大塚の大堀館（現在の長野市青木島《あおきじま》町、更北中学校の敷地に比定されている）に陣を張ったのであった。

さてこの時、善光寺の西にある旭山城には、武田方に通じた栗田氏が、善光寺を隔てて横山城の上杉軍と対峙し、旭山城に入って立て籠っていた。

栗田氏は善光寺の堂主と言い表され、いわば善光寺を支配する武士であった。謙信は旭山城を攻めたが、これに対して信玄は援軍として兵三〇〇〇、弓八〇〇張、鉄砲三〇〇挺を入れて救援した（『妙法寺記』）。このなかで、鉄砲を三〇〇挺導入している点は、武田軍の兵力などを考えるうえでも注目されることである。

この戦いにともなう武田信玄の感状が七月十九日付で一〇通確認されている。このことから七月には上杉方に多くの戦死者があったことが想像される。また、八月十二日付で上杉謙信も感状を出している。なお感状とは戦いに際してその軍功を賞するために出された書状を言う。

【こう着状態から和議へ】 この戦いは、その後、大規模な戦いがないまま長期間の駐留を余儀なくされた。こうしたこう着状態に軍の士気は低下した。このため、上杉軍においては、主だった武将から起請文という誓約書を取った。帰国を切望する武将があらわれたことに対する危機感から、こうした誓約書を取ったのであろう。

両者譲らない状況に対して、今川義元が和議の仲介に入り、ようやく両軍が撤退することとなった。これまで二〇〇日におよぶ出陣の終止符をうつこととなり、両軍ともに安堵したことであろう。和議によって退陣以前の状況に戻すことで合意し、これにともなって、旭山城は破却された（『妙法寺記』）。

しかし、弘治三年（一五五七）、信玄はこの和睦を破棄し、謙信が行動できない二月に上杉方の城である葛山城を攻めた。葛山城での攻防については、葛山城の項に譲ることとする。

【上杉謙信の拠点】 葛山城が武田方に攻略されたことを知った謙信は、四月になってから善光寺平に出陣する。そのうえで破却された旭山城を再建して軍事拠点としたとされている（『長野市誌』）。八月になると「上野原《うわのはら》」において一戦を交え、多くの死者が出た。これが第三回目の戦いということになる。この上野原の戦いについては、現在確認されている「上野」地名から、長野市若槻が有力視されている。近年では、旭山城の下、長野市妻科《つましな》にあてる説もある。

謙信は五ヵ月あまり出陣するもののその効果なく、北信の主だった武将たちは武田方に通じることとなり、この戦いの後には、信濃国は信玄のほぼ掌握するところとなった。また、信玄は三回目の戦いの後、室町幕府の将軍・足利義輝《よしてる》に対して信濃国守護職への補任《ぶにん》を迫り、永禄元年（一五五八）に守護に任じられる。そしてこれを名目として、謙信が信濃に出陣することの非法行為の理由を獲得することとなった。川中島の戦いで激戦とも言える第四回目の戦いでも、旭山城が重要な役割をしている。すなわち、永禄四年の川中島の戦いにおいて、すでに武田方の城として重要な役割をもつのである。

このように、旭山城は短期間のうちに、武田・上杉が交互にその支配を行っていたことが確認できる城であり、こうした意味で北信濃支配における重要な拠点であったということができる。

【曲輪の構成】 旭山城は、東側には裾花川《すそばな》が流れ、また南側

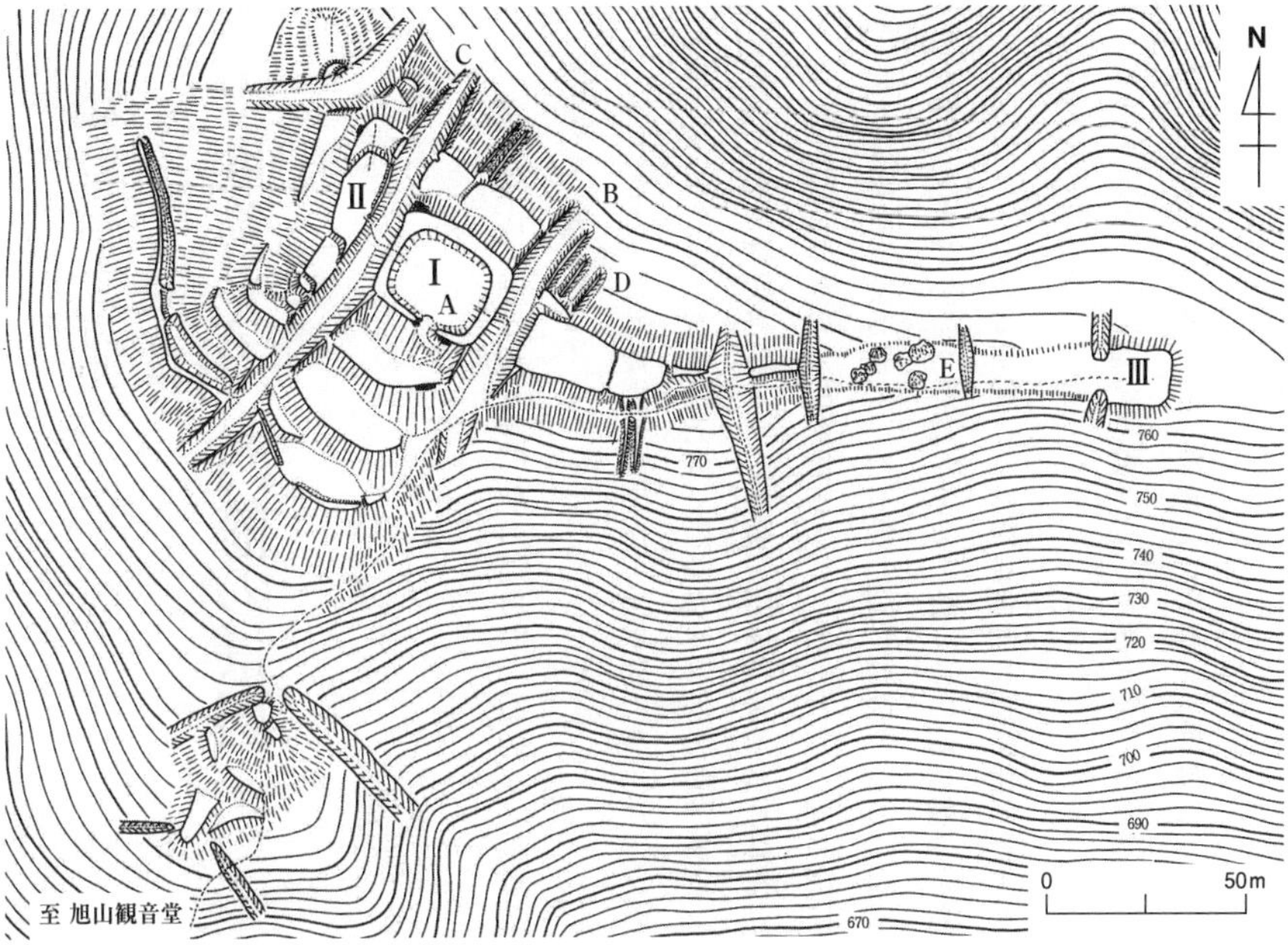

●―旭山城縄張図（『長野市誌』12巻，作図：河西克造）

には犀川が流れる。天然の要害となっている。旭山の頂上付近の東西の長い尾根筋に城郭施設が配置されている。

山頂には約四〇メートルの方形の土塁《どるい》囲みの主郭Ⅰがあり、南西側には石積の虎口《こぐち》（A）があって、ここから曲輪に下りる構造となっている。主郭Ⅰの周辺の遺構としては、主郭Ⅰの前後を遮断する形で大規模な堀切《ほりきり》（C・B）がある。曲輪は横《よこ》矢《や》をかけられる構造となっており、このことは防御施設として戦闘に耐えうる構造となっていることを示す。なお、虎口には意図的に破壊されたような形跡がみられるとの指摘があり、いずれかの時期での破城の痕跡と考えられる。

この城は長野市を代表する山城ということができる。

【参考文献】『日本城郭体系　八　長野・山梨』（新人物往来社、一九八〇）、『長野市誌　第一二巻　資料編　原始古代中世』（二〇〇三）、『探訪　信州の古城』（郷土出版社、二〇〇七）、笹本正治「寛文絵図からみた善光寺信仰の世界観」笹本正治ほか編『善光寺の中世』（高志書院、二〇一〇）

（原田和彦）

お城アラカルト

中世善光寺　門前の景観

鋤柄俊夫

鎌倉時代に遡る善光寺門前の賑わいの原型が、長野市教育委員会の発掘調査で明らかにされてきている。

それをもっとも象徴するのが、大本願の南約六〇㍍《メートル》の調査地点でみつかった東西方向で断面がV字形の溝である。かわらけ、瀬戸窯灰釉瓶子《かいゆうへいし》、中国製青磁碗、常滑窯《とこなめ》捏鉢《こねばち》など、いずれも鎌倉時代の製品が出土し、かわらけは、同じ頃に京都または鎌倉で使われていたものと同じ特徴をもつ。溝には門が設けられていた可能性があるため、この溝は館にともなうもので、そこでは京都または鎌倉と同じ食文化が営まれていたことがわかる。

さらに大門町の調査地点からも東西方向で断面V字形の溝がみつかっているため、鎌倉時代の善光寺門前は、同時期の鎌倉や京都と共通する生活文化とともに、館などの建ち並ぶ整備された街並みが広がっていたと推定できる。

中世の善光寺とその門前については、牛山佳幸と井原今朝男に代表される研究が詳しく、『一遍聖絵』の解読とあわせて、源頼朝と北条氏による鎌倉幕府の強力な支援が善光寺の繁栄を築いたことが明らかにされてきた。

その中でこれらの遺跡に関係して注目されるのが、藤原定家の『明月記《めいげつき》』に登場する記事である。安貞元年（一二二七）に信濃の国務を請け負った定家により派遣された使者は、善光寺の近辺に「後庁《ごちょう》」があり、「眼代《がんだい》」たちの居所となっていたと報告している。「眼代」とは国司の代官として実務を行った人物と言われ、「後庁」とは国府に対して実質的な役所としておかれた施設と考えられ、牛山氏は、それらの施設が鎌倉幕府によって設けられた現地の重要拠点だったとしている。

これら鎌倉時代の遺跡群は、まさに『明月記』に描かれた風景の一部ではないだろうか。善光寺門前地区で行われた発掘調査は、古代からの系譜をひく善光寺の鎌倉時代の門前が、信仰の場であったと同時に、北信濃の政治や経済においても重要な拠点となっていたことを明らかにしたといえる。

●高井源氏井上氏の居館と山城

井上城《いのうえじょう》・井上氏館《いのうえしやかた》

〔県指定史跡〕

〔所在地〕須坂市井上字上御堀
〔比　高〕一八四メートル（温湯付近から大城頂部まで）
〔年　代〕室町時代
〔城　主〕井上氏
〔交通アクセス〕上信越自動車道須坂長野東ICから車で五分。

【井上氏館周辺を歩く】　須坂《すざか》・長野東インターを降りると右手側に連綿と続く尾根筋の先端が張り出している。千曲川水系鮎川扇状地の先端部に古い集落が拡がるこの地が信濃源氏井上氏の本貫地《ほんがんち》である。この尾根が須坂市と長野市若穂綿内地域との境界となっている。

　大洞山城の峰と呼ばれる尾根には、十九塙城《つつがはな》・小城・大城と連続する。麓には「御堀」地名が残る湧水地帯の井上氏館が残る。井上氏の一族は高梨・米持・小河原各氏は鮎川・市川下流のいずれも扇端部に名字の地を持っている。

　井上地区は地域の人びとの努力により史跡整備がされている。井上氏館は現在ブドウ畑作地となっているが、九一×八一《メートル》のほぼ一丁四方の方形館である。このまわりには幅約一〇《メートル》の堀の痕跡がみえ、現在は道路となっている。わずかに微高地となっているところを土塁《どるい》と推定することができる。西南の鬼門《きもん》は隅を切り取った角切《かくぎり》が施されている。館周辺には、御堀・馬場・金口などの地名が残る。さらに小路が南北に複数のび北町・南町・上町といった町割字名《あざめい》も残存している。大城の膝下には浄土宗浄運寺・安養寺の古寺が残る。「法然上人絵詞」にみえる力者で角張成《かくはりじょう》阿弥陀仏《あみだぶつ》はこの地の出であるとされ、角張屋敷と地元で伝承された小館跡も近辺に残る。

　大洞山と支脈である藤山との間に挟まれた土栗集落には井上氏の墳墓と伝える一画が整備されている。五輪塔《ごりんとう》・宝篋《ほうきょう》印塔《いんとう》が安置されている。涸沢《からさわ》から乗越峠への登口には在家地

●—井上大城・小城遠景

名が残る。ここも五輪塔の断片が散乱しているという。ここは井上氏の祖満実《みつざね》が大日堂を建立した地であるという伝承や、浄土真宗長妙寺の跡という伝承もある。字名で本誓寺《ほんせいじ》地名が残ることから、館跡から南側の山麓には宗教施設が立ち並ぶ寺町の様相を呈していた時期があったことが偲ばれる。

延喜式内社小坂神社は井上氏館の東南一〇〇《メートル》の所に鎮座する。須坂市天然記念物のケヤキ純林の社叢が目印である。伝来する銅製鰐口《わにぐち》は応永六年銘のもので、北信濃最古の優品である。

【井上氏の歴史と大城・小城・竹の城】 井上氏は源頼信《よりのぶ》の子頼季《よりすえ》が奥州出兵ののち高井郡井上の地に土着し、名字としたことにはじまる清和源氏の一族である。須田・高梨など多くの同族を生み出し平安時代末の源平争乱では同族武士団を形成していた。

館跡の背後にある大洞山には大城・小城・竹ノ城からなる山城群が背後にそびえる。また山新田（長野市）をはさみ、春山城（長野市）が位置する。春山城は綿内井上氏の居城である。これら井上氏の山城群は、善光寺平を広く一望できる立地に作られている。大城は帯郭《おびくるわ》を階段状に三つ配した梯《てい》郭《かく》式、小城は小規模な主郭を中心とした作りとなっている。川中島合戦期にみられる戦国大名による大規模な改修のよう

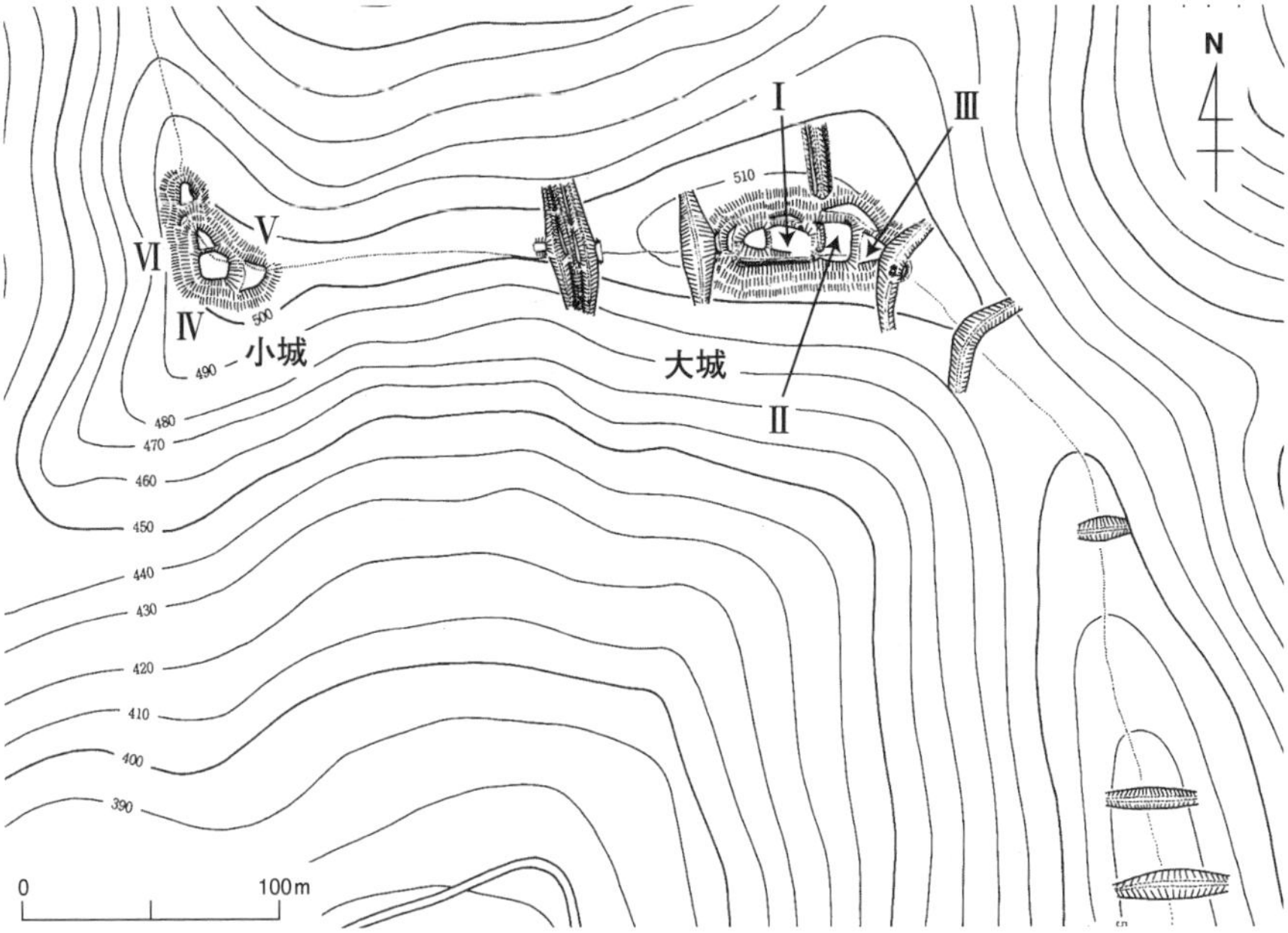

●—井上館縄張図（作図：宿野隆史）

●—井上館跡の土塁

すはここにはみられない。

いっぽう土栗集落の背後には詰城《つめしろ》のひとつ竹の城がある。竹の城の東端には乗越峠があり、また山新田から春山（綿内要害）へ抜ける古道がある重要な拠点である。竹の城の東麓前山地域には現在薬師庵《やくしあん》が建立されている。曹洞宗大広院《だいこういん》の塔頭《たっちゅう》とされ、大広院もこの地にあったと伝えられる。なお天正十四年（一五八六）、大峡広綱《おおばひろつな》は井上遠江守分の山・屋敷あわせて一〇貫文寄進したことが知られ、これが広綱の菩提を弔う大広院となったことがうかがえる（「大広院文書」）。移転した大広院の字名は字北小屋であり、地名から居館との関わりも想定できる。大広院の旧跡とされる。薬師庵には五輪塔が残され、わずかに中世の景観を伝えている。

【川中島合戦をめぐる攻防】 弘治二年（一五五六）には長

●—五輪塔（須坂市井上字土栗）

尾景虎（上杉謙信）の重臣高梨政頼《まさより》の指揮で飯山の国衆今清水氏が綿内井上氏の春山城を攻めている（「今清水文書」）。綿内氏は井上本家と異なり、いち早く武田家に臣従したのである。また、高井郡の土豪で鮎川上流の仙仁氏は信玄より春山城近傍の地に所領を宛行われた（「仙仁文書」）。このようにこのとき保科・綿内・温湯《ぬるゆ》など井上庶子家の所領は武田信玄により切り崩されていたことになる。なお春山城は南北朝内乱のころ、藤井全切の代官上遠野氏が籠もったという記録がある（「上遠野文書」）。

こうした情勢から、弘治年間の高井郡の攻防では、千曲川河東の谷往還だけでなく、乗越峠の古道をおさえることの重要性から、竹の城は武田・上杉両氏の最前線の防御施設となったと思われる。幾筋も山肌を南北に縦に横切る長大な竪堀は武田流の修築術をおもわせる。搦《からめ》手《て》となる薬師庵の裏手から竹の城の山頂へ至る道は大きな竪堀《たてぼり》が三重あり、しかも通路を曲げているため、防御しやすく攻めにくい構造となっている。竹の城の小さなⅤ郭には石積で攻め手を勢いをそぎ、Ⅳ郭周囲には細長い帯郭が施され、さらに長い竪堀が行く手を阻ませる。主郭は岩石によって高い城壁に囲まれているため、Ⅲ郭から岩肌を縫うように、登り手をくねらせて登ることになる。主郭から藤山方面に至る大手通はやや急な道ではあるが短時で移動できる。

戦国時代の山城としては、井上氏館とセットになった大城・小城よりも周辺の竹の城や春山城のほうが戦闘の痕跡をうかがうことができるといえよう。

なお川中島合戦では長尾景虎方の先方として越後へ逃れた井上清政がでてくるが、これは井上本家の出身である。武田・織田氏滅亡後、この地域は上杉氏の領国となった。鮎川流域の土豪集団は井上氏も上杉氏の家臣となり、上杉氏の移《い》封《ほう》とともに会津・米沢へと移り住んだ。綿内氏は米沢藩で小山氏と姓を改め幕末に至っている。

【参考文献】須坂市教育委員会『井上城跡　居館址堀南範囲確認調査』（一九八〇）、須坂市教育委員会『井上・幸高遺跡群　井上氏居館址南堀跡』（二〇〇四）、須坂市『須坂市誌』第三巻　歴史編Ⅰ（二〇一七）

（村石正行）

●岸壁に囲まれた山城

尼《あま》巌《かざり》城《じょう》

〔所在地〕長野市松代町東条
〔比　高〕四一九メートル（玉依比売命神社より）
〔分　類〕山城
〔年　代〕不明
〔城　主〕東条氏、香坂氏、東条氏
〔交通アクセス〕JR信越本線「長野駅」からアルピコ交通松代線「木町」下車、徒歩一〇分。

【四方をにらむ要害地】　尼巌城（尼飾、雨飾とも）は、松代城下町を取り囲む山々のうち、東方の尼巌山山頂にある。ふもとの東条集落とは四〇〇メートル以上の比高差があり、山頂部は西・南・東の三方を岸壁に取り囲まれているため、要害堅固な山城であったと考えられる。

　城より北西側に尾根を下ると候可峠《そろべくとうげ》があり、そのさらに北西側の尾根上に鳥打峠がある。鳥打峠から続く尾根には北平城、寺尾城、金井山城が築かれており、尼巌山頂の主郭Ⅰからは眼下にこれらの峠や城郭を見渡すことができる。江戸時代に鳥打峠が開通するまでは、候可峠が千曲川東岸の主要街道であったことから、この城が街道の往来や対抗勢力の動向を監視する役割を果たしていたものと思われる。

【尼巌城の攻略と改修】　戦国時代、村上義清《よしきよ》に属した東条氏の山城であり、東条城とも呼ばれる。正確な築城時期は不明だが、真田家文書によれば、弘治二年（一五五六）八月、武田晴信（以後、信玄）は真田幸隆《ゆきたか》に対し、「東条あまかざり城その後いかに候《そうろう》や。片時にも早く落居候よう、相勤めらるべく候」と尼巌城の攻略を急ぐよう催促しており、この時期にはすでに城郭が存在し、重要視していたことが分かる。しばらくして尼巌城はついに落城し、東条氏は越後に敗走する。その時、老臣の栗田大膳は車城にて討ち死にし、麓の泣き坂に墓があると伝わる。落城後、武田氏は西条治部少輔《じぶしょうゆう》に東条の普請《ふしん》を命じている。これは、攻め落とした尼巌城を北信濃の重要な軍事拠点と位置付けていた武田氏が、越後勢

●—尼巌城主郭Ｉから善光寺平を望む

からの侵攻に備え、堀切《ほりきり》などの防御機能の向上を進めるために普請・改修を行ったものと考えられる。

その後、弘治三年（一五五七）越後の長尾景虎は、高井郡の山田城・福島城などを奪い、善光寺に着陣して旭山城の再興したうえで、水内郡香坂城を焼き払ったが、尼巌城の攻略は失敗に終わったらしく、兵を越後に引くこととなる。永禄三年（一五六〇）に海津城（松代城）の普請が完了すると、北信濃における武田氏の最重要軍事拠点は海津城に移り変わったが、尼巌城の必要性は継続していた。天正十年（一五八二）上杉景勝が北信四郡を領有した時に、東条氏が尼巌城主として復帰するが、慶長三年（一五九八）景勝の会津移封《いほう》の際、東条氏もこれにしたがったため、廃城となった。城跡からは、昭和初期頃まで時々炭化米（黒米）が出土していたといわれ、この要害をめぐる激しい籠城戦が繰り広げられた往時の遺物と思われる。

【城郭の縄張】　この城は狭小な山頂部に主郭Ｉから西に細長く曲輪を並列する単純な構造を示す。最頂部に南北約八《メートル》、東西約三〇《メートル》の長方形を呈する主郭Ｉがある。主郭Ｉの北方から東南方向の周囲には帯郭《おびくるわ》を配する。主郭Ｉの東方は岸壁の露出する急傾斜であり、搦手《からめて》にあたると思われるが、中腹には階段状に築かれた帯状の曲輪が連続する。主郭の東側には竪堀《たてぼり》Aがあり、堀切Bと共に北東方向を意識した防御と考えられる。主郭Iの南側外周には部分的に小口積の石積遺構が残存しているが、土塁《どるい》や虎口《こぐち》などの明瞭な遺構は確認できない。

主郭Iの西方は、堀切C・D・E・Fによって細かく分断されており、狭小な郭が連続する。そして城郭の最西部には、大規模な堀切Gが配されている。この最西部の堀切は、他の堀切と規模・構造が異なっており、武田氏が西条氏に命じた城郭の改修普請の際に築造した可能性が考えられる。

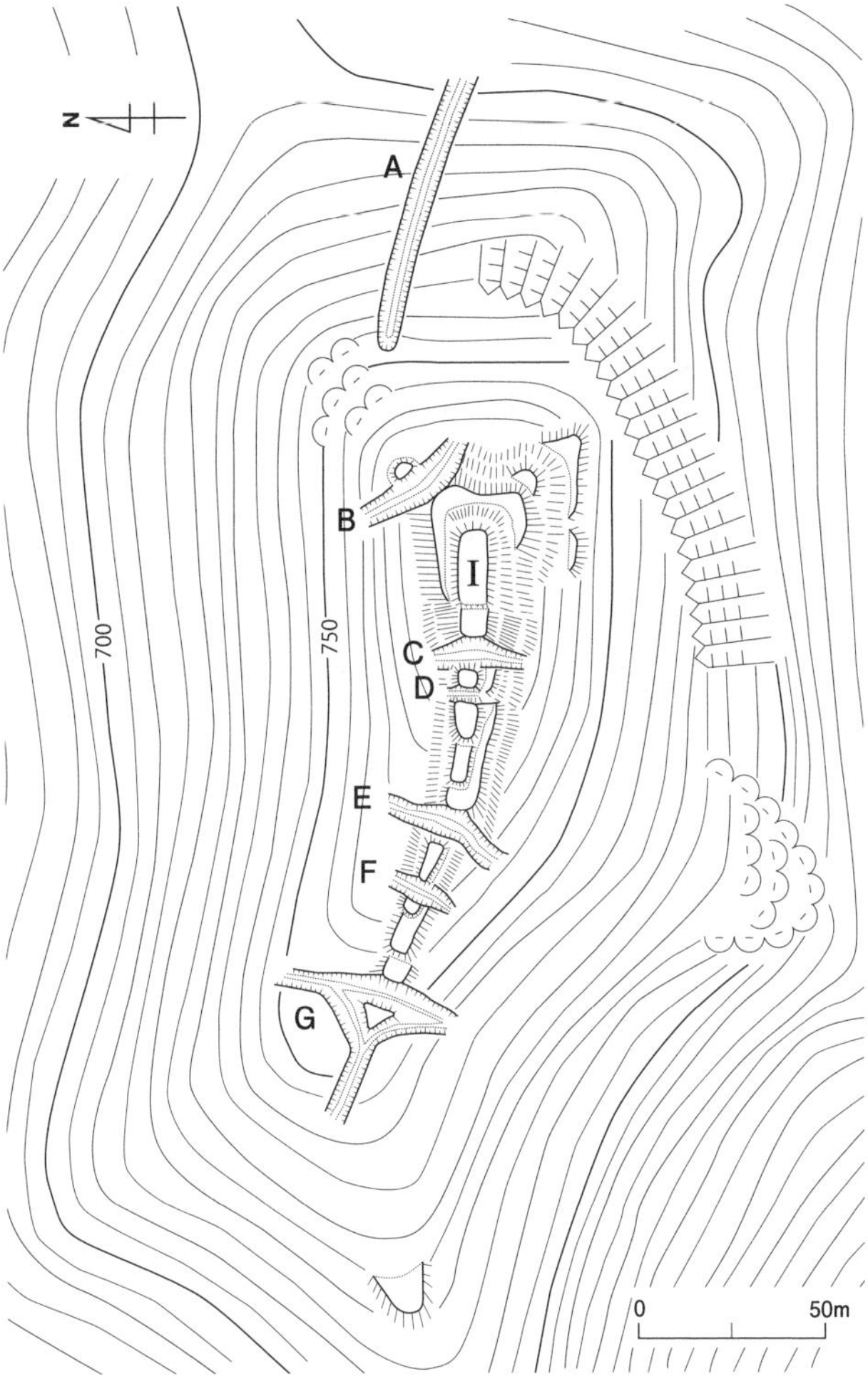

●—尼巌城縄張図（作図：宿野隆史）

【尼巌城への登城方法】 登城ルートは複数あるが、比較的緩やかな尾根でつながる南西麓の玉依《たまより》比売命《ひめのみこと》神社東脇より登り始めるのが分かりやすい。ルート上には案内看板もあり迷うことは少ないが、頂上が近づくにつれて急傾斜地や岩石の露出する箇所があり、足場も悪くなる。城に近づくと西側の大手道よりは、東側の搦手から登場した方が比較的登りやすいが、一部鎖やロープを利用しなければ登れない岩場もあり、手袋など登山に必要な装備を持参することが望ましい。また、複数名で登る場合には落石や滑落にも注意しながら登る必要がある。登城には、装備と気力が必要だが、善光寺平を一望できる主郭からの眺望は素晴らしく、一見の価値がある。

●—主郭Ⅰ南側外周に残る石積

主郭Ⅰの東南部周辺には、「信玄・柏ノ岩」や「だるま石」、北信五岳を一望にできる「立見岩」、「天の岩戸（岩屋）」などと地元で呼ばれる巨石が多数点在している。また、ふもとの東条集落には、巨石を用いた積石塚古墳や鎌倉時代の石鍾など、古代からの石造文化財が数多く残っており、今でも敷地境や段々畑、湧水池などのごく日常的な構造物においても、地元石材を用いて丹念に積み上げられた見事な石積が築かれている。

【周辺に残る東条氏の遺構】 東条氏の屋敷は、玉依比売命神社の付近に存在したとされ、江戸時代には大手口の遺構も残っていたようだが、寛保二年（一七四二）の水害、いわゆる「戌《いぬ》の満水」によって押し流されたため、現状では痕跡は確認されない。また家臣団の根小屋《ねごや》は、尼厳山南麓の東光寺の下方に存在したと伝えられる。また廟所は、般若寺付近の子安《こやす》明神の西に五輪塔《ごりんとう》が多数あり、これが東条氏の墓所といわれている。

玉依比売命神社は、延長五年（九二七）に撰進された『延喜式』五〇巻の中の神明帳に記載された信濃国四八座の式内社の一つであり、寛喜二年（一二三〇）に現在地に遷座したと伝わる。東条氏との関連は不明だが、土蔵に保管される松平忠輝の寄進と伝わる厨子様神輿や、拝殿に掲げられた真田家六代幸弘《ゆきひろ》の筆による額などの存在からは、歴代の領主からの崇敬も厚かったことが想像される。

【参考文献】「海津旧顕録」（真田宝物館、一九八九）

（宿野隆史）

●北信濃の政治的・軍事的拠点

松《まつ》代《しろ》城《じょう》

〔国指定史跡〕

〔所在地〕長野市松代町松代
〔比　高〕八メートル
〔分　類〕平城
〔年　代〕永禄三年（一五六〇）頃〜明治五年（一八七二）
〔城　主〕香坂氏、森氏、村上氏、上条氏、須田氏、田丸氏、森氏、松平氏、花井氏、松平氏、酒井氏、真田氏
〔交通アクセス〕ＪＲ長野駅からアルピコ交通松代線「松代駅」下車、徒歩五分。

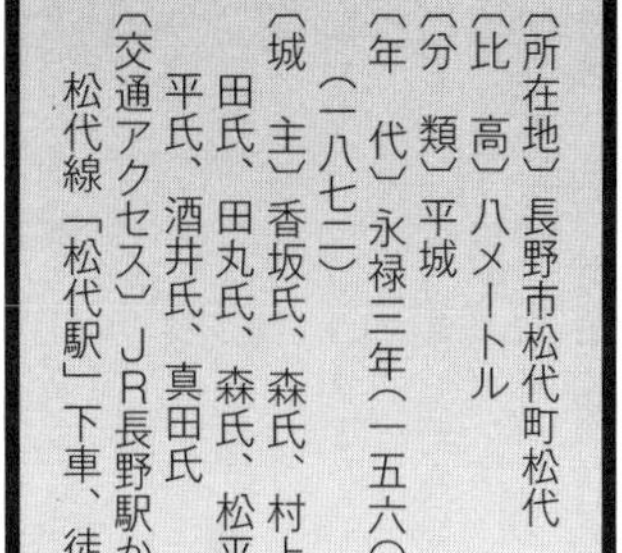

【現状の景観】　松代城は長野盆地の南西端部に位置し、北側を流れる千曲川を自然の要害として利用した平城である。千曲川と接する最奥部に本丸を配置し、南側の城下に向けて二の丸と三の丸が配置する梯郭《ていかく》式の縄張を基本とする。明治の廃城以降に土塁《どるい》の削平、堀の埋め立てが進み、長い間、本丸石垣と土塁・堀の一部以外は城郭景観を失っていた。昭和五十六年（一九八一）の国史跡指定以降、長野市によって継続的な発掘調査や史料調査が進められ、徐々に城郭の全体像が分かるようになり、平成七年（一九九五）度から始まった史跡環境整備によって櫓《やぐら》門や内堀、二の丸土塁などが江戸時代後半期の姿に復元された。

【築城と縄張】　松代城は甲斐の武田晴信（信玄）による北信濃攻略の前進基地として築かれた「海津城」が始まりとされる。永禄三年（一五六〇）の書状に「海津在城」の記述があることから、この頃には普請《ふしん》が完了していたと思われる。築城当初の姿は、後世の編纂物に「二の郭」の記述があるいっぽう、主郭を土塁と堀が囲む程度の城構えであったとも伝えられており、詳細は定かではない。関ヶ原の戦いの後、城主となった森忠政《ただまさ》によって二の丸、三の丸の整備が行われており、この頃には城郭の基本構成が出来上がっていたと思われるが、本丸土塁が石垣に築造し直された時期については、諸説あり判然としない。元和八年（一六二二）に真田信之が上田より移封《いほう》して以降、明治の廃城までの約二五〇年間信濃における最大石高を誇る真田氏の居城となった。真田氏は水除《みずよけ》

普請や花の丸への御殿移築以外には、大きく縄張を変えることが無かったため、中世的な景観を残す城郭であった。これまでの調査によって、本丸石垣以外にも二の丸虎口《こぐち》や内堀東側、橋台などに部分的に石積が施されていたことが分かっている。

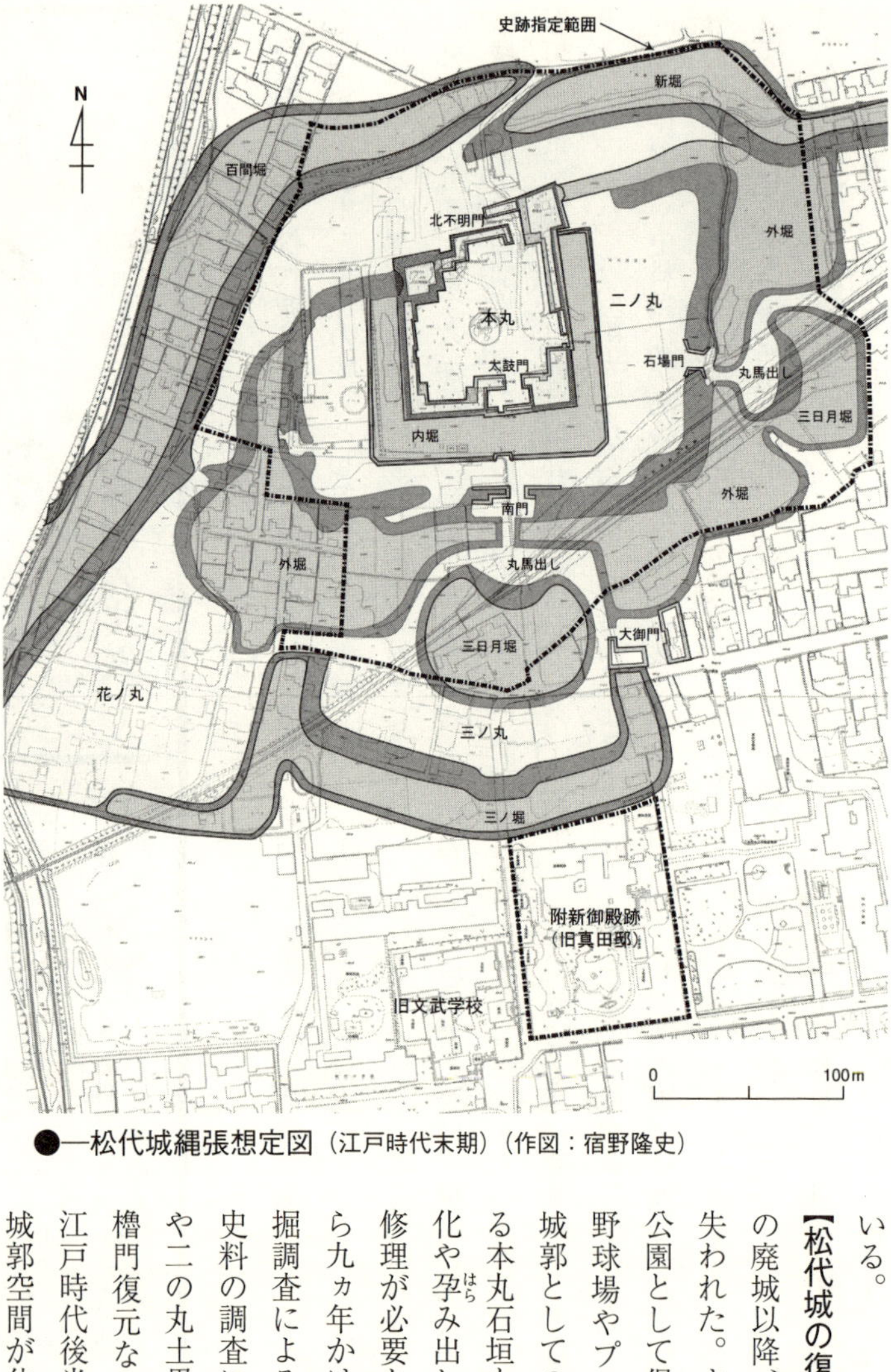

●―松代城縄張想定図（江戸時代末期）（作図：宿野隆史）

【松代城の復元】　松代城内の建物は、明治の廃城以降、取り壊しや火災などによって失われた。また石垣に囲まれた本丸部分は公園として保全されたものの、二の丸には野球場やプール等の運動施設が設置され、城郭としての景観が失われていた。唯一残る本丸石垣も、経年劣化によって石材の風化や孕《はら》み出しがみられ、保存するためには修理が必要な状況であった。平成七年度から九ヵ年かけて行われた環境整備では、発掘調査による遺構の確認や江戸時代の絵図史料の調査にもとづいて、本丸石垣の修復や二の丸土塁・内堀の整備、本丸の二棟の櫓門復元などが行われた。整備によって、江戸時代後半期の姿が取り戻され、往時の城郭空間が体感できるようになった。

いっぽう、大正十一年（一九二二）に開通した河東鉄道（後の長野電鉄屋代線）によって、城域の南半分が分断されているため、現在も二の丸南西の土塁や外堀、三日月堀などの復元整備は完了していない。

●—二の丸　北西土塁

【不崩の岸】　二の丸の北西には、樹木の茂った土塁が残存しており、現在でも城北駐車場から搦手《からめて》口に向かう途中にみることができる。これは真田家八代藩主幸貫《ゆきつら》の時に、佐久間一学《いちがく》（象山の父）に命じて築いた水除土手の名残であり、往時は高さ約四メートルの土塁が続いていたといわれる。この土塁を築いて以降、洪水による被害は大幅に減少しており、幸貫は作業に携わった緒人に対して、感謝の意を示すとともに「不崩の岸」と呼んで、後世に伝えていく意向を和歌に残している。

【花の丸の造営】　築城当初は、自然の要害としての防御機能を有していた千曲川であるが、江戸時代以降、大雨のたびに氾濫し、城内に浸水被害をもたらすことから、藩政の悩みの種となった。千曲川の治水対策は幾度も実施されたが、明和七年（一七七〇）には、城郭の南西部に花の丸御殿を築き、しばしば水害を受ける本丸の藩主居所、役所の機能を移すこととなった。

花の丸に築かれた庭園の様子は、江戸時代の風景画「曲大直小図」などに描かれており、清らかな流れの池水や四阿《あずまや》、鶴文《つるもん》の施された石燈籠、亀石などの景石、松・梅・桜・桃などの樹木、牡丹の園、海棠《かいどう》の林など、趣向を凝らした庭園であったことがうかがえる。

明治六年（一八七三）の火災により花の丸御殿は焼失し、花の丸の場所は耕作地になった。明治十一年、残っていた庭園の立石を爆破するとの噂を聞いた旧藩士たちが資金を集めて一五坪の土地を借り受け、旧地に残るこの立石を花の丸の記念としたことが記録に残っている。現在、花の丸の大部分は住宅地となったが、この時に建てられた「花ノ丸庭園跡」の石碑と庭園の立石は旧地に現存しており、ひっそりと往時の姿を伝えている。

【城下に残る江戸時代の名残】　松代城内より、移築されたと伝わる建物は数件あるものの、棟札《むなふだ》などの確実な歴史資料が残るのは「淵玄亭」と呼ばれ、花の丸より移築された順《じゅん》操院《そういん》の住居のみである。いっぽう、城下には江戸時代の松代

●—復元された松代城太鼓門（中央右側の山が尼巌山）

藩に関連する建物が数多く残っている。

　片羽町には足軽の詰め所である割番所や火の見櫓、鐘楼が置かれていたが、このうち鐘楼建物が同位置に現存している。江戸時代に鋳造された鐘は戦時中に供出されたが、長さ一〇メートルを超える四隅の主柱や梁など、建物の主構造は往時の部材のままである。

　松代城三の堀の南方に隣接する新御殿は、元治元年（一八六四）に築かれた城外御殿で、当初は九代藩主幸教《ゆきのり》の義母貞松院の住居として築かれたが、後に幸教の隠居所となった。明治の廃城以降も真田氏の別邸として利用されたため、地元では「真田邸」と呼ばれ、御殿（主屋）や土蔵、長屋、庭園など往時の御殿景観がそのまま残っている。特に藩主の寝室や風呂、便所、台所棟などプライベートな空間も良好に残っていることが特徴の一つである。また松代城下には築城当初、総構《そうがま》えと呼ばれる城下町全体を囲む土塁が存在していたとされるが、新御殿の庭園西側に残る築山《つきやま》は、その名残といわれている。

　新御殿の西隣りには、安政二年（一八五五）に開校した松代藩校の文武学校があり、新御殿の東方には、真田家に伝来する宝物や松代城跡の調査資料を保管展示する「真田宝物館」がある。これ以外にも松代城下町には、歴代藩主の墓所や複数の霊屋、武家屋敷などが残っており、あわせて町歩きを楽しむことをお勧めする。

【参考文献】「海津旧顕録」（真田宝物館、一九八九）、長野市教育委員会「史跡松代城跡附新御殿跡　整備事業実施計画書」（一九九五）

（宿野隆史）

●川中島合戦の舞台を見下ろす要害

鞍《くら》骨《ぼね》城《じょう》

〈所在地〉千曲市倉科竹尾・長野市松代町清野
〈比　高〉四四八メートル（岩野から）
〈年　代〉不明
〈城　主〉清野氏
〈交通アクセス〉　松代コース：しなの鉄道「屋代駅」からバスで「岩野」下車、徒歩一五分（妻女山展望台）。山頂まで徒歩一〇〇分。（展望台に駐車場有）
千曲市コース：しなの鉄道「屋代駅」からバスで「倉科」下車。嶽尾北組集会所から林道で二本松峠を経て山頂。

【村上一族清野氏の山城】　松代市街地の海津城より南を眺めると妻女山《さいじょさん》から続く稜線が北東方面に続き、半円となって海津城を取り囲んでいる。この稜線上の南部に築かれたのが鞍骨城である。この地域は平地の海津城を取り囲み稜線上には鞍骨城・寺尾城・尼巌《あまかざり》城・鷲尾城などが立地する城郭密集群である。

鞍骨城は埴科郡の土豪清野氏の山城である。永享十二年（一四四〇）の結城合戦の陣番（「笠系大成」附録）に、雨宮・漆田・名仁とともに村上氏に属していることが知られる。

清野氏は松代清野地域と雨宮・土口・生萱・森・倉科地域（千曲市）を勢力範囲としていることから、鞍骨城をとりかこむ周縁地域を領有していたことがうかがえる。例えば、雨宮坐《あめのみやにます》日吉《ひよし》神社の神事（国指定重要無形文化財）は雨宮氏の名跡を嗣いだ清野氏によって再興された伝承を持ち、また森禅透《もりぜんとう》院は清野山城守勝照《かつてる》の開基とされるなど、この地域には清野氏の史香が広く伝えられる。清野氏の家紋は「丸に上」で、村上氏出自の系譜を色濃く残している。

【清野氏の武田氏への出仕】　天文十九年（一五五〇）九月の武田晴信（信玄）による第一次砥石《といし》合戦（砥石崩れ）に際しては、いち早く武田方に出仕していることがうかがえる（「高白斎記」）。この年には松代の寺尾城を村上義清《よしきよ》が高梨政頼《まさより》と両面から攻めているから、清野氏の鞍骨城もまたこの戦いで使用されていると考えられる。武田方の善光寺平初期の調略は筑摩郡から北国脇街道から千曲川川西を中心に進められて

●―一重山から鞍骨城を望む．屋代氏と清野氏はともに同族で村上氏の支族である

いるが、この時点ですでに川東地域へも小県《ちいさがた》方面から積極的におこなわれていることも指摘しておきたい。天文二十一年には地蔵峠で合戦があり丸山兵庫が戦功を上げており、地蔵峠から松代へ下りるルートが攻防の対象となっている。翌年の川中島合戦の前哨戦とも言うべきものであろう。事実この直後には村上氏の麾下《きか》にある屋代・塩崎・桑原・石川・大須賀・室賀・香坂各氏が一斉に武田方に寝返っている。屋代・松代地域のほとんどはすでに武田方の勢力下となったのである。天文二十二年には、清野右近大夫が晴信（信玄）の偏諱《へんき》「信」を拝領している（「高白斎記」）。

【川中島合戦と千曲川河東地域】　さらに弘治二年（一五五六）に武田晴信（信玄）は松代の東条尼飾城攻略を真田幸綱に命じている。時を同じくして上州から小県、さらに千曲川河東地域へのルート上に拠点を持つ西条・寺尾・井上（綿内）・仙仁・須田各氏が武田氏に付いている。第二次砥石合戦や地蔵峠の合戦以降のこれらの調略に大きな影響を持ったのはやはり真田幸綱《ゆきつな》であったと考えられる。

●―森禅透院．鞍骨城の膝下で森地区に残る清野氏の菩提寺

永禄四年（一五六一）の川中島合戦では松代地域が合戦の舞台となった。千曲川縁に構築された海津城がすでに河東地域の武田氏の拠点となっていた。周囲を敵に囲まれている妻女山に陣営を敷いた上杉軍を眼下に臨む鞍骨城もまた、合戦で利用されていることであろうが、史料上は具体的な様子はうかがえない。

天正壬午《てんしょうじんご》の乱（一五八二年）では、更級《さらしな》・埴科《はにしな》郡地域も上杉氏・徳川氏・北条氏、さらには小笠原氏の攻防における境目地域となっている。「景勝一代記」（『信濃史料』）によればこのとき景勝は「四郡御仕置《しおき》成られ、何《いずれ》も侍衆悉《ことごと》く出仕仕《つかまつ》り申し候、海津近辺くらかけ《鞍掛》山のふもと赤坂と云所ニ御馬を立て」「くらかけ山へ御あかり、関東勢を御覧なら」れ

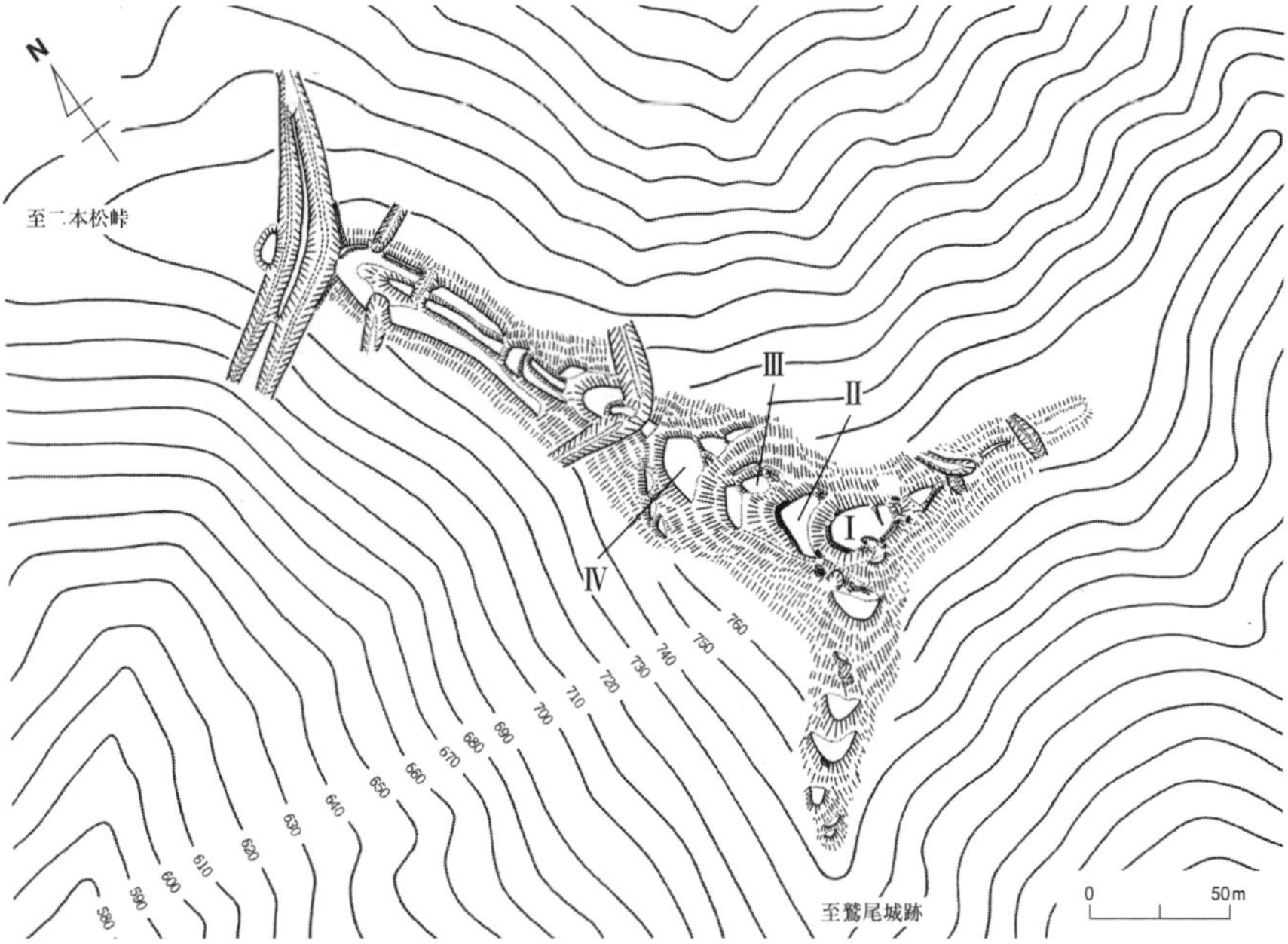

●—鞍骨城縄張図（『長野市誌』第12巻資料編より　作図：河西克造）

たという。さらに海津城副将の屋代氏が荒砥城へ出奔する天正十二年（一五八四）には、埴科郡の海津・鞍骨ラインが上杉氏の境目の城となり更級郡では稲荷山城・佐野山城が境界線となる。この時期の上杉氏の修築が鞍骨城の現在の遺構といえるだろう。

【鞍骨城を登る】　鞍骨城は千曲市生萱《いきがや》地区の竹尾部落から登るルートが大手であったようである。しかし急峻である。比較的登りやすいのは、妻女山からのハイキングコースである。千曲市観光協会が設置した看板どおりに進めば主郭Ⅰまでたどり着ける。

●—Ⅱ郭から主郭Ⅰをみる．Ⅱ郭は広い空間として残存し印象的である

上信越自動車道をくぐり細い林道を車でいくと、戊辰戦争の忠霊殿・忠霊塔があり、その脇に善光寺平を一望する展望台が設置されている。赤坂と呼ばれている斎場山の尾根上をさらに案内標識に従って登っていく。なお熊やマムシ、スズメバチ注意の看板が注意喚

●―平石を使った石積．主郭Ⅰの東南斜面に整然と積み上げられているのがよく分かる

起しているように、山城登りは十分な準備をされることを勧める。途中手城城がある。ここは古墳石室を再利用した石積をみることができる。また、南には有明山の森将軍塚古墳も見通せる。ここは比較的平場がある。さらに尾根を進むと古道二本松峠にさしかかる。南西方面の尾根を下れば雨宮地区の唐崎山《からさきやま》城、南稜線をを下れば倉科地区の鷲尾城へ通じる。北東方向へ下れば清野道で松代へと通じる。「清野やしき」という地名が残るがそこに居館があったかどうかは不明である。いずれにしても鞍骨城を中心とした城塞エリアと言って良い。いずれも清野氏の勢力エリアである。二本松峠は千曲市柏王より宮坂峠をへて森、倉科から松代へ抜ける古道で、村上氏配下だった清野氏にとって重要な道であった。二本松峠から尾根道を進むと大きな鉄塔がある。このあたりから山城の防備施設が目に付く。とくに最初にみえる二重堀は長大で深い。この堀を渡ると長い曲輪に至り、周囲には帯郭《おびくるわ》がみえる。その後多くの曲輪・堀が断続する。とくにⅣ郭の周囲は長く深い堀切《ほりきり》があり、急峻な崖がたちはだかる。自然石を積んだ石積の様相もみてとれる。さらにⅡ郭・Ⅲ郭との間の高低差が大きく、進む者を拒むような堅牢な要害である。また主郭Ⅰの周囲とくに西側には平石積の見事な石垣が残されている。

主郭Ⅰは西辺二一メートル、南辺一七メートル、北辺一〇メートルほどで、北東から南側にかけては土塁《どるい》も良く残存している。東側には井戸跡があるという。周囲には階段状の帯郭が配置され、南側に虎口があり千曲市生萱方面へと続く。

赤坂から登り始め途中休憩を入れて登頂まで約一〇〇分かかる。急峻な壁を登る部分を含め、十分な時間を確保した方がよい。しかし主郭Ⅰからは海津城を膝下に善光寺平を望め、遠くは坂城から須坂まで見渡せる。堅牢な防衛設備や境目となる立地条件からみても武田氏の時代から上杉氏の入部まで重要な山城として位置づけられていたことを物語る。

【参考文献】長野市『長野市誌』第一三巻資料編（二〇〇三）、『須坂市誌』第三巻　歴史編Ⅰ（二〇一七）

（村石正行）

●登り石垣のような石塁をもつ山城

塩《しお》崎《ざき》城《じょう》

〔所在地〕長野市篠ノ井長谷
〔比　高〕一九三メートル（長谷寺参道石段基部から）
〔分　類〕山城
〔年　代〕不明、慶長期まで使用か
〔城　主〕不明（天正十年以降は上杉家家臣）
〔交通アクセス〕ＪＲ篠ノ井線「稲荷山駅」下車、徒歩三〇分。

【善光寺平の玄関　塩崎】　塩崎城は、長野盆地南西隅に近く、ＪＲ篠ノ井線の稲荷山駅から南西に八〇〇㍍ほど離れた長谷寺の背後にある。このあたりは明治時代まで塩崎村と呼ばれていた。「塩崎の城」が同時代史料に現れるもっとも古い例は、応永十一年（一四〇四）（内容としては前年のこと）の市河文書で、そこには「塩崎新城」の語が記されている。文正元年（一四六六）の紀年をもつ「大塔《おおとう》物語」にも、応永七年の大塔合戦の舞台として「塩崎城」が挙げられている。これらを安易に塩崎城の遺構に比定することはできないが、塩崎は交通の要地であったため、おのずと繰り返し合戦の舞台となったのだろう。塩崎から南方の山を越えれば松本に通じ、東に渡河すれば屋代・上田方面に至る。また、北の山を越えれば信州新町をへて大町方面に向かう道があり、長野盆地から信濃各地に向かう交通の要である。

【長谷寺と塩崎城】　このあたりの山地は、地滑り地と岩質の山が入り組んだ複雑な地形で、切り立った山や聖地とされた滝などもある。塩崎城と長谷寺がある尾根も岩がちで、明瞭な城郭遺構は標高五六二㍍のゆるやかなピーク周辺に展開している。城の下方で尾根はＹ字形に分かれ、その二股の部分が長谷寺の寺域になっている。本堂は南側の枝尾根に位置し、寺との結びつきは不明だが、背後の経塚から一二世紀半ばの紀年銘がある経筒も発見されている。城の遺構と長谷寺とは三〇〇㍍以上離れているが、寺の周囲にも段切りが多数残存しており、これらが寺院の施設だけでなく、軍勢の駐屯

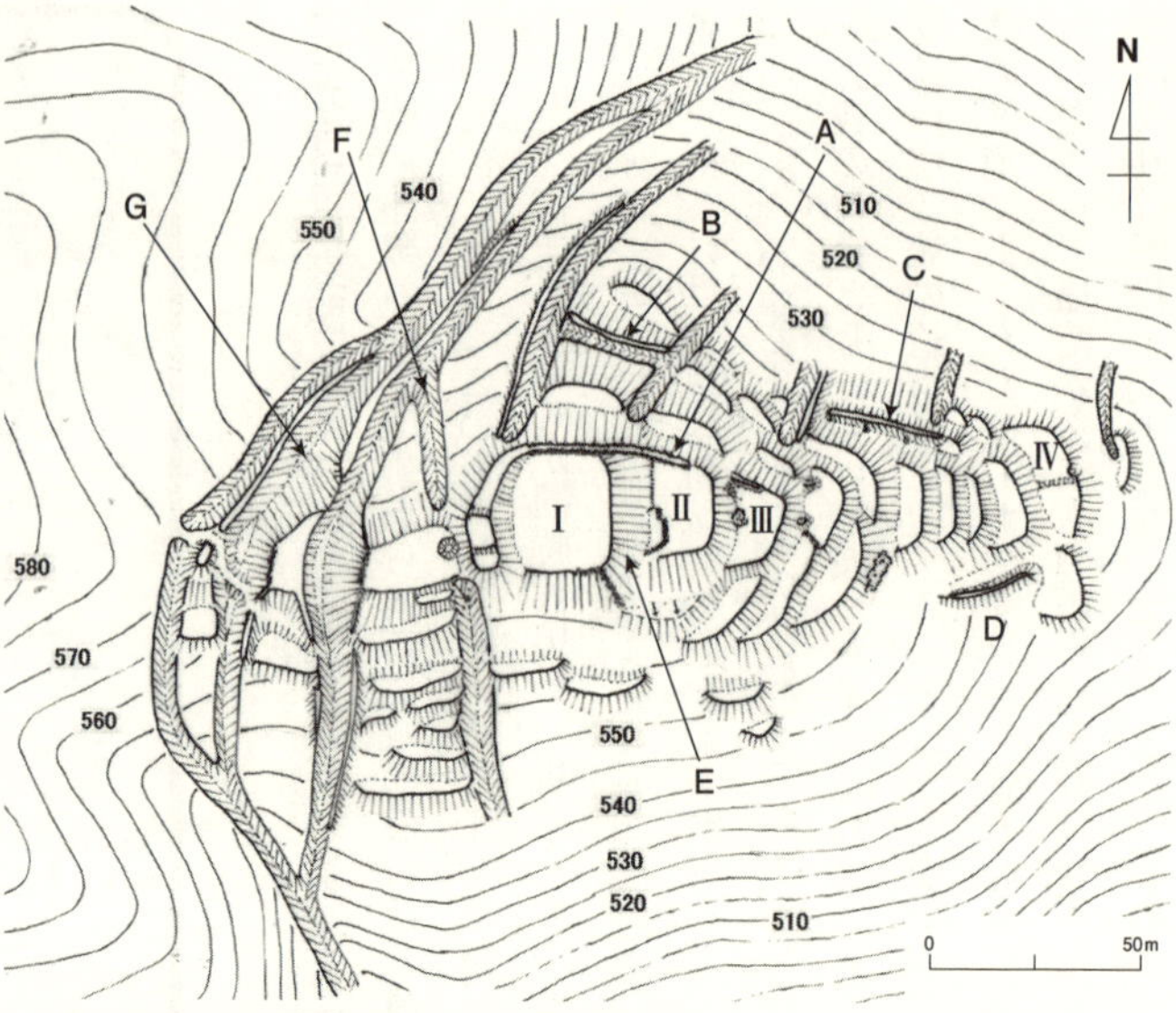

●—塩崎城遺構概要図（作図：遠藤公洋）

などに使われた可能性も否定できない。とりわけ、南北朝期の「塩崎の城」は、寺の付近に陣取った可能性がある。

【塁線に囲まれた塩崎城】 塩崎城は、長野県に多い痩せ尾根を複数の堀切《ほりきり》で分断した城とは違い、主郭部の背後の切断F・G以外に堀切が用いられていない。幅の広い尾根の緩いピークに城の中心部を置いているため、背後の切断は、幅広い鞍部に設けた「横堀」に近い堀切を斜面まで落とし、間の緩斜面部に段切りを施している。この施設群には土塁《どるい》を多用し、城外からの視線を効果的に遮っている。

●—長谷寺と塩崎城のある山．中央やや右が長谷寺．鉄塔の上が城跡

また、主体部の北側には、平場の縁辺に石塁Aが、その下方には切岸《きりぎし》の下に土塁を設けたテラス状の塁線Bが設置されている。Cも同様の塁線だが、尾根上の平場からの落差を保つように、勾配に対応して全体を三つに区分している。現在遊歩道状になっているが、Dの部分も同様の施設かもしれない。これらとよく似た遺構は、新潟県から長野県北部で一六世紀第４四半期に機能していたとみられる城館跡で複数見出

される。長野市内でも大峰城、旭山城、若槻山城などに類例があり、南部では和田城（長野市信更）にみられる。とりわけ若槻山城は、土塁と堀による背後の切断部分も非常によく似ており、その背景が興味深い。また、主郭Ⅰの北側から法面Eの縁を下ってⅡ郭まで伸びる石塁Aは、近隣にはあまり例がなく、勾配がある点では「登り石垣」に似る。石材の面《つら》は揃っており、幅は一間とやや広いが高くはなく、構造としては寺院遺跡にみられる築地の基部に似ている。崩れているが主郭Ⅰの南東側斜面に残る石列も、同種の施設の跡であろう。

【石の使用に特色がある塩崎城】　この城跡で不可解なのは法面Eで、塩崎城の遺構の中では他と不釣り合いなほど勾配がゆるい。主郭Ⅰの土塁法面やⅣ郭の西側切岸の勾配が約四〇度なのに対し、この法面だけは約三〇度である。

長野県の城館跡は、粘土質の地山が少ないせいか、全体として切岸の傾斜がやや緩いが、中世末期に機能していたとみられる城館跡には、急で高い切岸が残る傾向がある。これは、高い壁を用いた防御もしくは、傾斜地に大きな平場を確保しようとした普請《ふしん》の結果であろう。長野県北部の場合、前記のような塁線が見出される城館跡では、いずれも、落差が大きく斜度が四〇度から五〇度に近い切岸が見出される。塩崎城跡もこのような遺構の一つだが、法面Eは、その大きさの割に勾配が緩く、それゆえ地山の地形にほとんど手を加えていないのではないかと感じるほどである。

石塁Aは、この法面の北縁を縦断してⅡ郭に達している。Ⅲ郭の北縁にも石塁が残っているが、Ⅱ郭とⅢ郭の間の切岸にはそのような痕跡はない。おそらく、石塁Aの造成時に、法面Eの緩傾斜が問題視されて連続的に石塁を築造したのであろう。主郭ⅠとⅡ郭を大規模に改修すれば法面Eも急勾配の切岸にできたであろうが、それをせぬまま石塁の普請を優先させたようにみえる。よくみると、法面Eの基部には石積の根石のような石列があり、その南側延長部分には遺構か否か判断に苦しむ石積もある。この石積は後世の積み直しが疑われるが、法面Eに石材があったこと自体は間違いないであろう。大胆に推測すると、これは、石垣を築いて主郭Ⅰを東に拡張する普請を中断して石塁Aを設置した痕跡ではないだろうか。そうであれば、千曲川右岸の霞城（長野市）に似た全体に石積を用いた城を指向した可能性がある。

今のところ石塁Aの普請の時期を特定する手がかりはない。ただし、天正十二年に上杉景勝が上条宜順を通じて、信濃の侍たちに、「へい（塀）の事（詳細不明）」という軍備に関する指示を出していた点は注目される。塩崎城の石塁はまさに「塀」の基部のような構造である。類例として、上田城を見下ろす鳥小屋（高ツヤ）城（虚空蔵《こくうぞう》山の稜線に位置する）にも同様の遺構がある。虚空蔵山の稜線は天正十一年春の「海士淵《あまがふち》（上田城）」取り立てから、同十三年の第一次上田合戦までが軍事的に緊張した時期なので、塩崎の石塁Aもその頃に普請されたとすれば、「塀のこと」を指示した書状とも時期が符合する。「塀」の具体的な構造はわからないが、今後、この地域の城館跡を丁寧に踏査すれば、類例はまだ見出されるかもしれない。

【書状から読み解く塩崎の緊張】　塩崎城は戦国時代の終わりに波乱の舞台になる。このとき最初に名が現れるのは天正十年十二月に上杉景勝が屋代左衛門尉《やしろさえもんのじょう》に与えた「覚え」で、細部は使者が口頭で伝えたのでわからないが、一つ書きの冒頭に「塩崎寄力之事」とある。おそらく、景勝領域の南端を固める屋代氏に対し、塩崎の城将を与力に付けたのであろう。次に塩崎の名がみえるのは天正十二年の四月で、塩崎村に対して「諸軍勢の濫妨狼藉《らんぼうろうぜき》」を停止せしめる景勝の禁制が出されている。禁制は上杉軍による被害を防ぐものだが、すでに景勝領域にある塩崎に改めて出されている点が重要である。次いで、五月十七日には、板屋佐渡守が「桑原」の替え地として「塩崎分」を宛行《あてが》われ、同日付で保科豊後守が「桑原半分」を宛行われて稲荷山在城を命じられた。この一連の動きは、四月初頭に屋代氏が上杉氏に離反して徳川方に奔ったことへの対応である。おそらく、「塩崎」にあって屋代氏の与力を務めた者も屋代氏と行動を共にし、意図せぬまま上杉氏と敵対する立場に置かれた塩崎村はいち早く制札を受けたのであろう。桑原は稲荷山在城の料所とみられ、板屋佐渡守は稲荷山の城から空になった塩崎城へと配置替えになった。稲荷山には保科氏をはじめ、八幡神領を預かった松田民部助らが在城し、景勝領南端の体制が強化された。

塩崎城は、この後、文禄三年の「定納員数目録」にも「稲荷山」とともに位置づけられ、清水三川守に五名の同心が付けられているので、景勝が北信濃を支配した期間を通じて城として機能していたとみて良いだろう。塩崎城の北方にある塩崎見山砦が並行して使用されていた可能性も考えると、拠点となる稲荷山城と牧ノ島城を結ぶルートの一つである鳥坂峠をコントロールする目的で塩崎が維持されたのではないだろうか。おそらく慶長三年（一五九八）に景勝が会津に移封《いほう》されるまで運用された信濃でも最も新しい山城の一つであろう。

【参考文献】長野市『長野市誌　第一二巻　資料編　原始・古代・中世』（二〇〇三）

（遠藤公洋）

●犀川の要所に築かれた甲州城郭

牧《まき》之《の》島《しま》城《じょう》

〔県指定史跡〕

〔所在地〕長野市信州新町牧野島
〔比　高〕八メートル
〔分　類〕丘城
〔年　代〕永禄九年（一五六六）～元和二年（一六一六）
〔城　主〕馬場氏、芋川氏、田丸氏、森氏、松平氏
〔交通アクセス〕JR長野駅からアルピコ交通新町線「下市場」下車、徒歩一〇分。

【犀川に囲まれた城郭】　牧之島城は松本盆地から長野盆地へと流れる犀川《さいがわ》沿いに築かれた城郭である。城は山間部を蛇行する犀川によって形成された舌状《ぜつじょう》台地に立地し、南・西・北の三方を犀川に囲まれている。その形は、琵琶の形状に似ているので琵琶城とも呼ばれる。

【牧之島城の縄張】　曲輪は南北に主郭Ⅰ、Ⅱ郭が並ぶ構成を基本とする。現在の主郭Ⅰは三方を土塁《どるい》Aで囲まれているが、南方に土塁は存在しない。これは南方が犀川に接する急峻な崖であり、土塁が築かれなかった可能性もあるが、河川の浸食によって曲輪の南側が消失した可能性も高い。そのためか現状の曲輪形状は、やや不正形な台形を呈する。東方に「千人桝形《ますがた》」と呼ばれる虎口《こぐち》B、北方にⅡ郭へつながる虎口Cがあり、どちらも発掘調査によって内桝形の虎口形状が整備されている。また主郭Ⅰの土塁A北東部は、本城郭において一番高くなっており、琵琶古跡神社が祀られている。土塁AはⅡ郭の東方まで連なるが、現在、北方に隣接する道路手前で分断されており、往時は道路北側の高まりまでつながる一連の土塁であったと思われる。また、Ⅱ郭も現在よりも北に広い平坦面を有していたと考えられる。

主郭ⅠとⅡ郭の間には土塁Aの北面と並行して水堀Gが東西に伸びている。また主郭ⅠとⅡ郭の東方には深堀Fが、西方には堀H、堀Iが二重に配されている。この南北に伸びる三ヵ所の堀は空堀《からぼり》である。堀Fの東方には、三日月状の堀Dと土塁Eがあり、土塁に囲まれた直径約四〇メートルの丸馬出《まるうまだし》を形

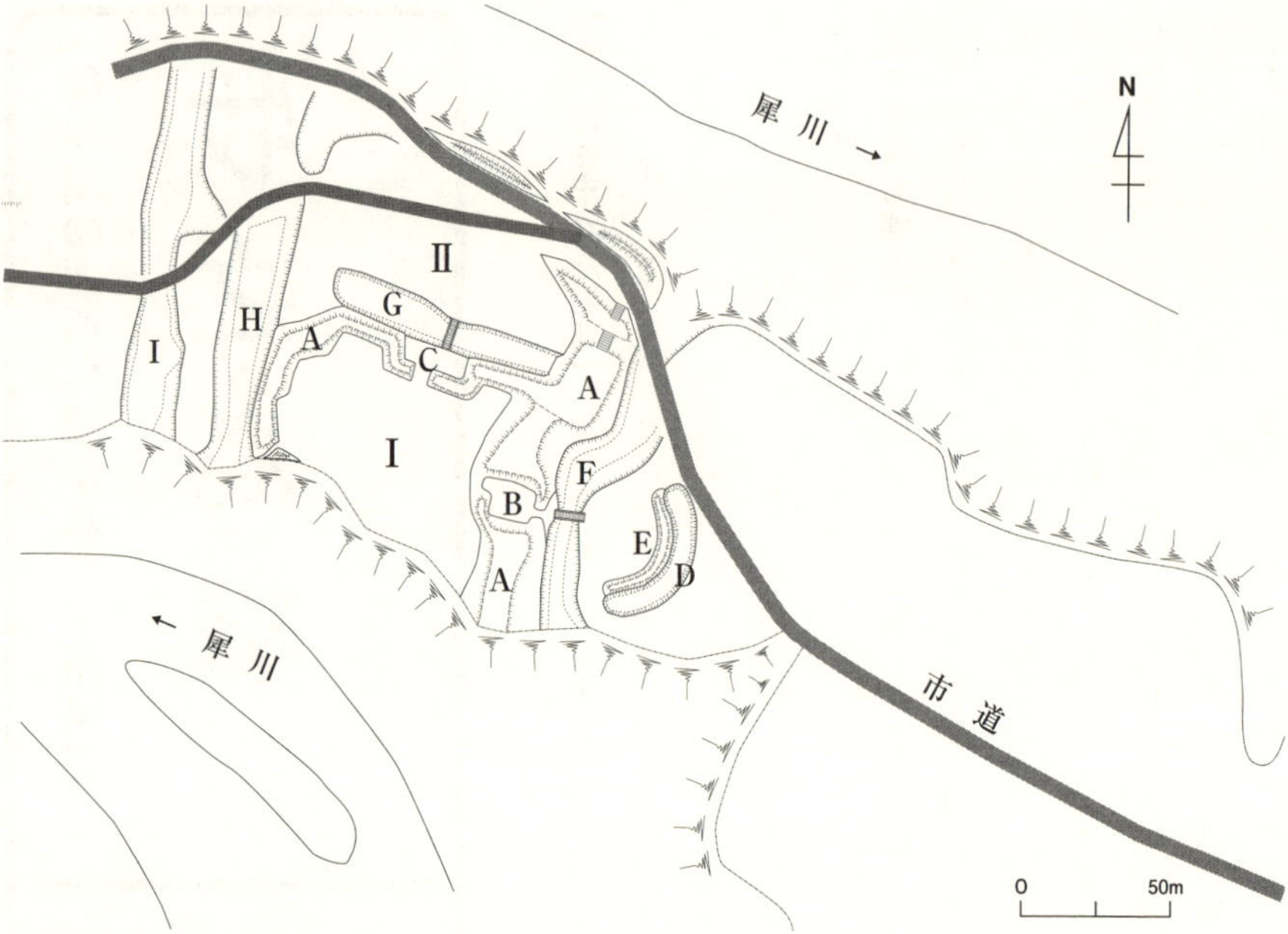

●—牧之島城縄張図（作図：宿野隆史）

●—三日月堀

●—本丸桝形（虎口C）

成する。このさらに東側には大手口《おおて》が存在し、大手口より東側は家臣団の居住する城下町が広がっていたと想定される。

【牧城から牧之島城へ】 この地では、鎌倉時代より国人《こくじん》領主の香坂《こうさか》氏が強大な勢力を有しており、香坂氏の居館は、牧之島城から約三〇〇メートル程東方にある普光寺《ふこうじ》のあたりに存在したと伝えられる。寺の周辺には土塁の痕跡と考えられる微高地や堀切《ほりきり》の痕跡が残っており、地元では「牧城跡」あるいは「香坂屋敷跡」と呼ばれている。

永禄四年（一五六一）に香坂氏を滅ぼした武田晴信（以後、信玄）は、当時おとも平にあった侍屋敷を牧城跡周辺に移し、新たな縄張による新城を築くが、これが牧之島城となる。築城時期については諸説あるが、地元の「中牧文書」によると永禄九年には完成し、馬場信房《のぶふさ》が城代として配されたことがうかがえる。信房は天正三年（一五七五）五月に長篠にて戦死したため、その後信房の子、信春が城代となった。

天正十年に武田氏が滅亡すると、牧之島城も織田方によって奪われたが、信長の死去後は上杉景勝の領有するところとなり、芋川《いもかわ》親子が城将として防備にあたった。

慶長三年（一五九八）の景勝の会津移封《いほう》後は、田丸直昌《たまるなおまさ》、森忠政《ただまさ》など海津城（松代城）の城主がこの地方の治政にあたっていた。慶長八年（一六〇三）海津城主となった松平忠輝《ただてる》は家老松平信直《のぶなお》を在城させていたが、元和二年（一六一六）忠輝が改易されると、牧之島城も廃城となった。

廃城以降も土塁や堀など城郭遺構が良好に残る城跡として知られており、土塁A上の北西隅には、真田家九代藩主の子息であった男爵の真田幸世《ゆきよ》が大正四年（一九一五）に建立した「馬場信房之城跡」の石碑が建っている。

【土塁・木橋などの復元】 牧之島城は、昭和四十一年（一九六六）三月に県史跡に指定されている。昭和四十七年度から四年間にわたって、発掘調査にもとづく城郭の復元整備が進められてきた。整備では、主郭Ⅰの桝形整備や土塁復元、木橋の架設などが行われた。また、主郭Ⅰの東方、丸馬出部分は駐車場として整備され、Ⅱ郭の西側には、来訪者用の便所が設置されている。甲州流築城技術をよく伝えている歴史的景観の再現とあわせて、来訪者のための環境整備が進められたことにより、桜の季節には多くの来訪者でにぎわうようになった。

【城下町の町割】 現地に行くと、甲州流の築城技術として特徴的な三日月堀と土塁が目を引く。その東方に存在したとされる大手口の遺構は不明瞭であるが、城郭の東側には街路沿いに民家が密集している。特に牧城跡と呼ばれる普光寺周辺から南に伸びる街路の両側には、間口に対して奥行きが長い短冊状の敷地割りに民家が並んでいる。往時は街路の中心に水路が走っていたといわれる。また普光寺から約二〇〇㍍南のところに堀切があり、ここまでが城下町であったことが想像される。堀切で区画された範囲の町並みは、小規模ながら城下町の原初的な町割景観を呈しており興味深い。

また城地の西側には、広大な平場が広がっている。現在は畑地や県立篠ノ井高等学校犀峡《さいきょう》校の敷地となっており、城郭遺構は確認されていない。三方が犀川に囲まれ、唯一陸地につながる東方の狭小部に、強固な牧之島城が配置されていることから、この広大な平場に軍事戦略上の重要な機能が存在したことが考えられる。明確な史料が存在しないため想像の域を出ないが、畑地としての利用や物資の保管場所、軍勢の駐屯空間など多様な利用方法が想定される。往時の犀川は、物資や人物の往来する交通路としても機能しており、牧之島城の存在は河川交通における関所的な役割を果たしていた可能性も考えられる。

【参考文献】 信州新町教育委員会「牧之島城」『信州新町文化財調査報告書』（一九六六）

（宿野隆史）

●屋代氏の盛衰を刻む善光寺平と接する要衝

屋《や》代《しろ》城《じょう》

〔千曲市指定史跡〕

〔所在地〕千曲市大字屋代字一重山・大字小島字東山
〔比　高〕九九メートル（成田山不動尊登り口から）
〔分　類〕山城
〔年　代〕一五世紀後半〜一六世紀半ば
〔城　主〕屋代氏
〔交通アクセス〕しなの鉄道「屋代駅」下車、徒歩四〇分。

【城の現状】　スイッチバックのある駅としても有名な名所JR篠ノ井線姨捨駅から北東方向をのぞむと、遠方に瘤状に落差のある山が目に入る。これが屋代城を形成する一重山《ひとえやま》である。屋代城は一九七〇年代の森将軍塚古墳（国史跡）の整備・保存により、曲輪の連続する部分がえぐり取られてしまう不運に見舞われた。大きな窪地状の現状はその名残であるが、「科野《しなの》の里《さと》歴史公園構想」に組み込まれ、命脈を保った。

篠ノ井駅でしなの鉄道に乗り換え屋代駅で下車する。東側にそびえる一重山に沿って線路添いを篠ノ井方面へ進むと、成田山不動尊登り口の看板がみえる。ここから屋代城へ登るのが一番わかりやすい。一重山麓新田地籍の満照寺《まんしょうじ》は屋代信仲《のぶなか》の開基と伝え、江戸時代初期に現在地に移ったという伝承がある。寺の直上が屋代城本丸にあたるが寺が居館もしくは根小屋《ねごや》跡に建立されたかどうかなど戦国期の山城との直接的な関係は不明である。

不動尊登り口から主郭のある一重山山頂までは約一〇〇メートルほどで、北方に鳥の嘴《くちばし》状に伸びている。このため、主郭Ⅰまでの長い尾根上に曲輪や堀切《ほりきり》など防御施設が広範囲に施されているのが特徴である。

尾根の先端部の平坦地には一重山不動尊の堂宇《どうう》が勧請《かんじょう》されている。ここが北端の曲輪と想定される。現状では主郭Ⅰを含めて一二ヵ所の曲輪が確認できる。とくに山頂部は東西二五メートル×南北六五メートルの広い平坦地となっており、さらに南北を上下二段に配し、堀切を施し主郭ⅠとⅡ郭とに区分してい

●—主郭Ⅰを望む

た。また主郭Ⅰ西側周辺を中心に石積が残存していることが観察できる。かつては総石垣張であったと想定されている。

Ⅱ郭とⅢ郭の間には竪堀《たてぼり》が掘られている。堀底からⅡ郭までの高低差が一〇㍍近くになり、強固な遮断面となっている。以下Ⅳ郭まで比較的長大な竪堀が畝《うね》状に連続していることが確認できる。また主郭Ⅰ〜Ⅳ郭までの東西周辺には無数の削平地があり、それにあわせて竪堀が設けられている。

前述のように、採石作業により北方尾根と主郭部分とが大きく分離されることになったが、現在鞍部となっている地帯にも竪堀と曲輪が存在していたことが知られる（『更埴市史』）ことから、一重山全体が厳重な防御施設を施した山城であったことがわかる。

【屋代氏と屋代文書】 屋代城は千曲川右岸の埴科《はにしな》郡に位置する。千曲川を渡河した対岸には古東山道や北国街道が走り、屋代地域は河東地域と呼ばれる埴科・高井郡地域を結ぶ谷街道との結節点にあたる交通の要衝地であった。そのため地政学的には善光寺平への結節点でもあることから、屋代地域は歴史的には数々の争乱の舞台となってきた。

屋代城の城主と考えられる屋代氏は村上為国《ためくに》の孫で後白河法皇院判官代仲盛《なかもり》が祖であると伝える。応永七年（一四〇〇）の大塔合戦《おおとうかっせん》を記した『大塔軍記』には、守護小笠原長秀《ながひで》と対

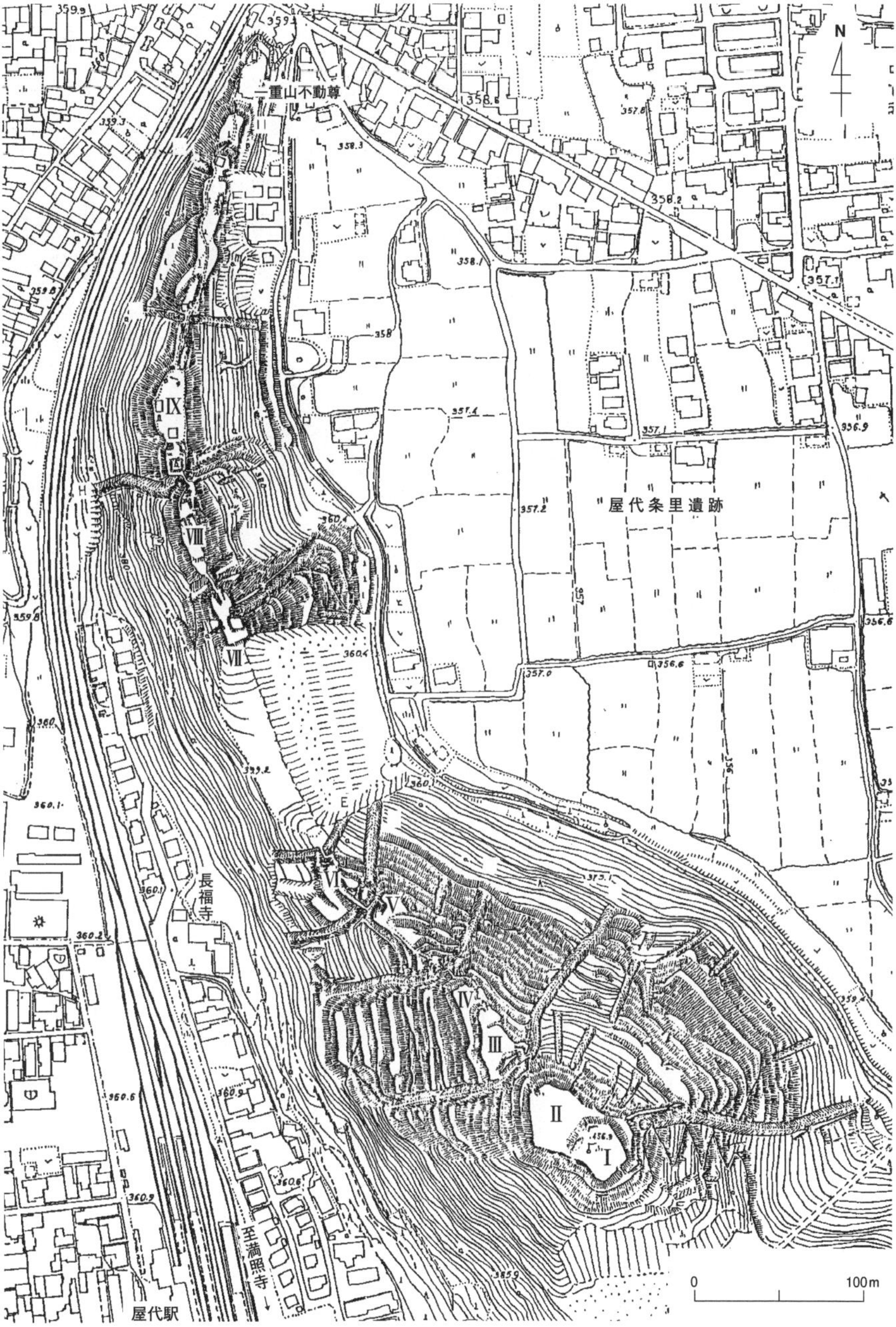

●―屋代城縄張図（『屋代城跡範囲確認調査報告書』より転載，作図：三島正之）

●—主郭Ｉの石積

峙する村上氏一党が「屋代城」より出陣したとする記述がみられる。出土遺物調査による年代観では、山城としての屋代城の年代は一五世紀中頃を遡らないとするので、両者は別のものと考えた方がよいだろう。

天文二十一年（一五五二）武田晴信（以後、信玄）が安曇《あずみ》郡を攻略すると、北国街道沿いの調略が進み、いよいよ信玄による善光寺平への進出が秒読みとなった。翌年信玄による村上義清《よしきよ》の葛尾城攻めのなか、四月五日には村上同族の屋代城の屋代政国《まさくに》、更級《さらしな》郡の塩崎氏が武田方に転じ、同十日葛尾城が自落した。この戦功により政国が埴科郡雨宮（千曲市）の地を宛行われ、村上方の雨宮氏の領地を継承した。八月五日には義清が退いた塩田城が攻略されると、その恩賞として政国は雨宮の替え地として更級郡荒砥城（千曲市）を与えられた。

いっぽう九月には越後国長尾景虎（以後、謙信）軍が攻勢に転じた。八幡の戦いで武田軍を破ると、荒砥城は落城する。謙信は同十七日埴科郡まで出陣し、坂城南条（埴科郡坂城町）を放火し、武田勢力を放逐した。これらの動きがいわゆる第一次川中島合戦である。このとき謙信は撤兵したため、武田勢力の駆逐はできず武田軍は次第に善光寺平のほぼ全域を勢力下におくことになったのである。

【屋代城の廃城と荒砥・佐野山城】 永禄元年六月一日武田信玄、屋代・新戸（荒砥）の人びとが徘徊しないように屋代政国に命じている。武田氏の配下となった屋代氏は、屋代・荒砥城下の検断を行っている。翌年八月三日、屋代政国は諏訪上社に寄進した土地の年貢を桑原市で使用している市枡《いちます》で一八俵納入するよう、諏訪宮内左衛門尉《さえもんのじょう》に命令している。荒砥・桑原は更級郡であるから、屋代氏は埴科・更級郡域の一部を支配する領主となっていることがわかる。またこのことから、荒砥城とともに屋代城もまだ屋代氏の重要な拠点の城として機能していたことがうかがえる。

天正十年（一五八二）、武田氏・織田氏が滅亡すると、屋代秀正《ひでまさ》はほかの北信の武将と同様、上杉景勝の家臣となった。そして海津城将として村上景国《かげくに》がつくと、副将として屋代秀正がつき海津へ詰めることになった。いっぽう筑摩郡は小笠原貞慶《さだよし》が復帰し、更級郡は小笠原氏との勢力抗争の場となった。上杉景勝は更級郡桑原などを料所とし、稲荷山城（千曲市）を築城し松田・小田切などを番衆としておき直轄地化をすすめた。天正十一年四月、麻績《おみ》で景勝と貞慶が数度戦闘におよび、城を落とし味方の勝利をもたらした功績で秀正は景勝より感状を得た。

いっぽうこのころ秀正は徳川家康にも交誼《こうぎ》をもち「当方へ一味あるべきの由《よし》申し越さる」故、徳川家康が屋代秀正に更級郡の支配を約束する直筆書状を送っている。一時的に両属している状況であった秀正が上杉を出奔し荒砥城へ引きこもった（天正十二年四月）。しかし岩井信能《のぶよし》ら信濃衆により攻撃され「荒砥・佐野山両地五三日を経ず自落」した。すでに屋代城の名前はみえないからこのときまでに屋代城の役割は終えていたのであろう。秀正の行方はこれ以降分からなくなる。

屋代氏は徳川家家臣として安房国北条（千葉県館山市）一万石の大名となり、のちに減封、その後は旗本として存続した。屋代家に伝わる文書類は千曲市へ寄贈されて現在に至っている。

【参考文献】 更埴市教育委員会『屋代城跡範囲確認調査報告書』（一九九五）、長野県立歴史館『信濃武士の決断』（二〇一四）

（村石正行）

●要害堅固の長大な山城と村上氏の居館

葛《かつら》尾《お》城《じょう》〔県指定史跡〕

〔所在地〕坂城町葛尾山
〔比　高〕三七一メートル（坂城神社から）
〔分　類〕山城
〔年　代〕不明
〔城　主〕村上氏
〔交通アクセス〕しなの鉄道「坂城駅」下車、登山口まで一〇分。山頂まで徒歩四〇分。

【坂城へ拠点を移した村上政清】　国道一八号を上田方面から走っていき、坂城町にはいると右手前方に急峻な岩肌の山が印象的に迫り、千曲川の断崖となって尾根が落ち込む。北陸新幹線のトンネルで知られる五里《ごり》ケ《が》峰《みね》から伸びるこの尾根が葛尾山であり、八〇〇メートルの山上に村上氏の山城として知られる葛尾城がある。さらにこの尾根伝いには、葛尾城の支城である通称姫城がある。

坂城の地は千曲川の沖積地で上田盆地と長野盆地との接点に位置し、埴科郡の南端で小県郡、対岸の更級郡と接するため古来より交通の要衝でもあった。したがって平安末期には北日名地域に経筒《きょうづつ》が埋納され、鎌倉時代は得宗《とくそう》領となり北条氏被官によって代官支配が行われている料所である。その後、中先代の乱では旧北条与党の薩摩氏が反旗を翻し挙兵していることからも北条氏の影響が濃い地域である。

村上氏は一一世紀末、清和源氏頼信《よりのぶ》流の盛清《もりきよ》が坂城の対岸更級郡村上郷に配流され、子の為国《ためくに》が村上姓を称したことに始まるが、この時期の村上氏の地域における足跡は不明な点が多く、具体的な徴証《ちょうしょう》がみえるのは南北朝時代の村上信貞《のぶさだ》が信濃惣大将として信濃の北条与党討伐に転戦したころからである。また応永七年、信濃守護小笠原長秀《ながひで》が村上氏の領有地を押領と称したため、村上満信《みつのぶ》は国人《こくじん》層を糾合して一揆を結び守護長秀を追放した事件もおこる（大塔《おおとう》合戦）。応仁二年（一四六八）に坂城郷の諏方社頭役を村上政清《まさきよ》が負担した記事がみえるので（「諏訪御符礼之古書」）、一五世紀前半には村上郷から坂城へ拠点をうつしたとみることができる。政清の時代には高井郡井上氏や小県郡海野氏を攻めるなどし一族を北信濃一体に分派させ自らは信濃守を称している。

【武田氏の侵攻と村上義清】 葛尾城の記述が具体的にみえるのは、武田晴信（以後、信玄）による北信濃侵攻にともなう史料である。

天文十七年（一五四八）上田原合戦で村上義清が信玄を破った。その後砥石城が争奪の拠点となり、義清は天文十九年には信玄の軍を撃退する（砥石崩れ）。だが、翌年には真田幸隆《ゆきたか》によって、乗取られると戦況は一転した。しかも信玄は翌年安曇《あずみ》郡を攻略し、麻績《おみ》・青柳・大岡ルートから坂城を攻撃することが可能になったのである。

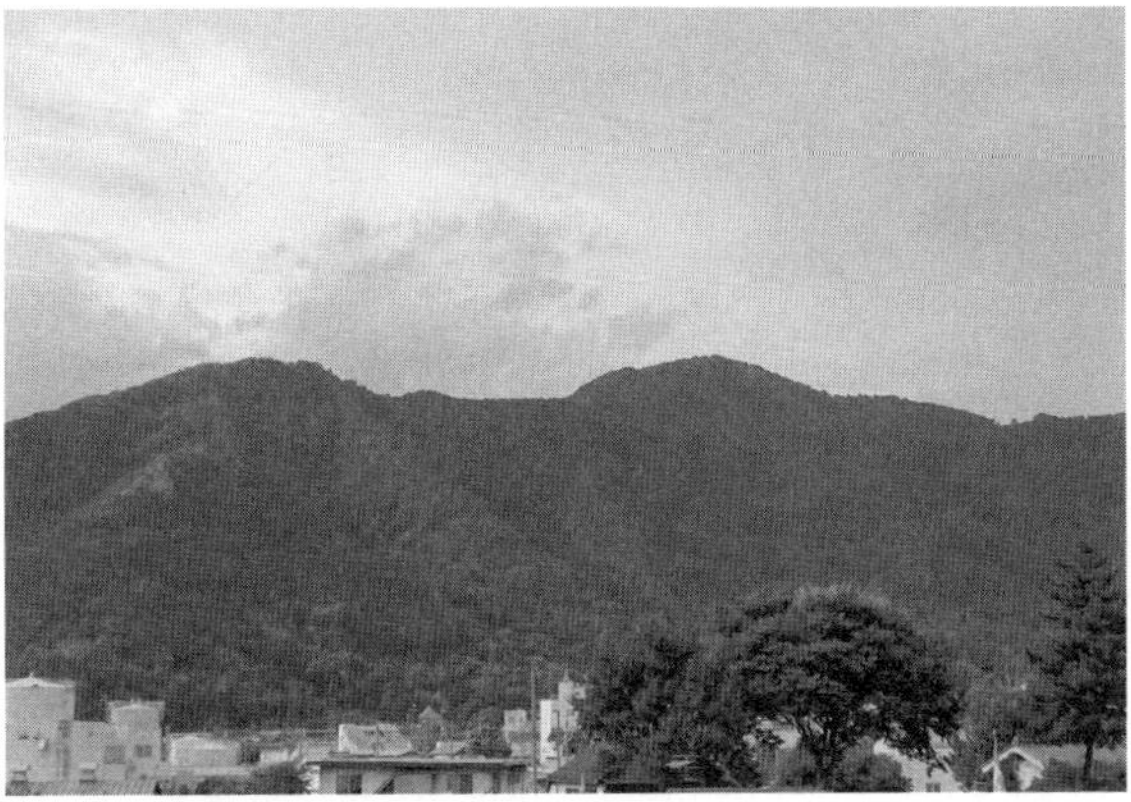
●—葛尾城遠景

こうしたなかで村上与力の屋代・塩崎氏が武田方につき、さらに桑原氏の領地も武田領となった。さらに家臣の大須賀久兵衛は、千曲川左岸村上郷の狐落城を攻め落とし、小島一族を討ち取った（「大須賀文書」）。周囲を調略された義清はかくして葛尾城の自落を余儀なくされ脱出する。

屋代氏は信玄からあらたに雨宮領（千曲市）を得、さらに雨宮の替え地として荒砥城を与えられた（「屋代家文書」）。村上同心衆の石川・室賀氏らが村上氏から離脱し続々と武田方へ出仕する（「高白斎記」）。

いっぽう再起を図る義清は八幡で五〇〇〇騎ほどで合戦し、葛尾在城の武田方於曽源八郎を討ち取り塩田へ拠点を移したが敗退し、越後へ逃れた。こうした状況のなかで、長尾景虎（以後、上杉謙信）は信濃諸氏の救援のため派兵し八幡（千曲市）で敵軍を破り、坂城南条を放火したが、そのまま越後へ帰国した（「高白斎記」）。義清は結局信濃への帰還はかなわなかった。

その後、この城の重要性は薄れたが、慶長五年（一六〇〇）第二次上田合戦の直後の九月十八日、徳川秀忠により海津に配置された森忠政《ただまさ》の境目の城だった「葛尾砦」の二の丸が真田信繁《のぶしげ》によって攻撃されている（「今井文書」）。

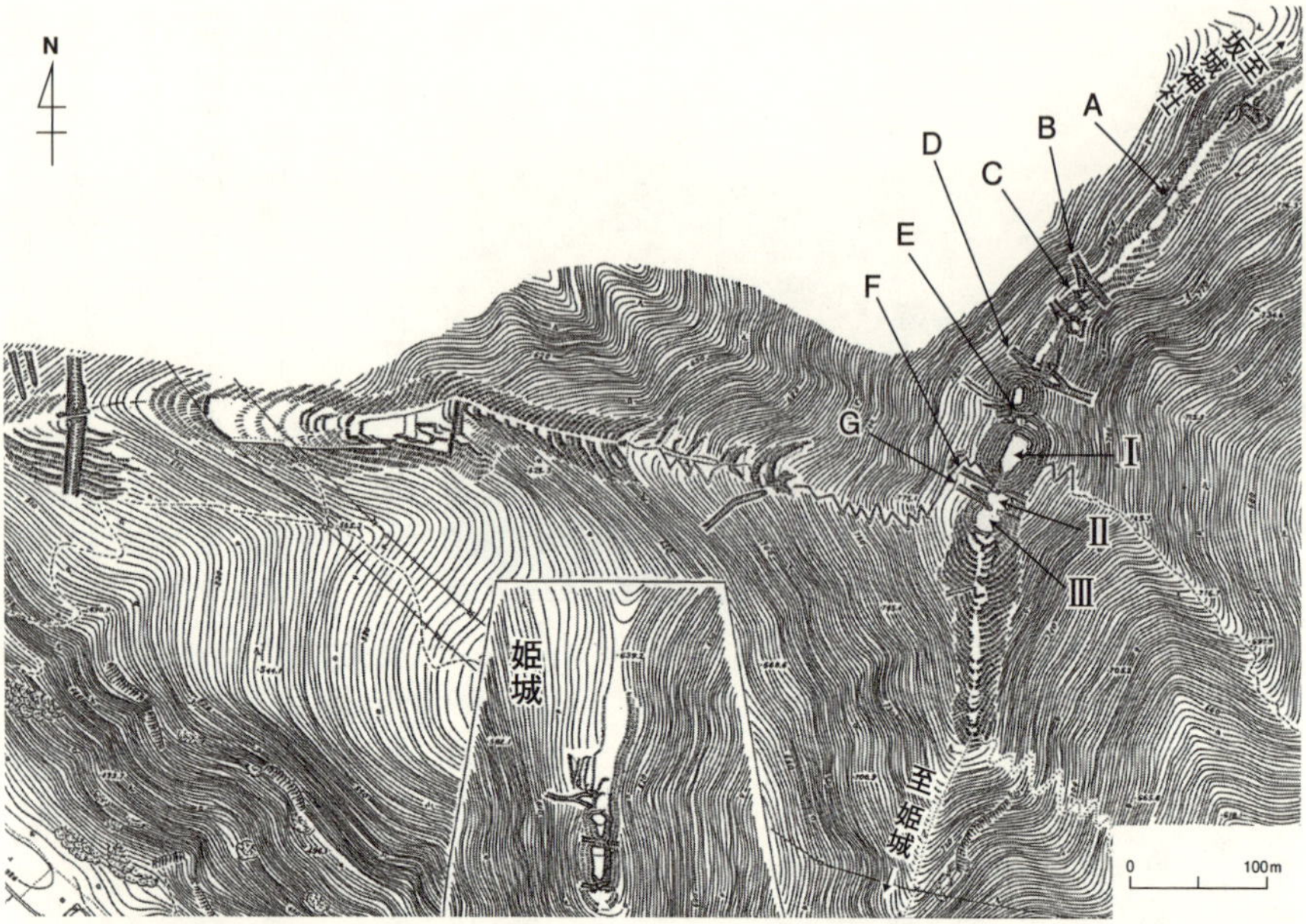

●—葛尾城縄張図（笹本正治『葛尾城を歩く』1993，坂城町教育委員会提供，作図：福原圭一を一部改変）

●—満泉寺

【葛尾城を登る】　葛尾山麓には満泉寺《まんせんじ》がある。周囲は村上氏居館址として長野県史跡に指定されているが、往時の様子をうかがえるものは残っていない。坂城神社は戦国時代には坂木大宮神社として史料にみえる。この神社の裏手の駐車場に車をとめ、登山口より登ることをお勧めする。

葛尾城は尾根筋全長三〇〇メートルを超える長大な山城であるが、現遺構には村上氏時代の痕跡はむしろ少なく天正壬午《てんしょうじんご》の乱以降の真田氏の手にかかるものが多いと推定されている（笹本『葛尾城を歩く』）。

登山道入口より一〇〇メートルほど進むと北側の最初の防御施設である堀切《ほりきり》がある。東側を切った幅三メートルの堀切の先に平石積の石垣が設置され、敵の侵入を遮ろうとしている造作がされている。

しばらく尾根上を進んでいくと尾根を二分した深さ一・五

メートルの堀切Aがあり底部には土橋《どばし》の遺構が確認できる。掘った残土で土塁《どるい》を形成しⅣ郭を形成している。

　さらに尾根筋を進むと幅約一二メートルの大堀切Bに行き着く。堀底まで約一〇メートル、底部は約三メートルほど平坦に整えられている。さらに東部からのびる堀切Cと結合し二重の堀となっている堅固な防衛施設である。この堀切BをこえるとⅤ郭がある。細長い自然地形を利用しながら長さ五メートル、幅三メートル程度に整形している。傾斜面には斜面を掘削した小さなⅣ郭と脇裾には石積が残存する。Ⅱ郭を進むと二重の深い堀切Dが眼前の約二〇メートルもの土塁とともに迫ってくる。主郭Ⅰの直前で岩を削って切ったこの堀切Dの幅は約二〇メートルで、最大の難所である。西側の細い道を注意深く上ると帯郭《おびくるわ》をへて葛尾城最大の堀切Eがある。北からの主郭Ⅰへの攻撃を大きく遮る構造物であろう。

●—村上義清尊崇の神社（坂城神社）

　主郭Ⅰは二九×一二メートルの長方形で、東北部には高さ一メートル、幅二・五メートルの土塁が残されている。大手口である主郭南面は急斜面で、一五メートルほど下ったところにⅡ郭（二の郭）がある。Ⅱ郭は横一二メートル×縦一一メートルでほぼ正方形に近い。主郭ⅠとⅡ郭の間には箱薬研《はこやげん》型の堀切Fがあり、Ⅱ郭とⅢ郭の間にも堀切Gが施されている。Ⅲ郭は楕円形の広い郭である。この周辺の軍事的施しは義清の時代よりも新しい。慶長五年九月徳川秀忠は森忠政に対し境目の警護を厳重にするよう命じ（「森家先代実録」）、事実その直後の真田信繁らによる葛尾砦の攻撃では、二の丸に三重の柵が構築され狭間ごしで槍の突き出しがあったという（前掲「今井文書」）。この葛尾砦が葛尾城とすると、小県《ちいさがた》郡方面を見据えて南面に広がるⅡ郭・Ⅲ郭がこれにあたるだろうか。

　連続する無数の曲輪を経て、葛尾城の尾根筋を八〇〇メートル進むと支城である姫城に至る。その先端は断崖絶壁となり千曲川へと落ち込む。姫城の主郭の西側周囲の帯郭が連続した箇所は根小屋とも推定されている。

【参考文献】『更級埴科地方誌』第二巻・原始・古代・中世編（一九七八）、笹本正治『葛尾城を歩く』（坂城町教育委員会、二〇〇一）

（村石正行）

◆東信

岡城の外堀（河西克造撮影）

岡城には，武田氏が築城した拠点的城郭の姿が今に残る

●真田氏の山城

松《まつ》尾《お》城《じょう》

〔上田市指定史跡〕

〔所在地〕上田市真田町長
〔比　高〕約一八〇メートル
〔分　類〕山城
〔年　代〕不明
〔城　主〕真田氏
〔交通アクセス〕・JR北陸新幹線・しなの鉄道「上田駅」下車、車で四〇分。

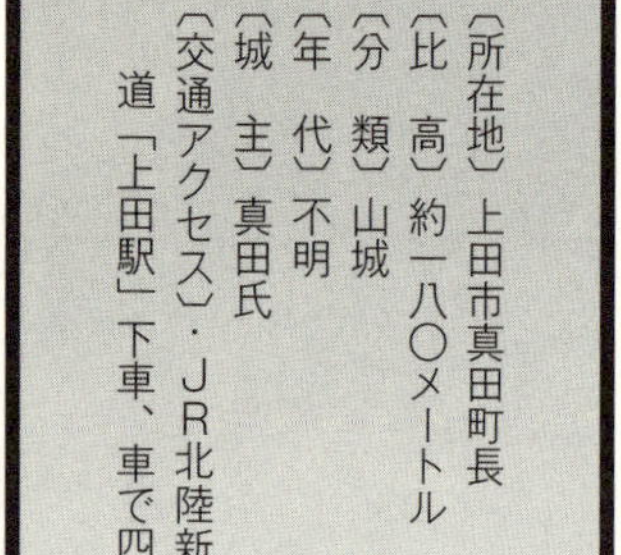

【城の概要】　松尾城は、築城時期は不明であるが『松尾古城全図』（文政三年落合保明）では、城の南麓の阿弥陀堂《あみだどう》周辺が真田家御屋敷跡と伝えられていると記されている。また、『長野県町村誌』（明治十四年）によると、地元では真田幸隆《ゆきたか》が築いた城として伝わっていたという。このように、松尾城は真田氏の山城とされているが明確な根拠はなく、文献史料にも登場しない。なお、城は真田氏が支配した真田郷のなかでも奥まった場所に位置している。

【交通の要衝として】　松尾城は角間《かくま》渓谷の入口で、増尾《ますお》山からのびている尾根筋の先端部に位置している。この山系は尾根を中心に至る所で安山岩質の岩盤が露出しており、急峻な山容を呈している。

城の周囲を眺めると、東の角間渓谷を源とする角間川が松尾城の南麓を流れて、西方で四阿《あずまや》山を源とする神川《かんがわ》と合流している。四阿山は真田氏も信仰した霊山で、白山社の奥宮が置かれている。また、山麓を角間川に沿うように通過している街道は角間峠を越えて群馬県へと通じている。いっぽう、城の西側には鳥居峠を越えて群馬県へと向かう上州街道が通過している。松尾城は、これらの街道を見下ろすことのできる絶好の位置にある。城の主郭Ⅰからの眺望は良く、菅平から上田市街地まで見通すことができる。また、主郭Ⅰの背後から尾根沿いに登った増尾山の山頂手前にある遠見番所からの眺めもすばらしい。つまり、松尾城は群馬県へと通じる二つの街道を監視する交通の要衝に位置していることになる。

●—松尾城遠景

【城の特徴】　主郭Ⅰへ至るには大きく二つのルートがある。①は常福院跡の西端にある日向畑《ひなたばたけ》遺跡の脇から尾根に登り、稜線沿いに直線的に尾根道を登るルートである。尾根道は岩の露出した急峻な地形となっており、石積を利用して平場を造っている曲輪をいくつもみることができる。主郭Ⅰまでの間には四つの大きな曲輪があるが、これらも、縁辺部を石積で補強している。②は阿弥陀堂や安智羅《あんちら》明神より東の角間集落の人家が途絶えるあたりの谷筋を登るルートで、大手《おおて》といわれている。このルートは比較的緩やかな斜面を登ることになり、「水の手」と呼ばれる場所をへて主郭Ⅰの背後の堀切《ほりきり》に至る。主郭Ⅰの南斜面にはいくつかの小さな曲輪がみられるが、堀切から、この曲輪群をへて主郭Ⅰの正面に回ったものと思われる。

　次に、松尾城の特徴をいくつか上げてみたい。第一に、主郭Ⅰを囲んでいる石積に代表されるように、石を多用していることが上げられる。石材は、この山で採れる板状摂理が発達した輝石安山岩で、この板状に割れた石を布積にしている。主郭Ⅰの石塁は、曲輪を囲むように築かれており、出入口を尾根先に向けた平虎口《ひらこぐち》となっている。主郭Ⅰを外側からみると、石積は高く、乗り越えることは難しい。周辺の山城では、主郭を土塁《どるい》で囲んでいることが多く、石積（石塁）に

●—主郭Ⅰの石積

より防御されているのは松尾城と天白城だけである。この山頂を取り巻く石積の保存状態は良く、特異な景観となっている。こうした石積を用いている理由は、城のある山が急峻で岩盤が至る所で露出していることによると考えられる。つまり、岩場の多い山であることから、平場や土塁を築くのに十分な土砂を確保することができなかったものの、石積に適した板状に剝離する石は十分に確保できたことによると推定される。なお、遠見番所の主郭についても、同様に石積（石塁）により囲まれている。遠見番所は、ほとんど主郭と付属する平場のみで、文字通り見張り小屋として使われたのだろう。

第二に、堀切が主郭Ⅰの背後にしかないことも大きな特徴である。この堀切は、深くて大きなもので、石積と合わせると取りつく場所もなく、主郭Ⅰへは直接入ることはできない。これに対して、城の南西の尾根筋には四つの大きな曲輪（Ⅱ～Ⅴ郭）があるが、堀切はない。その理由として、稜線には固い岩盤が露出していることから、岩を割って堀切を設けることは難しかったことが推定される。その代わりに、石積を築くことで比高差のある曲輪を構築し、防御力の強化を図ったことが考えられる。また、斜面に石積を築くことにより、多くの兵を留める広い平坦地を確保することができたと推定される。

【真田氏にまつわる史跡】　松尾城の南麓には、真田幸隆あるいは真田信繁《のぶしげ》（幸村）の少年時代の木像と伝わる安智羅様を祀った安智羅明神宮という小さな祠がある。安智羅は十二神《しん》将《しょう》のひとりで険しい風貌をしたものだが、この像は穏やかな表情のものである。この社の前には阿弥陀堂もあり、このあたりには常福院と呼ばれる寺院があったと伝わる。寺院跡の西端は日向畑遺跡と呼ばれる中世の墳墓群で、現在は出土した五輪塔や宝篋印塔《ほうきょういんとう》などが並んでいる

いっぽう、この場所から東の「内《うち》」地籍には真田氏の館跡

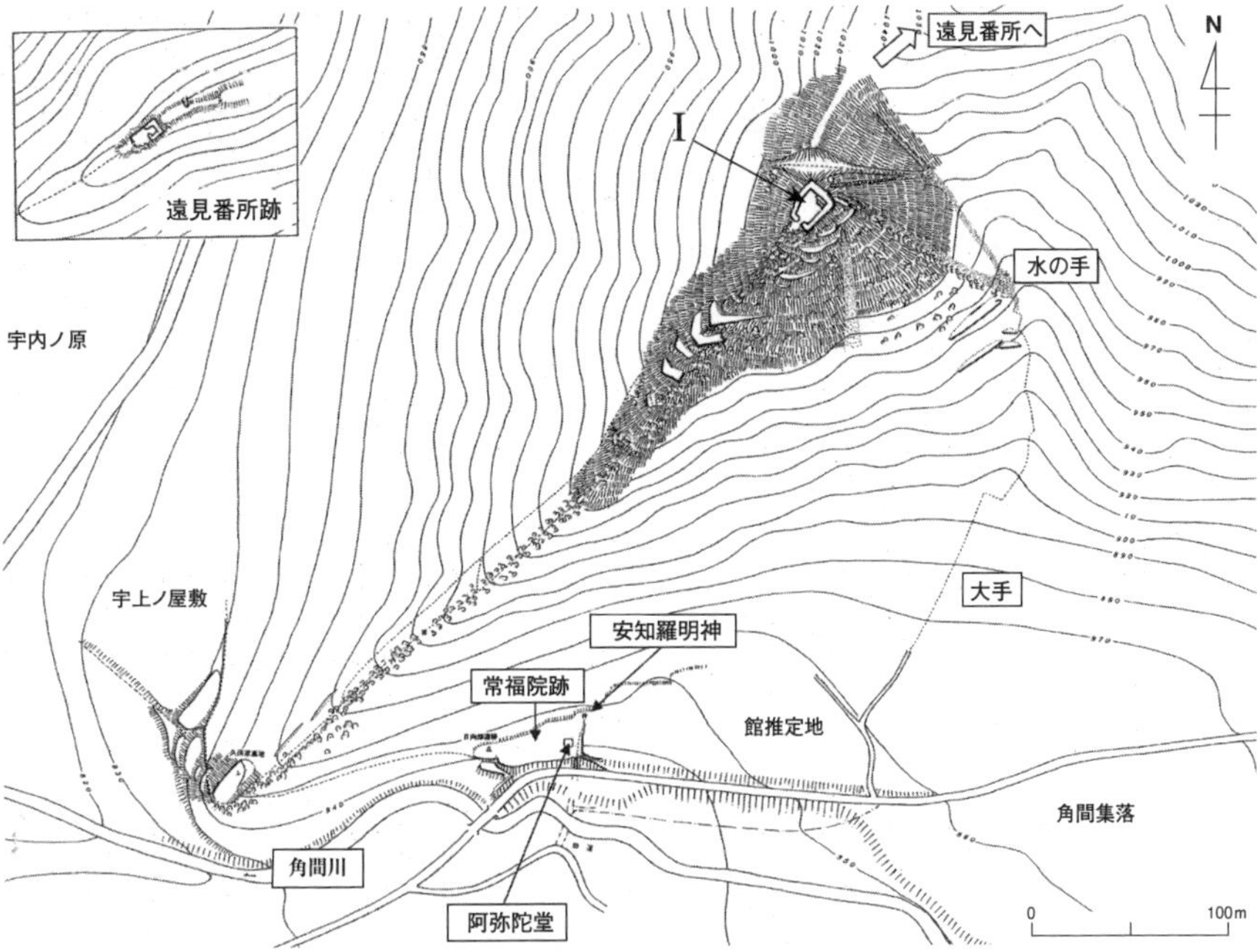

●—松尾城縄張図（『真田町の遺跡』真田町教育委員会 2000 に加筆）

があったともいわれている。この推定居館跡の背後に大手といわれる登城ルートがある。また、尾根先の西麓にも「上ノ屋敷」の地名が残る小さな台地があり、ここが館跡との指摘もある。

【もうひとつの松尾城】　真田地域には、松尾城は二つある。どちらも真田氏に関わるもので、角間地区の入口に築かれた山城と十林寺地区の真田氏本城が松尾城と呼ばれている。そのため、角間地区の松尾城は松尾古城とも呼ばれている。それに対して、十林寺地区の松尾城は松尾新城・真田山城・住連寺城などと呼ばれていたが、最近では真田氏本城の名が定着している。この名称は、昭和五十一年（一九七六）から五十三年にかけて行われた真田氏城跡群の調査の中で付けられた新しい名称である。調査では、城は本原《もとはら》地区にある真田氏の館とされる御屋敷に近く、真田地域の山城の中では規模が大きいことから、真田氏の本城にふさわしい山城とされ、真田氏本城あるいは真田本城と呼んだ。ただし、真田氏本城は文献などには記載がなく、真田氏の城とされる明確な根拠はない。

【参考文献】尾見智志「松尾城」河西克造・三島正之・中井均編『長野の山城ベスト五〇を歩く』（サンライズ出版、二〇一三）

（尾見智志）

●上田築城直前の本拠

真田氏館《さなだしやかた》

〔県指定史跡〕

〔所在地〕上田市真田町本原
〔比　高〕約一五メートル
〔分　類〕館
〔年　代〕?～天正十一年(一五八三)
〔城　主〕真田信綱、昌幸
〔交通アクセス〕JR北陸新幹線・しなの鉄道線「上田駅」から上田バス真田・菅平・傍陽線「真田自治センター入口」乗換、赤井線「真田氏歴史館」下車(日祝運休)。上信越道上田菅平ICから一五分。

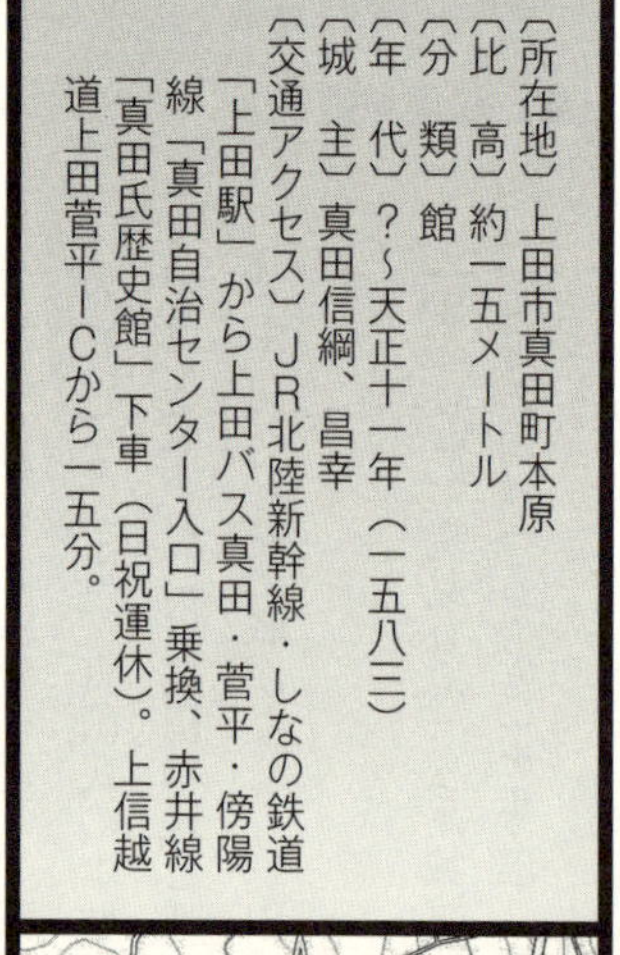

【築いたのは誰か?】　上田市真田町本原には、東にそびえる烏帽子岳《えぼしだけ》から西へ流れる大沢川によってつくられた扇状地《せんじょうち》が広がっている。その扇状地のほぼ中央に「御屋敷」と呼ばれる館跡がある。東西一五〇～一六〇メートル、南北一三〇メートルほどで、四方は土塁《どるい》で囲まれ、もっとも高い東側の土塁は、高さ四メートルに達する。北側には大沢川が流れ、自然の堀になっていた。東・西・南の三方にも堀をめぐらせていたが、現在は埋まっている。南側が大手《おおて》(正面)で、両側に折れ曲がった土塁をそなえる桝形虎口《ますがたこぐち》になっていた。

内部も扇状地の傾斜同様に東が高く西が低い。現状はほぼ三段に造成されており、下段の北西隅に約一八×一二メートルの方形の凹地があり「厩《うまや》跡」と称されている。上段には、伊勢宮(皇大神宮)が祀られており、真田昌幸が上田へ本拠を移す際に、居館の荒廃を憂い、伊勢宮を勧請したとの里伝がある。また、この伊勢宮には三《み》つ頭《がしら》の獅子舞《ししまい》があり、昌幸の兄信綱《のぶつな》が地固めの祭事に舞わせたと伝えられてきた。

ここから西方を望めば、東太郎山《ひがしたろう》から続く尾根の上に砥《と》石《いし》城がみえる。武田晴信(以後、信玄)に従った真田氏は、天文二十年(一五五一)、砥石城《といし》(別名戸石城)を乗っ取り、歴史の表舞台に姿をあらわした。戸石城が村上氏に掌握されているうちは、真田氏がここに館を構えることは難しかったにちがいない。戸石城乗っ取り以降だとしても、この館を構築したのは誰だったのだろうか。

発掘調査で、戦国時代の遺構・遺物があまり出土しなかったこともあって、この館が真田幸綱や信綱によって構築されたとする見方は、近世大名真田氏を前提とした過大評価だと指摘する説もある。戸石城がよくみえることから、ここは実際に居住する館として構築されたのではなく、真田氏の歴史において特別な意味を持つ戸石城をみせるための場、すなわち、幸綱による戸石城攻略の記念碑的な意味も込めて（昌幸によって）構築されたものなのではないか、という説まで提唱されている（笹本　二〇〇九）。

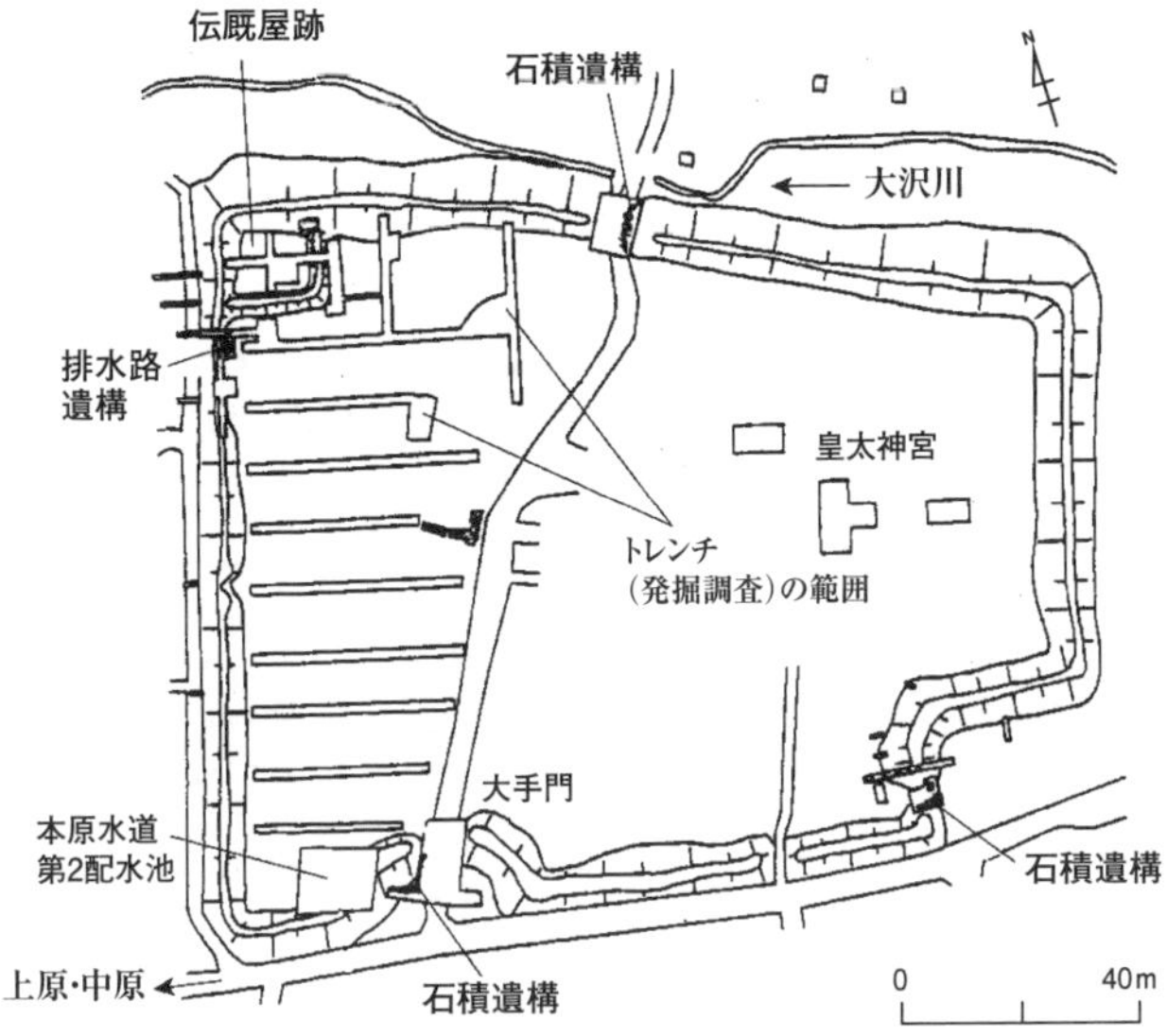

●—本原の御屋敷（館跡）（真田町教育委員会『真田氏館跡』より）

　しかし、天正十一年（一五八三）の上田築城以前、真田昌幸が本原の御屋敷とその周辺を本拠地にしていたことは確実である。兄信綱の死後、当主となった昌幸は、まもなく代替り検地を実施した。そのときの検地の結果を伝えているのが『真田氏給人《きゅうじん》知行《ちぎょう》地《ち》検地帳《けんちちょう》』（以下『検地帳』）である。『検地帳』は、年号を欠いているものの、記載されている人物の検証などにより、天正六～七年頃の検地の結果を伝えているとみてまちがいない。記載されている地名の分布を確認すると、そのほとんどが現在の本原一帯におさまる。

●—館跡に鎮座する皇大神宮

　御屋敷一帯が本拠

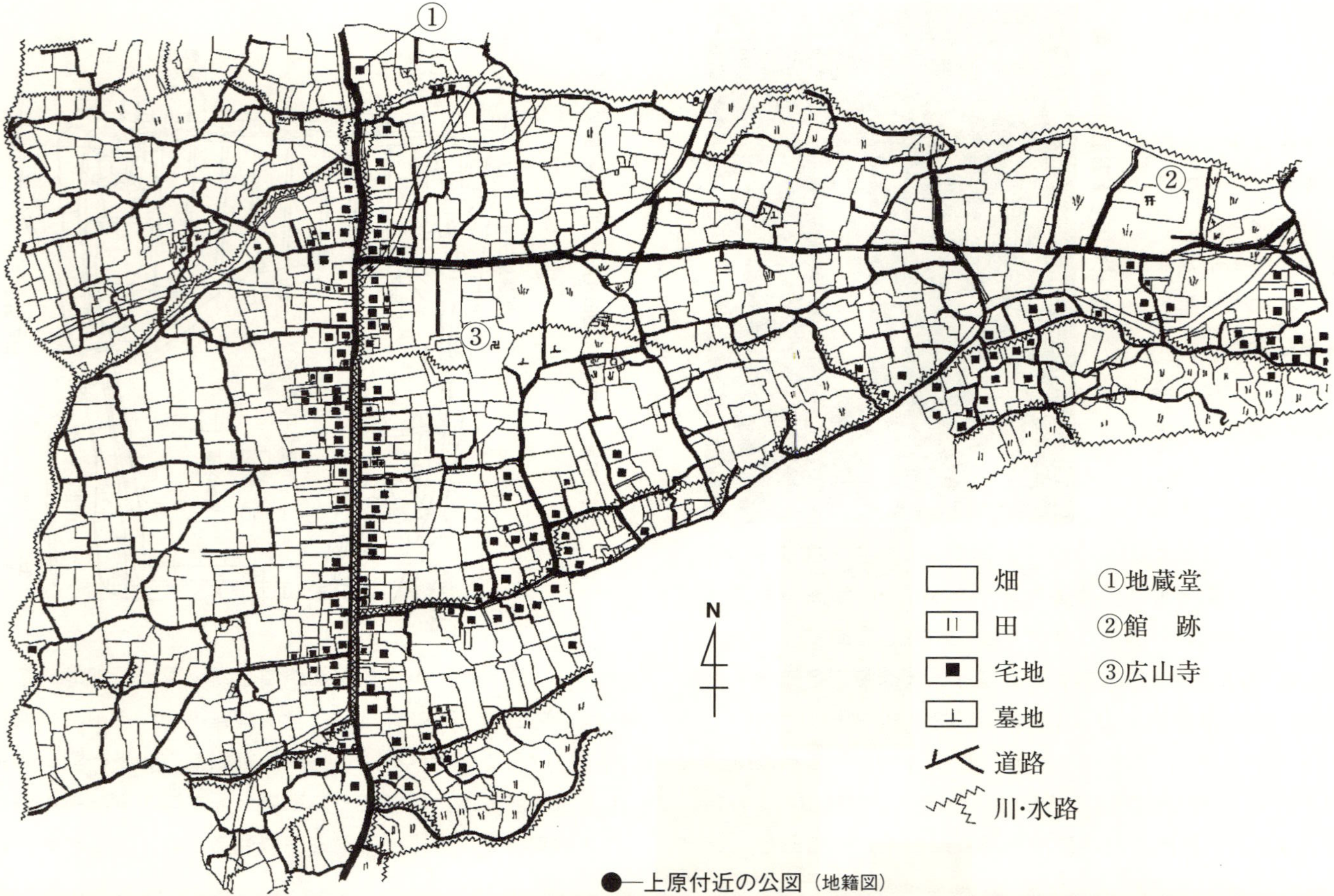

●―上原付近の公図（地籍図）

であったことは、現在その付近が「本原」と称されていることからもあきらかである。「本原」は、かつて「原」だった。しかし、昌幸が上田城を築いた際、この「原」の町から多くの人々を上田の城下へ移住させ、上田の城下には「原町」という町を形成した。そこで、呼び分けるために、真田の「原」は「本原」と称された。昌幸は、それまでの本拠の町を新たな城下に移転させたのである。

【原の町とその成り立ち】　『検地帳』に記載されている屋敷は、全部で一三八ヵ所。その所在地を数えてみると、「上原」・「原」・「下原」に合計五〇軒以上の屋敷が集中しており、しかもその多くは単に「屋敷」ではなく「町屋敷」と記されている。この付近の字図《あざず》（地籍図）をみてみると、御屋敷の南側から、字「殿蔵院」と「北郷沢」の間を、まっすぐ西へ「立道」と呼ばれる道がのびている。その道と垂直につながっているのが、「上原」の町だった。南北にのびる道路の両側に「町上」「南町上」「北町上」「町下」といった「町」のつく小字が集中している。天正年間、ここに町があったとみて間違いない。

館とこの町は、同時につくられたものだろうか。字「北町上」に延命地蔵尊《えんめいじぞうそん》がある。その堂の前にたつ石塔は、貞治二年（一三六三）の刻銘をもち、高さ二四〇チセンを超える、長野県内でも最大級の宝篋印塔《ほうきょういんとう》で、その周囲には五輪塔《ごりんとう》の一部もみられる。一四世紀からここに堂と塔があって、地域の人々の信仰を集めていたのだろう。原の町は本来この門前にできた町だったと考えられる。まず、信仰の場を起点として形成されていた町があった。真田氏は、その町の上に館（御屋敷）を構え、「立道」で接続したのだと考えられよう。

「立道」と町の交差点にほど近い広山寺《こうさん》は、かつて字「十林寺《じゅうりん》」にあったが、真田氏がこの町を整備する際に移転させたと伝えられている古刹《こさつ》である。この寺の墓地に、「御北之塚」という石碑がある。「御北」は、信綱の妻だった。『検地帳』にも「御北」の記載があり、前当主夫人にふさわしく、記載者中、最高額の所領を有している。本原から西へ向かい、神川を渡ると横尾の集落で、昌幸が信綱の菩提寺とした信綱寺がある。

【詰めの山城は？】　御屋敷の北東、字「小別当」の真田山城は、かつて一志茂樹が提唱した仮説の影響で、「真田氏本城」と称されるようになってしまった。しかしここは、南に隣接する字「十林寺」を冠して「十林寺（住連寺）城」あるいは「松尾城」と称された城跡であった。見晴らしがよく、上田周辺の山城のなかでは規模も大きな方だといえようが、ここが真田氏の本城であったとは考えられない。詰《つめ》の城であっ

●—御屋敷とその周辺

たとすれば、御屋敷と同じく天正年間に構築されていたはずだが、真田山城の遺構が天正年間のものとは考え難い。

御屋敷との位置関係から、詰の城にふさわしいのは、真田山城の南に位置する天白城《てんぱく》であろう。麓の北赤井神社（天箱神社）には、戦国時代の五輪塔もみられ、かつての登城道を考える手がかりになる。岩座のような山容や、主郭背後の大規模な堀切《ほりきり》、石積を多用していることなど、横沢の松尾古城と共通する特徴をもつ。しかし、詰の城としては、全体の規模が小さ過ぎるかもしれない。御屋敷の詰の城については、その有無も含めて、今後の研究課題だろう。

【御屋敷以前の真田氏の本拠】　本原の北東二キロほどのところに、山家《やまが》神社が鎮座する字「山家」がある。その隣が字「真田」で、こここそが真田氏の名字の地であった。真田氏は、四阿山の里宮山家神社（白山寺）と深くかかわっており、この山家神社の南方に、御屋敷以前の真田氏の館跡であったと考えられる有力な館候補地がある。東の岩井堂山から西の神川へと流れる岩井堂川のつくった深い沢の北側、何段かに区画された、一〇〇メートル四方ほどの土地で、北側には堀があったらしい。上州へ通じる街道とそれに沿って形成された町をみおろす位置に構えられており、この地で成長した真田氏の館跡にふさわしい。その東方、字「旗見原」には、真田氏の菩提寺長谷寺があり、幸綱（幸隆）と昌幸の墓もある。

【参考文献】『真田町誌』歴史編上・下（真田町誌刊行会、一九九八・一九九九）、真田町教育委員会『真田町の遺跡—遺跡詳細分布調査報告書—（真田町埋蔵文化財発掘調査報告書第一二集）』（二〇〇〇）、笹本正治『真田氏三代』（ミネルヴァ書房、二〇〇九）、和根崎剛編・笹本正治監修『資料で読み解く 真田一族』（郷土出版社、二〇一六）、中澤克昭『真田氏三代と信濃・大坂の合戦』（吉川弘文館、二〇一六）

（中澤克昭）

●信玄が落とせなかった城

砥石城《といしじょう》・米山城《こめやまじょう》

〔県指定史跡〕

〔所在地〕上田市上野・住吉
〔比　高〕約一七〇メートル
〔分　類〕山城
〔年　代〕一六世紀中頃
〔城主〕村上氏、真田氏
〔交通アクセス〕ＪＲ北陸新幹線・しなの鉄道「上田駅」下車、車で二〇分。

【砥石城と真田氏】　砥石城の名前の由来は、『長野県町村誌』〈明治十四年〈一八八一〉〉などによると、城のある山から砥石となる石が産出することとから、この地を「砥石」と呼んだとされている。ただし、実際に砥石をつくることはなかったという。そこで、城のある山を砥石城山と呼び、城を砥石城と呼んでいる。さて、砥石城の築城時期については、はっきりしないが、天文十年（一五四一）五月の海野《うんの》平《だいら》合戦の頃は村上義清《よしきよ》の東信濃侵攻の拠点となっていたことが推定される。海野平合戦は、武田信虎・晴信（以後、信玄）父子が諏訪頼重と村上義清を誘って小県（上田）に攻め込み、海野一族と合戦におよんだもので、敗れた海野棟綱《むねつな》は上州に逃れた。この時、一族の真田氏も上州に逃れている。

砥石城が『高白斎記《こうはくさいき》』などの文献史料に登場するのは、武田信玄による砥石城攻略の頃で、この城の動向が信玄の信濃侵攻に大きく関わっている。天文十九年八月に、信玄は村上義清攻略のために砥石城を攻めたが、城を落とすことができず、十月一日に囲みを解いて退陣したところ、村上勢の追い打ちにより、横田備中守など多くの戦死者を出してしまった。これを「砥石崩れ」と呼んでいる。しかし、およそ半年後の天文二十年五月二十六日に、信玄が落とせなかった砥石城を真田幸隆《ゆきたか》が落としたことは、『勝山記』では「砥石の城真田乗取」と簡単に記載されているだけであるが、これを機に、村上義清は衰退していくこととなる。そして、義清が越後の上杉謙信に助けを求めたことが、一二年間で五回にわた

●―砥石城遠景（東から）

る川中島の合戦につながることになる。

その後、砥石城の動向を知ることはできなくなるが、天正十年（一五八二）真田昌幸が家臣の湯本三郎右衛門所属の上州の地侍に宛てた安堵状《あんどじょう》から、砥石城は「伊勢山」と呼ばれており、天正十一年に真田昌幸が上田城を築くまでの間、拠点としていたことがうかがえる。

また、二度の上田合戦でも砥石城は存在感を示している。天正十三年の第一次上田合戦では、上田城に攻め込んだ徳川勢に横槍を入れたとされている。砥石城にあった真田信之の軍勢が遊軍となり、慶長五年（一六〇〇）の関ヶ原合戦の前哨戦である第二次上田合戦の際には、徳川方として、昌幸の長男真田信之が砥石城に入っていたことが、『浅野家文書』などで確認できる。

【城の概観】　砥石城は、上田盆地の北にそびえる太郎山山系の東端に位置する。城は山系から派生して南に突き出した尾根筋に築かれており、北から桝形《ますがた》城・本城・砥石城からなる砥石城とその西の峰に築かれた米山城で形成されている。この城の周囲の尾根にも東側には飯縄城、西側には花見城、柏山城などの支城が築かれており、これらを含めると大規模な城砦群となる。城の東には山麓に沿うように神川が流れ断崖を形成し、要害となっている。その対岸には河川に沿うよう

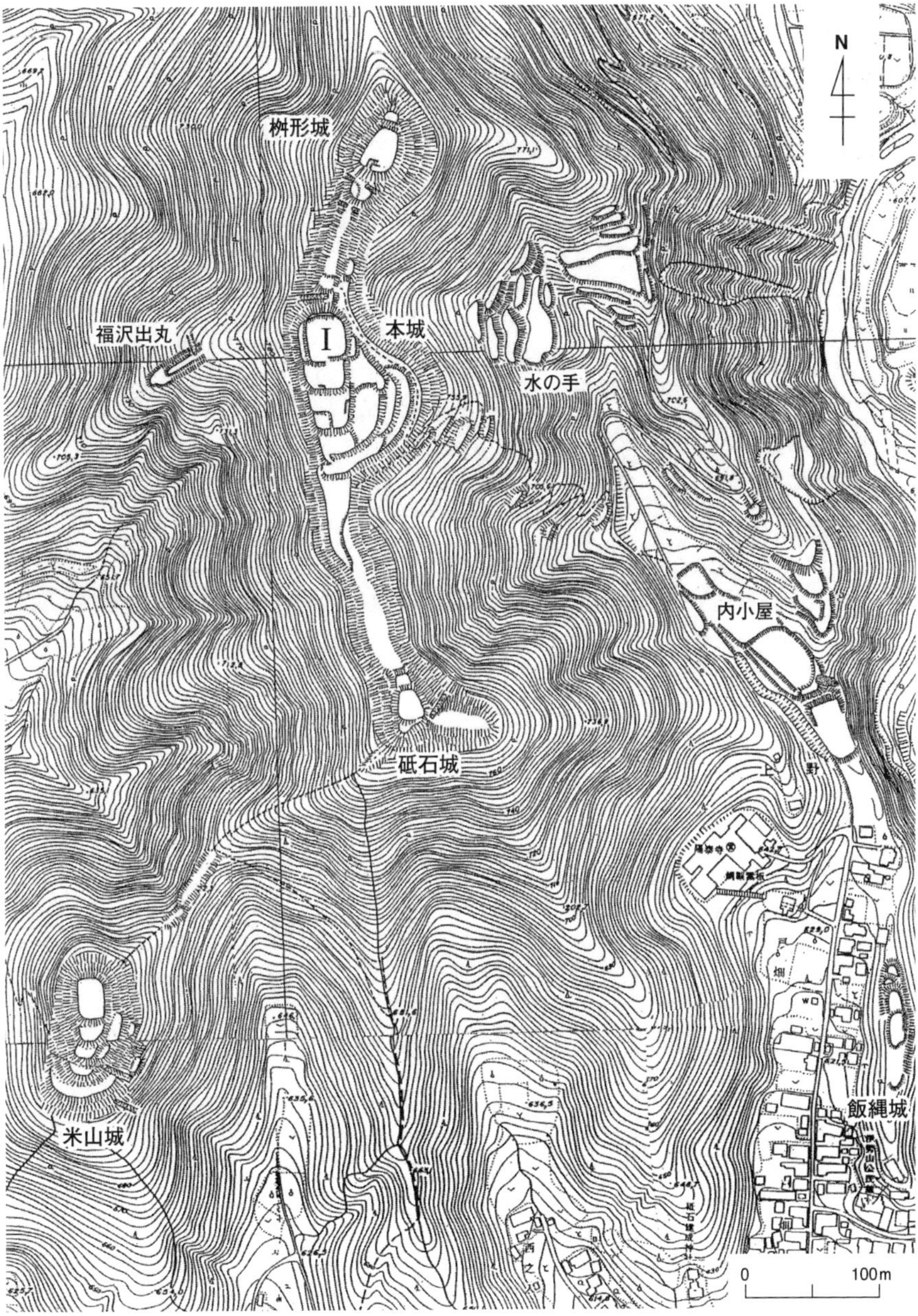

●—砥石城縄張図（作図：児玉卓文，尾見智志）

●—本城遠景（南から）

に上州街道が通過している。南には鞍部を隔てて虚空蔵山があり、「山本勘助の出城」（『寛永郡絵図』より）とも言われる伊勢崎城が築かれている。城の西は矢出沢川が山麓を沿うように流れている。この河川は深い谷を形成し西の防御となる堀の役割を果たしている。さて、城の北は尾根伝いに東太郎山へと続いているが、城の背後となる桝形城の直下には東太郎山の山腹を通り金剛寺集落を抜けていく松代道が尾根を横断している。この街道を登りつめた地点は金剛寺峠と呼ばれ、付近には番所跡といわれる平場もある。つまり、砥石城は上州街道を見下ろし、松代道を抑える交通の要衝に築かれていることになる。

【城の構造】 桝形城・本城・砥石城からなる砥石城は、峰ごとに城の名前がつけられている。砥石城に登城するには、①、②、③のルートがあり、どのルートからも二五分程で登ることができる。①は、大手口となる陽泰寺《ようたいじ》の前を通り、内小屋から本城へ入るルートである。②は、内小屋から道なりに尾根を登り、内小屋の突き当たりの山腹の曲輪群をへて本城へと至るルートである。③は、砥石米山城街道から案内板に従って城の南に伸びる支脈を登り、砥石城と米山城の間の馬の背状の尾根から登城するルートである。その他に、松代道の金剛寺峠から分かれて尾根筋を通り桝形に至るルートもある。また、米山城に登城するには、③のルートと同様に砥石城と米山城の間の尾根から米山城に至るルートと城の西側の金剛寺集落の公民館の裏手から直接米山城へ登るルートがある。これらのルートからは二〇分ほどで登城することができる。なお、②、③の登り口などには、案内板やガイドマップが設置されている。

砥石城の中心となる本城は、この城のなかでも広い曲輪を持つ。本城の東側には、いくつかの帯郭《おびくるわ》が主郭Ⅰを囲むように配置されており、これらを通らなければ主郭Ⅰに入ることはできない。本城の曲輪は比較的大きなものが多く、主要な郭である連郭式の郭群の東側面（伊勢山方面）を帯郭で防御している。本城の背後を防御する桝形城からは、松尾城をはじめ烏帽子《えぼし》岳西麓の真田地域を眺めることができる。桝形城の名前の由来は、主郭への入口が桝形であったことから付けられたとされているが、実際には小さな桝形である。また、この城の中では堀切《ほりきり》が多くみられ、防御性が高い。砥石城は眼下に伊勢崎城を見下ろし、天気の良い日には富士山までみることができるほど眺望が優れている。米山城も同様に眺めが良く、砥石城とは鞍部を隔てた山頂に位置している。米山城は、村上氏の属城となる以前は、地元の豪族小宮山氏の城であったといわれている。

砥石城の東側の山腹には水の手を含む曲輪群がある。ここの曲輪も規模の大きなものが多い。さらに東の神川に面した小尾根にも曲輪が構築されており、その先端には飯縄城がある。ただし、飯縄城の南半分は畑によりほとんど壊されている。いっぽう、本城の西から派生した小尾根には福沢出丸《でまる》がある。福沢出丸は、本城背後の堀切に通じている。このルートを使うと、西麓の金剛寺集落から最短距離で本城に至ることができる。なお、福沢は村上氏の家臣の名前であり、この名称は、砥石城が村上氏の属城であったころの名残である。

【内小屋】 砥石城の東麓の谷間には内小屋とよばれる堀や土《ど》塁《るい》を伴った細長い平場があり、館跡と考えられる。平成十六年（二〇〇四）の発掘調査では、大量の扁平な川原石が出土しており、礎石あるいは石敷きの施設が想定されている。また、内耳《ないじ》鍋や磁器の破片なども出土している。ここが、先に述べた天正十年の真田昌幸の安堵状に書かれた伊勢山で、真田昌幸が居住していた場所であったと思われる。

【参考文献】尾見智志「砥石城・米山城」河西克造・三島正之・中井均編『長野の城山ベスト五〇を歩く』（サンライズ出版、二〇一三）、『小縣郡史』（小縣郡役所、一九二二）

（尾見智志）

●金箔瓦を出土する織豊系城郭

上《うえ》田《だ》城《じょう》

〈国指定史跡〉

〈所在地〉上田市二の丸
〈比　高〉七メートル
〈分　類〉平城
〈年　代〉天正十一年（一五八三）～幕末
〈城　主〉真田氏、仙石氏、藤井松平氏
〈交通アクセス〉JR北陸新幹線・しなの鉄道「上田駅」下車、徒歩一五分。

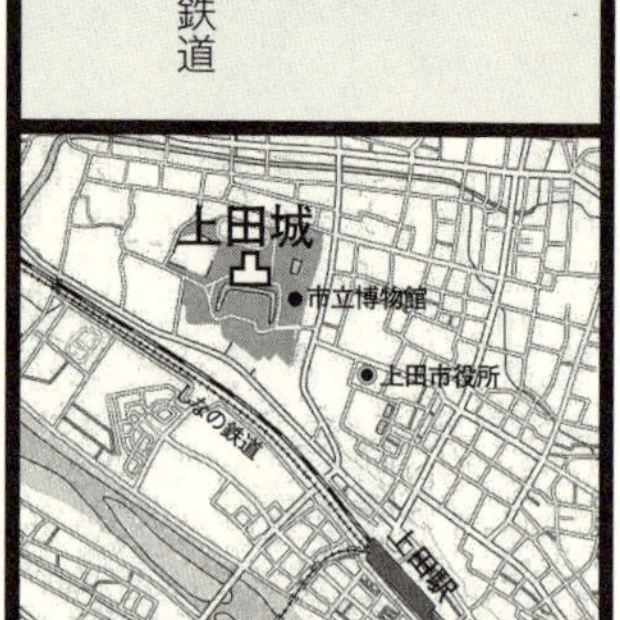

【城の概要】　上田城には現在、本丸に隅櫓《すみやぐら》が三棟（うち二棟は移築復元）と東虎口櫓門《ひがしこぐちやぐらもん》（平成六年〈一九九六〉復元）が所在するが、これらは仙石忠政《せんごくただまさ》による寛永三年（一六二六）の復興工事以降の建造物であり、現在みることができる縄張から、真田昌幸時代の城の姿をうかがい知ることはできない。本丸と二の丸（一部）が昭和九年（一九三四）に国史跡に指定されたが、「二度の徳川の攻撃を打ち破った」昌幸時代の上田城も含んだ評価がされ、指定されたものであることを特記しておく。

上田築城は天正十一年（一五八三）に昌幸が始めたとされる。途中、徳川の攻撃を受けた（第一次上田合戦）が、天正十三年に一応の完成をみたと考えられている。当初は徳川配下での築城であったが、昌幸は沼田領をめぐって対立した家康から離反し、上杉景勝を頼ったため、上田城は徳川に対する上杉方の前線基地としての使命を与えられた。江戸中期の『真武内伝《しんぶないでん》』には第一次上田合戦について記した部分に、「本城、二之丸、捨曲輪《すてぐるわ》、総構《そうがまえ》、大手の門、二之丸門櫓、櫓」とあり、後世の記述ではあるが、昌幸時代の城の姿が垣間みられる貴重な情報であろう。この後昌幸は秀吉に属し、上田城はその配下の城として手が加えられたと考えられる。いわゆる「織豊系城郭」へと変わり、石垣などの防備が固められたのだろう。本丸堀から金箔瓦（鯱瓦《しゃち》）が出土していることから、天守かそれに匹敵する建物の存在が推定されている。それに加え、二の丸堀出土と伝えられる金箔瓦（鬼瓦、鳥衾《とりぶすま》

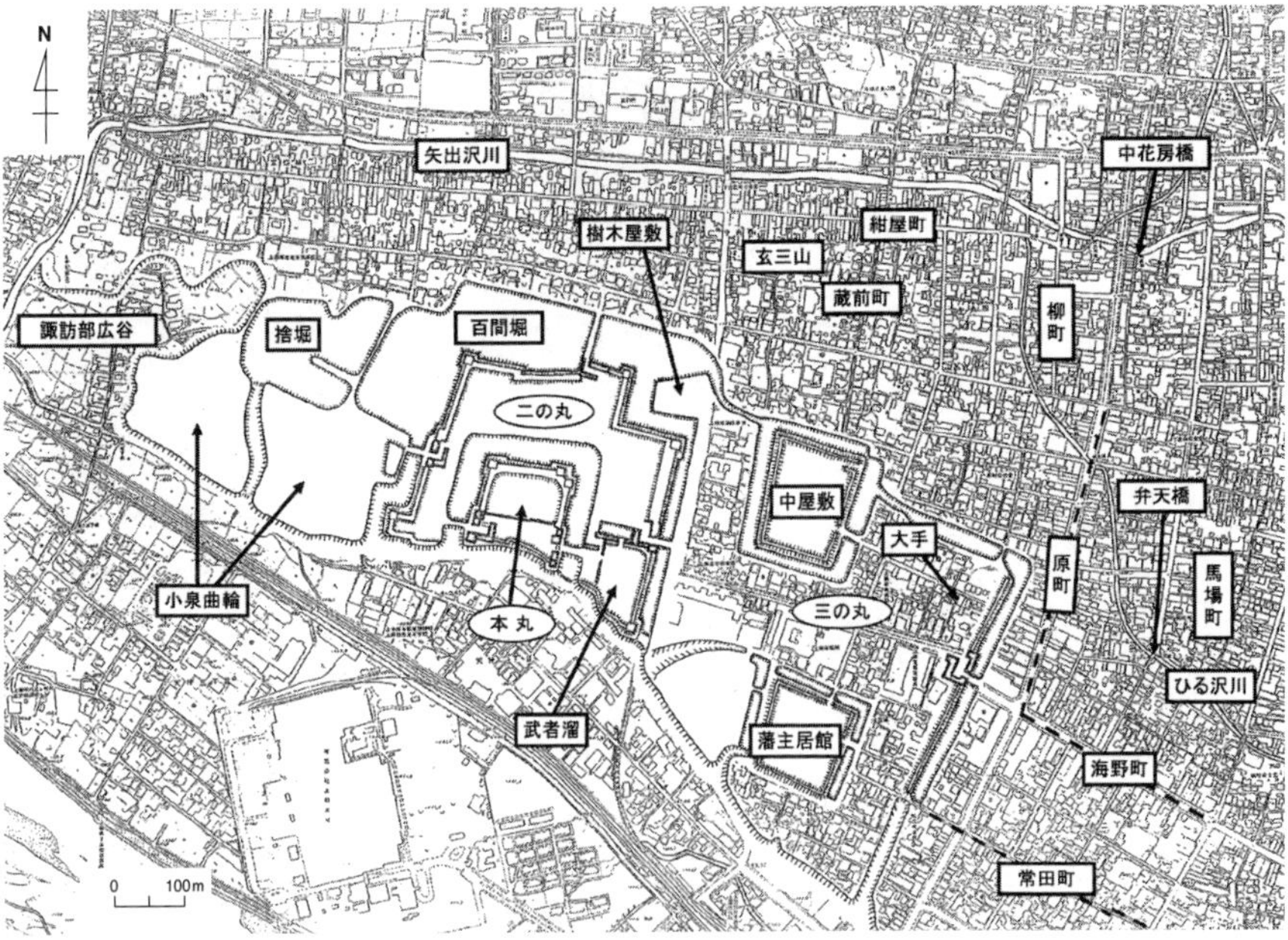

●―上田城縄張図（作図：尾見智志）

瓦）もある。その出土位置は二の丸北西隅の櫓台下という。また、小泉曲輪からもその出土が知られており、本丸のみでなく二の丸などにも金箔瓦を使用した建物があった可能性も指摘されている。

関ヶ原に向かう徳川秀忠軍を遅参させた（第二次上田合戦）罪で、昌幸と次男・信繁《のぶしげ》（幸村）は高野山に配流され、徳川方により上田城は破却された。これは慶長六年（一六〇一）のこととされているが、建造物や石垣などはことごとく破壊され、堀も埋め立てられたらしい。徳川方についた昌幸の長男・信之が上田領を引き継いだが、城の復興は叶わず、三の丸に藩主居館（現在の上田高校敷地）を置いて陣屋支配体制を敷いた。

寛永三年の仙石忠政による復興工事では、堀を掘り返し、本丸に七つの隅櫓と東西虎口に櫓門が建てられた。現存する土塁と櫓台、虎口の礎石などの遺構から推察すると、二の丸にも櫓などが復興される計画だったらしいが、忠政の死により断念され、城主が松平氏に変わっても、幕末までほとんど姿を変えなかったと考えられている。なお、藩主居館も信之以降、幕末まで継続して使用された。

【堀底から昌幸時代の瓦が出土】 発掘調査は、平成二年度以降、本丸一帯および二の丸各虎口を中心に行われている。し

●—金箔瓦（鯱瓦の背びれと腹部）（上田市立博物館蔵）

かし、検出された遺構は仙石氏以降のもので、昌幸時代のものは発見されていない。ただし、堀は昌幸時代の面影を遺していると考えられる。信之時代の城下を表したとされる「元和年間上田城図」には、堀跡は「ウメホリ」と記されている。また、忠政による復興工事の覚書のなかに、「古城の堀に歪《ゆが》んでいる部分があったら、規定の一五間の堀幅を超えてもよいから、両側の歪みをとって真っ直ぐにせよ」という指示がある。この史料から、忠政は埋め立てられていた「古城」すなわち昌幸時代の城の堀を掘り上げ、歪みを修正してほぼ旧状に戻したものと考えられる。その後、堀は大きく手を加えられることなく、現在までその姿を保っているものと考えられる。

本丸堀の浚渫《しゅんせつ》にともなう発掘調査等の際に、堀底から昌幸時代の建物に使用されたとみられる桃山期の瓦（菊花文《きくかもん》軒丸瓦・三巴《みつどもえ》文軒丸瓦・唐草《からくさ》文軒平瓦・桐文《きりもん》鬼瓦ほか）が出土していることも、堀をほぼ旧状に復したと考える理由のひとつである。これらに混じって、金箔瓦（鯱瓦の背びれと腹部）の出土が知られ、本丸北西の隅櫓台の西下から発見されている。この部分には昌幸時代の瓦が層状に積み重なった部分があり、これは慶長の破却の際に建物から落とされた瓦が堆積したものと考えられている。

【尼ヶ淵崖面にみられる野面積の石垣】　上田城の南側には千曲川が流れているが、尼ヶ淵《あまがふち》と呼ぶ本丸の南側の崖下には、江戸時代、その分流があったことが知られる。尼ヶ淵には安山岩を主な石材とする野面《のづら》積の石垣がみられる。そのひとつは本丸堀の東南端部に築かれたものである。緑色凝灰岩で積み増しがされているが、中央にみられる排水口は、近世の絵図に「湟《こう》」（空堀《からぼり》）として描かれる堀とは整合しない施設であろう。堀の西南端部の石垣は近代に破壊され比較はできないが、本丸堀が昌幸時代のものを掘り返したものだとすれば、この東南端の石垣の一部は慶長六年の破却以前のものである可能性もあるのではないだろうか。

【昌幸の築城技術】　昌幸は武田勝頼に仕え、天正九年には新《しん》府《ぷ》城（山梨県韮崎市）の普請《ふしん》に当たったともされる。上田築

●—尼ヶ淵・本丸堀東南端の石垣

城にはこの経験が大きく影響しているのではないかと考えられる。それは縄張に自然の要害を巧みに利用した点だ。上田城の南側には千曲川が流れていたが、新府城も東側面に釜無《かまなし》川が流れ、尼ヶ淵と同様、いやそれ以上の断崖（七里岩）が敵の侵入を拒んでいる。昌幸が上田築城の際に、新府城と同様、要害堅固な地形を積極的に選んだことは想像に難くない。

上田城の本丸土塁と二の丸の堀には、東北の隅に「鬼門除け」として設けられた隅欠《すみおとし》がみられる。こうした細工は昌幸時代からのものと理解されているが、藩主居館以前から存在するとみられる中屋敷（現在の清明小学校敷地）の堀にも東北隅に鬼門除けがされていたことが絵図から判明している。こうした特徴も昌幸の築城技術として捉えることができよう。

上田城の発掘調査は現在、二の丸を中心に進められており、新たな知見も得られつつある。今後、昌幸時代の上田城について具体的な姿が明らかになることを期待したい。

【参考文献】『金箔瓦の城』（上田市立博物館、一九九六）、黒坂周平監修、東信史学会編『定本 信州上田城』（郷土出版社、一九八六）、上田市教育委員会『史跡上田城跡 国指定史跡上田城跡本丸内発掘調査報告書』（一九九七）、上田市立博物館『郷土の歴史 上田城』（二〇〇三）、尾見智志「真田氏の山城群～小県の城郭を訪ねて～」笹本正治・和根崎剛『資料で読み解く真田一族』（郷土出版社、二〇一六）

（和根崎 剛）

●武田流城郭の典型

岡《おか》城《じょう》

〔上田市指定史跡〕

〔所在地〕上田市岡
〔比　高〕約一五メートル
〔分　類〕平城
〔年　代〕永禄四年（一五六一）頃～
〔城　主〕武田氏
〔交通アクセス〕ＪＲ北陸新幹線・しなの鉄道「上田駅」下車、車で二〇分。

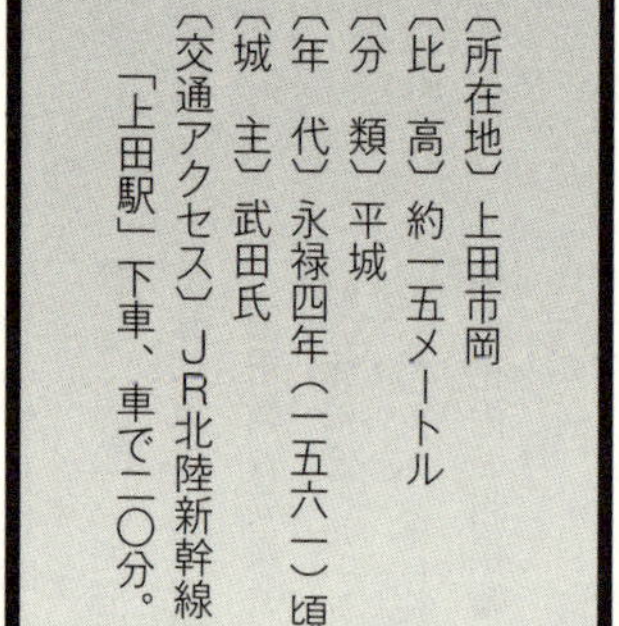

【武田氏の拠点的城郭】　岡城は『千曲之真砂《ちくまのまさご》』（江戸時代中期、瀬下敬忠《のぶただ》）によると馬場美濃守信房《のぶふさ》が築いたとされているが確証はなく、築城時期についても不明である。城が文献史料にみられるようになるのは、天文二十二年（一五五三）に武田晴信（以後、信玄）が村上義清《よしきよ》を信濃国から駆逐した後で、武田氏が北信濃侵攻の軍事拠点として利用した塩田城の記載が『高白斎記《こうはくさいき》』などにみられなくなった永禄四年（一五六一）頃からとなる。たびたび、信玄は岡城を利用したようで、永禄七年九月の信玄が上野の斉藤氏に宛てた書状では、信玄は小諸城へ陣を移し、先方衆は岡村城（岡城）へ着いた旨の記載がみられる。また、永禄九年閏《うるう》八月の小山田信茂《のぶしげ》の書状では、信玄が海津城から岡城へ帰ったという内容も確認されている。

　このことから、岡城の築城は、川中島の合戦が激化した永禄四年から同七年の間と推定され、この頃に信玄の善光寺平進出の拠点は塩田城から岡城に移ったことが推定される。

　さて、場所は少し離れるが、塩田に生島足島《いくしまたるしま》神社という土間が御神体となる古くからの神社がある。ここには、八三通二三七人におよぶ武田信玄武将の起請文《きしょうもん》が納められている。最近の研究では、これらは甲斐・信濃・西上野の将士が信玄に叛《そむ》かない旨を神に誓った誓約文で、川中島への出陣に際して岡城に集まった諸将が信玄の前で書いたものと推定されている。

【城の立地と構造】　岡城は、上田盆地の西方の川西地域を流

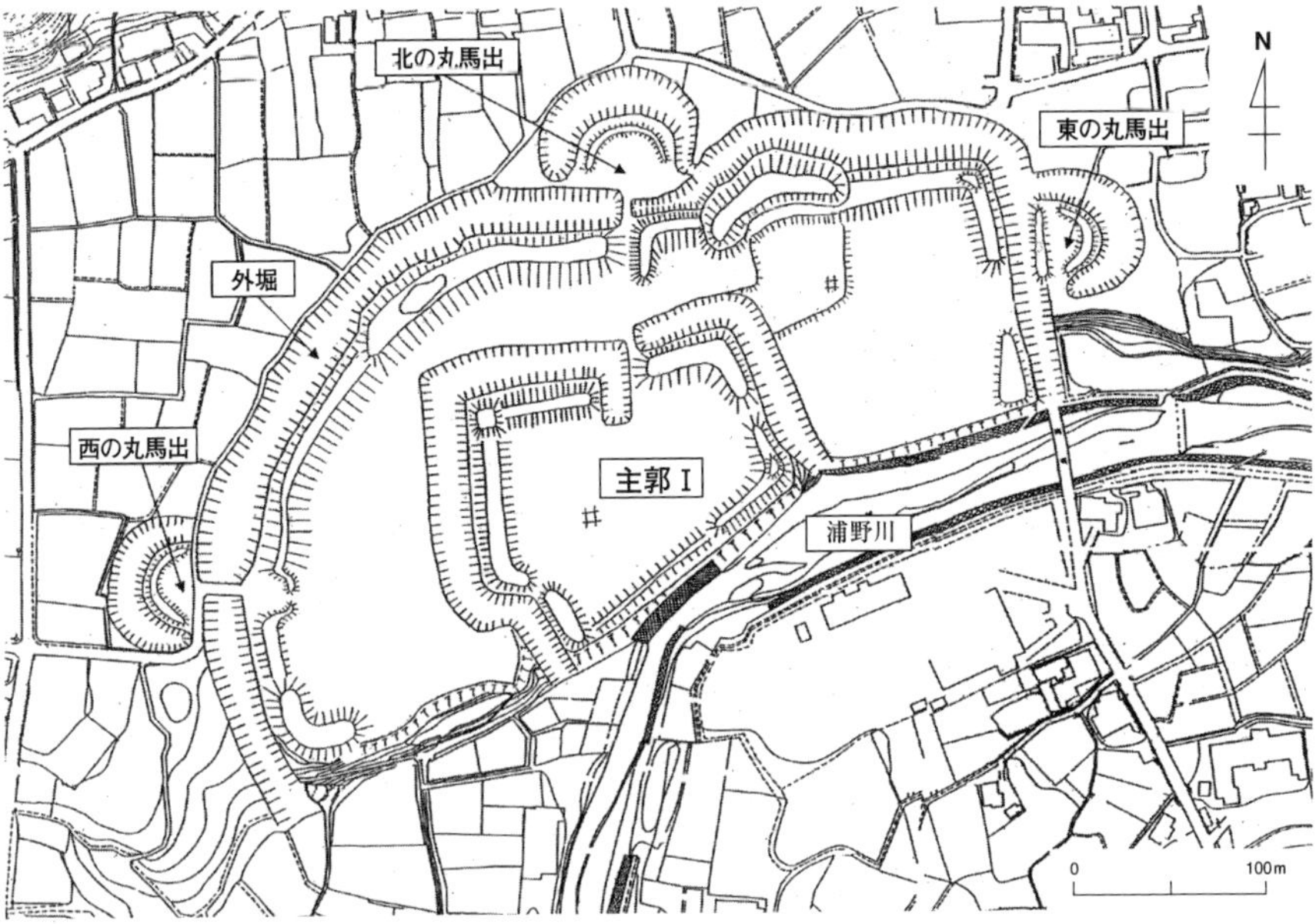

●—岡城推定縄張図（作図：尾見智志）

れる浦野《うらの》川の河岸段丘上に立地している。古くは岡村城とも呼ばれていた。城は団地や住宅等の開発により、削平や埋め立てが行われているが、至る所でその面影を偲《しの》ぶことができる。いっぽう、周囲を見わたすと、岡城の東は保福寺《ほふくじ》街道が浦野川に沿うように通っており、城の西には水田地帯が広がっている。また、南は浦野川による段丘崖となり、天然の堀の役割を果たしている。

　城内への入口は、東・西・北の三ヵ所にある。それぞれ虎《こ》口《ぐち》には三日月《みかづき》堀が伴う丸馬出《まるうまだし》があったが、現在は、東と北のものが、半円形の土地の形状として残っている。東のものは、岡橋へ向かう道路により分断され、堀の部分は用水路として、丸馬出は小高い丘として残っている。いっぽう、北の丸馬出については、西側半分は宅地となっているが、東側半分は半円形の水田として残っている。

　また、三日月堀と接しながら城を廻る堀は「外堀」と呼ばれている。堀は弧を描くように城を囲んでいる。外堀の東側は岡橋へ向かう道路となっているが、外堀北側の東半分については、堀は水田となり残っている。また、この堀の背後の土塁《どるい》は高く、岡城跡公園となっている。外堀の西側半分については、中央部分に道路が建設されているものの、堀は道の両側に側溝として残っており、形状を確認できる。なお、堀

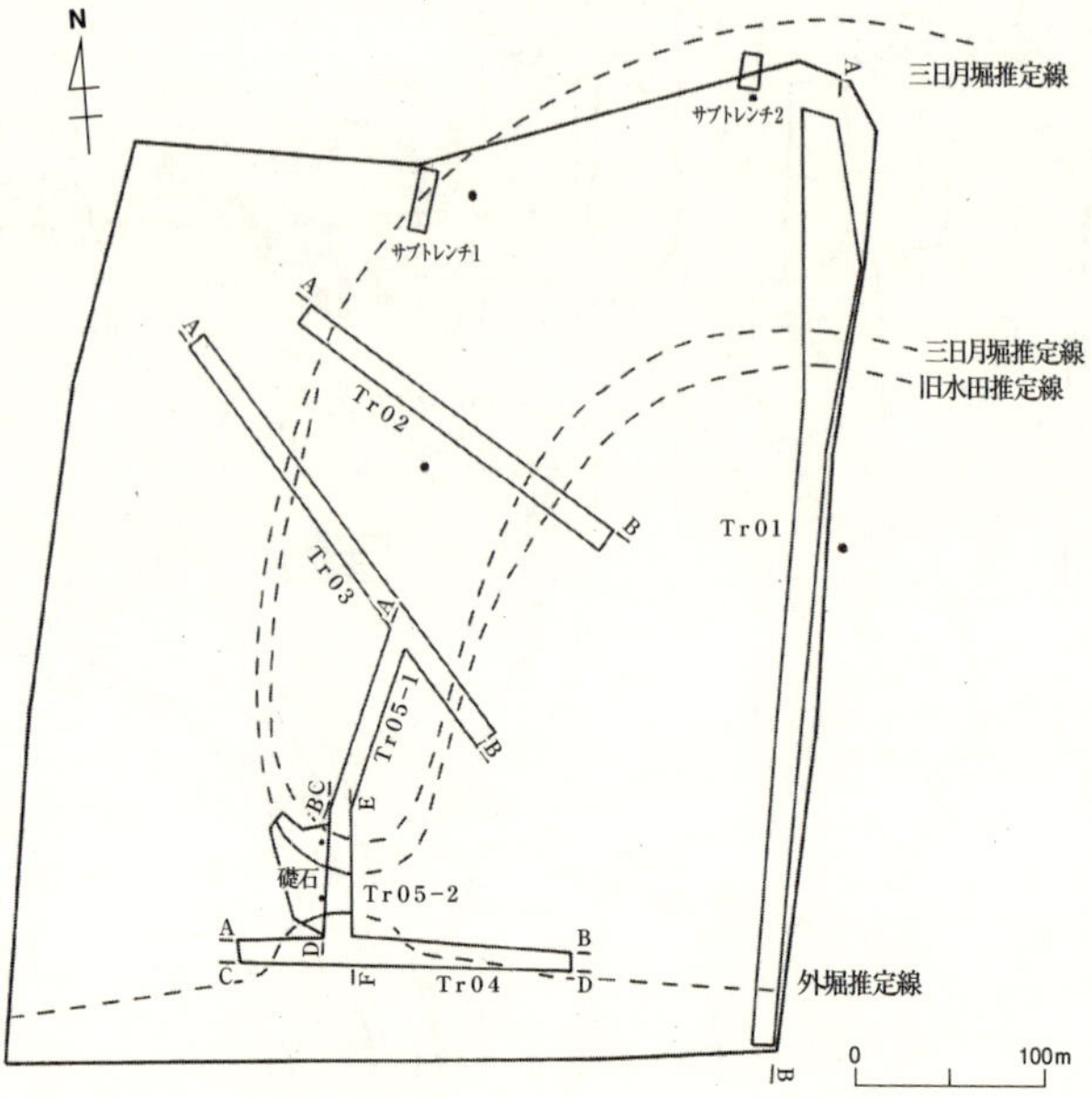

●—北の三日月堀実測図（上田市教育委員会，2005 より）

に伴う土塁も削平が著しいが、帯状に小高く残っている。

　さて、平成十六年（二〇〇四）に実施された北の三日月堀の調査では、堀は小段丘崖を利用して造られていることが確認された。三日月堀は直径約四〇メートルの半円形で、堀の幅は最大一八メートル・堀の深さは約三メートルであることが判明した。また、三日月堀と外堀の間の虎口《こぐち》は三メートル程の幅しかなく、城の出入り口は狭められていた。この出入り口部分では礎石も確認されており、冠木門《かぶきもん》のような門があったことが推定される。

　次に、主郭Ⅰについてであるが、大部分は住宅地となっており、城跡の面影を偲ぶことは難しい。しかし、その西側では土塁の上に個人住宅が立ち並んでいるものの、かなり高い土塁が残存している。また、堀も一部が埋め立てられてはいるが、畑として残っている。

　岡城は、①三日月堀を伴った丸馬出を虎口に配置していること。②幅は広いが比較的低い土塁を構築していること。③主郭Ⅰの回りには弧状に外堀を巡らすことを特徴とした武田氏特有の城郭とされている。この城が永禄四年頃に築城されたとすると、丸馬出を伴った武田氏の城郭としては、もっとも古いもののひとつとなる。

【通過する街道】　城の北には飯縄《いいづな》山が迫り、その山麓沿いには保福寺街道が通過している。街道筋には岡村宿が形成されている。この松本方面から保福寺峠を越えてきた古代東山道の後身とされる街道は、岡村宿の東で二つに別れる。ひとつは現在の上田市街地へと向かう保福寺街道で、もうひとつは室賀峠を越えて善光寺平へと向かう室賀街道となる。いずれも、中世からの主要な街道で、岡城はこの街道を支配下に置いていたことが考えられる。

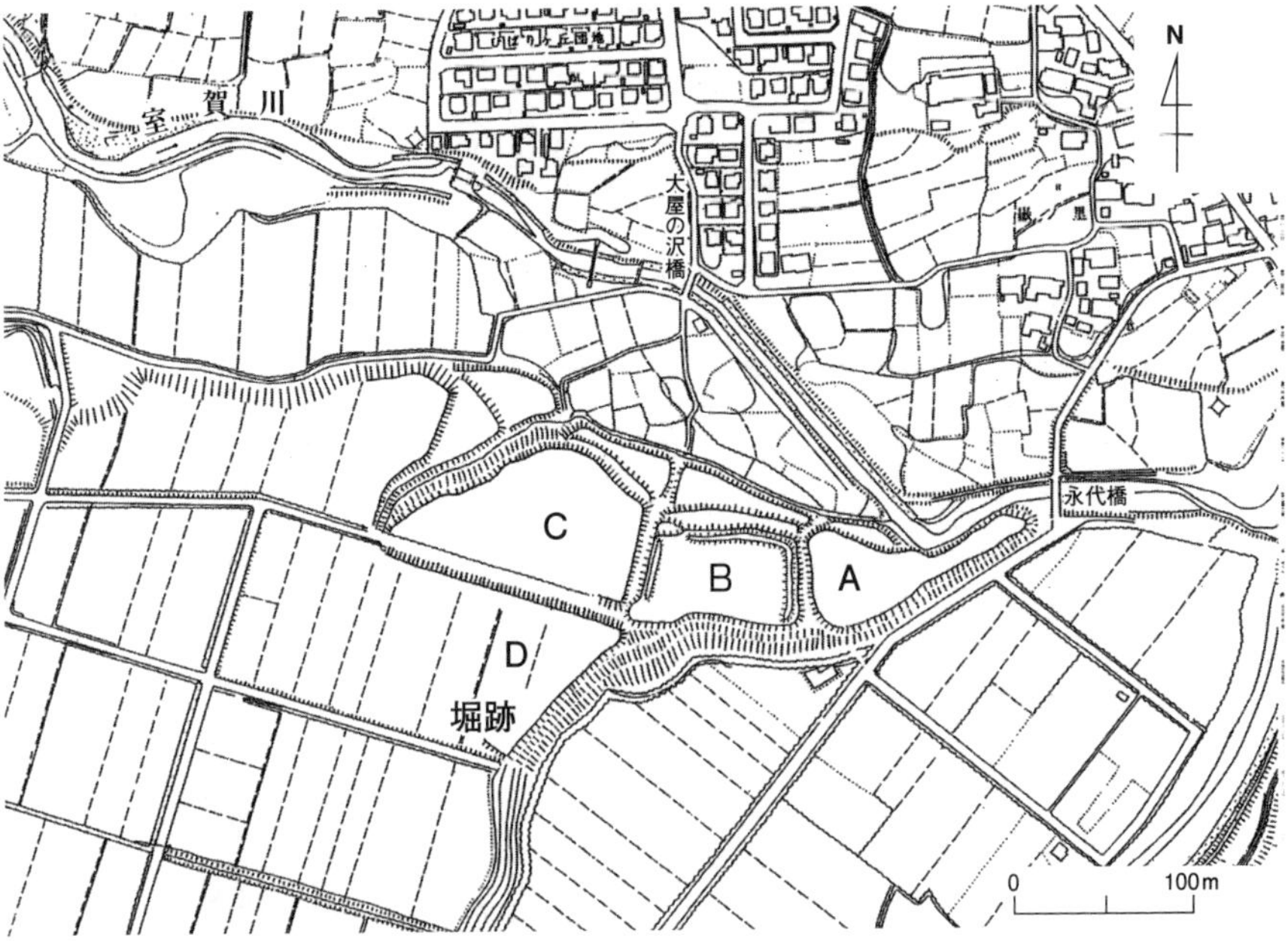

●—山崎城縄張図（作図：尾見智志）

【岡城と周辺の城館】　岡城の北にそびえる飯縄山の支脈の尾根先には物見松砦《ものみのまつとりで》があり、中腹には浦野城が築かれている。これらの城からは岡城を眼下にみることができることから、城は岡城と連携していたことが推定される。

また、岡城の北東には尾曾野《おその》屋敷と呼ばれる城館跡がある。これは岡城主の重臣であった尾曾野氏の屋敷であったという伝説が残っている。城館跡は昭和五十四年（一九七九）に発掘調査が行われ、その地名から山崎城と名付けられた。出土遺物をみると、山崎城と岡城は同じ段丘面に築かれており、存続期間も重なることから、山崎城は岡城の支城と考えられる。

川中島の合戦に向かう武田勢は山崎城を兵站《へいたん》基地の北の防御施設とし、武田信玄は岡城に入り、足軽などの雑兵はその間の平場に野営したことが想定される。

【参考文献】尾見智志「上田川西地区の中世を歩く—岡城と山崎城—」『千曲』第一一五号（東信史学会、二〇〇二）、上田市教育委員会「岡城・城遺跡」『平成十六年度市内遺跡発掘調査報告書』（二〇〇五）、河西克造「信濃小縣郡・岡城跡をめぐる再検討」『信濃』第四九巻七号（信濃史学会、一九九七）、寺島隆史「永禄の武田将士起請文と岡城」『武田氏研究』四九号（武田氏研究会、二〇一三）

（尾見智志）

お城アラカルト

武田氏の拠点的城郭と城郭網

河西克造

天文十一年（一五四二）、甲斐に隣接した諏訪郡を手始めとし、信濃支配を目指す甲斐武田晴信（以下、「信玄」に統一）の信濃侵攻が始まる。信濃は戦国大名が成立しなかった国であるため、信玄は信濃各地で国人領主との衝突に勝利することが不可欠であった。諏訪郡では、諏訪頼重《よりしげ》との衝突に勝利し、諏訪氏は滅亡する。諏訪を支配領域とした信玄は上原城を改修するが、天文十八年には、諏訪湖を望む丘陵上に高嶋城を築城し、ここを拠点的城郭とする。諏訪を手中にした信玄は伊那郡に侵攻する。国人《こくじん》領主藤沢頼親《よりちか》が籠る福与《ふくよ》城を攻撃し、藤沢氏は逃亡する。信玄は天文十六年に三峰川と藤沢川の合流点の丘陵上に高遠《たかとお》城を築城（改修）する。高遠城は杖突峠と秋葉街道が交差する要所にある。信玄はこの高遠城を天竜川の河岸段丘上に立地し、丸馬出《まるうまだし》が残る大島城とともに伊那郡の拠点的城郭とする。さらに、信玄は天文十九年に府中に侵攻し、信濃守護小笠原氏の本拠（林城）を攻略する。小笠原氏が逃亡したのち、同年に女鳥羽川に近い微高地上に深志《ふかし》城を築城（改修）する。小県《ちいさがた》郡では、天文二十二年に村上氏が籠る塩田城を攻略し、後に浦野川に面した段丘上に丸馬出を敷設した岡城を築城する。文献史料では、岡城が永禄九年に存続したことが確認される。長野盆地では長尾景虎（上杉謙信）と衝突（川中島合戦）するが、信玄は弘治二年（一五五六）に長野盆地南部の拠点である東条氏の尼巌《あまかざり》城を攻略し、永禄元〜三年（一五五八〜一五六〇）に海津《かいづ》城を築城する。さらに、長野盆地の北部には長沼城を築城する。千曲川の自然堤防上に立地する海津城と長沼城は、武田氏の信濃支配において、拠点的城郭として重要な役割を担った。

これら信玄が信濃に築城した拠点的城郭を概観すると、共通点がみいだせる。第一は侵攻地域で国人領主の本拠（山城）を攻略し、そこを拠点的城郭として利用するが、数年後に段丘上もしくは自然堤防上に築城することである。また、高嶋城、高遠城、岡城、長沼城に代表されるが、城郭の眼下に交通路が通る、もしくは総構内に交通路を取り込んでいる。さらに、萩原三雄や筆者が指摘するように、信玄の拠点的城郭は悌郭式で三方に丸馬出（三日月堀）が敷設される縄張が基本になっていることである。

武田信玄は、侵攻した地域で国人領主との衝突に勝利した際、侵攻前に存在した流通や交易を温存してその地の支配体制をつくり、ある程度確立した段階で陸上交通や河川交通との関係から、新たに拠点的城郭を築城したと考えられる。

武田信玄によって、拠点的城郭を核とした城郭ネットワークが形成されたことからすると、武田信玄の信濃支配が信濃の城郭発達史において大きな画期となっているといえよう。

●川中島合戦の兵站基地

塩《しお》田《だ》城《じょう》

〔県指定史跡〕

〔所在地〕上田市前山
〔比　高〕約八〇メートル
〔分　類〕山城
〔年　代〕不明
〔城主〕福沢氏、飯富氏
〔交通アクセス〕ＪＲ北陸新幹線・しなの鉄道「上田駅」下車、車で二五分。

【信州の鎌倉と塩田城】　かつて、塩田城は鎌倉時代の執権《しっけん》北条時宗の頃に連署《れんしょ》（執権を補助する職名）を勤めた北条義政が鎌倉から移り住んだ場所とされていた。義政、国時、俊時と三代にわたる北条氏は塩田北条氏と呼ばれ、この地に信濃国の守護所を置いたといわれている。しかし、これまでの発掘調査では、室町時代の遺物が多く、鎌倉時代のものは非常に少ないことから、守護所の所在地については塩田城よりも下方の「竹の内」・「下城戸」・「道場」などの地名が集中している地域を含めた広い範囲での検討を余儀なくされている。

塩田城周辺には、この塩田北条氏と関係の深い寺院や史跡が点在している。塩田城のある谷の最上部には、正慶《しょうきょう》二年（一三三三）に建立された北条国時の墓とその家臣の供養塔が建てられている。また、塩田城の東には前山寺《ぜんざんじ》、西には龍光院《りゅうこういん》がある。前山寺は国時の祈祷《きとう》寺であったといわれている。前山寺は真言宗で、光仁三年（八一二）に空海が護摩《ごま》修行の霊場として開いたと伝えられている。城の背後となる弘法山には岩屋堂もあり、独鈷《とっこ》山に続く山塊の峰々は山岳修行の霊場であったとされている。龍光院は塩田北条氏の菩提寺と伝えられる臨済宗の寺院である。寺伝によると、弘安五年（一二八二）塩田陸奥守北条国時の開基という。

【武田晴信の拠点として】　元弘三年（一三三三）五月に北条得宗家とともに塩田北条氏が鎌倉において滅亡した後、坂城を本拠地とする村上信貞が塩田を領地とし、その有力な家臣の福沢氏が代官として塩田城に入ったとされている。確かな

●—塩田城遠景（中央の谷筋）

文献史料として、諏訪神社上社の記録『御符礼《みふれい》之古書』の文安五年（一四四八）の条に、御射山祭の頭役《とうやく》として福沢入道像阿《ぞうあ》の名がみられる。また、天文十三年（一五四四）の「福沢顕昌《あきまさ》寄進状」からも、村上義清の代官として福沢顕昌が塩田を治めていたことがわかる。

武田氏のこの地方への侵攻は天文十年の「海野平の合戦」に始まる。その後、武田晴信（以後、信玄）は北信濃への進出を企て、天文十七年に村上義清と上田原合戦におよんだ。続く、天文十九年に、信玄は村上方の砥石城を攻めたが落とすことは出来なかった。しかし、天文二十年、家臣の真田幸《ゆき》隆《たか》が砥石城を落としたことから、勢いに乗った信玄は天文二十二年に村上義清の葛尾城および福沢昌景の塩田城を攻略した。信玄は塩田城を腹心の飯富《おぶ》虎昌《とらまさ》に守らせて、善光寺平侵攻の前線基地とした。いっぽう、拠点を失った村上義清は越後の上杉謙信のもとへ助けを求めて逃れたことから、以後、数度にわたる川中島合戦が行われることとなった。

さて、弘治三年（一五五七）の「武田信玄書状」は信玄が北信濃の市河藤若《ふじわか》に送った書状で、山本勘助の実在を裏付ける文書として有名であるが、これにより、塩田城がどのように使われていたのかがわかる。書状では、信玄は塩田在城の足軽衆ら五〇〇人を真田幸隆の指揮下に入れて、市河氏の救

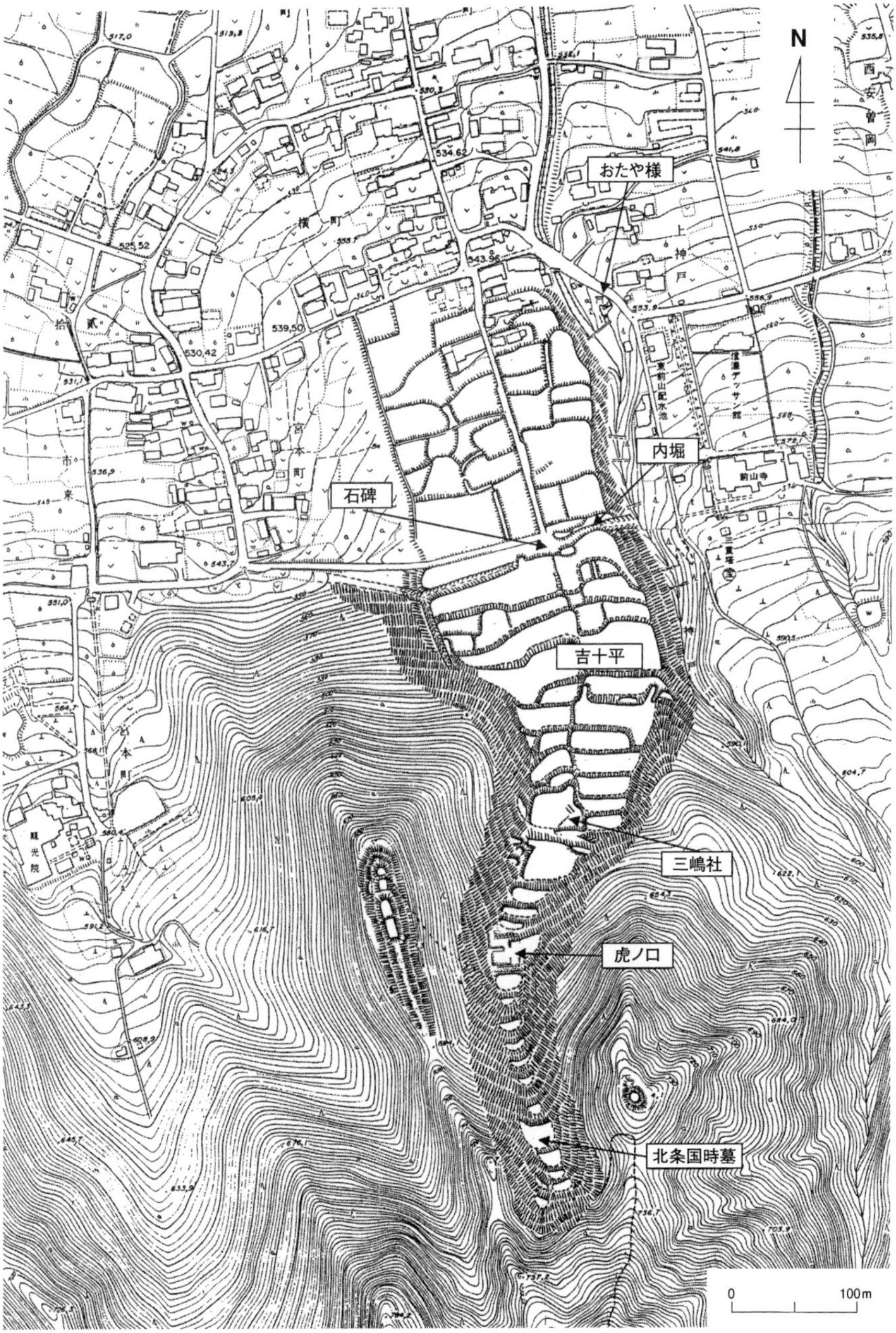

●—塩田城縄張図（作図：児玉卓文、尾見智志）

援に向かわせようとしたことがわかる。また、この方面の最高司令官は飯富虎昌で、塩田城に在ったことも推測される。このように、塩田城は、川中島合戦を中心とした上杉謙信との戦いでは、武田方の重要な兵站基地として利用されていた。

【城の概観】　塩田城は、塩田平の南に連なる独鈷山系の弘法山から派生した小尾根の間に形成された谷と扇状地を利用して築かれている。塩田城からは、北方に広がる塩田平を一望のもとに見渡すことができる。城の前面には上町《かみちょう》・本町・横町・立町などの城下町を思わせる地名が残っている。上町から本町へと続く道は桝形になっており、ここから南が城内であったと推定される。

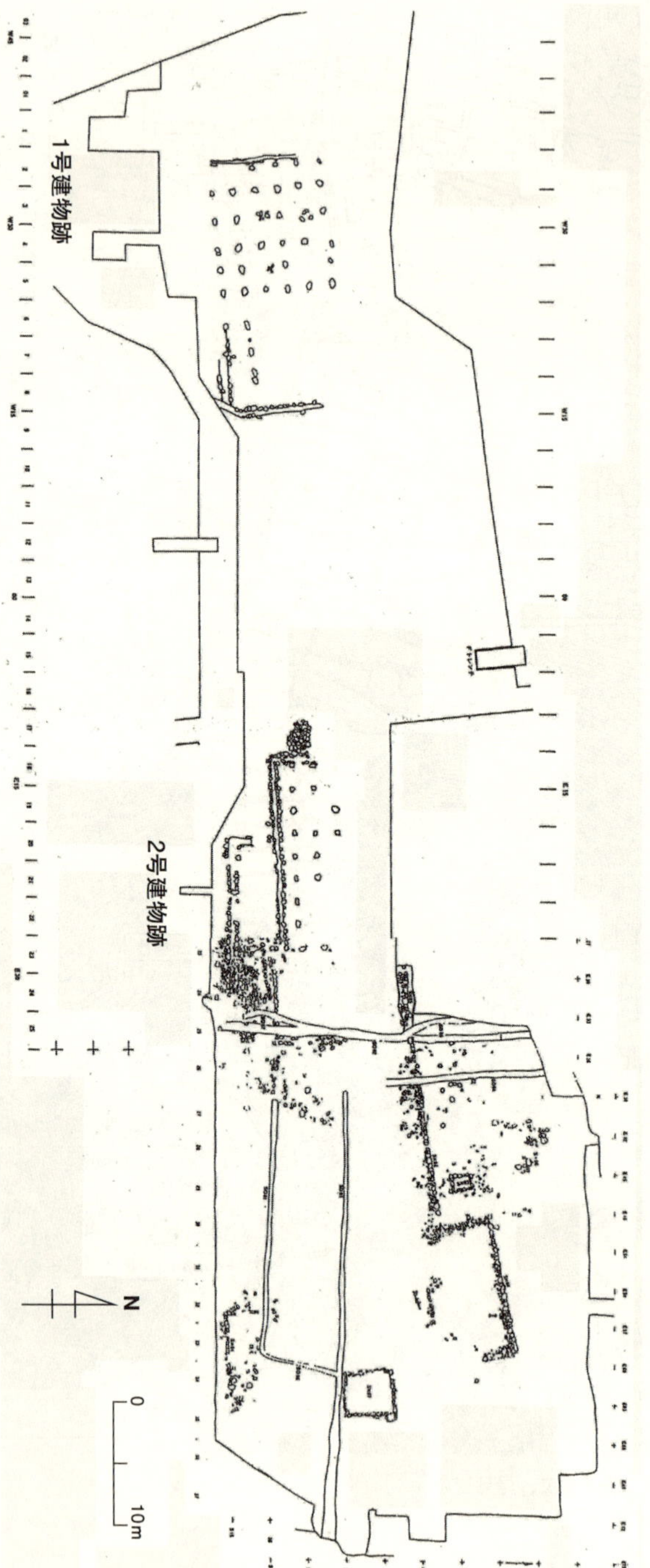

●―吉十平の礎石建物跡（上田市教育委員会，1977.1978より）

塩田城では、小尾根に囲まれた谷が扇状地に変わる場所に空堀《からぼり》が設けられている。これは「内堀」と呼ばれており、現在はほとんど埋められて遊歩道となっている。この内堀の前面と背後には土塁《どるい》も残っている。平成五年（一九九三）に実施した試掘調査では、堀の断面形は中央が盛り上がるW字状となることが確認された。この内堀から北側の扇央部にかけても城の一部と考えられ、小高い扇央部を利用した曲輪や土塁の痕跡をみることができる。また、内堀からの登城口には「塩田城址」の石碑があり、ここから南の山間部が塩田城の中心部となる。

さて、この石碑の横には直線的な登城路がのびている。その両側には段郭と呼ばれる細長い曲輪が階段状に築かれている。その中でも「吉十平《きちじゅうたいら》」と呼ばれる最大の平坦地では、昭和五十年（一九七五）から五十二年にかけて発掘調査が行われた。調査では、一号建物跡や二号建物跡の雨落ち溝を伴う礎石建物などが確認されている。一号建物跡については、五間四方の礎石建物となることや、この場所から青磁・白磁などの陶磁器が集中して出土していることから、仏堂などの特別な建物であった可能性が指摘されている。さらに直線的にのびる登城路の突き当たりの曲輪には三嶋社が祀られている。このあたりからは、左右の小尾根が迫り、谷が狭くなってくる。両尾根の先端には物見砦《ものみとりで》が配置されているが、東のものは曲輪がひとつだけだが、西のものは四段の小郭が認められる。三嶋社からさらに登ると、「虎ノ口《とらくち》」に至る。ここには石塁や井戸跡が設けられている。この曲輪直下の石積は三段に分けて積まれており、高さ二メートルほどになっている。また、「虎ノ口」の周囲にも石積もみられる。いっぽう、昭和四十五年の発掘調査では、井戸の周囲には石が敷かれていることが判明している。このように、石積を多用した曲輪は塩田城の中でも特別な空間であったことを示唆している。ここからさらに登った最奥部の曲輪には、北条国時《くにとき》の墓碑や供養塔がある。なお、背後の山頂は岩屋堂のある弘法山であるが、急斜面で塩田城から登ることは難しい。また、弘法山の背後から流れ出した神戸川《ごうどかわ》は深い谷を形成しており、塩田城の東側面の防御の役割を果たしている。

【参考文献】上田市教育委員会『塩田城跡第二次発掘調査概報』（一九七七）、上田市教育委員会『塩田城跡第三次発掘調査概報』（一九七八）、尾見智志「塩田城」『武田系城郭研究の最前線』（山梨県考古学協会、二〇〇一）、尾見智志「塩田城再考」『信濃』第六九巻第三号（信濃史学会、二〇一七）

（尾見智志）

●長大な二重竪堀が目を引く山城

祢《ね》津《つ》城《じょう》

〔東御市指定史跡〕

〔所在地〕東御市祢津
〔比　高〕上の城：一八五メートル、下の城：一三〇メートル
〔分　類〕山城
〔年　代〕戦国時代後期か？
〔城　主〕祢津氏か？
〔交通アクセス〕しなの鉄道「田中駅」下車、徒歩四〇分以上。または上信越自動車道東部湯の丸ICから車で一〇分。

【城の概要】　祢津城は「下《しも》の城」と「上《かみ》の城」のふたつの山城を総称した名称である。東信地域の古豪祢津氏の城とみられ、下の城には大規模かつ入念に防備された縄張がされており、特に冬季には明瞭な曲輪や堀切のラインが麓《ふもと》からも望め、一見して山城と分かるほどである。現在、下の城には登城道が整備され、容易に登ることができる。主郭の南端に立つと眼下を一八〇度以上見渡すことができるが、この眺望からは、往時に下の城が備えていた機能・役割を改めて感じることができよう。

　築城は戦国時代後期とされるが詳細は明らかではない。築城者とされる祢津氏は、平安時代以降、現在の東御市祢津地区周辺を本拠としていた一族と考えられており、海野《うんの》・望月《もちづき》氏らとともに「滋野《しげの》三家」を称した。また、諏訪大社大祝《おおほうり》貞光《さだみつ》と猶子《ゆうし》（養子）関係を結んだ一族で、代々「神氏《みわし》」を称し、諏訪氏とも関わりがあった一族である。一五世紀初頭に信濃国守護と国人《こくじん》領主とが争った大塔《おおとう》合戦には、真田（実田）を率いて、祢津遠光《とおみつ》が参戦した。祢津元信《もとのぶ》は天文十年（一五四一）の海野平の合戦で武田・諏訪・村上氏の連合軍に敗れ、祢津城はこの際に陥落したと思われるが、諏訪氏の仲介により許され、以降、一族は武田の信濃先方衆として活躍した。武田氏滅亡後は主君を転々とし、真田昌幸に城を攻められた後、これに臣従したとされる。

　城の東側には「古御立《ふるみたち》」や「宮之入」などに居館跡と推定される場所があり、「戌亥《いぬい》の馬場」という地名も残っている。

●—祢津城遠景（南から撮影　中央が下の城，右奥が上の城）

●—下の城（作図：尾見智志）

【長大な二重の竪堀で守られた下の城】　下の城は大室山（一一四六・九メートル）南麓のなだらかな尾根を利用したもので、千曲川を臨む南方向が大きく開けた場所を選んで造られている。ここからは上田盆地の南方や佐久平を見渡すことができる。主郭Iの標高は約八二〇メートルあり、約三五×二五メートルの楕円形の郭とし、周囲を一～二メートル前後の高さで土塁《どるい》が囲むが、特に北側は三メートルほどの高さになる。虎口《こぐち》は南側にその痕跡を認

●―二重竪堀と土塁

める。主郭Ⅰ直下には三面を守る腰郭《こしくるわ》が設けられ、南東部に虎口が設けられている。南面には複数の段郭がみられ、その下で大規模な横堀が城域を画する。主郭Ⅰの背後の尾根には、四つの郭と堅牢《けんろう》な複数の堀切《ほりきり》が設けられ、防備の要としている。搦手《からめて》北側には現在は貯水池があるが、この辺りがかつての水の手だったのかもしれない。

下の城で最も特徴的なのは、長大な二重の竪堀《たてぼり》だろう。堀は城の東側に約三〇〇メートルもの長さで築かれ、二重とした竪堀部分はその間に土塁を設けてさらに堅固な守りとしている。土塁は所々に石垣の痕跡を残しており、「登り石垣」のような施設があった可能性が指摘されている（三島　二〇一三、宮坂　二〇一三）。堀切の中に入ると、二重の竪堀と土塁だけでもかなり堅牢であることに気付くが、さらに登り石垣で補強されていたと想像すると、この城がもつ防御の特異性を実感する。城の東側の守りを特に意識した理由は分からないが、このような長大な竪堀は、村上氏や真田氏が関わった山城が多く残る上田小県地域周辺では、他に類例を知らない。

【南西の防備を意識した？　上の城】　上の城は下の城の北東に位置し、ふたつの城の距離は九〇〇メートルほどある。主郭Ⅰの標高は約九二〇メートルあり、下の城に比べて、より高い場所に占地している。主郭は約九〇×二〇メートルの楕円形で、中央部がわずかに盛り上がっている。虎口の痕跡は明確ではない。主郭の直下はその北から西側部分に複数の腰郭が配置されている。北東、北西、南方向に三本の竪堀が設けられているものの、下の城の堅牢な縄張と比較すると、何とも心もとない構造である。北からの尾根をまったく遮断していない点も、この城の特徴だろう。上の城は南～西方向の郭には土塁が確認できるが、やはり北～東方向はこうした防御施設が完全ではないように感じられる。下の城に比べると、防備の厳重さが明らかに異なるのだ。

　このように、「祢津城」は上の城・下の城の総称として使われるが、実際に登城してみるとふたつの城の縄張に違和感を覚えるだろう。上の城は、下の城が陥ちた際を想定して築かれたものである可能性のほか、「下の城を攻めるときに築城した陣城である可能性」を指摘する論考（三島　二〇一三）もあり、築城者やその時期については、今後も調査研究の必要があろう。

　最寄の田中駅から城跡まではかなりの距離があり、自動車でのアクセスが便利である。下の城の登城口は、舗装された林道を登って西宮公園を過ぎた北方約二〇〇メートル付近にあり、駐車スペースも確保されている。ただ、林道は狭く、特に山城調査の適期である晩秋から初冬には、落葉の堆積や予測しない降雪、道の凍結などには十分注意されたい。城跡は東御市指定史跡として保護活用されている。

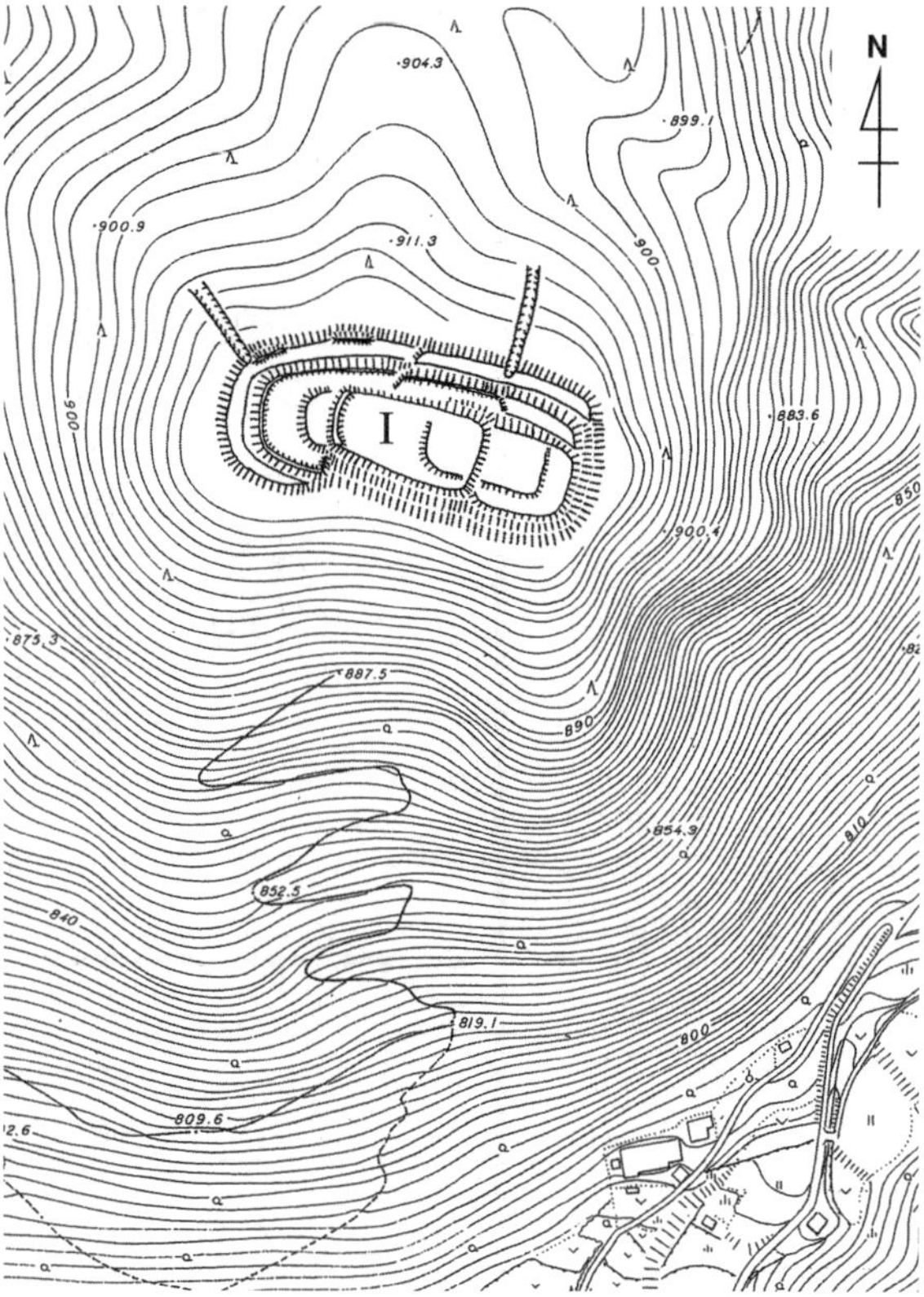

●—上の城（作図：尾見智志）

【参考文献】尾見智志「祢津城」『探訪 信州の古城』（郷土出版社、二〇〇七）、三島正之「祢津城」『長野の山城ベスト五〇を歩く』（サンライズ出版、二〇一三）、宮坂武男「祢津下の城」「祢津上の城」『信濃の山城と館』第三巻 上田・小県編（戎光祥出版、二〇一三）

（和根崎　剛）

小《こ》諸《もろ》城《じょう》

●北方に浅間山を仰ぐ近世城郭

〈所在地〉小諸市丁
〈比　高〉約六〇メートル
〈分　類〉平山城
〈年　代〉一五世紀～明治四年（一八七一）
〈城　主〉大井氏、仙石氏、牧野氏など
〈交通アクセス〉JR小海線・しなの鉄道「小諸駅」下車、すぐ。

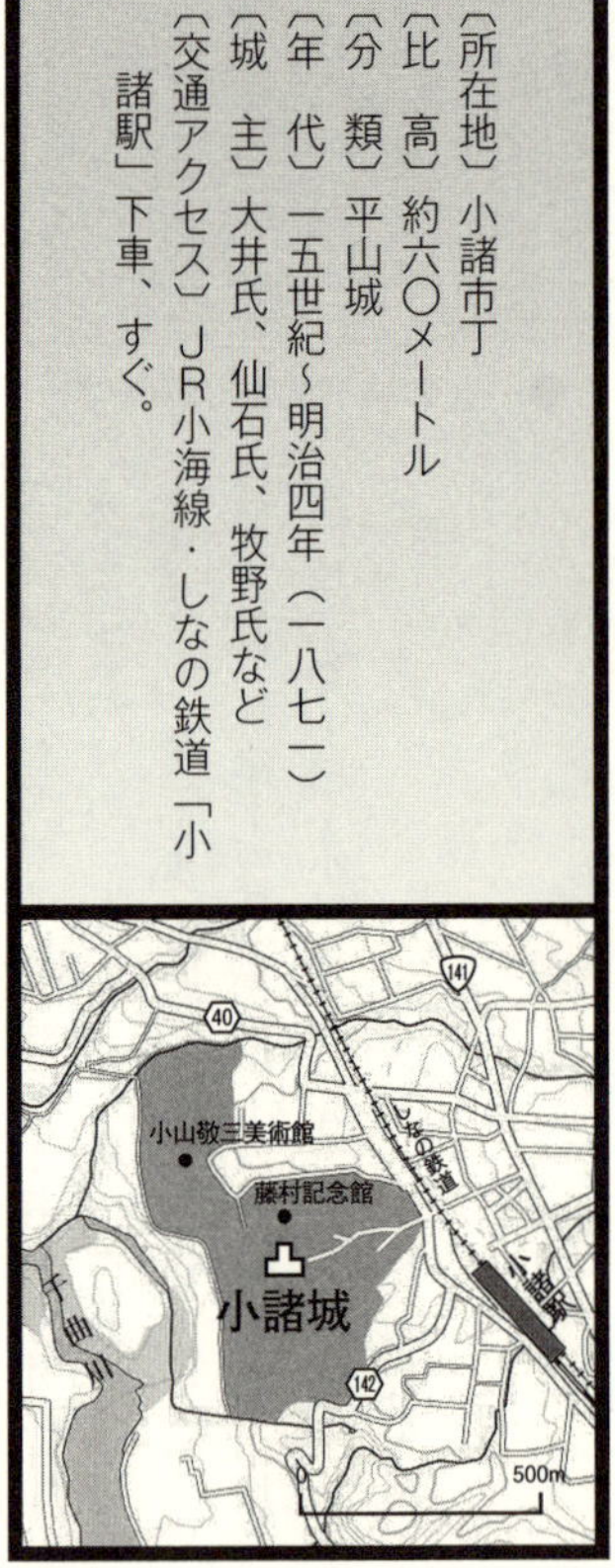

【交通の要衝を占める城】　小諸城は市街地の西方を蛇行する千曲川右岸の浸食崖上に築かれた平山城である。浅間山の南西斜面に広がる城下町（現、小諸《こもろ》市街地）が城よりも高い位置にある城郭史上類をみない城郭で、「穴城《あなじろ》」の異名をもつ。

小諸城から南へ向かえば甲州へ通じ、東へ向かえば関東に、北西に向かえば信濃善光寺へ、西へ向かえば諏訪・木曽を抜けて京都へ通じており、地理的にみて小諸城が築城された場所は、交通の要衝を抑える重要な地点であった。

今も城域に残る大手《おおて》門と三の門は、いずれも国の重要文化財であり、苔むした石垣や谷と見紛うほどの深い空堀と合わせて往事の栄枯を偲ばせ、みる者を魅了する。

【戦国の動乱と小諸城】　小諸城の初現は詳らかではないが、『小諸温古《おんこ》』や『小諸砂石抄《させきしょう》』といった江戸時代の編纂記録は、長享元年（一四八七）に信濃守護小笠原氏の支流、大井伊賀守光忠《みつただ》が小諸城大手門の北側に築いた鍋蓋《なべぶた》城より始まると伝えている。鍋蓋城築城後も拡張整備が図られ、大井氏による小諸支配の拠点となっていたが、大井左馬允満實《みつざね》が小諸城主の時、佐久地方を制圧した甲斐の武田信玄に降伏して、小諸城は武田氏の城となる。小諸城陥落について『勝山記』は天文二十三年（一五五四）に小諸城自落と表記しており、また、『寛政重修諸家譜《かんせいちょうしゅうしょかふ》』では、「武田信玄しばしば満實が居城を囲み、せむる事数年におよぶといへども、固く守て城いまだ陥らず。終に和議なりて信玄が旗下に属し（以下略）」と記述している。大井左馬允はその後、信玄の命で小諸城の定普請を実行したり軍役を定めるなど、武田氏による佐久地方の経営の一端を担った。

　武田氏が織田信長に滅ぼされると、佐久地方は織田氏の支配下に置かれ、小諸城には滝川一益《かずます》の家臣、道家《どうけ》正栄《まさひで》が入ったが、信長が本能寺の変で横死すると、佐久地方の実権は北条氏と徳川氏で争われることになった。最終的に徳川氏が北条氏を退けて、天正十一年（一五八三）に徳川旗下の松平康《やす》国《くに》が小諸城主になっている。

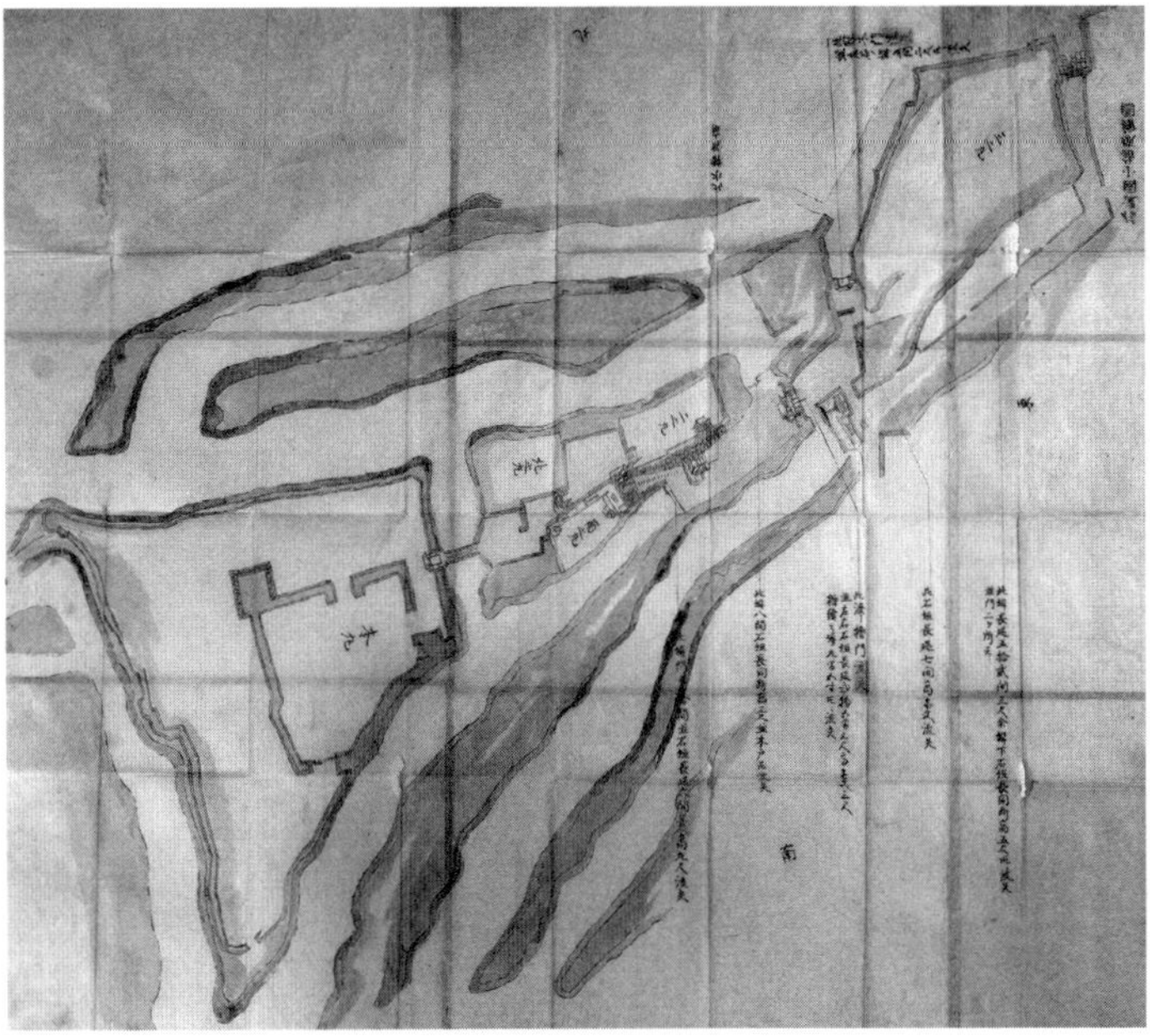
●—信濃国小諸城絵図（小諸市教育委員会所蔵）

【仙石秀久による大改修】　天正十八年、小田原の役の功績により豊臣秀吉から小県《ちいさがた》郡の一部および佐久郡を拝領した仙石秀久は翌年に小諸城に入り、石垣、礎石建物、天守を構築し、あわせて城下町を整備して、近世城郭の要素を備えた小諸城を築き上げた。現在われわれが見ている小諸城の遺構は、基本的に秀久以後のものである。

　仙石氏は秀久の子忠政の代まで小諸城を居城としていたが、元和八年（一六二二）に上田城主として転封する。代わりに松平忠長《ただなが》が小諸城主となり、以後、松平憲良《のりなが》、青山忠俊《ただとし》、酒井忠能《ただよし》、西尾忠成《ただなり》・乗政《のりまさ》父子と城主が交替した。元禄十五年（一七〇二）に越後国与板《よいた》（現、新潟県柏崎市与板町）より牧野康重《やすしげ》が入封し、その後は明治維新を迎えるまで牧野氏が小諸城を居城とした。

【小諸城の構造】　小諸城の堀はすべて空堀《からぼり》で、近世城郭としては珍しい。この堀は、当地方で「田切地形」と呼ばれる自然地形を巧みに縄張りに取り込んだものである。

　田切地形とは小諸市の北方にそびえる浅間山が、一万数千

●—小諸城の空堀（左手が本丸）

年以上前に噴出した軽石流堆積物を河川が浸食して造り出した谷地のことをいい、非常に深く急峻な絶壁を形成していることが特徴である。

小諸城域では、この谷が東西に走り、西に行くにしたがって深くなっていく。ことに本丸付近での比高差は、約二〇メートルを測るが、空堀には現在に至るまでに多量の土砂が流れ込んでおり、当時は今以上に深かったのではないかと思われる。

城郭は、この谷ともいえる空堀に挟まれた高台に形成されており、東から西へ三の丸、二の丸、本丸の順に主要な曲輪が一直線に並び、さらにその周囲には複数の曲輪を配置して防御を固めている。本丸の背後は眼下に千曲川が流れる急峻な崖で、千曲川の対岸から眺めると、さながら山城のようでもある。

城内の通路は、容易に見通せないように幾重にも石垣で屈曲させており、随所に桝形が設けられ、攻め手の勢いを削ぐさまざまな工夫が設けられている。

【小諸城大手門】 現存する小諸城大手門は、石垣の間に建てられた二層瓦葺《かわらぶき》の櫓《やぐら》門で、慶長年間に仙石秀久が創建したと伝わっている。

平成十六～十九年（二〇〇四～二〇〇七）に実施した解体復原工事で大手門の建設過程が明らかになっており、二階の

●—天守台

櫓部分は一階部分建設後、時期を置いて増築したものであることが確認されている。ただ、二階構築の時期はについては、後世の編纂記録である『改撰仙石家譜』には二度（慶長七年と同十七年）、大手門建設の記録が残っているものの、それ以上の情報は得られておらず、判明していない。

【天守台と金箔瓦】　小諸城本丸の北西隅には文禄・慶長期の構築と考えられる天守台が残る。天守台の石垣は野面積《のづら》で隅部には算木積《さんぎづ》みが用いられており、平面はほぼ正方形で、広さ約一五二平方メートル、高さ約七・五メートルを測る。

小諸城にはかつて三層の天守が聳えており、寛永三年（一六二六）、落雷により焼失したといわれているが、実際、天守台の上に構造物があったかどうか定かではない。ただ、天守台付近で仙石時代の五三桐文軒丸瓦や唐草文軒平瓦が採集されており、これらの瓦のなかには、わずかではあるが文様部分に金箔が残るものもある。金箔瓦を含む瓦類は、かつて天守が存在した可能性を示し、金箔瓦で彩られた三層の天守がそびえる小諸城の姿が思い浮かぶ。この金箔瓦の所産は、仙石秀久の時代に比定される。

【小諸藩主牧野家墓所】　小諸城の南三〇〇メートルほどの位置に、藩主牧野家と藩士の墓所が営まれている。当該敷地は廃寺となった泰安寺《たいあんじ》の墓所で『小諸温古』には、「泰安寺墓所宝永年中当太守ト成ル代々の石碑有」という記述がみられる。

藩主らの霊廟は三ヵ所に分散しており、東御霊廟には、二代康周《やすちか》公、三代康満《やすみつ》公、七代康明《やすあきら》公、八代康命《やすのり》公、中御霊廟には、初代康重《やすしげ》公、四代康陛《やすより》公、五代康儔《やすとも》公、二代康周公

●―東御霊廟（西側から撮影）

の二人の子女、与板藩時代の初代康成《やすなり》公、二代康道《やすみち》公、西御霊廟には、六代康長《やすなが》公、九代康哉《やすとし》公とその子女、一〇代康済《やすまさ》公の二人の子女が祀られている。また霊廟外であるが、東御霊廟脇に九代康哉公の子息と三代康満公の子息、西霊廟外脇に二代康道公の子息が祀られている。

小諸藩主牧野家の墓所は在所にあっては泰安寺、江戸にあっては浅草の幡随院《ばんずいいん》（現在は東京都小金井市に移転）であった。在所で亡くなった二代と六代の墓塔は宝篋印塔《ほうきょういんとう》形式の墓塔で墓前に奉献石灯籠があり、江戸で亡くなった藩主は自然石の墓碑が建てられている。墓碑の脇に藩主の院殿号を刻んだ宝篋印塔の塔身と思しきものが安置されており、経緯は分からないが幡随院から移された藩主の墓塔の一部である可能性がある。

【近代以降の小諸城】 明治維新後、建造物のほとんどが民間に払い下げられ、市街地の開発によりその大半が破壊されてしまったが、二の丸および本丸一帯は、「懐古園《かいこえん》」、大手門周辺は「大手門公園」というように、それぞれ都市公園として整備されたことで、城郭の主要な部分は保存されるに至り、郷土学習の資料として、また観光資源として、有効に活用されている。しかし、一方で、検証が必要な事案も多く、一層の調査研究が望まれる。

【参考文献】 北佐久郡志編纂会『北佐久郡志』第二巻歴史編（一九五六）、信濃教育会『南佐久郡古城址調査』（一九七八）、木内寛「小諸城」『日本城郭体系　第八巻』（新人物往来社、一九七九）、塩川友衛『シリーズ藩物語小諸藩』（現代書館、二〇〇七）、㈶文化財建造物保存技術協会『重要文化財　小諸城大手門保存修理工事報告書』（小諸市、二〇〇八）

（髙橋陽一）

●交通の要衝にある山城

長《なが》窪《くぼ》城《じょう》

〔長和町指定史跡〕

〔所在地〕長和町古町
〔比　高〕約六五メートル
〔分　類〕山城
〔年　代〕一五世紀前半
〔城　主〕芦田氏、長窪氏、大井氏、武田氏
〔交通アクセス〕JR北陸新幹線・しなの鉄道「上田駅」下車、車で五〇分。またはJRバス長久保行き「依田窪病院」下車、徒歩約二〇分。

【長窪城と大井氏】　長窪城は、立科の芦田氏が岩村田の大井氏と対峙《たいじ》した時に大井氏と呼応した松本の府中の小笠原氏に対する防御拠点として、一五世紀前半に築かれたと考えられている。芦田氏の守る芦田城の西方で、当時の幹線道であった大内《おおない》道をおさえる必要から築かれたと考えられている。

しかし、永享八年（一四三七）に芦田下野守は信濃守護の小笠原政康《まさやす》と組んだ岩村田の大井持光《もちみつ》の輩下となった。これは、永享七年からの関東管領上杉憲実《のりざね》および将軍家と対立していた鎌倉公方足利持氏《もちうじ》との争いが信濃国守護小笠原政康と大井持光らの勢力と村上頼清および芦田、祢津、海野氏らの勢力争いに波及した結果である。こうした動向が永享の乱の端緒となり、続いて信濃の諸将も出陣した結城合戦につながった。その後、長窪城には長窪氏を名乗った岩村田大井氏の一族が入り、城は整備されたと思われる。

しかし、文明十六年（一四八四）二月に岩村田の大井政朝《まさとも》は村上政清《まさきよ》の攻撃を受け、大井宗家は滅亡した。これにより、明応二年（一四九三）に長窪城主であった長窪氏の嫡子《ちゃくし》貞隆が岩村田の大井氏の名跡を継いだ。以後、長窪城は天文十二年（一五四三）に大井貞隆が武田晴信に生け捕りにされるまで、貞隆の重要拠点のひとつとなっていた。

【長窪城と武田晴信】　小領主が分立していた東信濃にも、甲斐の武田信虎の佐久侵攻により、戦国の争乱がもたらされた。天文九年に佐久郡に侵攻した信虎に呼応するように、諏訪頼重《よりしげ》が長窪城を占領した。その後、大井貞隆は、城を奪い

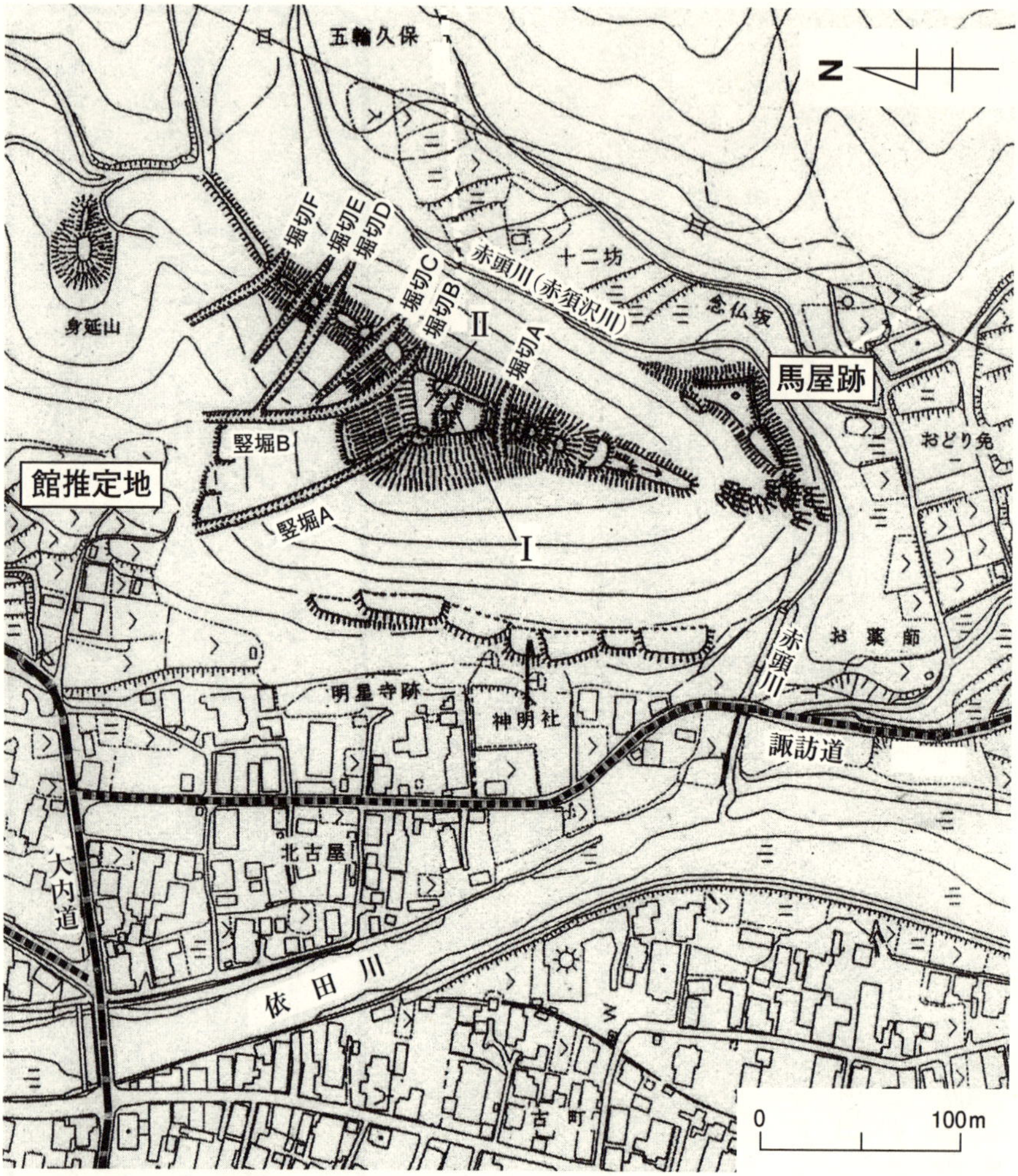

●―長窪城周辺位置図（作図：尾見智志）

返したようで、天文十二年に武田晴信（以後、信玄）は貞隆の籠もる長窪城を攻撃している。その際、大井貞隆は捕らえられ、甲府へ送られた後、死亡したという。

その後も、武田信玄は北信濃侵攻に際しての中継地点として、たびたび長窪城を利用していた。「砥石《といし》崩れ」として有名な天文十九年の砥石城攻めの際や、天文二十二年の村上義清の討伐などで使用したことが『高白斎記《こうはくさいき》』などに記載されている。また、永禄四年（一五六一）の川中島の戦いの後に、武田信玄は長窪宿・大門宿に伝馬《てんま》定書《さだめがき》を与えており、武田氏にとって長窪は重要な宿駅で、城と宿は一体となって機能していたと考えられる。

【城の構造】　長窪城のある山は城山と呼ばれており、比高差はそれほど大きくはない。しかし、東を除く三方は急斜面で、南側の山腹にはいくつもの岩場がある。長窪城に登城するには、①尾根先から登るルート②城の背後に当たる北側の鞍部から入城するルート③Ⅱ郭北西の隅にある竪堀《たてぼり》Aからのルート④Ⅱ郭北東の堀切《ほりきり》Bへ続く竪堀Bを登るルートがある。

①尾根先から登るルートは大手道とされている。赤頭川《あかず》に沿った道を登ると、馬屋跡と呼ばれる曲輪に至る。城の西側を正面とすると、馬屋跡は山影に隠れており、文字通り馬を置いた場所であったことも考えられる。この曲輪は平面形が三角形を呈し井戸跡と思われる円形の窪地もみられる。ここから、尾根筋に出て岩場を登ると、緩やかな傾斜を伴った細長い曲輪がある。この先は岩場を削平した狭くて小さな曲輪が続く。また、主郭Iの手前には堀切Aが設置されており、主郭Iの土塁《どるい》と合わせて比高差を大きくし防御力を高めている。②城の背後にあたる鞍部から入城するルートには、大内道から分かれた枝道がある。ここから、城内へは五ヵ所もの堀切を越えて主郭Iに至ることになる。この背後の山隗に続く鞍部の厳重な防備は、山中に大内道や笠取峠《かさとりとうげ》へと続く道があることによると思われる。③Ⅱ郭北西の隅にある竪堀からのルートと④Ⅱ郭北東の堀切Bへ続く竪堀Bからのルートは、館推定地からの登城路と考えられる。館推定地は、西からの大内道が北に折れる角を直進した突き当たりとなる。この館推定地の北側は天然の堀となる大内沢により防御されている。また、沢の北には屋敷の外を意味する「垣外《かいと》」地名が残っている。

主要な曲輪には主郭IとⅡ郭がある。Ⅱ郭は、主郭I北の東西に長い曲輪で、一段低くなっている。西北の隅にはさらに一段低い小さな平場を持ち、館推定地に続く竪堀がある。主郭Iは土塁により囲まれていたことが推定される。また、主郭Iには櫓台《やぐらだい》と呼ばれる台状の高まりがある。現在、ここには祠《ほこら》が置かれている。この高まりはⅡ郭と主郭Iのほぼ中央に位置しており、長窪城の重要な施設であったことが考えられる。この高まりには櫓があったと考えられ、城の主要な目的は物見や街道などの監視にあったと考えられる。

【長窪城の役割】　長窪城は、小県《ちいさがた》（上田）と諏訪を結び北信濃へと至る古道諏訪道と佐久から小県（上田）を通過し松本へ至る古道大内道《おおない》が交差する中世の交通の要衝に立地している。このことから、一五世紀前半には境目の城として、北佐久郡立科の芦田氏の小県郡側の防御拠点として築城された。その後、岩村田大井氏の小県郡の拠点として、しだいに城館

●―主郭Ⅰの櫓台

や宿駅が整備されていったことが推定される。一六世紀に入ると、長窪城は、信濃侵攻を目指す甲斐の武田氏に敵対する大井氏の居城であったことから、武田氏の攻撃目標となった。武田信玄が城を攻略した後は、交通の要衝として長窪宿を中心とした中継基地として活用された。そのため、城は必要最小限の防御施設のみを備えただけで拡張されることもなく、物見や監視に重点を置いた山城として利用されたと考えられる。

　しかし、武田信玄の信濃攻略がひと段落し、その矛先が北関東の上州に向けられるようになった頃から、文献などには長窪城の記述はみられなくなる。長窪城廃絶の経過は記録もなく不明であるが、慶長七年（一六〇二）に中山道が整備されたことにより、大門峠を通る諏訪道が中山道の脇往還となった頃には使われなくなったと思われる。

【寺院と北古屋】　城の東を流れる赤頭《あかず》川は長窪城の天然の堀となっているが、その東には「十二坊」「念仏坂」「おどり免」「お薬師」「円通寺」などの地名が残っている。現在は寺院の痕跡もないが、「十二坊」からは高さ一〇センチ程の観音坐像の懸仏《かけぼとけ》が出土している。また、城の西麓で依田川に挟まれた細長い平坦地は「北古屋」と呼ばれる根小屋地域を形成している。いっぽう、依田川を隔てた対岸の古町は、かつての長窪宿である。こうした地名からは、長窪城周辺は寺院を中心とする宗教的空間として開発された後、山城とともに交通の要衝として発展していったことが想定される。

【参考文献】『新編長門町誌』（長門町誌刊行会、一九八九年）、尾見智志「長窪城跡について」『上小郷土研究会報　八七』（上小郷土研究会、二〇一三）

（尾見智志）

●芦田が守り抜いた名城

芦《あし》田《だ》城《じょう》

〔立科町指定史跡〕

〔所在地〕立科町茂田井字城山
〔比　高〕六〇メートル
〔分　類〕山城
〔年　代〕一五世紀前半～一六世紀中頃
〔城　主〕芦田氏
〔交通アクセス〕国道一四二号線芦田の交差点から県道四〇号へ入る。佐久平駅から千曲バス中山道線「古町口」下車、徒歩約一五分。

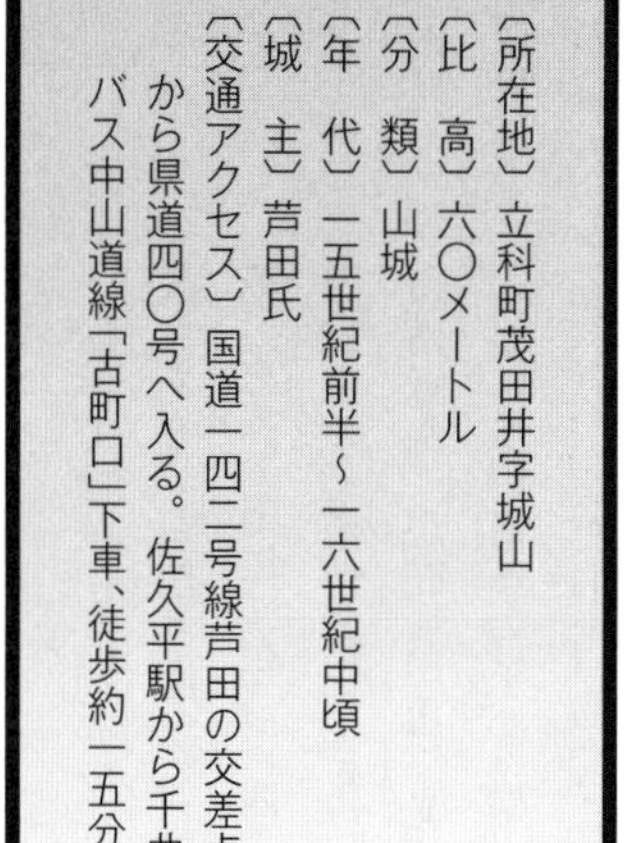

【芦田川をみおろす城】　芦田城跡は蓼科《たてしな》山系から北に流れる芦田川の流れが緩やかになるあたりにある。芦田川が作り出した谷の右岸に位置し、川にのぞむ西裾には芦田古町の集落がある。

城山は三方に谷がまわり、西は芦田川に面し、独立した山容となっている。最高地点は、主郭Ⅰの土塁《どるい》の高い所に設けられた三角点で、標高八〇六メートルを測る。西下の館跡との比高差は約六〇メートルである。土塁に囲まれた、主郭Ⅰを中心に径三〇〇メートルほど同心円状に曲輪があり、東と南に曲輪が多く設けられている（後世の耕作の影響もあるか）。北は幅広い谷を挟んで、北に続く山稜の端を空堀《からぼり》と土塁で切っている。長さ三七五メートルもの長大な竪堀《たてぼり》Aが麓集落まで続く。

「芦田」という地名が文献にみえるのは、一五世紀中頃のことだが、関東公方の足利持氏《もちうじ》が京都の将軍家との対立を深め、関東で騒乱が起きると、芦田の名は京都でも知られるようになった。『満済准后日記《まんさいじゅごうにっき》』永享七年（一四三五）正月二十九日条に、「大井と芦田と弓矢落居、かたがた然るべく存じ候。佐久郡〈信州なり〉にこの大井も芦田も要害を構へるべきの間、越後勢を以て大井を御合力候て、芦田を御退治《おんたいじ》候。佐久郡を通りて、碓氷峠《うすいとうげ》へも、また上野国へも罷《まかり》り通然《しか》るべし」とあり、この「アシタ（芦田）」の「要害」が初見である。同年二月十七日の小笠原正透《まさとお》（政康《まさやす》）宛の将軍足利義教《よしのり》の御内書《ごないしょ》は「大井越前守と蘆《(芦)》田下野守との不快のこと然るべからず候、早く和睦すべきの旨仰せ出され候」とあり

●—芦田城遠景（西から）

（『足利将軍御内書并奉留書』）、佐久市岩村田を本拠とする大井氏と芦田氏の争いがあり、幕府は大井氏や信濃守護の小笠原正透に状況を聞き、芦田征伐を命じたことがわかる。このころ小県あたりの滋野《しげの》一党は独立傾向が強く、幕府の支配に従わず、かろうじて制圧されている状況下にあった。永享八年八月、芦田下野守は滋野一族の支援を受けて戦っていたが、滋野一族の祢津《ねつ》氏の城が落ち、芦田氏も守護小笠原正透に降伏している。この時構えた要害が芦田城跡であるかどうかは断定できない。大井氏に敗れた芦田氏は滋野系であり、この後は依田氏系の芦田が領地したとする説もある（『立科町誌』）。

●—主郭Ⅰ北土塁（東から）

しかし芦田氏の系統の詳細は史料ごとに異なり、よくわかっていない。

伝承では依田光徳《みつのり》が文安二年（一四四五）に築いたとする説もあり「芦田系図」（『長野県町村誌』）に「芦田城主依田光徳（忠重）応仁二年（一四六八）十月十日卒《しゅっす》」とみえる。芦田城主の光徳が応仁二年に死に、その子芦田光玄《こうげん》が龍田地籍に南嶽山（現在龍田山）光徳寺《こうとくじ》を創建した。光徳寺は天正十八年に依田信蕃の子の松平康真《やすまさ》が藤岡へ移封されたのに伴って移り、また旧地に戻されている。その後、正徳年間（一七一一～一五）に水害を避けて現在の地に再建された。

【大井氏の重臣】　文明十六年（一四八四）の記録に、「大井の執事は芦田殿と相木殿」とあり、芦田氏は大井家臣団の一番の重臣となっている（『蔗軒日録』）。かつて信濃守護代を務めるほど隆盛を極めていた大井氏はこの頃衰退し、村上氏に攻められ大井宗家は滅んでいる。この後、長窪の大井氏が大井の家督を継ぎ、芦田氏は大井氏に仕えながら、独立して在地の支配をしたとみられる。天文十年（一五四一）上杉憲政が小県へ攻めて来たとき、諏訪頼重が長窪城まで出て来て対峙した。和睦がなり、憲政は芦田郷を荒らし、関東へ帰ってしまう。芦田郷は「主もなき」有様なので諏訪頼重《よりしげ》の知行《ちぎょう》となり、芦田氏は諏訪氏に臣従した（『神使御頭使之日記』）。

●―芦田城縄張図（作図：森泉かよ子）

【武田氏の先方衆として】　戦国時代になって武田氏が佐久に侵攻するが、芦田氏も武田の家臣となって（『四鄰譚藪』）、武田氏の先方衆とし活躍したことは『依田記』に詳しい。

『高白斎記』に天文十八年、芦田信守《のぶもり》が「春日の城再興」とあり、春日に本拠を移している。

●—竪堀A（西から）

信蕃の館は春日の康国寺《こうこくじ》あたりであるが、その春日館跡の一部が平成二十二年（二〇一〇）に発掘調査されている。館を囲む二重の堀と竪穴建物跡が発見され、永楽通宝などの渡来銭、中世のカワラケや内耳鍋《ないじ》とともに、中国の景徳鎮《けいとくちん》で焼かれた五彩の磁器碗・染付の小皿などが出土している。五彩碗は赤や青などの五彩を施した磁器碗で、県内でも希少で高級な磁器である（『春日館跡』）。芦田氏の方二町（約二〇〇㍍）の館の規模は大規模であり、その勢力がわかる。武田氏滅亡の後、徳川家康の家臣となり、佐久郡の城を攻め落とし佐久を平定した。

芦田城跡の主郭Ⅰは土塁に囲まれていたとみられ、もっとも高い土塁は西の三角点の置かれているところで、高さ一・九㍍、幅六・五㍍、ほどある。北側の中ほどに木の宮社がある。主郭の規模は土塁の内側で四二×二七㍍と比較的広い曲輪である。

城山の南から東にかけては谷状のくぼみがのびている。北の山裾には堀がみられるが、現状では明瞭な落ち込みはみられない。北の谷底は幅三八㍍ほどの平場で、西に傾斜している。さらにその北にある山稜に二重の堀と土塁が設けられ、北側の山からの侵入を防いでいる（竪堀A）。内側の堀は幅五㍍前後でそれほど深くないが、外側の長さ三七五㍍の外堀は幅一一〜一六㍍を測り、土塁が盛られ、最高部からの深さは二・五〜四・七㍍、集落のみえる急斜面地では九㍍の深さとなっている。

館跡は、北の谷を下ったあたりにある。五〇×三七㍍の長方形の区画で、『長野県町村誌』には、「方一町の塁の跡があり、剣の井、お茶の水あり」とあるが今は土塁の痕跡はない。

【参考文献】『立科町史　歴史編（上）』（立科町誌刊行会、一九九七）、宮坂武男『図解信州の山城探訪』補遺資料編東北信版（長野日報社、二〇〇四）、佐久市教育委員会『春日居館跡』佐久市埋蔵文化財調査報告書第一八七集（二〇一一）

（森泉かよ子）

●武田氏防御のための要衝

志賀城《しがじょう》

〔所在地〕佐久市志賀本郷
〔比　高〕一五〇メートル
〔分　類〕山城
〔年　代〕一五・一六世紀
〔城　主〕笠原新三郎、志賀與三左衛門
〔交通アクセス〕ＪＲ小海線「北中込駅」下車、登山口（雲興寺）まで六〇分。

【武田氏防御の要所】　佐久市の東にある志賀城跡は、平地に張り出す東西の長い里山の上にある。ここは峠を越えれば群馬県という交通の要衝であった。佐久市岩村田の市街から、県道下仁田《しもにた》浅科《あさしな》線を東へ志賀川沿いにのぼる道が、上州甘楽《かんら》郡への通路に当たる。関東管領上杉憲政《のりまさ》にとって、志賀城は武田氏の上州侵入を阻止する重要な城であった。

　登り口は志賀上宿本郷の城源山雲興寺《うんこうじ》の東脇にある。断崖絶壁の大岩肌を見上げる主郭Ⅰの標高は八七六メートル。集落との比高差は約一五〇メートルで、城域は東西約六〇〇メートルにわたる。

【主　郭】　主郭Ⅰは二五×五〇メートルの細長い曲輪で、篠竹がしげり、中央に石祠《いしほこら》が置かれている。主郭Ⅰの東、堀Ｃの主郭側にある土塁《どるい》は郭内側の基部に石積がある。主郭Ⅰの土塁は南辺にもあり、往時は土塁が周囲にめぐっていたとみられる（第二次世界大戦中に耕作される）。

　堀Ｃは幅九メートルで、堀の両端が土橋《どばし》状になって、堀の中央部が窪む。堀Ｃの東にあるⅡ郭は主郭Ⅰより四メートルほど高く、櫓《やぐら》がおかれたとみられている。Ⅱ郭から東は断崖上の痩せ尾根で、そこを堀Ａ・堀Ｂの深い堀切で分断する。さらに東は岩の断崖で、東からの進入は困難である。

　主郭Ⅰの法面《のりめん》（切岸《きりぎし》）には石積が二ヵ所ある。南西隅の石積は端正な小口《こぐち》（平石の大きな面を控えとし小さな面を表に積む）をみせている。幅五メートル×高さ〇・八メートルにわたって九段に積む。横に通る中世の石積をよく残している。

　堀Ｄは主郭から西側を最初に遮断する。堀幅一〇メートル、深さ

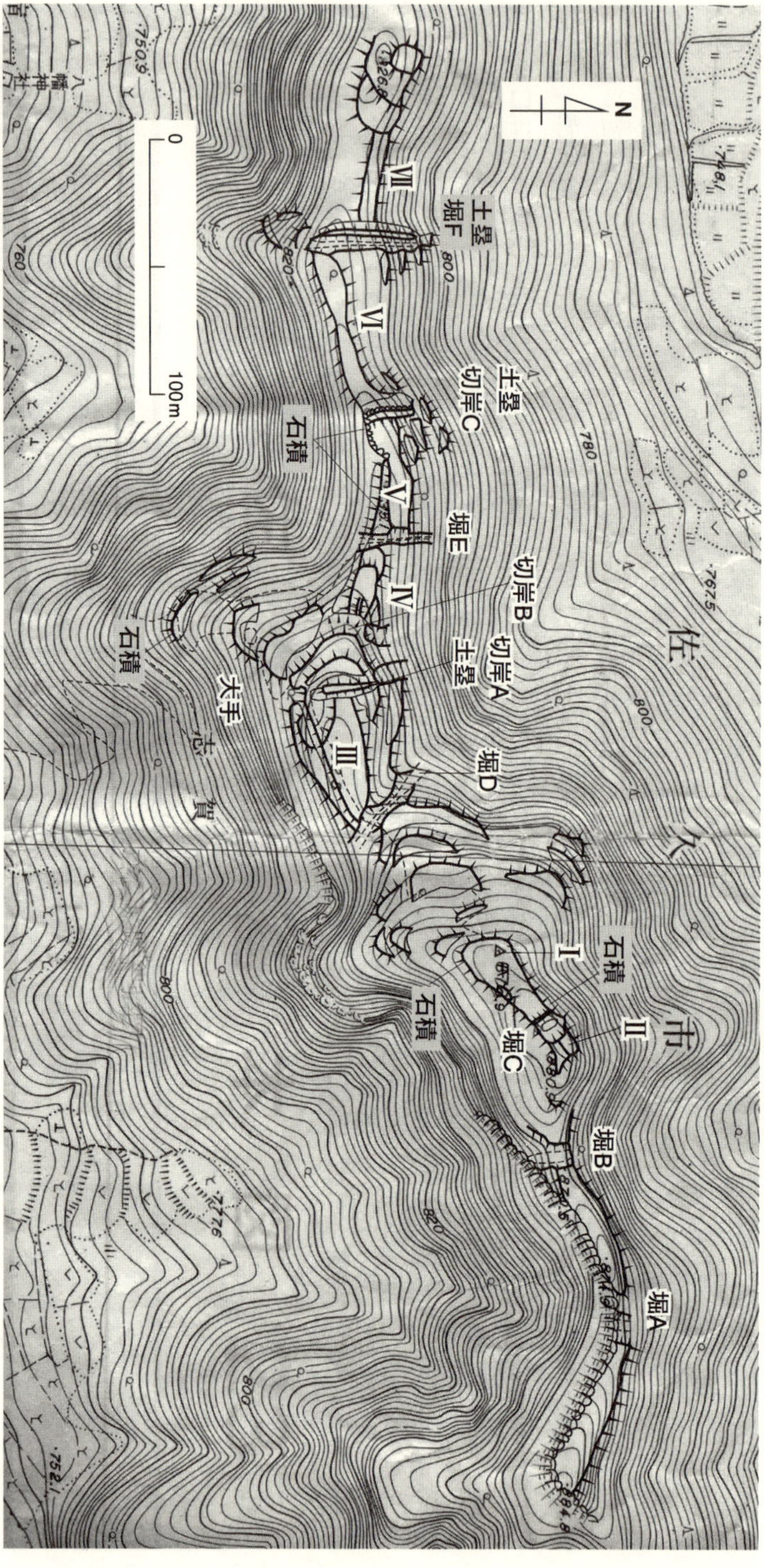

●―志賀城縄張図（横版）（作図：森泉かよ子）

二・四メートルの大堀である。Ⅲの郭は西端に幅五メートルの土塁があり、Ⅳの郭へ切岸となって落ちる。Ⅲの郭は東西に細長い馬の背状になり、前後に郭を置く。堅固な防御から、米蔵が置かれたとも考えられよう。北斜面に竪堀《たてぼり》が入る。Ⅳの郭は西に緩く傾斜し、切岸でⅤの郭になり、Ⅴの郭は大手からの道の一方が到達する。

西側は尾根上に細いⅤ・Ⅵ・Ⅶの郭がある。堀Ｅは幅七メートル、深さ二・五メートル、Ⅳの郭の西にあり、堀の東側面は巨石がそびえ立っている。西のⅤの郭は西端に北斜面へと続く土塁を持ち切岸となる。切岸は三段に大石を積み、Ⅴの郭の南の法面は、堀から連続して石積がめぐる。高さ一・六メートル、長さ一二メートルにわたり、四段に石積される。さらにⅥの細い郭の西には堀Ｆがあり、幅六メートルの竪堀と堀の西に土塁が北斜面の断崖までのびている。Ⅶの郭の西には物見《ものみ》とみられる小丘状の高まりがある。西に尾根はまだ続くが防御施設はない。

石積、高さのある堀切《ほりきり》、切岸、土塁、竪堀など、山城の迫力のある遺構をみることができる。

【落城の凄惨な戦い】　志賀城の築城の記録はなく、「貞祥寺《ていしょうじ》開山歴代伝文《かいざんれきだいでんぶん》」に「本郡志賀城主笠原新三郎雲興寺を建立し、師（徳忠《とくちゅう》禅師）を請い、天文十年（一五四二）十月十四日進山、法語あり」とあり、天文十年、志賀城城主の笠原新三郎が雲興寺を再建したとある。

甲斐国の僧が書き継いだ『妙法寺記』に志賀城落城の凄惨な戦いが書かれている。武田勢は天文十五年七月からの攻略にかかり、八月六日には浅間山麓の小田井原《おたいはら》の一戦におよび、志賀城の援軍である上野軍を破る。名のある大将を一四、五人、雑兵三〇〇〇を討ち、「此首《このくび》を志賀の城の廻りに悉《ことごと》く御懸け候」とあり、取った首を城の周りに懸け並べ、城内にいた兵の士気を消失させたとしている。八月十一日には三〇〇人ほどが討ち死にし、「男女を生け取りになられ候て、悉く甲州へ引越申し候」とあり、親類のある者は、二貫から一〇貫で身請けされたという。

『高白斎記』の天文十六年の項に、「（七月）二十四日卯刻《うのこく》より午刻《うまのこく》迄（午前五時〜正午前後）志賀の城へ取り詰めなされ候、二十五日未刻《ひつじ》（午後一時〜三時）、水の手取りなさる。八月（中略）六日〈甲寅《きのえとら》〉卯刻板垣その外動く、関東衆数多討ち捕らる、申刻《さる》（午後三時〜五時）一戦、十日午刻（正午前後）外曲輪焼く、子丑刻《ねうし》（午前零時前後）二の曲輪焼、十一日〈己未〉、志賀父子・高田父子討ち捕らる被打捕、十三日城へ御上り」とあり、武田氏が激しく攻めたてた様子を伝えている。

土地の伝承にはこの凄惨な戦いの場は、志賀城の東南二・五キロの笠原山の山頂にある笠原城とする説がある。笠原城は土塁や堀などの遺構はないが、断崖絶壁の頂上は平坦で比較的広い。西側から谷を登る以外の侵入は至難の天険《てんけん》の地であるうえに、水場が頂上近くにあり、笠原城は、最後の逃げ込みの場には最適である。また、東北方一・一キロにある天狗岩《てんぐいわ》山頂にある高棚城とする説もある。高棚城は山頂付近の岩壁

●—笠原新三郎の首塚と伝承される「志賀殿長廟」

に高棚天山社の社が設けられ、その崖の上面の東側の一段高いところに主郭があり、主郭の東側には土塁の痕跡がある。東の尾根筋には二本の空堀《からぼり》が設けられている。

『依田記《よだき》』によれば、武田氏が滅んだ後、徳川氏の家臣依田信蕃《のぶしげ》が天正十年（一五八二）十一月、高棚城を「計策にて取」（中略）「志賀與三左衛門」らが信蕃へ出仕したという。天文の頃を描いたとされる絵図「平賀成頼佐久郡平均図」に、「高棚城　志賀肥前守住」志賀の位置にあることなどから、天文期志賀城は高棚城と呼称されている。

笠原氏の館跡の有力な伝承地はない。雲興寺住職によれば、現在の雲興寺は衰微していた寺を元禄三年（一六九〇）に移したものだという。明応元年（一四四九）笠原城北麓に一堂が創建され、天文十年に笠原新三郎が、西の小丘にある諏訪神社前面の西に堂宇を建てて移した（城も高棚城から現在の志賀城の地へ、この頃移ってきたか）。現在の雲興寺と東の畑地は緩やかな傾斜地で、東端を瀬早川が南流している。この場所は一五〇×一〇〇㍍ほどの面積があり、館の立地として良好である。また、城より先の志賀上宿のはずれ、県道の脇の水田に「志賀殿長廟《しがどのおさおみはか》」と称される塚があり、五輪塔《ごりんとう》が立っている。笠原新三郎の首塚（五輪塔の形態は戦国期より古い）とされ、これを動かすと祟りがあると恐れられてきた。首塚付近は「狸久保屋敷」「ふくべ垣内」と呼ばれ、このあたりも当時の屋敷の候補地である。

【参考文献】『佐久市志　歴史編（二）中世』（佐久市志刊行会、一九九三）、『東村誌』（東村誌刊行会、一九九三）

（森泉かよ子）

●武田軍の佐久平定の基地

前《まえ》山《やま》城《じょう》

〔佐久市指定史跡〕

〔所在地〕佐久市前山字城山
〔比　高〕五八メートル
〔分　類〕山城
〔年　代〕一五・一六世紀
〔城　主〕伴野氏
〔交通アクセス〕　ＪＲ小海線「中込駅」徒歩三五分。

【佐久平を一望する城】　前山城は、八ヶ岳山麓が佐久平《さくだいら》に東面するところにあって東へのびる山稜の上にある。前山の集落の背後の山で、集落との比高差は五八メートルを測る。佐久平一望の地である。

前山城は東西に長く、『蔗軒日録《しょけんにちろく》』文明十六年（一四八四）十月二十三日条に「伴野殿《ともの》の在所をば前山と云う、四方に沼出あり、三方は町なり、山城なり」とあり、西は尾根が続き、南と北に谷が入り、東は低地に臨む。ことに、北側は小宮山川が裾を切って東に流れ、急な崖面を作り出している。

【武田氏に下る】　『貞祥寺開山歴代伝文《ていしょうじかいざんれきだいでんぶん》』は、跡部に土着した伴野長朝《ながとも》から一〇代の子孫、伴野佐渡守光利《みつとし》が前山城を相続したとする。光利は延徳元年（一四八九）に没しており、先述のとおり文明十六年に「山城」と記されていることから、前山城は一五世紀後半には構築されたとみてよい。天文九年（一五四〇）五月に武田信虎、天文十七年九月に武田晴信（以後、信玄）により攻略されて、武田氏に下っている。『高白斎記』に天文十七年九月二十一日から普請を始めるとあって、武田軍の佐久平定の前進基地というべき役割を果たす重要な城である。

天正十年（一五八二）武田・織田両氏滅亡後、北条氏に属した伴野氏は、徳川家康の配下で佐久統一を進めていた柴田康忠《やすただ》と依田信蕃《のぶしげ》に従わず攻められ、信守《のぶもり》は自害したとなっている（『貞祥寺開山歴代伝文』）。また『千曲之真砂《ちくまのまさご》』には「前山落城時討死とあり、逃亡・病死とも」とある。洞源山貞祥

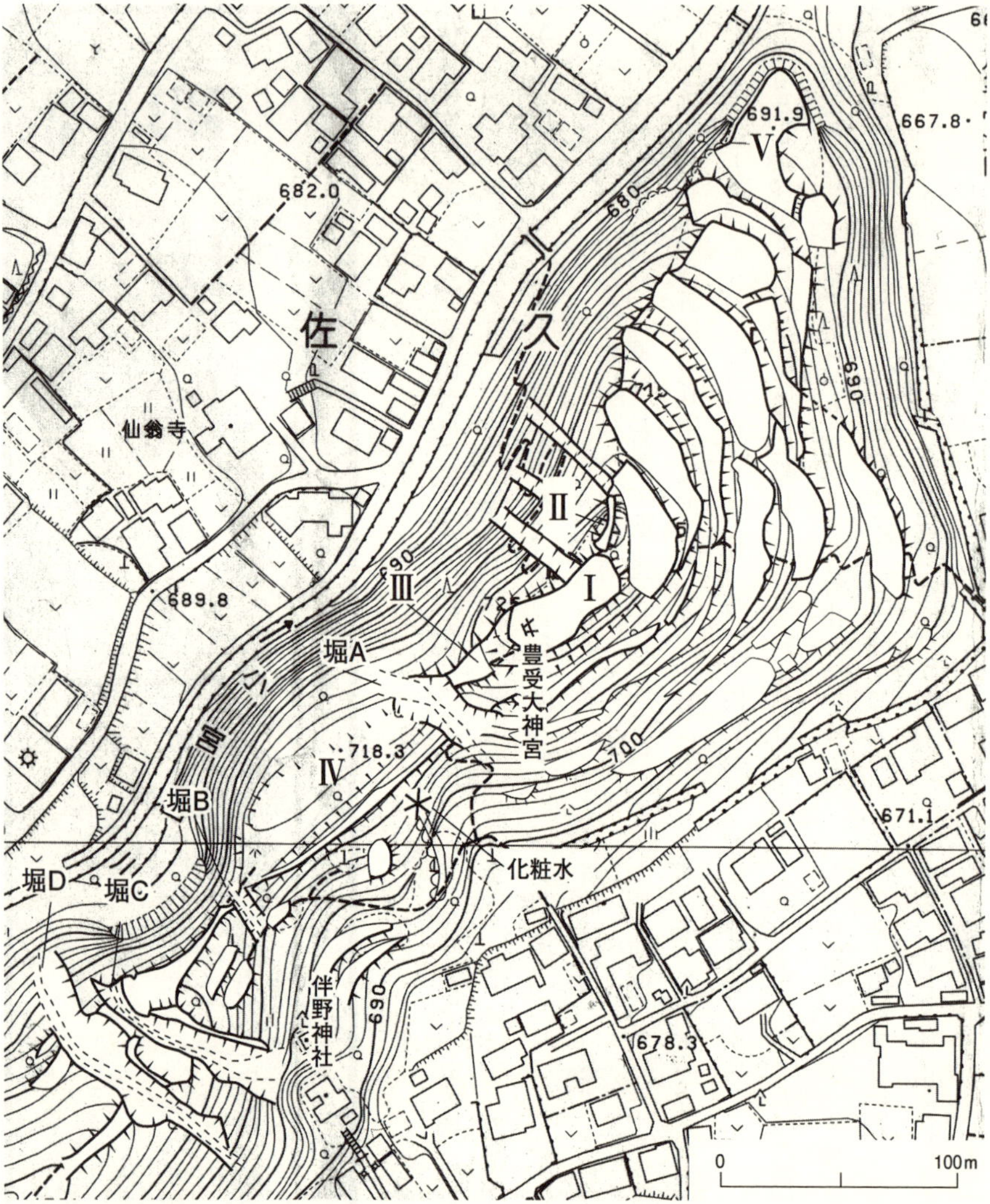

●—前山城縄張図（作図：森泉かよ子）

寺は大永元年（一五二一）祖父光利三十三回忌・父光信《みつのぶ》七周忌の追善のため、光信の嫡子貞祥が叔父の節香徳忠《せっこうとくちゅう》を招いて創建したものである。

【支城・野沢館】　前山城は伴野城とも呼ばれ、伴野氏の城であるが、前山城から東に二キロほどの場所に鎌倉期に始まる野沢館（県史跡伴野城跡）がある。野沢館の主は前山城主光利とは別に伴野長泰《ながやす》—長房《ながふさ》系である貞棟《さだむね》系統の伴野荘領主の地であった。『千曲之真砂』には、前山城主伴野貞祥が「初住野沢」とあり幼少期に野沢館にいたとあり、戦国時代において野沢館は前山城の支城的な存在であったかもしれない。

【曲輪の構造】　前山城跡の大手は、現在の案内板がある南東からの道であろうか。城の登り口は斜面がきつく、折れ曲がりながら登り、東にある六段の曲輪の南端をへて主郭Ⅰに至る。搦手《からめて》としては、南の中央あたりからの道がもっとも容易であり、Ａの空堀をへて主郭Ⅰに至る。北は主郭に小宮山集落からの道があるが、断崖を縫う急な道である。

主郭Ⅰは長方形に近く、四八×一一～一九メートルである。主郭Ⅰの奥には豊受《とようけ》大神宮が祀られている。北東に一段高い三角形のⅡ郭があり、物見《ものみ》がおかれたとされる。浅間山を向こうに、手前に佐久平を一望の景は壮大である。東側には七段の曲輪が設けられ、現在は林檎が栽培されている。最下段の北東の突き出ているⅤ郭は、三方が垂直に近い崖面になっており、堅い防備のされた曲輪となり眺望も良い。城の南斜面にもテラスがあるが、現在は木や竹が茂って入り込めない。

主郭Ⅰから西は八メートルほど下がってⅢ郭があり、一四×一四

●―主郭Ⅰ西堀（南から）

●―化粧水

●―化粧水，五輪塔

メートルを測る北側が四メートル幅の平場となり、南側は全体に南傾斜している。焼米《やきごめ》が出土したとされ、米蔵の推定地である。Ⅲ郭とⅣの郭の間には堀切《ほりきり》Aがある。南からの登り口は「化粧《けしょう》水《すい》」という水場をへて堀切Aに通じている。容易に主郭IやⅣ郭に至ることができ、搦手としていたのであろう。堀切の幅は一二メートルと広い。Ⅳ郭は七メートルほどⅢ郭より低く、六〇×一四メートルを測る。居住可能な広さである。南には一段下がって細長い曲輪が付属する。Ⅳ郭から西は自然地形の谷が入り込み、くびれて細くなり通路幅のみとなる。

そして最大の防塁線は尾根を登って堀切C・Dである。城の西端あたる堀切Dは尾根を最初に遮断し、最大幅は一六メートル、東にL字形に土塁《どるい》を設けている。この堀底の幅は広く三メートルを測る。さらに城側に連続して堀切Cがあり、幅一〇メートルを測る。城側に幅四メートルほどの堅固な土塁を築いている。堀切Dから西の尾根には明らかな防御遺構はない。C・Dの堀は両側に延長され竪堀《たてぼり》になっている。城域全体の長さは総延長三八〇メートルほどである。

城下には「屋敷添」、「居屋敷」、「伴野城根」の字名《あざめい》があり、「居屋敷」は城山麓の東南一帯の地である。「四方に沼田あり、三方は町なり」と書かれた前山城であるが、大手のある前山小学校跡地あたりは、元禄時代に幕府の代官屋敷があったといわれ、戦国時代に居館が存在した場所であったとされている（『南佐久郡の古城址調査』）。道路を挟んだ東側では住宅の建て替えに際して多くの丸太が埋められていたとの話があり、沼地であったことを証明している。

南中央の搦手との中ほどの岩屋の下に水場とされる「化粧水」がある。今も水をたたえ、脇には中世の五輪塔が立っている。水の手は他に城の西方に御水神様《おみがみさま》という場所があり、清泉が湧く地とされている。

前山城の北にある虚空蔵山《こくぞうさん》頂は狼煙台《のろしだい》とされており、曲輪があり、南に続く尾根を遮る堀切と土塁がある。曲輪からは、発掘調査で曲輪北端に竪穴建物跡が検出され、一六世紀代のカワラケ・内耳《ないじ》鍋・石臼が出土している（『虚空蔵山狼煙台』）。前山城の北東には「見物塚」・「室生寺山砦」がある。前山城の南に続く尾根には、土塁・空堀の残る前山古城、荒城があり、大沢地区には大永五年（一五二一）に伴野貞祥の弟が在城した荒山城の支城がある。

【参考文献】『佐久市志　歴史編（二）中世』（佐久市、一九九三）、宮坂武男『信濃の山城と館』一（戎光祥出版、二〇一二）、佐久市教育委員会「虚空蔵山狼煙台」『年報一六』（二〇〇八年度）

（森泉かよ子）

●穀倉地を支配した方形館

野《の》沢《ざわ》館《やかた》

〔県指定史跡（伴野城跡）〕

〔所在地〕佐久市野沢字居屋敷
〔比　高〕〇メートル
〔分　類〕平城
〔年　代〕一二～一六世紀
〔城　主〕伴野氏
〔交通アクセス〕ＪＲ小海線「中込駅」下車、徒歩二〇分。

【穀倉地帯の方形館】　野沢館は土塁《どるい》に囲まれた、東西七四～八五㍍、南北二〇㍍程の館で、佐久平を北に流れる千曲川左岸の沖積地にあり、千曲川から三〇〇㍍ほど西に位置し、標高は六七五㍍である。野沢平は、中世以前に開削された八か用水の灌漑による穀倉地帯である。そこに野沢館が築かれ、八か用水の水を堀に利用している。

【歴史的背景】　『延慶本平家物語《えんぎょうぼんへいけものがたり》』などによれば、木曽義仲軍に野沢太郎の名があり、この野沢に館を構えた武士だとみられるが、野沢氏の館の具体的な伝承地はない。文治元年（一一八五）、甲斐国小笠原を本拠とした小笠原長清《ながきよ》が佐久郡伴野《ともの》荘の地頭となり、その子時長《ときなが》が佐久伴野荘に土着して、伴野氏を名のるようになった。伴野六郎時長は『吾妻鏡《あずまかがみ》』に弓の射手として登場している。

弘安二年（一二七九）一遍上人が佐久を訪れた時「其年《弘安二年》、信濃国佐久郡伴野の市庭の在家にして、歳末の別時のとき、紫雲はじめて立ち侍《はべ》りけり」（『一遍聖絵』）とあり、そのあと踊り念仏が始まったとされる。館の南にある時宗の紫雲山金台寺《こんだいじ》は、この時一遍に帰依した伴野時信《ときのぶ》によって創建されたと伝わっている。

弘安八年、「霜月《しもつき》騒動」により評定衆《ひょうじょうしゅう》の安達泰盛《あだちやすもり》（有力御家人）が、対立する内管領平頼綱《よりつな》（北条得宗《とくそう》家に仕える）に失脚させられた。それに連座して伴野長泰《ながやす》、弟泰直《やすなお》、子の盛《もり》時《とき》・長直《ながただ》が殺されている。安達泰盛の母は伴野時長の娘で、伴野長泰の叔母にあたる。領地の大半は北条氏の支配下とな

●―野沢館全景（佐久市教育委員会提供）

り、伴野氏はいったん没落する。建武～正平年間（一三三五～一三五二）には、伴野長房《ながふさ》が、京都の大徳寺と伴野荘の地頭職を争っており、伴野荘を実力で支配していたらしい。

天文九年（一五四〇）、武田信虎の佐久侵入により、伴野氏は武田氏に帰属する。武田氏の滅亡後は北条氏に属し、天正十年（一五八二）徳川家臣の依田信蕃《よだのぶしげ》に落とされた。応仁・文明の頃（一五世紀後半）に築かれた前山城跡は二キロほど西にある。野沢は「東伴野」・前山は「西伴野」と称され、天文～元亀年中（一五三二～七三）前山城主であった伴野貞祥《ていしょう》が幼少のおり、叔父伴野入道に本領を横領されたため、野沢館に蟄居《ちっきょ》し無念の年月を送ったという（『千曲之真砂』）。天文の頃は前山城の支城的な存在であったのかもしれない。

江戸時代には小諸城主仙石氏の米蔵が建てられ、江戸中期には幕府領となり代官の陣屋が設置され、野沢村が岩村田領となり役所として引き継がれた。享保三年（一七一八）、廃止され村の郷蔵として下付されている。明治二十二年（一八八九）城山館が建てられ、明治四十四年村社諏訪社が移り、八幡神社と合祀されて大伴神社と称する。昭和三十六年（一九六一）公民館と支所を兼ねた野沢会館が建設され、昭和四十年に県史跡伴野城跡に指定された。昭和五十一年に城山公園となり、昭和五十二・五十三年に土塁《どるい》が補修され、平成十

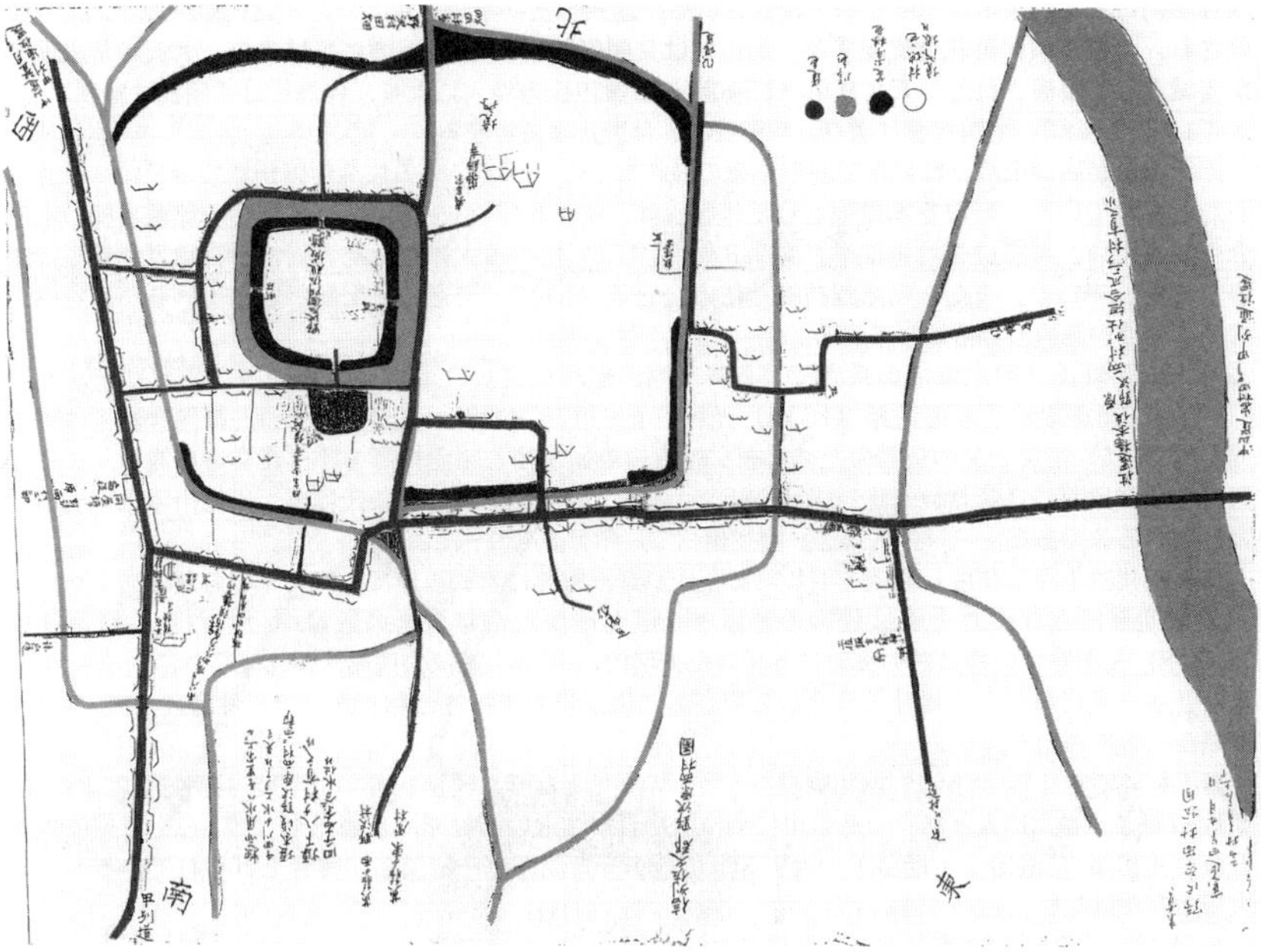

●—野沢館絵図（「原村より差上　野沢原両村絵図　薬師寺　寛延四辛未九月日書之於江戸下谷」『野沢館跡Ⅷ・Ⅸ・Ⅹ』より転載）

三年（二〇〇一）に野沢会館が撤去されている。

平成十四年、公園整備にともない主郭Iが発掘調査された（『野沢館跡Ⅳ』）。この調査では入り口（虎口《こぐち》）、南と東の堀、東側土塁と連続する主郭Iの五ヵ所にトレンチをいれた。以下、調査のあらましについて述べる。

【虎口と堀】 現在の入り口と同位置の郭内側に土橋《どばし》を確認した。幅三メートル、両側面は石積がなされ、積み方は河原石の長辺を控えとし、石の小面を堀面としている。高さは一・二メートルほど掘り下げて確認した。土橋は主郭Iから一・七メートルあまり残存し、南に続く土橋は人為的に破却されたとみられる。土橋の接する堀法面《のりめん》は土橋と同様に河原名が積まれ、小礫《しょうれき》を裏込に入れている。東堀の内法面も同様に積んでおり、石積の裏には幅一メートルの裏込の礫がある。これに対し、虎口から東の南堀の郭内法面は河原石を敷つめた状態で、傾斜した面が検出された。南堀の深さは三メートルまでを確認し、堀幅は後の調査で一七メートルを測ることがわかった。

【東土塁】 土塁の土盛りに三段階あることが確認された（昭和の補修を除く）。新しい方からI～Ⅲ段階とする。I段階は基底部幅一一・八メートル、郭内整地層から高さ二・五メートル、下層土塁全体を覆う。外側は粘質土、内側は礫を含む砂質土と質の異なる土を使っている。石臼、内耳鍋《ないじ》（一五世紀）、

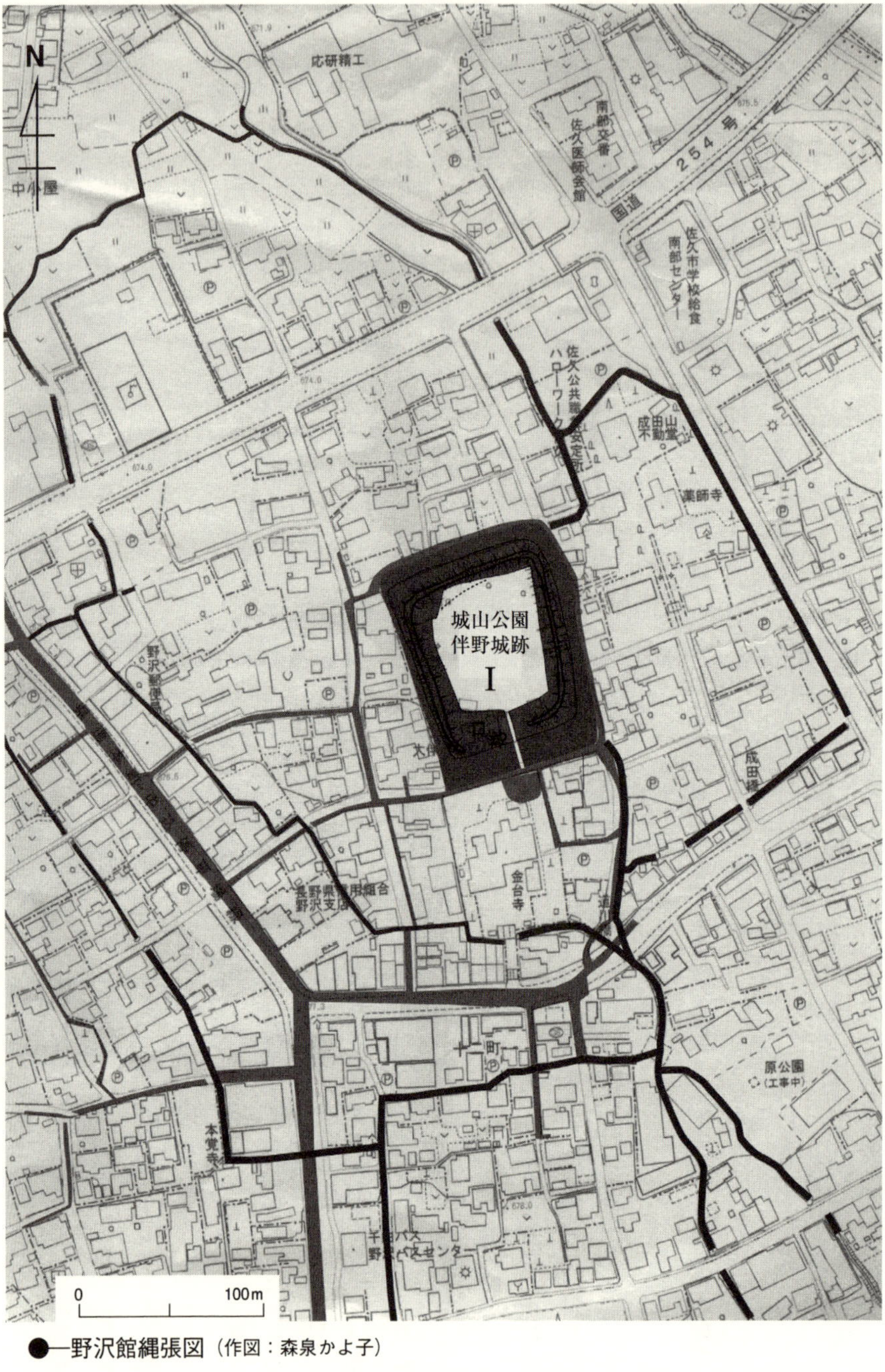

●―野沢館縄張図（作図：森泉かよ子）

常滑《とこなめ》の甕か壺片（一五世紀）が出土した。Ⅱ段階の土塁は基底部幅七・二メートル、高さ一・七メートル、シルトブロックを含む黒褐色土と褐色土とが重なり合っている。この段階の主郭Ⅰの整地層から古瀬戸小皿（一四世紀）が出土した。最下層にあるⅢ段階の土塁は、上部の両側面に河原石の石積がみられる土塁である。基底幅四メートル、高さ二メートルを測り、石積は内で高さ五〇センチ（四段）、外で高さ八〇センチ（六段）である。土塁の土は、礫の混入はなく、粘質土を硬化させた「版築《はんちく》状土塁」であった。なお、土塁は切断していないので内部の構造はわかっていない。

●―土塁断面（西より）（『野沢館跡Ⅳ』より転載）

【主　郭】主郭Ⅰに入れたトレンチからは土坑・ピットが検出され、カワラケが一〇点出土した。一五世紀後半から一六世紀のカワラケで、曲輪内部で行われた儀礼的な宴で使用されたとすれば、館の政庁的な性格を示している。曲輪内の整地年代は戦国期とされる。

【戦国期の野沢館】寛延四年（一七五一）の「野沢原両村絵図」に外郭の様子が描かれている。主郭、その外に金台寺・薬師寺を含む二の郭、周囲には「芝土手林」の土塁と堀跡とみられる川が囲う。調査で、野沢本町北西隅で東西と南北方向に堀がみつかり、堀の内側に中世の竪穴建物址と土坑などがあった（『野沢館跡Ⅴ』・『野沢館跡Ⅷ～Ⅹ』）。野沢館は三の郭が設けられ、戦国期はまさしく「野沢城」と称すべき城郭の構えとなっていた。この絵図の主郭土塁は四方が切れて門がある。天保年間（一八三〇～一八四四）の作とされる「野沢八景」では南中央と南東の土塁が切れている。天保七年（一八三七）の「野沢村絵図」では現在の虎口が切れているのみで、ほかには土塁は切れていない。

【参考文献】『佐久市志　歴史編（二）中世』（佐久市、一九九三）、佐久市教育委員会『野沢館跡Ⅳ』『野沢館遺跡Ⅴ』『野沢館跡Ⅵ』『野沢館跡Ⅶ』『野沢館跡Ⅷ～Ⅸ』（二〇〇四～二〇〇八）

（森泉かよ子）

●近世末の星形城郭

龍《たつ》岡《おか》城《じょう》（五稜郭）

〔国指定史跡〕

〔所在地〕佐久市田口
〔比　高〕五・五メートル
〔分　類〕平城
〔年　代〕江戸時代末期
〔城　主〕松平乗謨
〔交通アクセス〕JR小海線「龍岡城駅」・「臼田駅」下車、徒歩一五分。北陸新幹線「佐久平」下車、車で一五分。

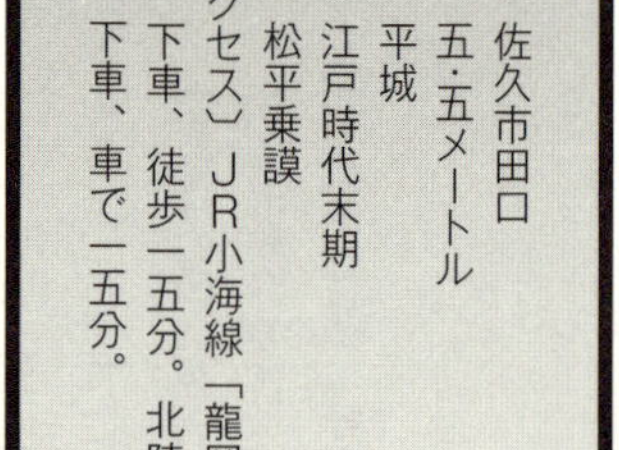

【周辺の文化財と環境】　龍岡城は長野県の東部佐久市の東端に位置し、群馬県境から西進する雨川北側の河岸段丘上に展開する星形城郭である。城の中心は標高七二二メートルを測る。五稜星形の掘と土塁《どるい》、堀内外の石垣、大手門・東通用門・黒門の石垣、星形の稜堡《りょうほ》、田口集落西側入口の石垣造りの桝形《ますがた》、お台所などの構造物が現存し、昭和九年（一九三四）に国史跡に指定されている。指定区域内の現況面積は三万三七七八五平方メートルである。堀幅は北側大手門付近が九・六メートルで南に向かって狭くなり五・四メートルとなる。各稜堡端部間の距離はいずれも一五〇メートルを測り、同形態の函館五稜郭の約二分の一である。

龍岡城北側の尾根には戦国期の田口氏の山城である田口城（北西五〇〇メートル）があり、そのふもとに、田口氏の居館跡に建てられた蕃松院《ばんしょういん》（北二〇〇メートル）が存在する。蕃松院は戦国時代の武将である芦田（依田《よだ》）信蕃《のぶしげ》を弔うために建立された寺院で信蕃の墓が存在する。また田野口藩の領主であった松平氏の菩提寺でもある。この田口城が立地する北側丘陵斜面と雨川を挟んだ南側に広がる丘陵斜面（南五〇〇メートル）には、龍岡城で使用された石材の採掘跡が存在する。この石材は佐久盆地東部の丘陵群を構成する主要岩石で、「佐久石」と呼ばれる溶結凝灰岩である。縄文時代の打製石斧から利用が始まり、火を受けても爆ぜないことから古墳時代以降にカマド構築材として使用され、近世には水路や民家、畑地・水田の石垣、石橋材、墓石、石碑材として広く利用された。石材の性

●—龍岡城内郭全景（『史跡龍岡城跡保存管理計画書』佐久市教育委員会 2013 提供）

質上、軟質のものは風化が進みやすく、龍岡城の石垣でも、悪材を使用したものは、破損や圧潰が進み、保存上の問題となっている。城の東方九〇〇メートルには重要文化財の東本社・三重塔、市の有形文化財の中本社・西本社・御魂代石《みたましろ》を有する新海三社神社《しんかいさんしゃ》が存在し、東方四〇〇メートルには市指定の文化財である田野口藩の高札場《こうさつば》が存在する。南東方六〇〇メートルには県宝指定の梵鐘・金剛力士像を有する上宮寺（神仏判然令により新海三社神社境内より現在地に移動・旧名神宮密寺）が存在する。

現在城内には、佐久市立田口小学校と田口招魂社が存在し、西側には外郭に接して五稜郭公園と川村《かわむら》吾蔵《ごぞう》記念館が存在する。また外郭北域には「であいの館」が設置され、龍岡城の保存活動や案内ボランティア活動を行っている「龍岡城五稜郭保存会」の拠点となっている他、龍岡城に関連する史資料の一部を展示している。また城内には一七五本のソメイヨシノを中心とした桜が植えられており、満開を迎える四月二十日から五月の連休にかけては大勢の観光客で賑わう。

【星形の稜堡をもつフランス式城郭】　龍岡城は田野口藩が建設した陣屋であるが、構造的に星形の稜堡式城郭となっており、幕末に沿岸各地に築かれた台場建築の一種でもある。そのため他の近世城郭にみられるような多層式の櫓《やぐら》は存在せ

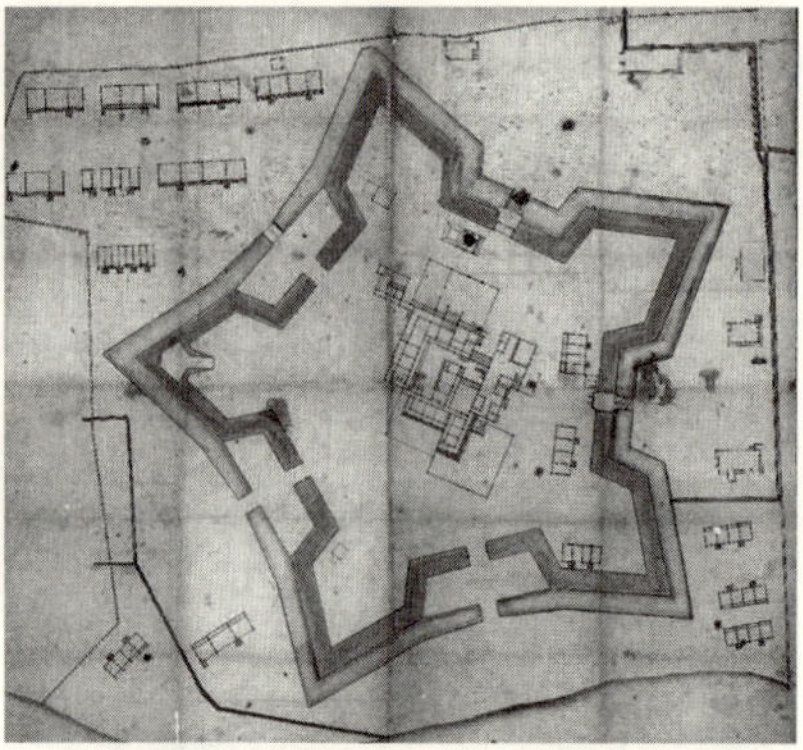

●—龍岡城間取設計図「龍岡城大工棟梁堀内家伝承図」（『史跡龍岡城跡保存管理計画書』佐久市教育委員会2013提供）

ず、天守に相当するのは「お台所」と呼称する単層内部二階建ての建築物である。内郭内を移動しつつも現存しているこのお台所は、天守建築物と同様に平天井は存在せず、巨大な赤松の梁をみることができる。梁《はり》は赤松材・柱は檜材・基礎材には栗という近世の伝統的建造物を踏襲している。

　龍岡城は、内郭（星形稜堡、フランスのヴォーバン元師が一七世紀に考案した）、堀、外郭、外部桝形によって構成される。内郭は五稜星形の掘の内側で、稜堡外縁の石垣と土塁を内包する部分で、外郭は五稜星形の掘の外側から矢来柵土手《やらいさくどて》・石垣と南側の雨川土手までの部分である。堀は西側の黒門と南側の穴門の間で途切れている。この部分が未完成のまま竣工式が行われている。土塁は内郭外縁に設けられ、星形に全周するが、南から西側にかけては、土砂流失・人為的造作により高度を減ずる。石垣は布積《ぬのづみ》を基本とするが、大手門を離れるに従い乱れ、雑積《ざつづみ》と布積が交錯している。東の堀外側では河原石の雑積・落積《おとしづみ》となっている。台場建築物の重要なポイントである砲台は一ヵ所しか設置されていない。本来、稜堡の先端部五ヵ所に設置されていなければならず、死角がなく攻めてくる敵に対して二ヵ所から攻撃を加えることができるという防御の効力は発揮できないままとなっている。外郭へ出入りする北東部に桝形が設置されていたが、現存していない。外郭外縁部には石垣を下部に持つ土手が構築されていたが、年々失われ、今は二ヵ所数メートル残存するのみである。外郭内の屋敷に四基の井戸が設置されたが、現在二基が当時のまま残されている。

　平成十八年（二〇〇六）から二十二年にかけて緊急修理にともなう確認調査が行われ、石垣の構造が一部判明している。判明した石垣構造を以下に記す。石垣の裏込《うらごめ》石は拳大《こぶしだい》を中心とする隣接する雨川産で三〇～四〇センチの厚さ、構築土第一層はシルト・粘土・小礫混合層（三三センチ厚前後）、構築土第二層は褐色粘土層（三三センチ厚前後）、構築土第三層は白色粘土層（三三センチ厚前後）、構築土第四層は褐色粘土層（三三センチ厚前後）、構築土第五層は粘土・シルト・礫混合層（六〇から七〇センチ）であった。粘土は三層構造を呈しており、調査地点の堀の両側とも同一構造であった。土塁は、史跡指定に先立つ昭和八年に陸軍省と保存会により復元工事が行われており、その時の修復の時の一層のみの構築土を基本としている。

【田野口藩の変遷と松平乗謨】　田野口藩の歴史は宝永四年（一七〇四）に始まる。松平乗真大給《おぎゅう》藩主の時に佐久郡内に一万二〇〇〇石が摂津・河内・丹波の飛地と交換されて、大給藩田野口領が誕生する。宝永六年に田野口陣屋が誕生する。正徳元年に大給藩の本拠地が奥殿《おくとの》に移されて奥殿藩に改称された。その後文久三年（一八六三）に藩の本拠地が田野口に移されて田野口藩と改称された。同年に新陣屋の建築を幕府に申請し、許可後の翌年文治元年（一八六四）に田野口藩新陣屋の建築が始まる。南から西（穴門から黒門）にかけての掘が未完成であったが、慶応三年（一八六七）四月に竣工した。翌慶応四年五月に龍岡《たつおか》藩と改称される。廃藩置県・版籍奉還により明治四年（一八七一）に廃城となり、堀は埋め立てられ、お台所を除き建築物は民間に払い下げとなった。払い下げとなった建築物の内、東通用門・薬医門・大広間・書院が佐久市内各地に現存している。

　最後の第一一代藩主となった松平乗謨《のりかた》は龍岡城の建築中の慶応元年五月に陸軍奉行、十二月に若年寄、翌年五月には老中格となり、同年十二月に陸軍総裁となる。漢詩・書画はもとより、蘭語・仏語も堪能で、フランス式の日本陸軍に大きな影響力を持っていたとされている。明治四年に大給恒《ゆずる》と改名し、藩知事などを務めた後、明治十年に佐野常民と後の日本赤十字社となる「博愛社」を設立した。また明治九年から賞勲局の副総裁となり、日本の勲章の基礎を固めた。賞勲局では明治二十八年から四十二年まで総裁を務めた。

【参考文献】榎本半重『大給亀崖公伝全』（大給亀崖公伝再販委員会、一九七一）、佐久市教育委員会『史跡龍岡城跡保存管理計画書』（二〇一三）

（羽毛田卓也）

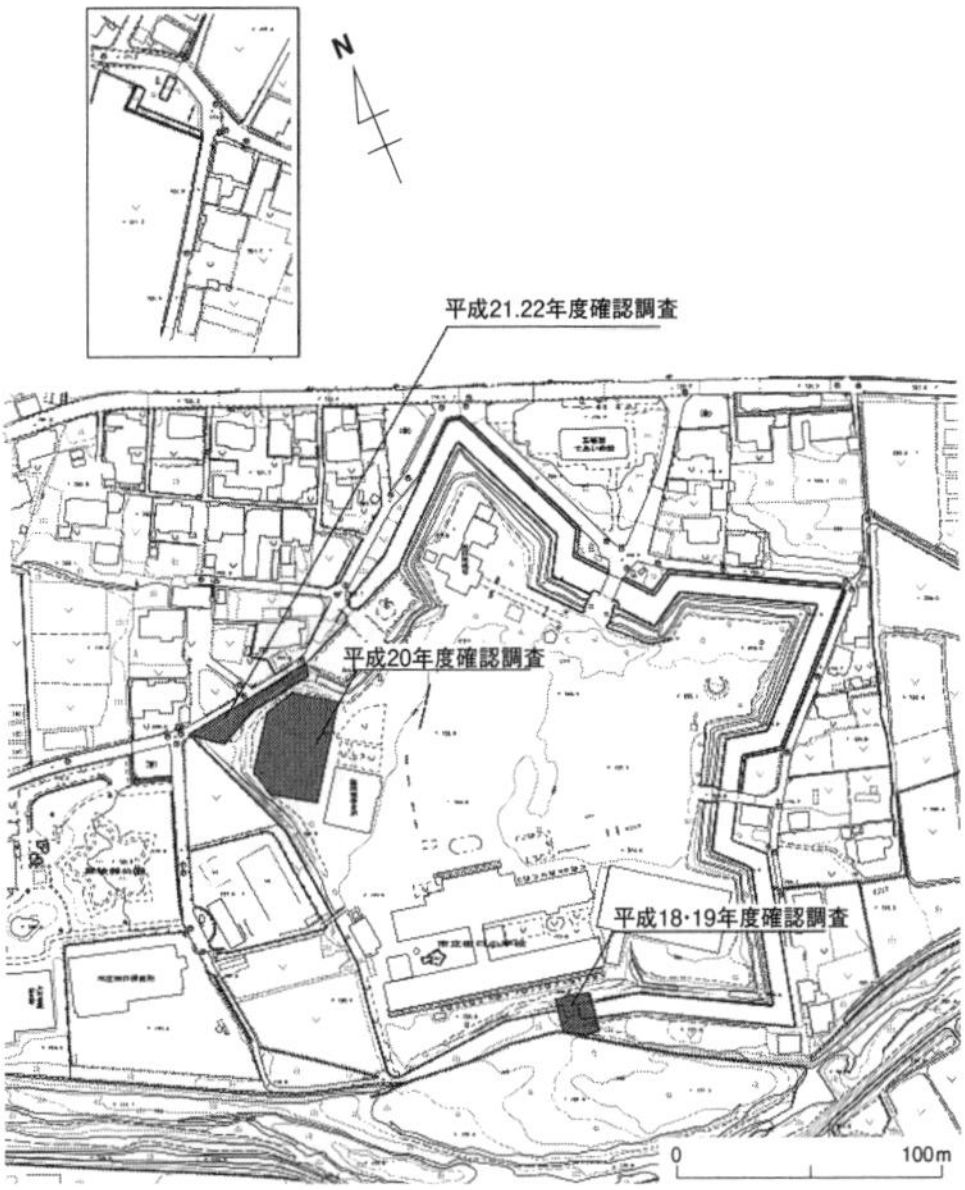

●—龍岡城跡確認調査位置図（『史跡龍岡城跡保存管理計画書』佐久市教育委員会 2013 提供）

●信玄初陣の伝説の山城

海《うみ》ノ《の》口《くち》城《じょう》

〔南牧村指定史跡〕

〔所在地〕南牧村海ノ口
〔比　高〕五〇メートル
〔分　類〕山城
〔年　代〕一五世紀半ばか
〔城　主〕平賀玄信？　相木氏？
〔交通アクセス〕ＪＲ小海線「佐久海ノ口駅」下車、徒五〇分。または国道一四一号から車で五分。駐車場有。そこから徒歩三〇分。

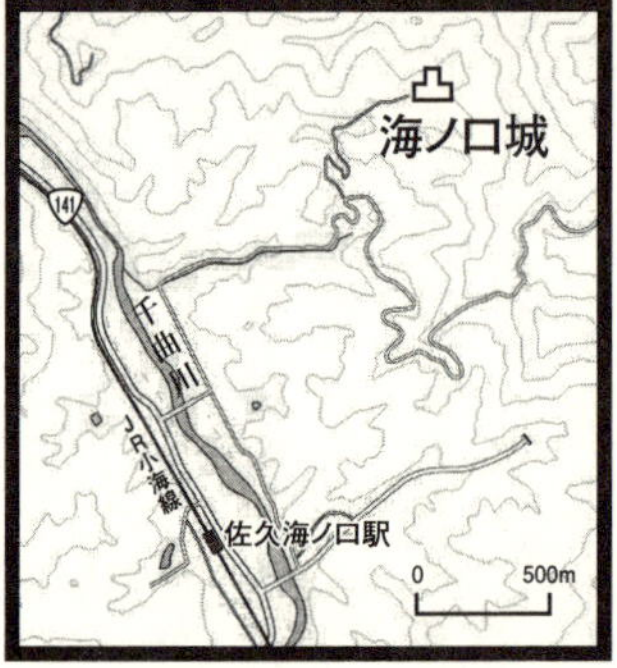

【細い尾根に並ぶ遺構】　長野県東部を北流する千曲川。新潟県では名を信濃川に変える、日本最長の河川である。この上流域である南牧村から小海町付近では、東側右岸に関東山地、西側左岸に八ヶ岳の山塊が迫り、狭い谷地形が続く。

国道一四一号線は、ほぼこの川に沿って伸びるが、南牧村のＪＲ海ノ口駅近くで、「大河ドラマ『風林火山』の舞台海ノ口城跡」という看板がみえる。そこから国道をそれて千曲川を渡りその右岸に出ると、やや広い河川敷にある南牧村大芝の集落に至る。この集落の東側は、そのまま急峻な関東山地の山塊にぶつかるが、その急斜面をほぼ直登すること三〇分。ようやく登った東西に連なる細い尾根上、標高約一二六〇㍍の地点にあるのが、海ノ口城である。なお、登った道はそのまま鳥居峠と呼ばれ、尾根北側の南相木村へ抜ける。

この鳥居峠が大手にあたり、東に進むと、浅い堀切Ｅをはさみ、曲輪が二つ並ぶ。これがⅢ郭とⅡ郭で、Ⅱ郭の広さが一二×九・五㍍ほどである。

Ⅱ郭のすぐ東が、主郭Ⅰとなる。尾根の頂きにあり、広さは二〇×一三㍍ほどである。現在は石碑と東屋がここに建てられているが、南東側には屏風岩と呼ばれる大きな岩が突き出ている。北側は急峻な地形であるが、やや平坦な南側には、二つの曲輪が作られている。

主郭Ⅰの東側には、特に深い堀切《ほりきり》Ａがある。この堀切は幅が一四㍍、主郭Ⅰとの比高一三㍍であり、さら東に進むと、尾根上に土塁《どるい》を伴う二条の堀切と、小ピークを越えてやはり

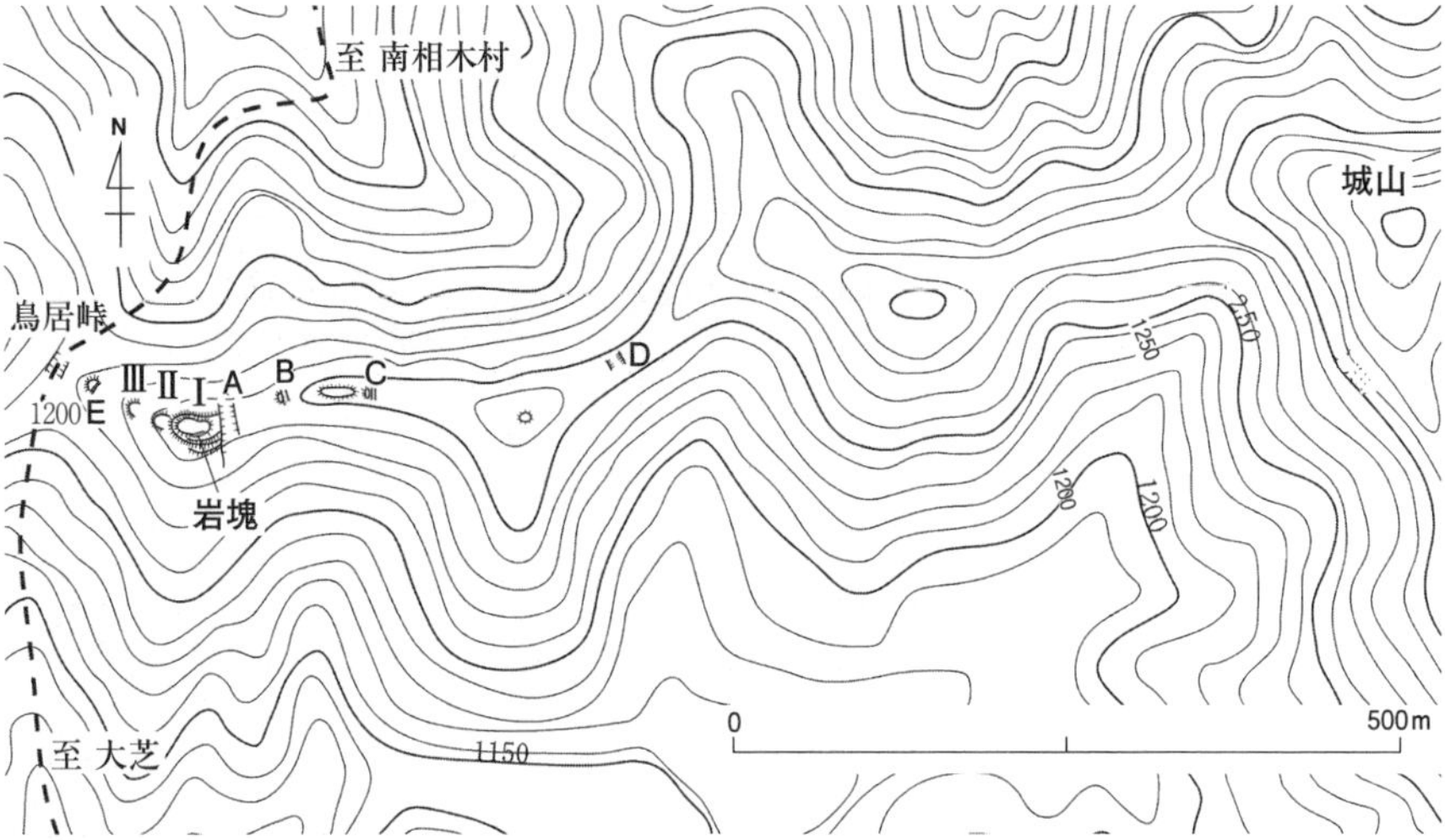

●—海ノ口城縄張図（作図：藤森英二）

大きな堀切Ｄがつくられている。ここには巨大な岩塊も連なり、その防御性の高さがみて取れる。ここよりさらに東に進むと、標高一二五七メートルの城山と呼ばれるピークに出る。防御施設は確認されていないが、その位置からは、烽火台《のろしだい》の可能性もいわれている。ただしこれらの厳重な防御は、後に記す武田侵攻後の構築だという見方もある。

【峠の守り】　城の北側は南相木村となり、相木の谷から佐久平の方面を望む位置にあたる。南側の眼下には千曲川が流れ、さらに谷の向こうには八ヶ岳から甲州の山々が見渡せる。ことに野辺山方面の眺望はよく、物見《ものみ》として優れた立地といえる。

　また城の大手ともなり尾根を横切る鳥居峠は、千曲川の谷から現在の相木《あいき》方面、さらには小海《こうみ》方面に抜ける道となる。このように、甲州と信州をつなぐ重要な地点であった。

　また千曲川の対岸、約二キロ下流には海尻城がある。この城はその構造からも宿城の姿を想起させるもので、この対岸の高台にある海ノ口城は、海尻城の出城という考えもある。

　いずれにせよ、信州側にとっては、甲州との境界を守る要の場所であっただろう。逆に言えば、信濃進出をもくろむ甲州の武田氏にとっては、まず攻略する必要があった場所だったのである。

●—主郭Ⅰには，石碑が建てられ，屏風岩と呼ばれる巨岩が突き出している

【平賀玄信の伝説】『甲陽軍鑑』や『武田三代軍記』によると、信濃進出をもくろむ武田軍は、天文五年（一五三六）十一月に佐久に攻め入り、海ノ口城の平賀玄信を攻めた。八〇〇〇の兵で三四日間城を囲ったが、平賀の守りはかたく、大

●—城は，大手となる鳥居峠付近から，東にのびる尾根上に構築されている

雪もあり武田軍は兵を返す。ところが、これが初陣であった武田晴信（以後、信玄）が三〇〇ばかりの兵を率いて取って返し、夜中に城を攻め、油断していた平賀玄信《げんしん》を討取ったという。

現在も甲州に抜ける大門《だいもん》峠には、八ヶ岳を臨む南牧村獅子岩付近に胴塚《どうづか》と呼ばれる場所があり、討取られた平賀玄信の胴が埋められているとされる。さらに玄信が討たれたとされる山梨県北杜市の若神子には、平賀玄信の墓（首塚）がある。

しかし『妙法寺記』などでは、武田の本格的な佐久への進軍は天文九年以降であり、海ノ口の戦いの詳細やその有無、さらには平賀玄信その人の存在自体を疑問視する考えもある。ドラマなどでは有名なこのエピソードも、史実かどうかは分からないのである。

ただし平賀玄信については、佐久岩村田の大井城主大井貞隆の弟とする説もある。この人物は、武田との戦いには常に先陣を切ったとされ、天文九年以前にも、何らかの戦闘は行われたのかも知れない。

【相木氏の城か】 いずれにせよ海ノ口城については、二キロ下流の海尻城とともに、信州峠や大門峠を越えて進出する武田軍に対する、佐久側の前進基地としての役目があったのだろう。そうであれば、やはり大井か伴野、あるいは村上の勢力のものであった可能性があげられるが、いっぽうで、鳥居峠を越えて相木に至る位置にあることなどから、相木氏の築いたものの可能性も指摘されている。

小県の依田氏の流れをくむ相木（阿江木）氏は、大井氏の被官として力をつけたと思われ、一五世紀中頃には、現在の佐久市望月布施や、御代田町・軽井沢町の長倉郷を領有していた。さらに文明九年（一四七七）に甲斐勢の佐久侵入を防いだという記述などからは、この頃までには、国境に近い現在の南北相木付近を本拠としていたと考えられる。

しかし、天文九年五月、武田の重臣板垣信方率いる甲州勢が佐久に侵攻。瞬く間に十数城（『妙法寺記』には三六城）を落としたとされるが、この頃すでに相木氏は武田の傘下に入っていたともいわれており、その後も武田の家臣として活躍をみせた。『甲陽軍鑑』には「信州先方衆　一　相木　八〇騎」とあり、川中島の合戦にも出兵している。

いずれにせよ、天文九年以降は、ここ海ノ口城は武田の信濃侵攻の足掛かりとなったと思われる。防御施設の普請もあったかもしれない。この年の八月には、信虎が海ノ口に伝馬朱印状を発布している。

このように、海ノ口城はいまだ謎の多い城ではあるが、今に残る深い堀などは当時の姿を彷彿とさせ、このような急峻な山中に城を築く必要のあった時代を思うには、絶好の場所と言える。

【参考文献】菊池清人「戦国時代」「古代・中世の城館址」『南佐久郡誌』古代・中世編（長野県南佐久郡誌刊行会、一九八五）、井出正義「海ノ口城」『定本　佐久の城』（郷土出版社、一九九七）、木内寛「武田防御の最前線」『定本　佐久の城』（郷土出版社、一九九七）、小林收「佐久の合戦」『探訪　信州の古城―城跡と古戦場を歩く―』（郷土出版社、二〇〇七）、森泉かよ子「中世」『南相木村誌』原始・古代・中世編（南相木村村誌歴史編刊行会、二〇一五）

（藤森英二）

●甲信往来の要所に築かれた断崖の城

海《うみ》尻《じり》城《じょう》

〔南牧村指定史跡〕

〔所在地〕南牧村海尻
〔比　高〕四〇メートル
〔分　類〕山城
〔年　代〕一五世紀半ばか
〔城　主〕村上勢?・井出氏
〔交通アクセス〕JR小海線「海尻駅」下車、徒歩三分。駐車場有。

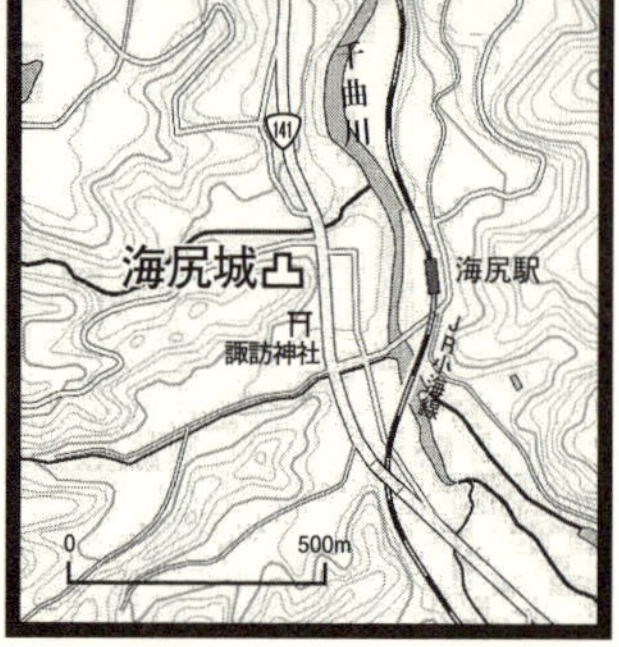

【八ヶ岳の崖】　南北二〇キロにおよぶ八ヶ岳火山帯。本州のほぼ中央に位置するこの峰は、山国信州のなかにあっても、文化や人々の交流を二分する障壁の一つであった。この八ヶ岳の東側には、川上村の山中に源を有し、新潟県では信濃川と名を変え日本海に注ぐ日本列島最大の大河、千曲川が流れる。特に上流域である南牧村から小海町にかけては、荒々しい流れが西側の関東山地との間に狭く深い谷をつくり、下深山の大渓谷として、佐久甲州道の咽喉部となる。

　その約一キロ上流、八ヶ岳の裾野を分断するように、いくつもの小河川が千曲川に流れ込み、細い台地状の支脈を形づくる中に、海尻城はある。南側は新田川、北側は大月川の造る谷に挟まれた細い尾根の先端にあり、東は千曲川を挟んで、関東山地の山々を望む立地となる。

【城の構造】　現在の佐久甲州道といえる国道一四一号線を走り海尻集落に差し掛かると、西側の突き出た尾根の麓に、現在の日陰窪医王院と諏訪神社がみえる。そこがすでに城の一部であり、医王院からは遊歩道が整備されている。徒歩で数分登ると尾根上のⅢ郭に出る。ここには説明板や標柱、東屋があり、さらに西にⅡ郭、そして尾根の頂部にある主郭Ⅰに出る。いずれも平場の構造がよく分かる。目を凝らせば、千曲川の流れを目にすることもできる。

　主郭Ⅰには石碑が建てられているが、この石碑を越えると、深い堀切《ほりきり》Aがみて取れる。さらに西にも堀切があり、背後からの敵を遮断する構造を示している。これらは城の南北

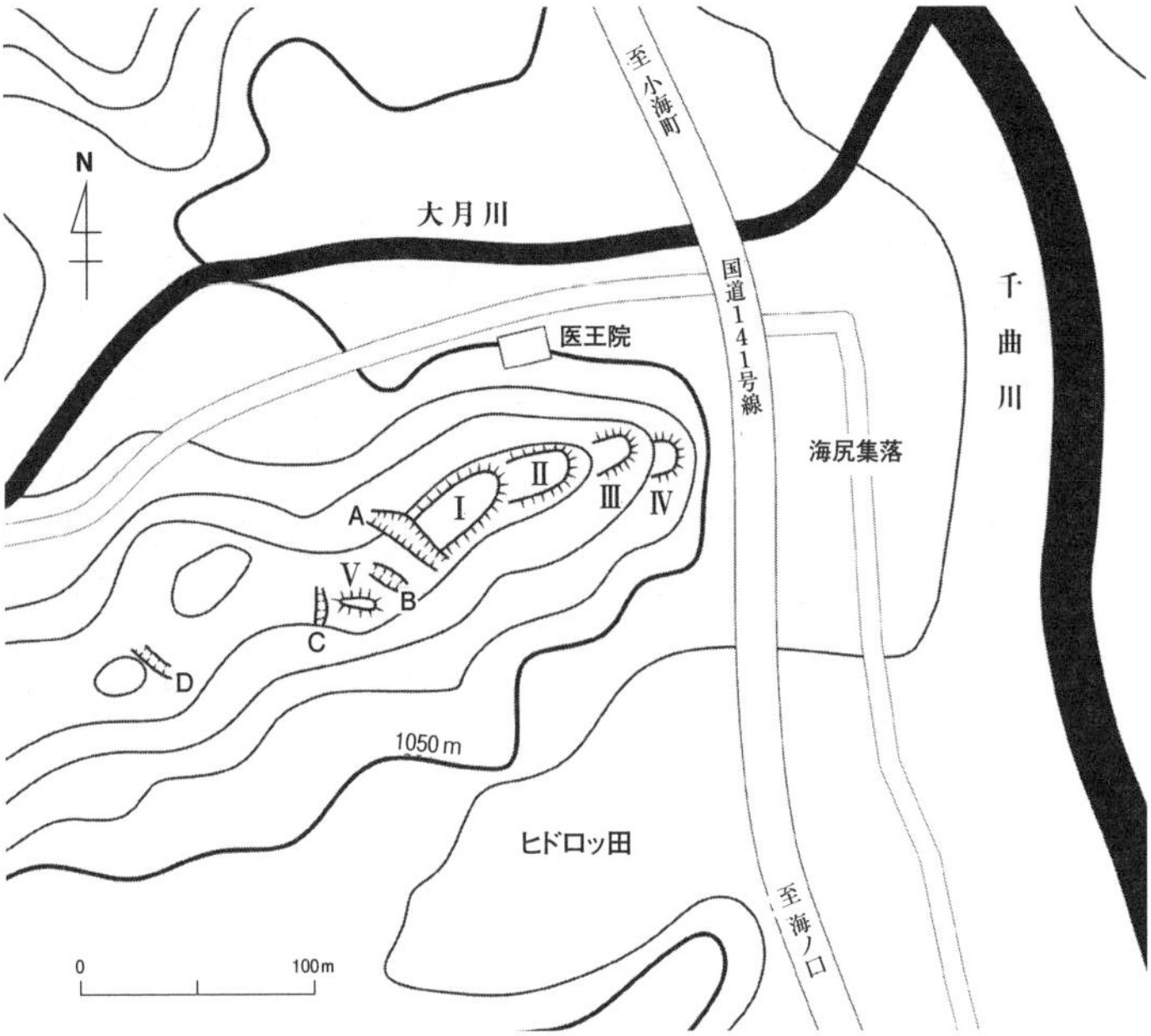

●—海尻城縄張図（作図：藤森英二）

両方の谷部からも確認することができる。

また、Ⅲ郭より東側、尾根の先端部にも曲輪が造られ、ここからは眼下の海尻集落がよく臨める。現在の海尻集落からは、およそ四〇《メートル》の比高差がある。

●—Ⅲ郭から主郭Ⅰ方面をみる．石碑付近が主郭Ⅰとなり，その奥（西側）には，深い堀切Aがある

城の南側は、新田川の造る深い谷で、さらに谷底はヒドロッ田とも呼ばれる湿地である。現在は地区の公民館も建てられているが、多くは水田として利用されている。これも天然の堀をなしていたのであろう。

さらに、城の北側は大月川による深い渓谷となり、東側を北流する千曲川とともに、城の固い守りを示しているようにみえる。しかし、城下の海尻集落との比高が四〇《メートル》ほどと比較的低いことなどから、むしろ城を拠点として領内を治める里城（平山城）という見方もある。また、現在の海尻集落が「二の丸」であったという話も地元に伝わっている。いずれにせよ、眼下の現海尻集落と一体となった構造だったのでは

●—主郭Ｉ付近からは，北流する千曲川を臨むことができ，その眺望の良さが分かる

●—城南側の湿地はヒドロッ田とも呼ばれ，天然の堀であった．写真中央は主郭背後の堀切Ａである

ないだろうか。

【武田軍の進出】 この城がいつからあったのかは、判然としないが、佐久《さく》の支配を争っていた、大井か伴野《ともの》、あるいは村上氏の勢力下にある者が築いたと考えるのが妥当であろうか。

いずれにせよ、この場所は甲州と信州を結ぶ交通の要所であった。甲州から大門峠や信州峠を越え佐久に至るには避けて通れない場所である。その意味で信濃進出を目指す甲斐の武田氏にとっても重要な場所であったに違いない。この点について、一七五〇年代に書かれたとされる『千曲之真砂《ちくまのまさご》』には以下のような記述がある。

信濃進出を目論む武田信虎は、諏訪方面を外交も含めて抑え、攻略の道を佐久にしぼった。そして、天文九年（一五四〇）正月、武田の重臣板垣信方《のぶかた》が突如海尻城を囲み、城を守っていた村上氏の家臣薬師寺右近を和睦開城させた。守りには小山田備中守昌行《まさゆき》、日向大和守昌時《まさとき》、長坂左衛門国清《くにきよ》らを付ける。この報に触れた村上義清《よしきよ》は十二月に兵三〇〇〇を率い、さらに付近の地侍を味方につけ、日向の守る二郭、長坂の守る三郭を落とした。しかし主郭の小山田が持ちこたえる中、信虎が総勢三〇〇〇で駆けつけることで、村上軍は兵を引いたという。

『甲陽軍鑑』にも、この「海尻合戦」のことは記されており、武田にとっては佐久進出の要地として、攻略対象であったことは確かであろう。この海尻の合戦は、後の武田による信濃侵攻の重要な戦いであったと位置づけられる。この海尻城を拠点のひとつに、信虎は天文九年の五月には佐久に攻め入り、十数ヵ所の城（『妙法寺記』には三六城とある）を陥落させ、伴野氏の前山城を抑えた。ここが以後、信濃侵攻の前線基地となっている。

【城主は誰か】 そもそもは武田への備えの前線基地として、村上の家臣が守っていたとされるが、武田の侵攻以後には、井出氏が入っていたことは確かと思われる。城主とされる井出縫殿尉は、天文十二年、板垣を通じ佐久市北沢の地を宛行《あてが》われており、さらに同十七年には佐久市小宮山の一〇〇貫文を加増されている。武田に対し相応の功績があったと思われると同時に、その忠誠心がみて取れる。

ただしこの井出氏が、相木氏のようにそもそもの地侍から武田側に付いたものなのか、あるいは津金氏などと同じく甲斐から武田と共に入って来たものなのか、判然としない。山梨県には井出の付く地名も多いが、そもそも海尻城自体、伴野氏の配下井出長門守の居城であったという説もある。依然謎の多い城といえよう。

【海尻の由来】 余談であるが、海尻、海ノ口といった地名の由来に触れておきたい。平安時代の仁和三年（八八七）、東海・南海を震源とする巨大地震がおこり、各地で甚大な被害が出た。この強い揺による北八ヶ岳の山体崩壊で大量の土石なだれが発生。これが千曲川を堰き止めて自然ダム湖ができた。しかし翌年にはこれが決壊し、千曲川流域に大洪水をもたらしたことが、当時の文献や、佐久市砂原遺跡の発掘調査で確認されている。

さらに上記の湖は、その後五〇《メートル》ほどの水深で、一〇〇年以上残った可能性があり、それが海尻、海ノ口の語源と考えられている。

【参考文献】 菊池清人「戦国時代」「古代・中世の城館址」『南佐久郡誌』古代・中世編（長野県南佐久郡誌刊行会、一九八五）、井出正義「海尻城」『定本　佐久の城』（郷土出版社、一九九七）、木内寛「武田防御の最前線」『定本　佐久の城』（郷土出版社、一九九七）、小林收「佐久の合戦」『探訪　信州の古城―城跡と古戦場を歩く―』（郷土出版社、二〇〇七）、堤隆「奈良・平安時代」『南相木村誌』原始・古代・中世編（南相木村村誌歴史編刊行会、二〇一五）、森泉かよ子「中世」『南相木村誌』原始・古代・中世編（南相木村村誌歴史編刊行会、二〇一五）

（藤森英二）

中信

林大城　土塁囲みの主郭（河西克造撮影）

信濃守護小笠原氏の本城．発掘調査では，主郭に近接するⅡ郭から掘立柱建物跡が発見されている

●南北勢力激突の場に聳える、上下二城からなる峻嶮な山城

麻績城《おみじょう》（虚空蔵山城《こくぞうやまじょう》）〔県指定史跡〕

〔所在地〕麻績村麻
〔比　高〕麻績城：約三二〇メートル
虚空蔵山城：約一六〇メートル
〔分　類〕山城
〔年　代〕戦国時代後期
〔城　主〕麻績氏
〔交通アクセス〕ＪＲ篠ノ井線「聖高原駅」下車、徒歩。麻績城は約六〇分、虚空蔵山城は約三〇分。

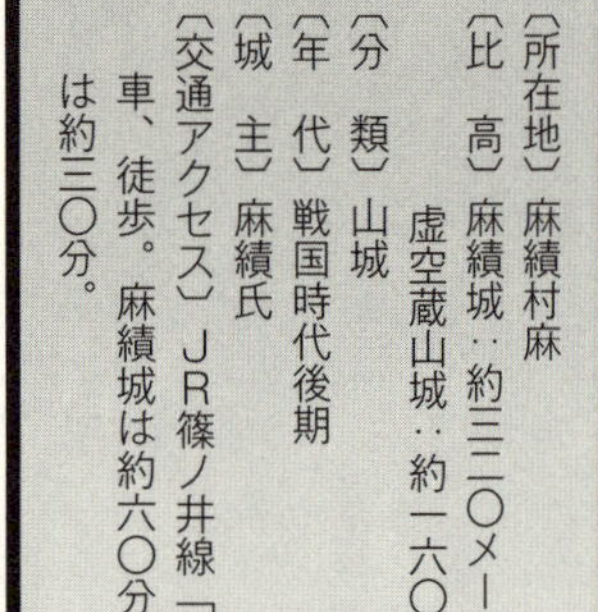

【上と下二つの城】　ＪＲ篠ノ井線聖高原駅を出ると北方に峨々《がが》として聳《そび》え立つ峻嶮《しゅんけん》な独立峰の城山が目に飛び込んでくる。この城山の山頂と山腹に、麻績城と虚空蔵山城（麻績古城）が築かれている。この上下に分かれた二つの城のうち上の城を麻績城本城とし、下の城を虚空蔵山城と呼ぶことにする。両城は築かれた場所や縄張が大きく異なっているものの、同じ山域内に隣接して存在するので、両城合わせて麻績城と呼ぶことにしたい。

　麻績城のある麻績村は、松本盆地と善光寺平の中間、麻績川の流れによってできた峡谷地帯に位置している。この峡谷地帯は、現在松本市と長野市を結ぶＪＲ篠ノ井線や高速道路の長野道が通過しているように、古来から中信地域と北信地域を結ぶ交通路が開かれていた。麻績城は、この松本と善光寺を結ぶ重要な街道を眼下に見下ろす、要衝の地に築かれていたのである。

【築城の時期】　麻績城は南北朝時代、南朝と北朝勢力がこの峡谷地帯で軍事衝突を起こした際、南朝方によって築かれ利用されたと伝わるが確証はない。

　この峡谷地帯には平安時代から「麻績御厨《みくりや》」という荘園が置かれ、室町時代にはその預所職《あずかりどころしき》は南方の青柳城を居城とする青柳氏に委託されていたが、その荘園の北部の管理者の一人として、麻績城を本拠にした麻績（服部）氏の存在がうかがえる。麻績氏の出自は不明だが、室町時代には峡谷地帯北部の在地領主として、独自の発展をとげていたよう

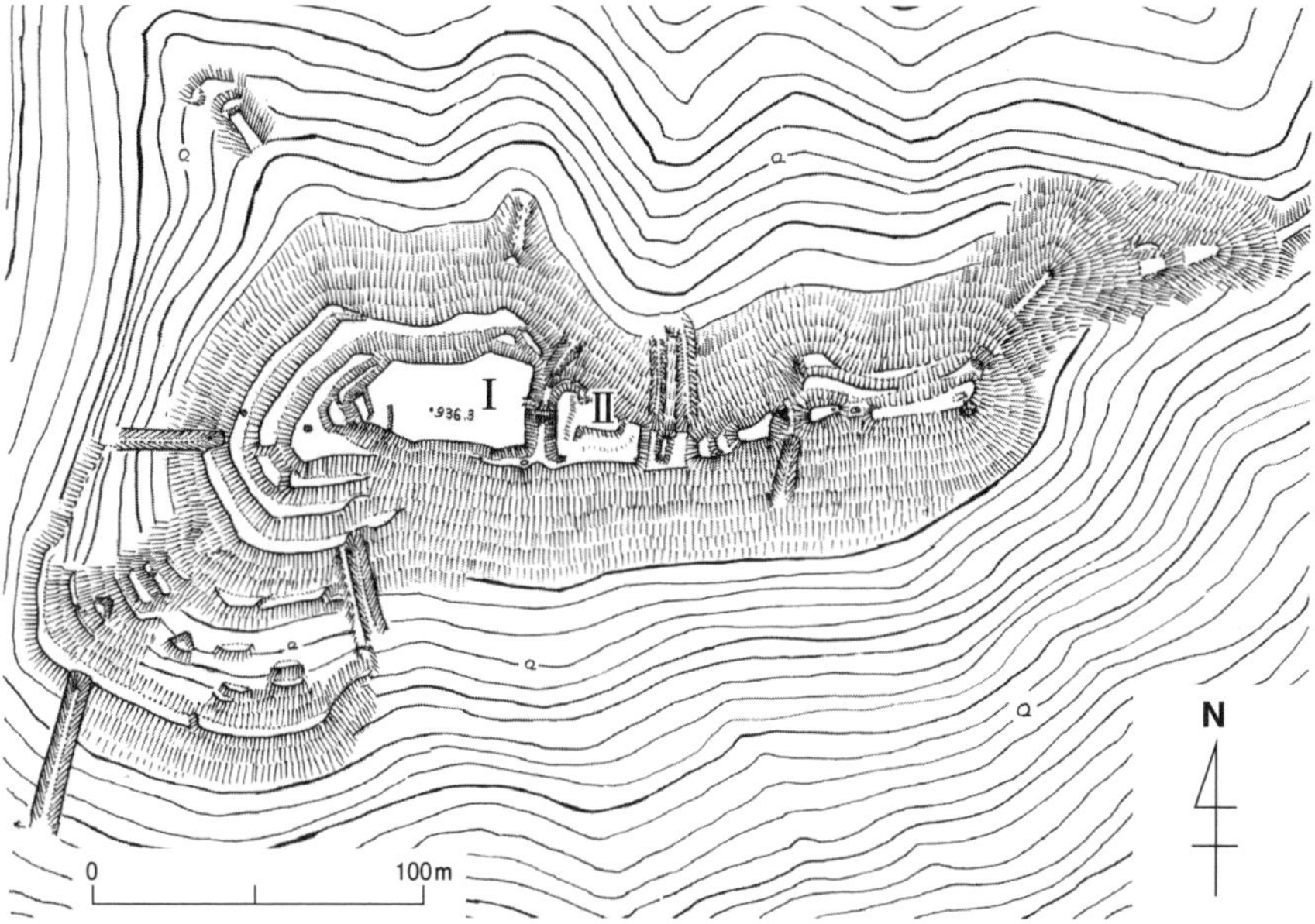

●—麻績本城縄張図（1995年4月5日調査，作図：三島正之）

だ。

戦国時代中期、甲斐の武田信玄が信濃に侵攻した際、麻績城のある峡谷地帯は、松本方面から川中島地域にいたる重要な軍道と位置付けられ、武田氏の支配がおよんだ。この谷筋を本拠とする青柳氏などが武田氏の軍門に降るなか、麻績氏も武田氏に服属したようで、それは武田側の史料である『高白斎記』の「麻績小四郎方へ来国光《くにみつ》ノ刀被遣候」という記述によって明らかとなる。麻績の地は武田氏にとって戦略上の重要地域であったようで、武田方の史料に度々現れるが、麻績城に直接言及した史料はないため、武田氏がこの城を接収して改修を加えたかどうか明らかでない。

【上杉氏と小笠原氏の争奪戦】　天正十年（一五八二）武田氏が滅亡し、織田信長も本能寺で斃れると、信濃は北条・上杉・徳川氏などの争奪戦の巷と化す。この年、故地の松本盆地を奪回した、元信濃守護小笠原長時《ながとき》の嫡子の貞慶《さだよし》は、信濃北部四郡を手中に収めた越後の上杉景勝と、この麻績の峡谷地帯の領有をめぐり、熾烈な軍事衝突を繰り返すことになる。

天正十一年四月、猿ヶ馬場峠を越えて筑摩郡北部に侵入した上杉軍は、麻績城の攻略に成功し、この城を青柳城とともに中信地域への侵出拠点とする。これに対して小笠原貞

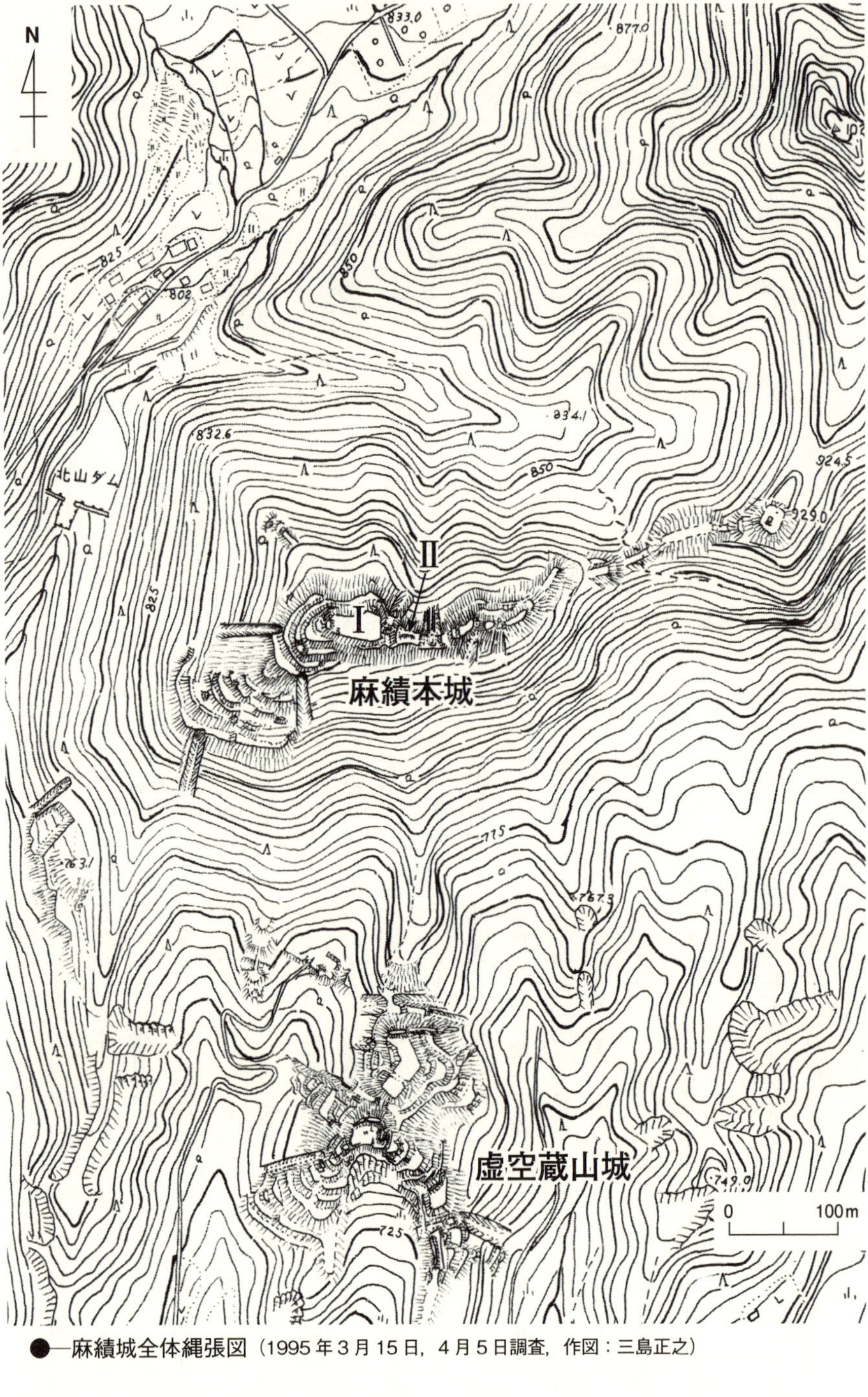

●—麻績城全体縄張図（1995 年 3 月 15 日，4 月 5 日調査，作図：三島正之）

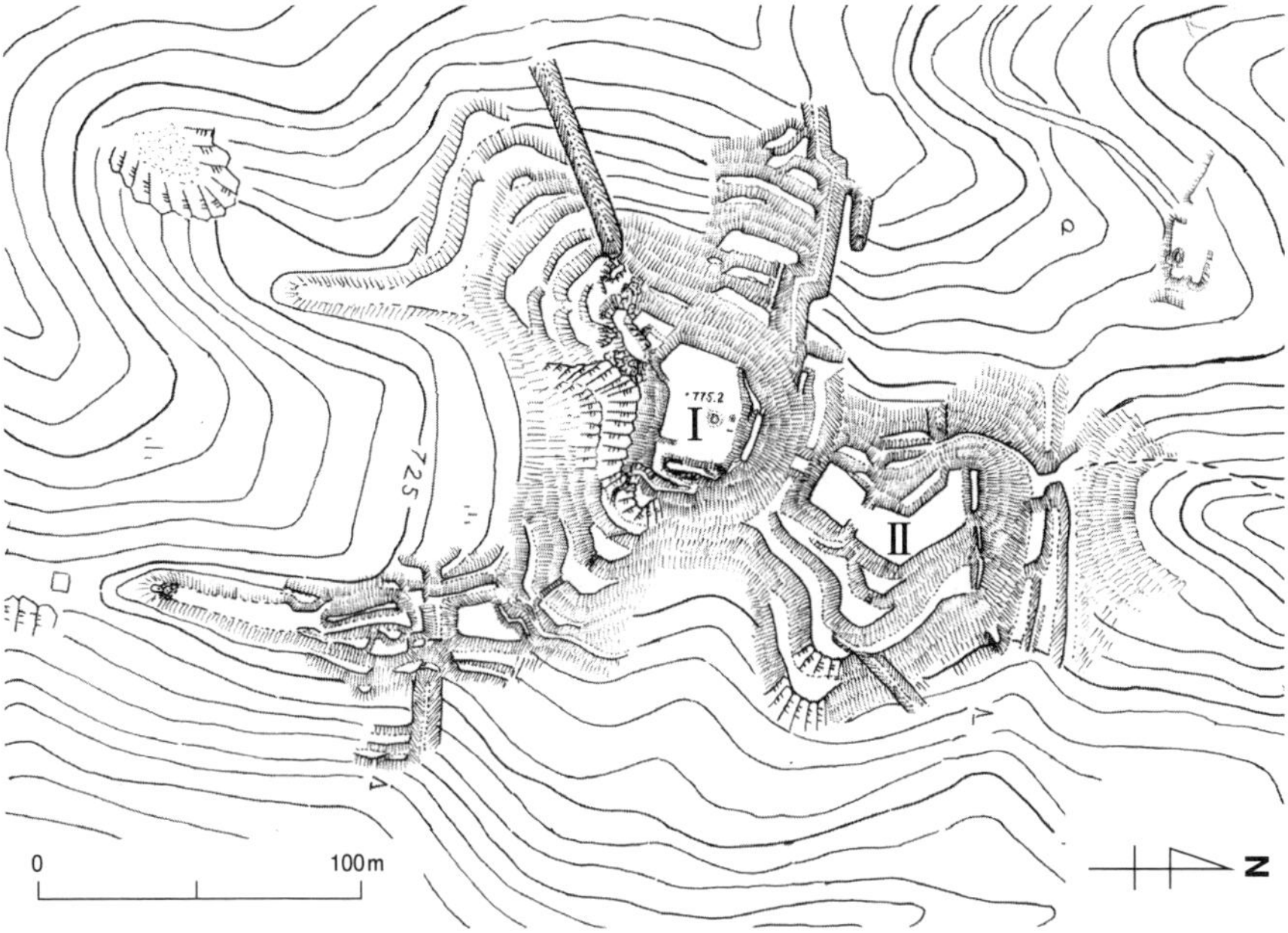

●—虚空蔵山城縄張図（1995年3月15日調査，作図：三島正之）

慶は、翌十二年三月から四月にかけて、青柳・麻績両城の奪回を期して大軍を麻績の地に送り込むが、両城の攻略は成功にいたらなかった。そればかりか、同年四月二十日、麻績城を攻囲中の小笠原軍は、上杉氏の後詰軍の逆襲を受け死傷者二千人にも達する惨敗を喫してしまう。しかし、上杉軍は越後国内で起きた叛乱鎮圧のため、この勝利を利用することなく、重要拠点の麻績城も捨てて撤収する。このため、貞慶は労せずしてこの城を奪回することができた。その後麻績城は小笠原氏が在番を置いて守備していたが、天正十八年に小笠原氏が徳川氏にしたがって関東に移封すると、同時にこの城も廃城になったと思われる。

【城の構造】　麻績本城への登山道は、麻績宿の交番あたりから城の案内看板を目印にして北に進み、沢の中に設けられた登山道を登ること三〇分ほどで、城山とノロシ山との間の鞍部に達する。この鞍部から西側の城山の急峻な尾根を登っていくと、ようやく麻績本城にたどり着くことができる。

　麻績本城の主郭Ⅰは、尾根の先端付近に位置し、東西約五五メートル・南北約三五メートルの規模をもつ平坦な曲輪である。東側の堀切《ほりきり》を挟んだ対岸にはⅡ郭（副郭《ふっかく》）が設けられており、東側には二重堀切が築かれており、二重堀切の東側は尾根幅が狭くなり、堀切や数段の小さな曲輪は設けられているが、多くの城兵を配置するには適さない。

麻績本城の築かれた山頂は四方とも急斜面となるが、とくに南と北の急傾斜となり、腰郭《こしくるわ》や横堀などを築くことができない。しかし、山頂の先端から南西の斜面は比較的ゆるやかで、そこには数段の腰郭や小さな曲輪がいくつも設けられている。この南西斜面の東側と北側を防御するように竪堀《たてぼり》が築かれているため、この小さな曲輪が無数にある南西斜面は軍勢が駐屯する場所として利用されたものと思われる。

麻績本城の主郭部や南西斜面は広いスペースがあり、多数の軍勢を駐屯させることができるが、大規模な堀切や土塁《どるい》、石垣やすぐれた虎口《こぐち》もないので、全体的に古い時期に築かれた城のようにもみえる。しかし、麻績城が築かれた城山山頂は要害堅固な地形であるため、大規模な土木工事をしなくても、強力な敵襲からも十分防御ができる城だったと思われる。

虚空蔵山城は、麻績本城のある山頂から南方にのびる支尾根上にあり、南側の斜面をくだり直接いくことも不可能ではない。しかし、麻績本城の南側斜面は急傾斜過ぎて、人の歩ける道もなく、昇降に危険がともなうので、いったんもときた道を下山して山麓にある法善寺から登ることをお奨めする。


虚空蔵山城は、南方にのびた尾根が、盛り上がって高くなった先端部に主郭Ⅰを置き、その北側に副郭の郭Ⅱを配置する縄張で、それぞれの北側には深い堀切を掘削して北方の尾根続き方面から城を厳重に防御している。

主郭Ⅰは、東西約五五㍍・南北約四八㍍の規模をもつ平坦な曲輪で、北側に高い土塁を築いて、北側の空堀を渡って攻め寄せる敵襲に備えている。主郭Ⅰの南東と南西から支尾根がくだっていくので、両方の尾根に多くの小郭や堀切・竪堀などを設け下から攻め登る敵を防ぐ形となる。

虚空蔵山城は麻績本城とはかなり異なった縄張になっているが、それは麻績本城が戦闘本位に築かれているのに対し、虚空蔵山城は、この地域を支配するために麻績氏が居城として築いたためと考えることができる。

【参考文献】駒井高白斎『高白斎記（甲陽日記）』、『日本城郭大系』八巻（新人物往来社、一九八〇）、長野県教育委員会『長野県中世城館跡』（一九八三）、三島正之「信濃麻美城をめぐって」『中世城郭研究』第九巻（中世城郭研究会、一九九五）
（三島正之）

●安曇野が一望できる城

塔《とう》原《はら》城《じょう》

〔安曇野市指定史跡〕

〔所在地〕安曇野市明科中川手塔ノ原
〔比　高〕七五〇メートル
〔分　類〕山城
〔年　代〕不明
〔城　主〕塔原氏、海野氏
〔交通アクセス〕ＪＲ篠ノ井線「明科駅」下車、徒歩三〇分。

【安曇野を見渡す絶景の地】　塔原城のある安曇野《あずみの》市明科《あかしな》は松本平で最も標高が低く、北アルプスから流れる水がすべて集まり、善光寺平を目指して流れ下る。松本市から犀川《さいがわ》に沿って北方に連なる筑摩山地の長峰丘陵北端、能念《のうねん》寺山の東側の尾根に築かれたのが塔原城である。ＪＲ篠ノ井線明科駅のすぐ東に位置し、城跡までは林道が整備されていて、徒歩でも三〇分余りで登ることができる。

　城跡からは、安曇野の穂高方面から大町にかけての眺望が開け、大町を本拠とする仁科《にしな》氏の支配する地域が一望できる。城主であった塔原氏がここに城を築いた意味がよく理解できる。

　城跡は、平成十七年（二〇〇五）十月の町村合併による安曇野市誕生までは、旧明科町によって、主郭周辺の樹木が伐採されて、主郭からの眺望が確保されていた。しかし、安曇野市になってからは定期的な樹木の伐採が行われていないこともあり、木々の葉が生い茂る時期にはその眺望が妨げられるので、城跡の観察には晩秋十一月中旬以降、春五月連休前までが最適である。

【塔原氏】　塔原氏は、鎌倉時代中期以降、東信小県《ちいさがた》郡海《うん》野荘《のしょう》を本拠とする海野幸継《ゆきつぐ》の三男幸次《ゆきつぐ》が新補地頭として筑摩郡塔原郷に進出し、その地名をもって氏称したことに始まる。

　海野氏は、上田・佐久方面に古代から定着し繁栄していた滋野《しげの》氏の分系で、海野幸氏《ゆきうじ》は木曽義仲の挙兵にしたがって平

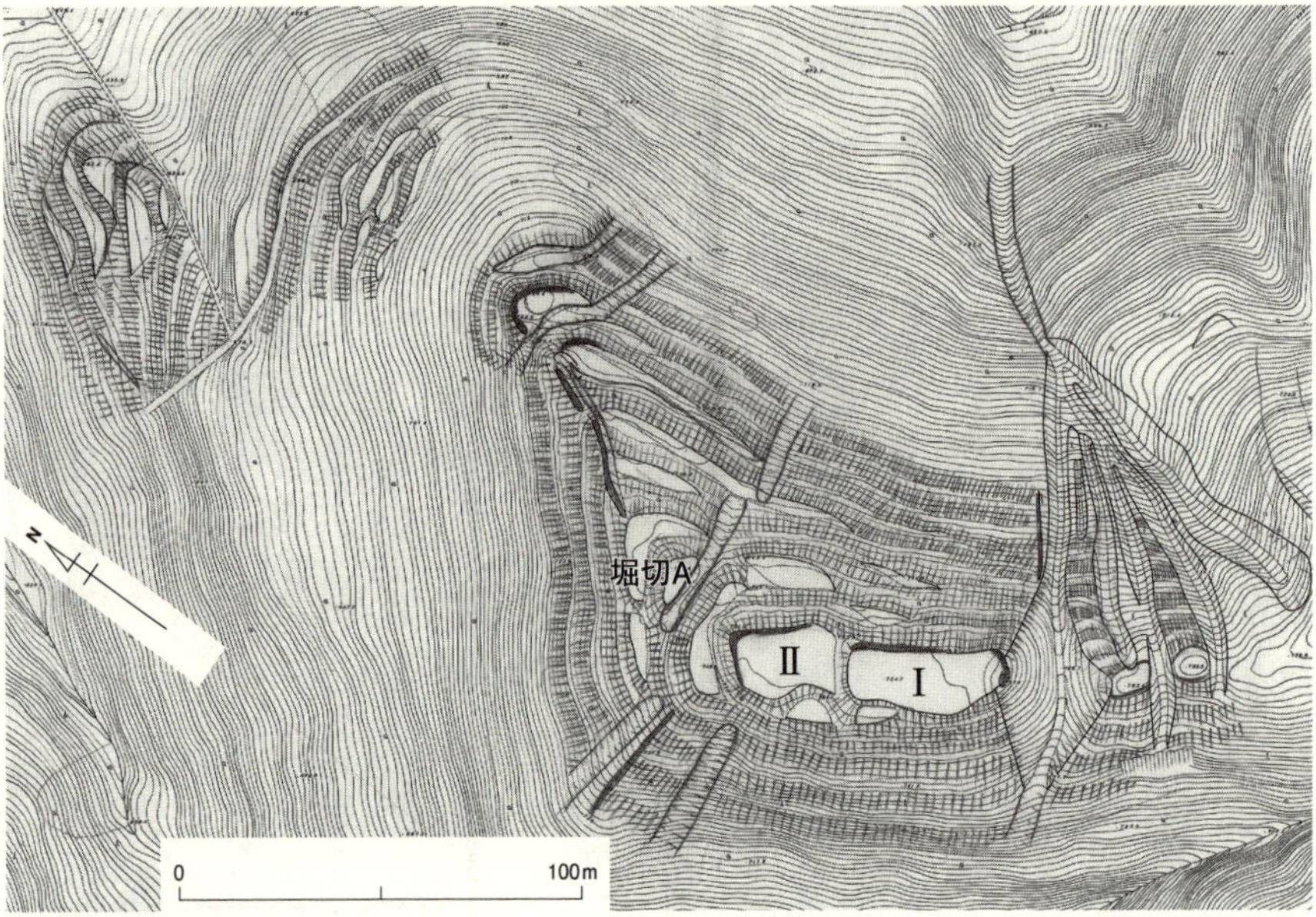

●—塔原城縄張図（明科町教育委員会作成の測量図に加筆）

家と戦い、やがて捕えられた義仲の長子義高《よしたか》とともに鎌倉の頼朝のもとに人質として赴き、義高逃亡に際してはその身代りとなったが、頼朝はその忠心を称え、罪を許し、その本領である海野荘を安堵したという。これによって海野氏は鎌倉幕府との間が緊密になり、真田氏など子孫は各地に分散し繁栄した。

塔原氏の川手進出の時期は資料を欠き明らかではないが、塔原氏創建といわれる大足清水にある光久寺《こうきゅう》には、鎌倉時代後期の文保元年（一三一七）善光寺仏師妙海《みょうかい》よって造られた日光《にっこう》・月光《がっこう》菩薩があり、その胎内墨書《たいないぼくしょ》銘から、遅くともこの頃には塔原氏はこの地に進出したものと思われる。

当初、塔原村のうち大足に居館を構え、塔原城を築き、その後、塔原の本村の地に出て現明科中学校附近の上手屋敷に居館を構え、その西側前面には館町をつくって旗下の侍たちを住まわせ、居館のすぐ北側に祈願寺として雲龍寺を開いている。塔原城はそのまま利用している。旧居館にあった大足の地には、分流と推定される大葦《おおあし》（足）氏を配して背後を固めさせている。塔原氏が大足から現明南小学校南の居館へ移った年代については、室町時代初め応永七年（一四〇〇）九月の、大塔《おおとう》合戦に海野氏の旗下の中に塔原・光・田沢などとともに大葦氏の名がみえることによって、それ以前の時期と推定される。

【塔原城の遺構】　大手は北東麓の吐中集落からである。入ノ沢を右手に見つつ竹藪を進むと稲荷の小祠があり、なだらか

●—主郭Ⅰから Ⅱ郭方向をのぞむ

な登りとなる。前方に南北五〇㍍ほどの窪地が広がっているが、その西側の高まりにある五段ほどの削平地のほかは人為的に手を加えた跡は認められない。その上に尾根を取り巻くように山道がある。この上がやや急な斜面になっていて、長さ一〇～二〇㍍、幅二㍍ほどの平場が複数認められることから、山道はこれらの小さな曲輪を守るための堀跡だったのかもしれない。尾根はこの上から狭くなるが、その尾根道を寸断するように三日月形の空堀《からぼり》がめぐらされる。この上には土《ど》塁《るい》が築かれ大手からの馬出《うまだし》となっている。その背後の尾根道では、東向きの緩やかな斜面に数段の細長い平場が築かれている。いっぽう、尾根道の西側は急傾斜になっており、尾根に沿って土塁が一本めぐらされているだけで、その他の城郭施設はみられない。

　この上の堀切Aを越えて主郭部に至る。主郭Ⅰの北と東の直下には腰郭《こしくるわ》がめぐらされており、主郭にも北・東・南には土塁がみられる。主郭部西側には一段低くなった窪地がみられ、主郭Ⅰに設けられた虎口《こぐち》とも想像されるが、西側斜面は急峻で何の手も加えられていないばかりか人が容易に歩ける道もないため、その用途は不明である。主郭部は南北二つの平場に分かれている。北側の平場（Ⅱ郭）からは犀川対岸の押野山が眺められる。一段上の南側の平場が塔原城の最高

部である。この主郭Iの背後には土塁からの深さが一〇メートルをはかる数条の堀切《ほりきり》がある。このうち六本の堀切は東側の斜面で一本に収斂され、城ヶ沢となる。長峰山の一支峰に築かれた城であることから、主郭部より高い搦手《からめて》からの攻撃に警戒して、堀切を厳重にしたものであろう。

また入ノ沢を挟んだ西側の尾根は能念寺山と呼ばれている。城と並行する南北の稜線上には旗塚と言い伝えられている塚が、かつては三、四基あったといい、現在も直径八メートル、高さ一・五メートルほどの塚が二基残る。西方の尾根先は三角形の平場になっており、この平場へは直下の雲龍寺から直登する山道があり、別当坂と呼ばれている。能念寺山には何らかの宗教施設があったことは推察に難くないが、西への備えという役割を負っていたとも考えられる。

【塔原氏の滅亡】室町時代初め応永七年（一四〇〇）大塔合戦には反小笠原勢に名があった塔原氏であるが、おそらく小笠原氏の文明十二年（一四八〇）以降の和戦両様の攻勢のため、ついにその旗下となったものと思われる。戦国時代に至って、武田信玄の信州侵攻によって天文二十二年（一五五三）四月、近隣の城が攻め落とされるのをみて塔原氏は城主以下が城を捨てて逃れ去り落城し、城は信玄よって毀された。その後塔原氏は武田信玄に降り、信玄は小県郡海野氏の一族である海野三河守幸貞《ゆきさだ》を塔原城主にすえ、塔原氏はその副将となっている。

天正十年（一五八二）三月武田氏が織田信長に滅ぼされ、六月にはその信長も明智光秀に討たれると、松本平は武田に追いだされた小笠原氏が復帰した。小笠原貞慶《さだよし》は深志城を松本城と改め、城下町の経営に着手し、上杉氏に意を通じている近隣の在郷の旧臣らを降している。この時海野三河守は、時局をみて小笠原貞慶に降り、その軍勢に加わり上杉方の日《ひ》岐《き》氏の日岐城（東筑摩郡生坂村）攻略に加わっている。しかし、これは本心からではなく、依然として越後の上杉勢にも気脈を通じていたことから、稲倉《いなぐら》城（松本市）主赤沢氏・古《ふる》厩《まや》（安曇野市穂高）城主古厩氏などと組んで、塔原城米を古厩城に運び入れて小笠原氏への叛逆が判明したので、天正十一年二月赤沢清経《きよつね》は苅谷原城（松本市）へ招かれて切腹させられた。古厩・塔原氏は松本城で誘殺され、塔原城も急攻されて一人残らず討たれている。これによって塔原氏は滅亡し、塔原城は廃城となったものと思われる。

【参考文献】明科町史刊行会『明科町史』上巻（一九八四）、宮坂武男『信濃の山城と館　第七巻　安曇・木曽編』（戎光祥出版、二〇一三）

（大澤慶哲）

●聖地に築かれた境目の城

虚空蔵山城《こくぞうさんじょう》

〔所在地〕松本市会田・中川
〔比　高〕約三三〇メートル
〔分　類〕山城
〔年　代〕不明
〔城　主〕会田氏
〔交通アクセス〕JR中央本線・篠ノ井線「松本駅」下車、バスターミナルからアルピコバス四賀線「四賀支所」下車、林道虚空蔵線中ノ陣入口まで徒歩六〇分。

【会田盆地と虚空蔵山】　松本市街から国道一四三号線を北に進み、刈谷原《かりやはら》トンネルを抜けると眼前に小盆地が広がる。嶺間と呼ばれ四方を筑摩山地の山々に囲まれた会田盆地は、古来信濃の南北を結ぶ交通の要衝であった。その要路は古代の東山道とその支道から、近世の善光寺街道や保福寺《ほうふくじ》街道へと受け継がれていく。会田、刈谷原、保福寺には宿場が置かれ、ことに会田は生産や流通の中心としてにぎわいをみせた。

虚空蔵山は盆地の北を画する峰々の中ではひときわ目を引く稜線の美しい独立峰で、地域の象徴として会田富士の名で親しまれている。標高一一三九メートル、山頂付近はその容姿からは想像もつかないほど険しく、馬の背のように狭長な稜線は海底火山の名残である輝石安山岩《きせきあんざんがん》の貫入による巨大な岩塊である。各所に顔を出す板状節理の露頭から崩落した大量の礫が、木々の生育をも許さないガレ沢をいく筋も形成している。

【全山を城域とする城砦群】　虚空蔵山城は、こうした山の景観を要害として巧みに利用し、山頂から南の山腹に至るまで、ほぼ全域に平場群が分布する城砦群と呼ぶべき姿をなしている。主要な砦として山頂の峯ノ城、中腹の秋吉砦と中ノ陣城が知られ、いずれも林道虚空蔵線から登城できる。ほかにも中ノ陣城の西に続く尾根上に竪堀《たてぼり》や段郭を備えた平場群が、また秋吉砦《あきよしとりで》以東の四本の尾根上にも小平場群がある。

峯ノ城は、延長七〇〇メートルにおよぶ山頂の稜線を八本の堀切

●—虚空蔵山城全景（松本市教育委員会提供）

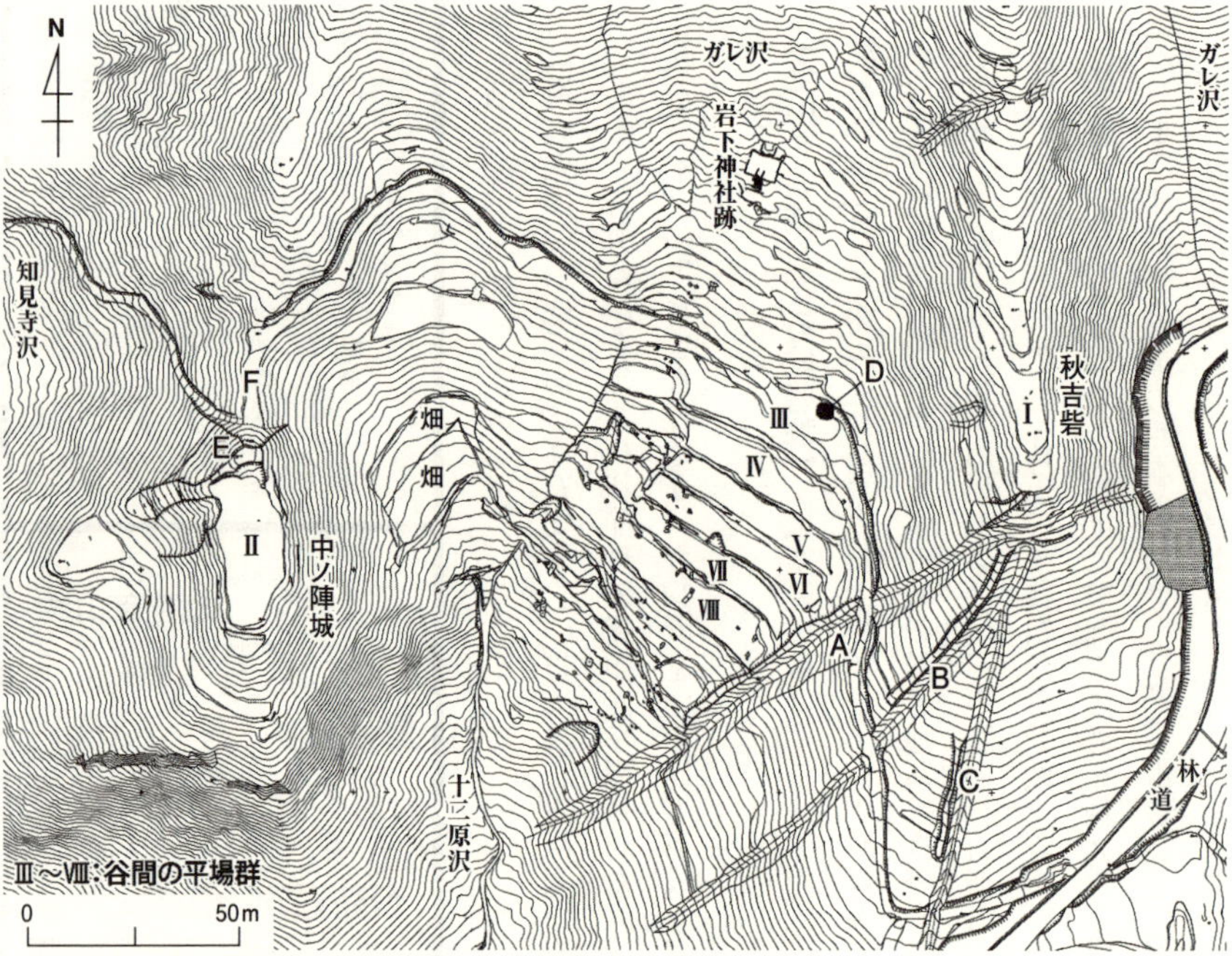

●—虚空蔵山城平場群周辺測量図（作図：松本市教育委員会）

で分断し、中ほどの最高所に石積を巡らせた主郭と一段低く土塁をともなう平場を築く。ここからの眺望はすばらしく、北アルプスを背景に広く会田盆地から筑北盆地まで見渡すことができる。稜線の東端は風越峠を見下ろす絶壁となり、また西に進めばうつつ城や旧善光寺街道の岩井堂に至る。

秋吉砦は主郭Ⅰを先頭に多数の平場が尾根上に連なり、前方には西岸に竪土塁や石塁が並走する長大な竪堀A～Cを配している。西側の十二原沢最奥部には水場Dがあり、前面に石積を構えた平場Ⅲ～Ⅷが雛壇状に築かれる。平石積を基調とする石積には顎止め石や控え積みなどの手法がみられ、また竪堀Aが土塁・石塁ともなって平場群の東縁を画している。

十二原沢を隔てた西の尾根には中ノ陣城がある。主郭Ⅰは虚空蔵山城のなかでは最も広い平場で、従来ここが本城の中心域とされてきた。三三×一五メートル、三方に石積を巡らせ背面に高土塁Eを構えるが、後方の尾根とは土橋Fで結ばれ堀切とはならない。

【会田氏と虚空蔵山城】 本城は東信の滋野氏の一族でこの地に進出し、会田御厨《あいだみくりや》の地頭として領域経営にあたった会田《あいだ》海野《うんの》氏の城と伝わるが、築城年代は明らかではない。また、室町時代には同族の岩下氏が会田を名乗っているがその経緯もよくわかっていない。

この城が文献上に現れるのは天文二十二年（一五五三）のことである（『高白斎記《こうはくさいき》』）。その三年前に小笠原長時《ながとき》を駆逐して信濃府中を掌握した武田晴信は、この年四月に盆地南部の苅屋原城を攻略して北上し会田虚空蔵山を放火している。これを機に虚空蔵山城は武田氏に下った。直後の一時期上杉氏の進入を許すが、以降三十年近く続いた武田氏時代末期におけるこの地域の様子を、伊勢神宮の御師が記した『天正九年（一五八一）お祓《はら》い配《くば》り日記』にうかがうことができる。そこには岩下氏をはじめとする武士、宗教者や職能者などさまざまな人物や寺社などが地域ごとに記され、会田周辺の平穏な状況が伝わってくる。しかし、翌十年の武田氏滅亡と続く本能寺の変はこの地にも動揺をもたらし、深志を回復した小笠原貞慶《さだよし》は上杉氏に通じて一期城に籠った会田氏を攻め滅亡に追いやった。これ以降、筑北の地は上杉対小笠原の攻防の舞台となり、天正十一年の上杉方の文書にみえる「会田口大切所」の記述が示すように、境目に位置する虚空蔵山城もその渦中にあったとみてよいだろう。

中腹にある中ノ陣城周辺を中心域とすれば、峯ノ城は背後を守る巨大な土塁ともいえ、山の両脇に見下ろす峠道や麓の監視に格好の高台でもあった。個々の砦の規模は決して大き

●—十二原沢の平場群にみられ顎止め石を有する石積（松本市教育委員会提供）

いとはいえないが、山全体を城に見立てることで、境目の城にふさわしい要害堅固な城砦となっているのである。なお、中ノ陣城の石積・土塁のあり方や秋吉砦における長大な竪堀は松本平の城郭群にも通じ、戦国末期まで修築を繰り返したものと推測される。

【信仰の山虚空蔵山と城郭】　虚空蔵山はその名前や山容から、山岳信仰に深いかかわりがあったことが容易に想像される。山頂を構成する輝石安山岩の険しい露頭やその直下をとりまく砂岩の巨大な岩壁は磐座を彷彿させ、そのひとつに虚空蔵菩薩を祀る岩屋社がある。『文禄三年（一五九四）会田《あいだ》郷《ごう》往《おう》古《こ》之《の》略《りゃく》図《ず》』では山頂直下に「鎮守虚空蔵尊」があり岩屋社は信仰の中心的存在だった。ちなみに中腹には中ノ陣城周辺を指すと思われる「城郭」「出丸」の文字もみえる。山岳信仰に端を発し、古代・中世には真言修験《しんごんしゅげん》などの行場として発展したのであろう。このころ麓の会田にも多数の寺が開かれ、さきの『お祓い配り日記』にも登場する無量寺、ゑけ寺、長安寺、補陀寺、知見寺などの寺が狭い谷にひしめくように建立された。長安寺は鎌倉時代、会田氏主導により大覚禅師が開山した臨済宗寺院と伝わるが、岩屋社の別当として虚空蔵菩薩を本尊とするなど、ほかの寺とともに古くは修験とかかわりが深かったようである。

こうした宗教空間の一端は殿村《とのむら》遺跡の発掘成果にもみることができる。一帯は会田氏居館の推定地とされてきたが、遺跡と重なるように長安寺や補陀寺、そしておそらくはゑけ寺が所在しており、これまでに南北三〇〇メートル《メートル》にわたって寺院に関連するとみられる一五〜一六世紀の平場跡が五ヵ所以上も検出され、虚空蔵山城など松本平の戦国城郭に先行する古い特徴の石積がみつかっている。

また、先にふれた虚空蔵山の十二原沢にある平場群でも発掘が行われ、水場Dがある最上段の平場Ⅲは下層に石積や礎石建物をともなう古い遺構面があり、殿村遺跡と並行する一五世紀後半〜一六世紀初頭の在地産土器や古瀬戸、青磁・白磁・青花、石臼、硯などの生活用具が出土した。また、平場Ⅷではこれらを覆う一六世紀代とみられる上層遺構面の段階に秋吉砦から下る竪堀A・土塁が構築されていたことから、もともと寺院などの先行施設が存在し、後にそこを中心として城郭施設としての平場が形成されていったのではないかと考えられる。中ノ陣城と秋吉砦に守られるように一体化した谷間の平場群が果たした役割は何か、今後の調査の進展が期待されるところである。また、秋吉砦から東の尾根筋にみられ、岩屋社など磐座を思わせる山頂直下の砂岩岩壁を起点に特徴の乏しい小平場が中腹まで連なる状況も含めて、軍事的側面とは別の視点からもその意味を考える必要があろう。

近年、山城のもつもうひとつの側面として、聖地とのかかわりや寺院の城郭化にも注意が向けられている。虚空蔵山城はまさに信仰の山に築かれた城であり、そのうえ境目の城でもあるという二つの側面をもつ、大変興味深い城郭といえよう。

【参考文献】松本市教育委員会『殿村遺跡発掘調査報告書一〜七』(二〇一一〜二〇一七)、中井均「虚空蔵山城」『長野の山城ベスト五〇を歩く』(サンライズ出版、二〇一三)、竹原学「虚空蔵山城」『季刊考古学』第一三九号(二〇一七)

(竹原　学)

中信

お城アラカルト

城と寺院

中井　均

　松本市の殿村《とのむら》遺跡から一五世紀の石垣が検出された。検出当初は、中世に会田地域一帯を支配していた会田氏の居館ではないかと考えられていた。しかし、調査が進むにつれて、遺物の組成に武士の居館らしくないものの含まれていることが明らかになってきた。それは石垣前面から出土した斎串《いぐし》などの宗教的色彩の強いものなどである。さらに石垣の前面は苑池状に帯水していたことも明らかとなった。こうした状況から殿村遺跡は会田氏に関わりのある寺院などの宗教的施設であると考えられるようになった。

　この殿村遺跡の背後に聳えるのが虚空蔵《こくぞう》山である。その山容は凛々しく、古代より信仰の山であつたことをうかがわせる。最近、この虚空蔵山で発掘調査が実施されている。水の手と呼ばれる谷筋に、六段にわたって平坦面が造成され、それらの前面は石積によって形成されていたことが判明した。石積は扁平な石材をほぼ垂直に積んでいる。これら平坦地には二時期の遺構面が検出されており、石積も部分的に二時期のものが残されていた。前期が一五世紀後半から一六世紀初頭に築かれたもので、出土遺物には貿易陶磁や茶道具などがあった。こうした状況から水の手の雛壇《ひなだん》状の平坦地は山の寺の可能性が想定できる。そして後期に造営された石積は一六世紀に構築されたもので、出土遺物は皆無に近い。こうしたことから後期の削平地は城郭として造営されたものと考えられ、一六世紀中頃から末頃に築かれたものと考えられる。

　ところで、この水の手の谷筋の東尾根には秋吉砦が、西尾根には中ノ陣と呼ばれる小規模な山城が築かれている。両城には石垣が用いられている。さらに松本平の山城では山家城、桐原城、埴原城、林小城などにも石垣が導入されている。日本列島のなかで比較的早い段階で山城に石垣が取り入れられるのは、殿村遺跡や虚空蔵山という寺院側の石垣技術が存在したことによるものと考えられる。

●武田氏の拠点から近世城郭へ

松《まつ》本《もと》城《じょう》

〔国宝（天守）、国指定史跡（本丸・二の丸・三の丸の一部・総堀の一部）〕

〔所在地〕松本市丸の内
〔比　高〕約九メートル
〔分　類〕平城
〔年　代〕一六世紀初頭
〔城　主〕石川氏、小笠原氏、戸田氏、松平氏、堀田氏、水野氏
〔交通アクセス〕ＪＲ中央本線・篠ノ井線「松本駅」下車徒歩一五分。

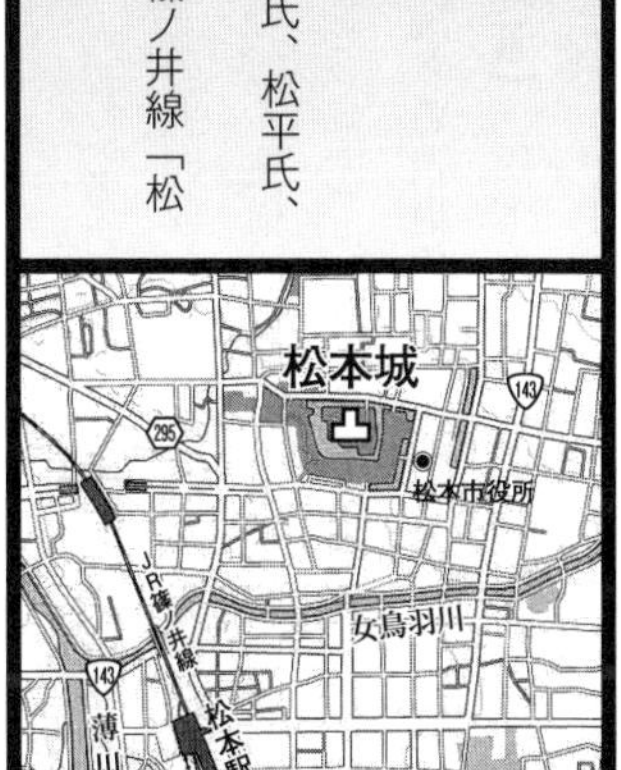

【天守が現存する平城】　松本城といえば北アルプスを背景にそびえ立つ五重六階の堂々たる国宝天守が最大の魅力である。しかし、今日私たちが目にするその姿は天守とその周辺だけであり、近世城郭としての歩みを始めてから幕末まで三〇〇年近きにわたって維持されてきた壮大な城の全体像を想像することは難しい。そこで、松本城築城までの歩みを振り返ったのち、現存する遺構を中心に近世城郭としての松本城を眺めてみよう。

【深志城から松本城へ】　天守築造以前の松本城の姿は明らかではない。一説に鎌倉時代の地頭犬甘《いぬかい》氏の館があったとされ、周辺には物資の集散地としてにぎわう町が形成されていたようだ。室町時代には信濃守護小笠原氏が府中に進出したことにより、その支族である坂西氏が館を構えたといい、いっぽう松本藩が編さんした『信府統記《しんぷとうき》』では永正元年（一五〇四）年に島立《しまだち》氏が深志城を井川から移したとも伝える。両者の関係はよくわかっていないが、小笠原氏の支城として深志城があったことは確実とみられる。

　天文十九年（一五五〇）、武田信玄の進攻により小笠原長《なが》時《とき》の本拠である林城など主要な城が自落した。深志城は武田氏の北信濃攻略の拠点として鍬立され、その後三二年間にわたって城下の整備が進められた。天正十年（一五八二）は深志城をはじめ松本平は混乱の年となった。三月の武田氏滅亡を受け織田信長は木曽義昌《よしまさ》を入城させるが六月には本能寺に信長が自刃、この動乱により七月には上杉氏を背景に小笠原

●—国宝松本城天守（右：大天守、左：乾小天守）

貞種《さだたね》が一時入るも小笠原氏旧臣の反発が強く、間もなく徳川家康の援助で長時の息子貞慶《さだよし》が深志城を回復した。

貞慶は深志を松本とあらため、反対勢力の掃討が落ち着いた天正十三年から本格的な城下の整備に着手した。特に三の丸の地蔵清水・柳町付近にあった市辻や泥町などの町を女鳥羽川の南に移し武家地と町人地の分離を進めた。同十八年、豊臣秀吉による家康の関東移封にともなって小笠原氏も下総に移ると、代わって石川数正《かずまさ》が入城、文禄二年（一五九三）から三年にかけて息子康長《やすなが》が天守を築造し、総堀の拡幅や土《ど》塁《るい》の改修をはじめとする城下の整備を進めた。家康包囲網の一環として豊臣氏の威信を誇示するための築城でもあった。その後ふたたび小笠原氏、戸田氏、松平氏、堀田氏と城主が交代する中、城内や城下町の整備は着々と進められ、水野氏時代にほぼ完成の域に達した。

こうした築城の過程は考古学的にも明らかになりつつある。特に二の丸や三の丸の厚い盛土層の下からは築城初期や深志城時代にさかのぼる遺構・遺物が検出されており、なかでも平成十三年（二〇〇一）に外堀の南側でみつかったV字形の溝は深志城に関わる遺構ではないかと注目された。

【松本城の地形と縄張】　松本盆地の主要河川のひとつである奈良井川の東岸には、筑摩山地を源とする女鳥羽《めとば》川、薄川《すすきがわ》、

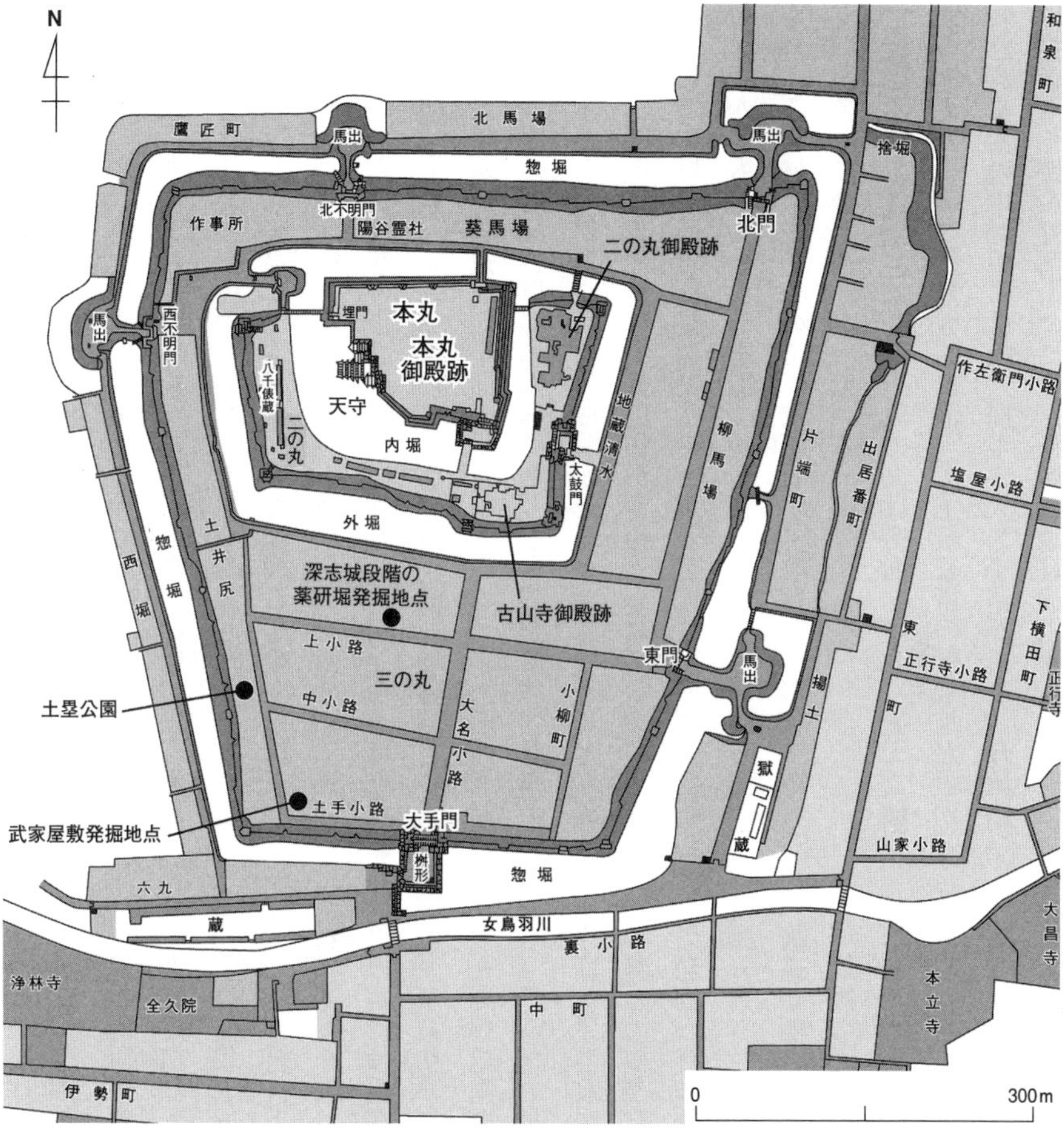

●—「享保13年秋改松本城下絵図」にみる松本城の縄張（『歴史のなかの松本城』掲載データに加筆）（作図：松本城管理事務所・精美堂印刷㈱）

田川などの支流が集まる低湿地が形成されている。ここは北に城山丘陵の末端が迫り、湧水豊富なシルトや粘土層などの堆積層が広がる。松本城はそうした低湿地帯の中の微高地に本丸や二の丸を構え、北に偏心してこれらを囲む三の丸を配置して、六〇〇メートル四方におよぶ広大な逆台形の城域を形成している。

【総石垣の本丸】　総石垣の本丸は直線的な北面とは対象的に、南面は複雑な折れを有する外郭線を描き、内堀の幅を確保することで鉄砲戦に備えている。南西隅にある天守は大天守・乾《いぬい》小天守と渡櫓《わたりやぐら》が石川氏時代に築造され、月見櫓と辰巳附櫓《たつみづけ》は松平氏の代に増築された。天守台の石垣は山辺石とも呼ばれるひん岩の自然石を乱積し古式の算木積《さんぎづみ》がともなう。高さ・法《のり》勾配とともに後の城郭の高石垣にはおよばないが、豊臣氏の威光が反映されたこの時期の石垣ならではの力強さをみせている。天守の東には享保十二年（一七二七）に焼失した本丸御殿があった。本丸の虎口《こぐち》は東面を除く三方にあって、西面の埋門だけ架橋されていない。外桝形《そとますがた》となる南面の黒門桝形は昭和三十五年（一九六〇）に復興された。

【二の丸と二つの御殿】　本丸を凹字形に囲む二の丸には二つの御殿があった。そのひとつ、石川数正が入封後最初に建てた古山寺御殿は現在の市立博物館付近にあった。いっぽう北東には明治九年（一八七六）に焼失した二の丸御殿があり、発掘結果に基づき遺構が平面表示されている。また南西側にある江戸期の内堀石垣解体修理にともなう調査では、堀底から先行する石垣がみつかり、曲輪が形を変えていることが判明した。二の丸東面には太鼓門桝形が復元されている。天守台とここだけに残る文禄期築造の石垣として、二の門土台石垣のなかでもひときわ目を引く竪石使いの角石は、高さ三メートルを超える本城最大のもので、玄蕃《げんば》石とも呼ばれこの城の威容を示す装置のひとつとなっている。

【上級家臣屋敷地の三の丸】　三の丸は南面を中心に広大な城域を構える。ここは登城路に沿って上級家臣の屋敷地が置かれた。南面の中軸線には幅六間半の大名小路がある。登城路は突き当りから外堀沿いに東を迂回し地蔵清水から太鼓門に至った。小路の南端は大手門桝形で、道路の屈折にその面影をみることができる。近年外桝形の東面石垣の一部が調査され、明治期の破却により廃棄された多量の瓦が出土した。三の丸の虎口は五ヵ所あり大手門以外は馬出《うまだし》虎口《こぐち》である。北馬出では土塁と堀の一部が発掘でも確かめられた。

　三の丸には大名小路のほか縦横に何本もの小路が配置され、道幅を保ったまま今日も残っている。そのひとつ、中小路の西には現在わずか三ヵ所しか残っていない総堀土塁のひとつがあり、土塁公園として整備されている。これまで三の丸を囲む総堀には頭部を鋭く尖らせた杭列が両岸の水際にめぐっていたことが知られており、ここでも発掘所見に基づき平面表示されている。ここから土居尻の小路を南下した土手小路との曲がり角では、市営駐車場建設に際して家臣屋敷跡の発掘が行われ、整地による地盤のかさ上げが近世を通じて繰り返された状況や、建物、井戸・水道施設など武家屋敷の構造が明らかになった。

　最後に城外にも目を向けておこう。城の北西には湿地帯を形成する大門沢があり、北東から南には善光寺街道に沿って東町、中町、本町などの町人町や郭外武家地を、その外縁には寺社を置いて防衛上の弱点となる東から南の守りを固めていることがわかる。さらに武田氏時代までさかのぼるとされ

●—総堀の杭列（西総堀土塁公園）（松本市教育委員会提供）

る大規模な付け替えにより、城下町の東を南下したのち西に折れ、大手門の南で町人町を分けた女鳥羽川や、城下町の南を画した薄川も堀としての役割を果たしており、何重もの構えをみせている点にもこの城の特色が見出せよう。

都市化が進んだ松本城周辺ではあるが、市街地の各所にはまだ往時の面影が残っている。また、明治期に埋め立てられた南・西外堀の復元整備事業も進められているほか、江戸時代の松本城の情景を再現したＶＲコンテンツの配信もスタートした。天守や松本市立博物館での展示見学とあわせて、絵図やスマートフォンを片手に城下町を散策するのも松本城のもうひとつの楽しみ方であり、また、時間と体力のある方には、ここを起点に井川城跡や林城など、松本城築城までの歩みをさかのぼるのもお勧めである。

【参考文献】堀井亮彦「松本城」『長野の山城ベスト五〇を歩く』（サンライズ出版、二〇一二）

（竹原　学）

お城アラカルト

文化財を残す市民の努力

河西克造

黒塗りで重厚感がある松本城天守群。松本市民ひいては長野県民に憩いの場となり地域に溶け込んでいるこの城は、「日本の名城」として名を連ねているため、観光客の姿が絶えることがない。しかし、松本城天守群が今に残る背景には、地元に暮らしたある人物を忘れてはならない。その人物こそ市川量造《りょうぞう》である。

徳川幕府を倒した明治新政府は、藩の居城にある建築物を無用の長物として扱った。松本城もその例外ではなく、天守群は払い下げられ取り壊される運命になり、二の丸の櫓、門、塀は幕府から取り壊しの命令がくだった。明治五年（一八七二）に天守群は競売にかけられ落札された。松本城と日々接していた当時北深志町の副戸長であった市川量造は天守群の保存を提唱し、明治六年を皮切りに松本城内で五回開催した博覧会の収益金で天守群を買い戻したのである。

「文化財」は、常に残す努力をしなければ現状は変わり、当時とは似つかぬ変わり果てた姿で存続するか、私たちの眼から消え去る運命にある。今を生きるわたしたちは、国民共有の財産である文化財を、姿を変えることなく次世代に引き継ぐ使命がある。

明治初期の松本城天守群（『未来に伝える　私たちの松本城』より）
（松本市立博物館所蔵）

●松本平でもっとも石積を多用した山城

桐《きり》原《はら》城《じょう》

〔県指定史跡〕

〔所在地〕松本市入山辺西桐原
〔比　高〕一九〇メートル
〔分　類〕山城
〔年　代〕一五世紀後半（寛正元年〈一四六〇〉）〜一六世紀後半
〔城　主〕桐原氏
〔交通アクセス〕長野自動車道松本ICから八キロ、車で約三〇分。

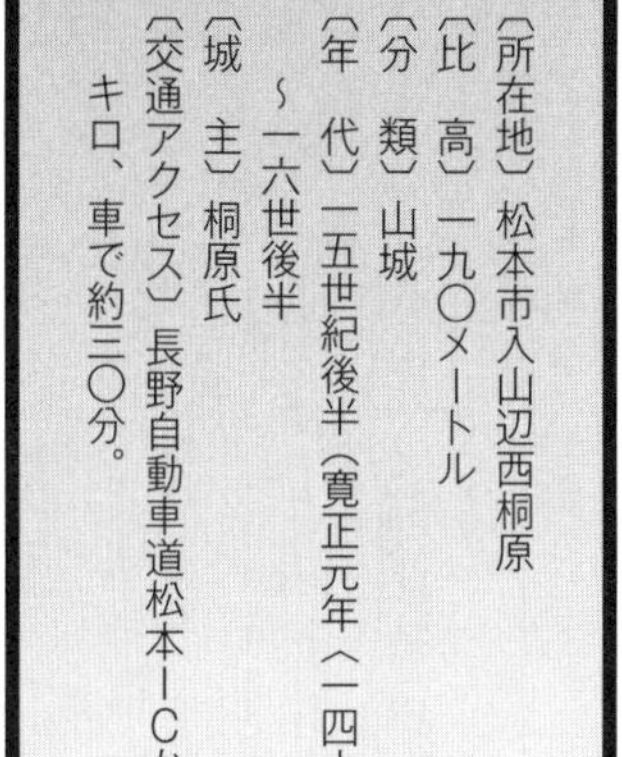

【信濃守護の本城に近接する城】　桐原城は、松本市東部の筑摩山地から市街地に向かって西流する薄川《すすきがわ》の右岸、入山辺地区の西桐原を見下ろす大蔵山に位置する。信濃守護小笠原氏の林大城とは、薄川を挟んで約二キロの至近距離にある。

　武田家重臣が記した『高白斎記《こうはくさいき》』には、武田晴信（以後、信玄）による筑摩郡侵攻で、天文十九年（一五五〇）七月十五日に、林大城を含む四城とともに桐原城が自落したことが記載されている。このことから桐原城は、長野県史跡「小笠原氏城跡」のひとつとして、昭和五十五年（一九八〇）に山家城とともに追加指定された。現在は、地元の桐原城址愛護会によって案内標識が設置され、みどころがわかりやすく見学できる山城となっている。

【遺構の概観】　桐原城は、北西側を追倉沢《おっくらさわ》、南東側を海岸寺沢に挟まれた大蔵山の中腹に立地する。標高九五二メートルの主郭Ⅰで、麓との比高差は約一九〇メートルを測る。

　主郭Ⅰは、東西約二九メートル、南北約二七メートルで、東半部の三辺には土塁《どるい》がめぐる。曲輪の外側と土塁の内側には、板状または比較的扁平な礫を積み上げた石積がめぐっている。特に西側は、Ⅱ郭との比高差があるため、林小城の主郭にみられる鉢巻状の石積と、さらにその下側に二段の石積を設けている。出入口はかなり壊れているものの、南辺の土塁に接して内桝形《うちますがた》の虎口《こぐち》をみることができる。

　主郭Ⅰの東側は高尾根が続くため、主郭Ⅰ背後を石積を伴う二列の土塁と三本の連続する堀切《ほりきり》Jを配して備えている。

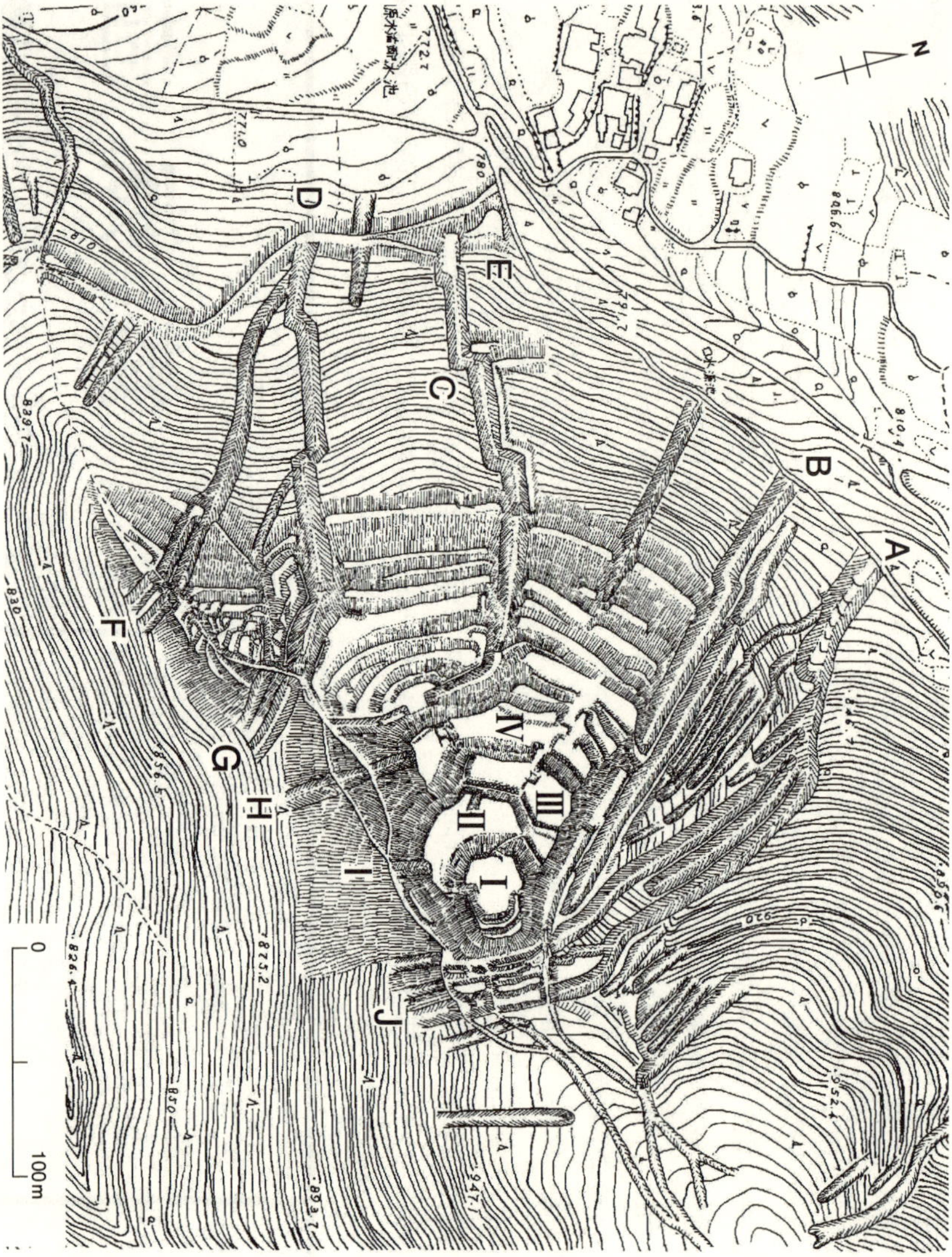

●—桐原城縄張図（作図：三島正之）

●―郭Ⅱからみた主郭Ⅰ西側の石積

主郭の西側には、Ⅱ郭～Ⅳ郭が扇状に広がって配置されている。各曲輪は、石積みを用いた出入口が良く残っているほか、曲輪の背後を高さ〇・八～一・六メートルの石積がめぐっている。また、Ⅳ郭の下方には、竪堀《たてぼり》Cを挟んで、竪堀B―D間に七、八段の帯郭《おびくるわ》が階段状に配されている。このうち、竪堀B―C間の帯郭の背後には低い石積がみられる。竪堀は、尾根筋を遮断する堀切がそのまま斜面下方に伸びているものが多い。特に追倉沢側が顕著で、竪堀が麓付近まで長く伸びているほか、主郭背後の竪堀B―A間に一〇本の大小の竪堀が集中して配されている。いっぽう、海岸寺沢側では竪堀の長さが短いことから、この城が西側からの攻撃に対する防御を重視していたことがうかがえる。

主郭Ⅰへ登る道は、追倉沢・海岸寺沢側の二ルートがあるが、近世の絵図「桐原古図（写）」（松本市立博物館所蔵）で「大手口御番所」と記される追倉沢側の番所Eが大手筋の登り口である。登城路はEから南側に進んだのち北東に向きを変え、大蔵山の尾根筋を登るルートになる。この尾根筋には、二重堀切F・Gが連続し、この間の道の両側には林大城にみられるような階段状に連続する小曲輪が配されている。いっぽう、海岸寺沢から登ってきた場合は、堀切Gを渡った地点で尾根筋の道と合流するが、この場所には石積が配されており、二重堀切Gから上方が城内として強く意識されていたと考えることができる。また、竪堀HはⅣ郭、竪堀ⅠはⅡ郭から降りる竪堀だが、曲輪に接続する部分には堀底から石を積み上げて処理をしている点が注目される。

【城主・桐原氏】　桐原城周辺の一帯は、奈良時代には山家郷の一部に属し、中世には桐原郷として発展したもので、山家氏が地頭として支配していたと考えられている。

　桐原城については、松本藩が享保九年（一七二四）に編纂した『信府統記《しんぷとうき》』第十八の「松本領古城記目録」に、桐原大内蔵真智《まさとも》が寛正元年（一四六〇）に築城、その後は真実《まささね》—真《まさ》貞《さだ》—真基《まさもと》と続いたが、武田氏によって滅亡したと記されている。また、全国に町村誌の編纂を求めた明治七年（一八七四）の太政官達第一四七号に応じて、入山辺村が明治九年に筑摩県に提出した村誌では、桐原氏は犬甘《いぬかい》氏の出身で、真智《まさとも》—真《まさ》隆《たか》—真実《まささね》—真貞《まささだ》—真基《まさもと》の五代が続いたとし、真智が永享十二年（一四四〇）の結城合戦、嘉吉元年（一四四一）の嘉吉《かきつ》の乱に出陣したことが記載されている。なお、結城合戦に参加した信濃武士が記された『結城陣番帳』には、三十番に「桐原殿」がみえる。

　豊前小倉藩主の小笠原家に伝わった『笠系大成附録』の『二木家記』には、武田信玄の筑摩郡侵攻の際に、桐原氏が小笠原長時に妻子を人質として差出し、長時と行動をともにしたことが記載されている。その後の桐原氏の動向は不明であるが、天正五年（一五七七）七月九日付の武田勝頼の山家左《さ》馬允《まのじょう》宛書状から、武田氏の筑摩郡支配の時代には、桐原郷は山家氏の所領になっていたことがうかがえる。

【山論文書と絵図にみる桐原城】　桐原城に関する史料はほとんどないが、江戸時代に桐原城があった大蔵山の入会をめぐって起きた山論の際に作成された文書・絵図がある。

　享保三年（一七一八）四月一日付の『桐原村等大蔵山山論裁許状写』（徳運寺所蔵）には、「此城ニ為要害四ケ所に番所《ばんしょ》を居」、「城山之三方を取廻し壱方ハ霜縫取《しもぬいとり》手《で》桐原之持分後横手ニハ土手堀切等有之要害囲之番所可有之場所」などの記載がある。そして、この山論に際して描かれたと考えられる『桐原城古図』（松本市立博物館所蔵）には、曲輪・堀切・竪堀・石積などの遺構が詳細に描かれている。また、城の南側には二連の方形区画「御屋鋪」が描かれ、現在も「オヤシキ」と呼ばれる現地には方形区画の痕跡が確認でき、桐原氏の居館址と推定される。

　また、この絵図には、海岸寺沢の対岸に「上砦」と「下砦」が描かれている。『信府統記』には「此城ノ東ニ霜降ノ城トテ取手ノ跡アリ」とあり、入山辺村誌では「霜降砦城

●—Ⅱ郭から降る竪堀Ⅰ上端の石積

趾」として、「桐原眞隆《まさたか》後花園帝嘉吉三癸亥年《かきつさんきがいのとし》築クト云フ」とある。文中の「霜降」は、「下砦」が転訛《てんか》したもので、現地には二段の曲輪と堀切のような堀底道がよく残っている。

【武石道をにらんだ山城】　桐原城は、松本平でもっとも石積を多用した山城であり、天正十年の武田氏滅亡後、小笠原貞《さだ》慶《よし》が松本平を支配した以降も山城として使われていたと考えられている。築城当初は南西に近接する小笠原氏の林城の抑えの役割を担っていたと考えられるが、現在の桐原城にみる曲輪・竪堀群の配置からは、この城が主郭から西側を強く意識し、備えていたことは明瞭である。

『桐原城古図』には、小県《ちいさがた》郡長和町・上田方面に通じる武石道が桐原城の西側を通り、この道沿いには番所・大坂番所・桐戸屋番所・鐘掛番所の四番所が描かれ、うち二ヵ所は現在も遺構を確認することができる。こうした史料と実際の遺構の配置からみるかぎり、桐原城は武石道を利用して東信方面から侵入する敵に備えた山城であったと考えられる。

【参考文献】『松本市史』第二巻　歴史編Ⅰ原始・古代・中世（松本市、一九九六）、宮坂武男『縄張図・断面図・鳥瞰図でみる信濃の山城と館』第四巻　松本市・塩尻・筑摩編（戎光祥出版、二〇一三）

（関沢　聡）

●高石積と五重堀切で主郭を守る堅固の城

山《やま》家《べ》城《じょう》

〈県指定史跡〉

中信

〈所在地〉松本市入山辺上手町
〈比　高〉二〇〇メートル
〈分　類〉山城
〈年　代〉一五世紀後半～一六世紀後半
〈城　主〉山家氏、折野氏（山家氏に改姓）
〈交通アクセス〉長野自動車道松本ＩＣから一一キロ、車で約三五分。

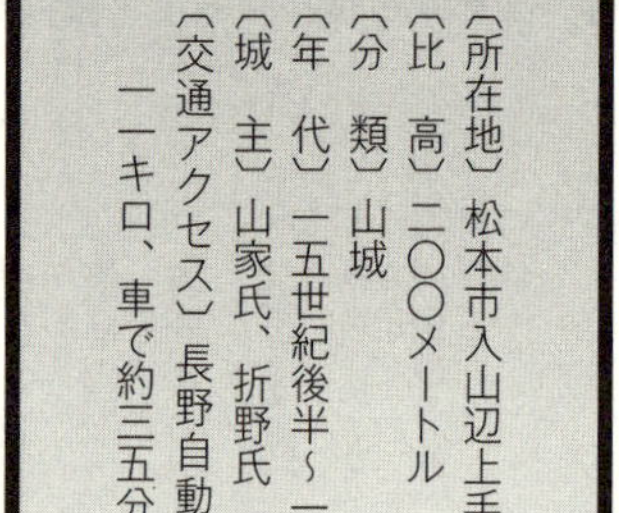

【山辺谷最奥所の山城】　山家城は、松本市と諏訪郡下諏訪町・小県《ちいさがた》郡長和町の境にある三峰山を源流とし、松本市街地に向かって西流する薄川《すすきがわ》が形成した山辺谷の中程、入山辺地区の上手町背後の秋葉山に位置する。

『高白斎記《こうはくさいき》』には、武田晴信（以後、信玄）による筑摩郡侵攻で、天文十九年（一五五〇）七月十五日の深夜に、林《はやし》大城を含む四ヵ所の城とともに、山家《やまべ》城が自落したことが記載されている。

このことから桐原城は、長野県史跡「小笠原氏城跡」のひとつとして、昭和五十五年（一九八〇）に追加指定されている。

【遺構の概観】　山家城は、薄川とそこに流れ込む東側の菖《しょう》蒲《ぶ》沢・西側の北沢によって三方を囲まれた秋葉山に立地し、非常に防御性が高い山城である。広範囲に複雑に曲輪が配置され、数回にわたる改修がうかがえる。このうちもっとも新しいと考えられる部分が、標高一〇一〇㍍付近に位置する主郭Ｉで、徳運寺付近との比高差は約二〇〇㍍になる。

主郭Ｉは、二七×一九㍍の長方形を呈し、三辺には土塁《どるい》がめぐり、南西隅に虎口《こぐち》がある。主郭Ｉの周囲は石積がめぐり、特に南東辺では最高二・八五㍍、最大で二三段に板状または比較的扁平な礫がほぼ垂直に積み上げられていて圧巻である。また、主郭Ｉの南西・北西側は急勾配の高さのある切岸《きりぎし》になっており、構築が大掛かりなものであったことを想像させる。

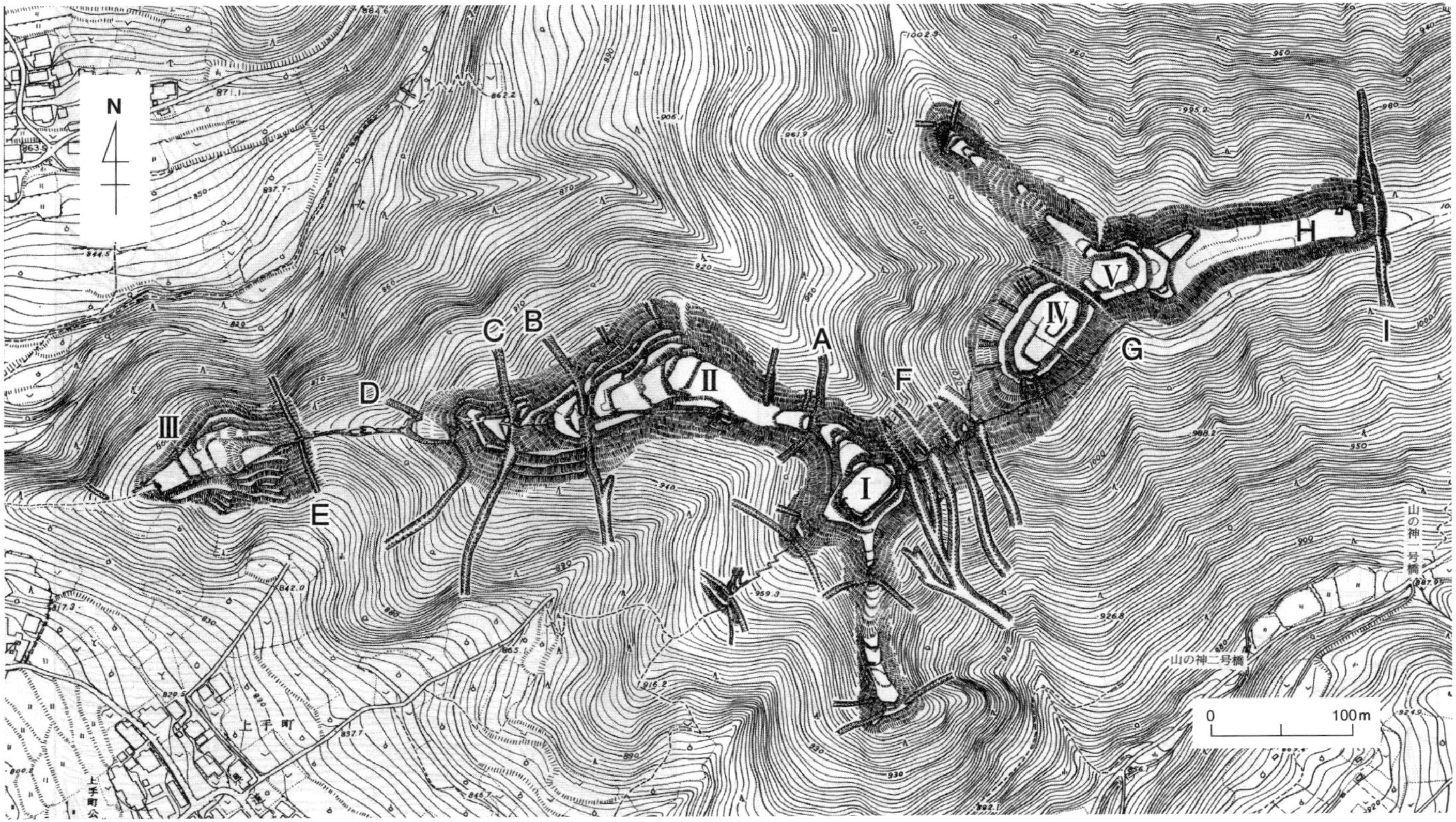

●—山家城縄張図（『松本市史』第２巻 歴史編Ⅰ 原始・古代・中世 1996 山家城縄張図より，作図：福原圭一）

●―主郭Ⅰ南東辺の高石積

主郭Ⅰは、高尾根が続く北東側を除いて、コ字状に腰郭《こしくるわ》が巡り、そこから北西・南西・南側に降る三つの尾根には、小郭と堀切《ほりきり》で防御の構えとしている。

主郭Ⅰの北西尾根は短いが、堀切Aで西側に向きを変え、徳運寺裏側まで尾根が続いている。この尾根筋には、長さ約五五㍍のⅡ郭を中心に大小七つの曲輪が連続して堀切Bに至る。この堀切Bの西側に連なる堀切C・Dは、南側は竪堀《たてぼり》となって麓近くまで長く降りている。堀切B～D間では、尾根筋は階段状の小郭を配し、南側斜面は堀切（竪堀）間を結ぶ数段の帯郭《おびくるわ》を配している。さらに、堀切Dの西側には堀切EとⅢ郭が続くが、曲輪には白山大権現・稲荷社が建てられており、後世の改変を受けていると思われる。

いっぽう、主郭Ⅰの北東方向には高尾根が続くため、連続する五本の堀切Fで主郭背後を遮断している。主郭の高石積から高低差のある大堀切が連続するこの部分はみごたえがあり、本城の最大のみどころである。

この連続堀切を渡った上方に、秋葉神社が鎮座するⅣ郭がある。Ⅳ郭は標高一〇五六㍍に位置し、約六〇×二七㍍の長楕円を呈する。堀切Gで遮断される後方を除く曲輪の周囲には腰郭がめぐり、北西側では六本の短い竪堀が放射状に配されている。この曲輪をとりまく腰郭に連続する竪堀を配するあり方は、林小城の主郭Ⅰの状況と類似している。

さらに秋葉神社の背後は、堀切Gを挟んでV郭がある。V郭はⅣ郭よりも高い位置にある、北西に降りる尾根筋に備えた曲輪で、規模は小さいが背後に土塁を備えている。このV郭の東側に伸びる馬の背状の尾根には平坦部Hが続き、最後は堀切Iで終わっている。

【山家氏の系譜】 平安時代の『倭名類聚鈔《わみょうるいじゅうしょう》』に、筑摩郡六郷のひとつとして山家郷があり、現在の松本市入山辺から里山辺にかけての薄川流域が山家郷に比定されている。鎌倉時代末には、徳雲寺（現、徳運寺）を創建した神為頼《みわためより》など、諏訪氏の一族である神氏が山家郷の地頭となり、後に山家氏を名乗ったと推定されている。

山家城が史料に登場するのは、『守矢満實書留《もりやみつざねかきとめ》』で、文明十二年（一四八〇）九月二十日に、仁科・西牧氏と組んだ山家光家に対し、小笠原長朝が山家城を攻め、山家孫三郎が討死にした記事が初見である。その後、一五世紀末〜一六世紀初頭に折野氏が小笠原氏にしたがってこの地を支配するようになり、後に山家氏を名乗っている。折野氏については、全国に町村誌の編纂を求めた明治七年（一八七四）の太政官達第一四七号に応じて、入山辺村が明治九年に筑摩県に提出した村誌には、折野薩摩守昌治《まさはる》が明応八年（一四九九）に播州姫路からきて信濃守護小笠原貞朝《さだとも》に属し、後に山家氏に改姓し、越前守昌寛《まさひろ》—源十郎昌實《まさざね》—藤九郎昌矩《まさのり》の四代が続いたことが記されている。

【武田氏史料にみる山家氏】 天文十九年（一五五〇）以降の武田氏による筑摩郡支配の時代の山家氏については、『武家事紀』にいくつか史料が掲載されている。天文二十年には、山家左馬允《さまのじょう》が平瀬城（松本市島内）での戦いで、平瀬八郎左衛門を討ちとったことに対する武田晴信（以後、信玄）の感状がある。また、天文二十三年には、信玄が左馬允の領していた筑摩郡大村（松本市）を息子の松寿に安堵している書状がある。

元亀四年（一五七三）正月二十七日には、三方ヶ原の戦いで負傷した山家左馬允に養生のための帰国を許した武田信豊《のぶとよ》の書状がある。また、天正三年（一五七五）の長篠の戦いでは、山家近松斎（昌實《まさざね》）の嫡子藤九郎（昌矩《まさのり》）が戦死したため、藤九郎の弟左馬允に跡目を相続させることを武田勝頼が認めた七月二日付の近松斎宛書状がある。そして、天正五年七月九日に、武田勝頼は左馬允に桐原郷を安堵し、直参として奉公し軍役を務めるよう書状を出している。これらの書状からは、武田氏に仕えながら、山家城周辺から桐原・大村にかけての広範囲を領した山家氏一族の姿がうかがえる。

●—主郭Ⅰと Ⅱ郭を遮断する堀切A

【山家城の特徴】　山家城は、背後を五重堀切で遮断し、高石積を用いた主郭Ⅰがもっとも新しい。いっぽう、秋葉神社があるⅣ郭は、林小城に類似する腰郭と放射状の竪堀が、武田氏が築城した城に類似することが指摘されている。武田氏滅亡後の山家氏の動向は不明であるが、主郭Ⅰの石積が松本平の山城では群を抜く高さで、高度な技術が用いられていることから、天正十年の武田氏滅亡後に構築された可能性が高く、小笠原貞慶の松本平支配以降も山家城は使われていたと考えられている。

山家城は、南側の薄川を遡ると扉峠を越えて諏訪方面に通じる位置にある。折野氏以前の山家氏が諏訪氏系であること、扉峠から薄川沿いに下りてきて最初に開けた地に山家城が築城されていることから、諏訪方面からの出入りを強く意識した城であった可能性が高い。

山家城は現在、地元の方々によって三反田から主郭Ⅰへ登る遊歩道が整備されて見学しやすい山城ではあるが、公共交通の便がないので見学の際は注意をされたい。

【参考文献】『松本市史』第二巻　歴史編Ⅰ（松本市、一九九六）、宮坂武男『縄張図・断面図・鳥瞰図でみる信濃の山城と館』第四巻　松本市・塩尻・筑摩編（二〇一三）

（関沢　聡）

●戦国期の小笠原氏本拠に築かれた壮大な要害

林《はやし》城《じょう》

〔国指定史跡〕（小城は長野県指定史跡）

〔所在地〕松本市里山辺・入山辺
〔比　高〕約二〇〇メートル
〔分　類〕山城
〔年　代〕一五世紀後半～
〔城　主〕小笠原氏
〔交通アクセス〕ＪＲ中央本線・篠ノ井線「松本駅」下車、徒歩五〇分。

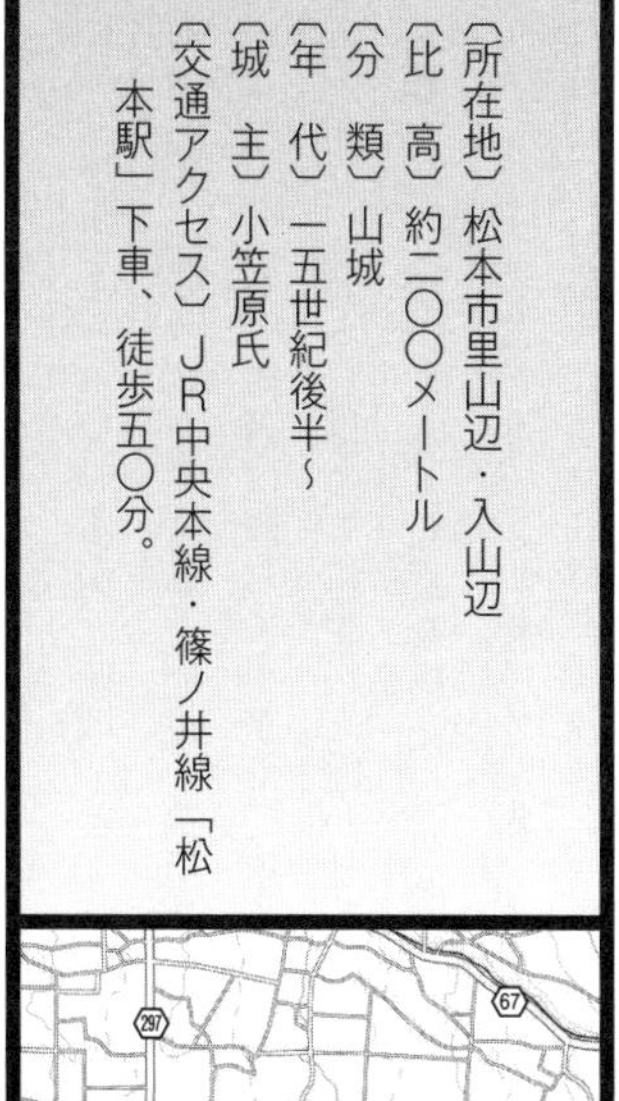

【林城の位置と山辺谷の歴史】　松本駅から東に四キロ、山辺谷の谷口に戦国期の小笠原氏本拠である林城が存在する。この城は東にある大城と大嵩崎《おおつき》の小谷を挟んで相対する小城からなり、昭和四十五年（一九七〇）の長野県史跡指定をへて、平成二十九年（二〇一七）には「小笠原氏城跡」として大城と井川城跡が国史跡に指定された。

　山辺谷は松本盆地を形成する主要河川のひとつである薄《すすき》川《がわ》が開いた河谷で、松本平でも開発の古い地域として知られる。弥生時代以降、扇状地周辺の低湿地を生産基盤として大きなムラが出現し、古代には山家《やまべ》郷が置かれた。生産を育んだ薄川に対する信仰に関わり深い須々岐水《すすきがわ》神社がこの地に鎮座している。いっぽう、山辺谷は東信濃に通じる交通の要衝でもあり、中世においては山家氏や桐原氏などの在地勢力が割拠するところとなった。

【小笠原氏と林城築城】　林城は一五世紀後半、小笠原清宗《きよむね》が井川から林に館を移し要害として築いたとされる。近年の発掘により、麓の大嵩崎谷に広がる林山腰遺跡が一五世紀末を中心に営まれたことが判明しており、築城時期に対する考古学的な手がかりを与えている。井川館は林城の西四キロの低地にあり、室町時代に信濃守護として府中に進出した小笠原貞宗《さだむね》以来の本拠であった。しかし林城築城のころの小笠原氏は、府中と松尾に分裂して継承権を争っており、在地勢力の支配も盤石なものではなかった。

　林城の動向が史料からうかがえるのは武田氏の松本平進出

の時期である。『高白斎記《こうはくさいき》』によれば、晴信が進攻した天文十四年（一五四五）に「林近所」と「小笠原の館」が放火され、同十九年には「イヌイの城」の落城を機に「大城・深志・岡田・桐原・山家」が自落した。時の城主小笠原長時《ながとき》は息子の貞慶《さだよし》とともに府中から逃れ、晴信は北信濃攻略の拠点として林城を破却し深志城を鍬立てした。

林城の歴史はここに幕を閉じたかにみえる。しかし、天正十年（一五八二）の武田氏滅亡と本能寺の変により、深志を回復した小笠原貞慶のあらたな支配基盤が確立するまでの間、信濃は上杉氏や徳川氏、北条氏らの勢力争いのなかで非常に緊張した状態におかれた。そのため、林城をはじめ松本平の城郭の多くが改修され、長大な竪堀《たてぼり》や大規模な堀切《ほりきり》、桝《ます》形《がた》などの施設や実戦的な縄張はこの時期に築造されたのではないかと考えられている。

【壮大な構えの大城】 大城は筑摩山地の高遠山から北西にのびる尾根のひとつで、山辺谷の谷口に突き出したなかば独立した標高八四六メートルの山丘上にある。延長一キロにおよぶ長大な城域は、尾根を堀切と竪堀によって四つの城域に区画している。頂部の中心域①は連郭《れんかく》式に主郭Ⅰ～Ⅲ郭を連ねる。主郭Ⅰは石積を備えた土塁《どるい》を三方に配する広い曲輪で、次いで大きいⅡ郭は堀Eと土塁を画して北西に連なる。東屋建設の際の発掘で掘立柱建物跡が検出されている。主郭ⅠとⅡ郭の南西側は林道で旧状を失うが、狭長な帯郭《おびくるわ》を介して大嵩崎側の急斜面に臨んだと思われる。いっぽう、傾斜の緩い北東側には堀Eの両脇や井戸のある橋倉側の尾根上には段郭や土塁がめぐる半月形のⅢ郭を置くなど、重厚な構えがみられる。加えて井戸跡の下は高低差の大きい切岸をともなう三重堀切Hで尾根を遮断し東の外郭線としている。また、旧地形のままに下降していく主郭後方の尾根筋は、水番所《みずばんしょ》と呼ばれる鞍部に出丸《でまる》状の平場Vと竪土塁が沿う堀Gを置き、谷底で堀Hと結んで外郭線を構成する。北西の城域②側も両岸に土塁を置いた堀Dで遮断するなど、堀切と土塁をともなう長大な竪堀が防御の要になっている。

城域②・③は幅広い尾根上を三日月形の平場で埋め尽くす。こうした遺構は松本平の山城に特徴的で古い要素とも考えられているが、城域②と③ではやや趣きを異にし、前者は個々の平場が広く斜度・高低差の大きい切岸を備えるのに対し、後者は概して不整形で狭く切岸も低い。城域を分ける堀B・Cはともに土塁を沿わせる。特に堀切Bは圧巻で、高低差が大きく石塁を構え、谷底に達する長大な竪堀に連なる。改変の少ない城域④から堀Aを介した外側の堂平と呼ばれる高台Ⅵは眺望がすばらしく、物見にふさわしい。

●—林大城・小城縄張図（作図：松本市教育委員会）

●—林大城の竪堀と土塁（図中B）　（松本市教育委員会提供）

大城の登城路は大手筋といわれる金華橋《きんかばし》側と大嵩崎からV郭に至る搦手《からめて》のほか、大嵩崎の真観寺跡から急登しⅡ郭脇に至る道や橋倉からの道筋も考慮しておきたい。

【畝状竪堀と石積を備えた小城】　小城は大城に対する支城的な性格と考えられ、幅広く稜線が鈍い尾根上に築かれる。必ずしも適地とはいえない地形のためなのか、単調な尾根筋に対して主郭周辺には発達した縄張がみられる。城域は主郭Ⅰ周辺、北尾根の平場群、北西尾根の平場群、主郭Ⅰ背後の未整形空間からなる。主郭Ⅰは標高七七〇㍍地点にあり土塁と石積で周囲を囲む。石積は角部を作らず鉢巻状にめぐらせる松本平の城郭石積特有のあり方だが、母岩の性質のためか桐原城や山家城のそれと比較して平石積みは徹底されない。主郭Ⅰの背後は堀切Bにより尾根を遮断し両側面は畝状《うねじょう》竪堀で守りをかため、主郭正面から両側面をコの字形に囲むⅡ郭は北に虎口《こぐち》を設けて石積も残る。

いっぽう、Ⅲ郭から下のなだらかな北尾根はあまり特徴のない多数の不整形な平場で空間を埋め、北西尾根にも同じような平場を連ねている。また主郭後方も幅広く緩やかな稜線がしばらく続くが、ここは積極的に手を加えずやや離れて数条の竪堀を配するにすぎない。

登城路は東西と北に想定される。東の道筋にはガマと呼ばれる湧水があり本城の水の手ともいわれるが、主郭Ⅰとの比高が大きくむしろ大嵩崎の林山腰遺跡との関係を考えたい。

【城下の文化財】　さきにふれた林山腰遺跡では谷口までの広い範囲から中世の遺構・遺物が出土している。とりわけ真観《しんかん》寺《じ》跡に隣接する地点では平場から大型の礎石建物跡が一五世

●—林小城主郭Ⅰの鉢巻状石積（松本市教育委員会提供）

紀末の陶磁器とともにみつかっている。大嵩崎の谷は勾配が大きく狭小ではあるが、懐深く二つの城に抱きこまれたその空間は、未確認の山麓居館も含めて家臣屋敷や寺院などの施設を置くにふさわしい立地である。いっぽう、谷の出口である。大城の西麓には林集落がある。古い道筋や町割、立町、横町などの地名から城下の町跡といわれている。その東にはかつて真言寺院の慈眼寺《じげんじ》があり、小城の西〜北麓には嘉吉元年（一四四二）に小笠原政康《まさやす》が開いた竜雲寺を前身とし小笠原氏菩提寺である広沢寺をはじめ、浄蓮寺、竹渓庵などの寺があった。

目を転じて大城の東にも注目したい。ここにも大嵩崎と景観の似る橋倉谷があり、東の尾根には大城の水源の守備にあたったと伝わる水番城《すいばんじょう》を構える。小規模な縄張ながら石積や畝状竪堀を残す。谷口には「市口」の地名も残り、鎌倉時代の遺構も発掘されるなど、歴史の古い地域とみられる。

このように城下をとりまく集落や諸施設との関係から三城の関係をみれば、大城を中心に各城が有機的に結ばれ一体的に機能したと理解するのが妥当であろう。また、武田氏以降、政治的中心が深志城に移った後、その構図がどのように変化したのか、解明が待たれる。

なお、二城ともに地元住民による整備が行き届き訪れやすい城である。大城はその壮大さを体感するため、ぜひ金華橋筋からの登城をお勧めしたい。

（竹原　学）

【参考文献】関沢聡「林城」『長野の山城ベスト五〇を歩く』（サンライズ出版、二〇一三）

中信

●武田信玄が利用した壮大な空堀がめぐる丘城

北《きた》熊《くま》井《い》城《じょう》

〔所在地〕塩尻市北熊井
〔比　高〕約一五メートル
〔分　類〕丘城
〔年　代〕戦国時代後期
〔城　主〕不明
〔交通アクセス〕ＪＲ中央本線「塩尻駅」から、地域振興バス片丘線「町村」下車。

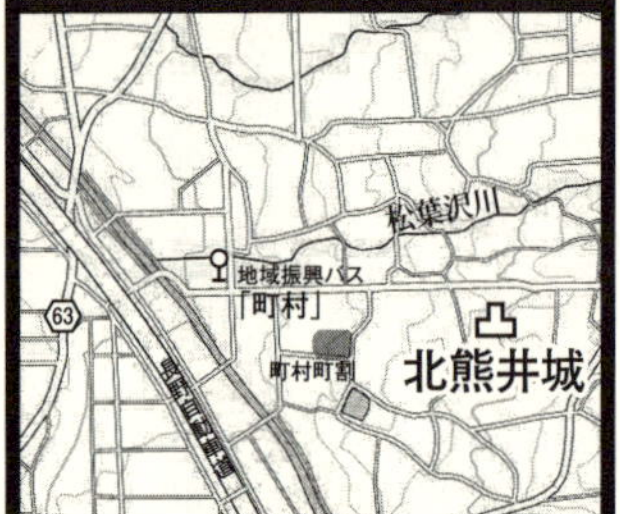

【扇状地に築かれた城】　北熊井城は、塩尻市の東方山地の山麓に広がる扇状地の一画、半島状にのびる台地を利用して築かれた、大規模な構造の丘城である。

北熊井城の築城者や築城時期はまったくわかっていない。『高白斎記《こうはくさいき》』によると、天文十四年（一五四五）六月十四日に塩尻に侵攻した武田信玄は、小笠原長時《ながとき》の林城周辺の放火・略奪を行い、その日は塩尻の桔梗原《ききょうがはら》に陣を布くが、同日に「熊野井ノ城自落」という記述がある。この熊野井ノ城というのが、北熊井城のことであると思われるが、その時自落して落ちのびた城主がだれであったのかは明らかでない。同書には、その後天文二十一年の六月八日に北熊井城が武田氏により「鍬立《くわだて》」の儀式が行われたとの記述があるが、この時北熊井城は武田氏により本格的な改修工事が行われたかどうかは不明である。しかし、武田信玄は小笠原氏を没落させて領有した、松本盆地一帯の統治のため、諏訪と松本の中間にあるこの城を連絡用に利用したことは確かであろう。

その後、北熊井城がいかなる経緯をたどって、廃城になったかは明らかでない。

【地形と城の構造】　北熊井城が築かれた東から西に向って突出する半島状の台地（中世城郭の解説では舌状《ぜつじょう》台地と呼ぶ）は、東方の山地からくだる扇状地であるため、東から西にむかって傾斜しているので、東側の台地続きの城外が城内より高くなっていく。それに対処するため、この城は大規模な空《から》堀《ぼり》を何重にも掘って台地を区切り、その空堀と空堀の間の広

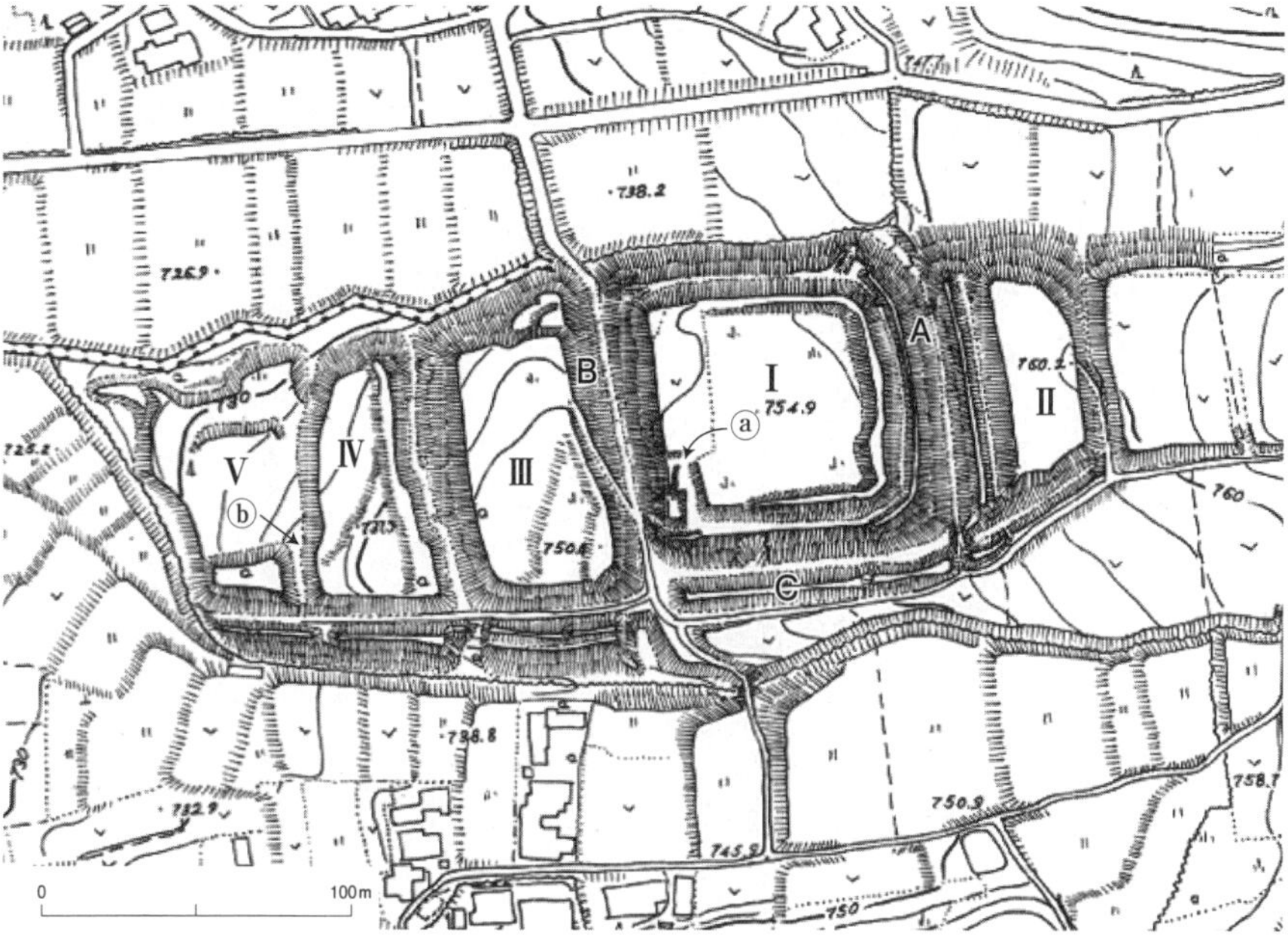

●—北熊井城縄張図（1987 年 11 月 23 日調査，作図：三島正之）

●—北熊井城三重空堀

大な空間に大きな曲輪をいくつも連ねる縄張となっている。

城の西寄りに設けられた主郭Ⅰは、約七〇メートル四方の広大な方形の曲輪で、西を除く三方に高さ一〜二メートルの土塁《どるい》が築かれている。主郭Ⅰの虎口《こぐち》と考えられるのは南西隅に設けられたⓐで、この虎口は後世に改変されているが、当時は桝形《ますがた》虎口だったようである。

主郭Ⅰの東側は三重の空堀（A）が南北約九〇メートルにわたって築かれており、主郭Ⅰを東方台地続きから厳重に防御している。この三重空堀のうち真ん中の空堀は、深さ八メートルにも達する壮大な空堀で、防御の徹底ぶりがうかがえる。

三重空堀の北側には東西約二〇メートル・南北約六五メートルのⅡ郭が配されているが、現在この曲輪は畑となり、土塁や虎口などは残されていない。Ⅱ郭の東側に現在は、この城の東側の外郭線となる空堀が築かれているが、この空堀の東側にも二ヵ所で空堀の痕跡が確認されるので、当時は、東側台地続きに城域が広がっていた可能性がある。

主郭Ⅰの西側には巨大な空堀（B）が口を開けている。この空堀Bは深さが一〇メートルにもおよぶ大規模な空堀で、現在堀底には北側からの舗装道路が通っている。この空堀の北端はストレートに開口するが、南端は西側にずれて開口する喰違《くいちが》い状となっている。

主郭Ⅰと空堀Bを挟んで西側に配されているのが、東西約四〇メートル・南北約八〇メートルの城内で二番目の面積をもつⅢ郭である。Ⅲ郭の南東隅には、土塁状の高まりがあり、そこから曲輪面は北西にむけてゆるやかに傾斜しているので曲輪内は平坦ではない。この曲輪も後世の改変を受けているようで、土塁や虎口は存在しないが、当時は木橋を渡して、主郭Ⅰや西側のⅣ郭と連絡をとっていたものと推測される。

Ⅲ郭の西下には深さ約五メートルの空堀が南北にめぐり、その西側にはⅣ郭が置かれている。Ⅳ郭は東西約三五メートル・南北約六五メートルの規模の曲輪で、東側の空堀に面して、土塁がめぐらされている。この曲輪も西側にむけて傾斜し、曲輪内が平坦ではない。Ⅳ郭の西下に広がるⅤ郭は、この城の最西端に配された曲輪で、曲輪内は整地されず自然地形のままだ。曲輪の南側には大土塁が設けられているが、この土塁とⅣ郭との間に開いたⓑは当時、南側からこの曲輪に入る虎口であった可能性がある。現在Ⅴ郭西下には南側の谷から流れこんできた小川が取巻いているが、当時はここにも空堀がめぐらされていたものと思われる。

城の築かれた半島状の台地の北側は、台地下との高低差があり防御上有利だが、南側は高低差が少ないため城方にとって不利な地形となる。その地形上の弱点を補うため、東西一

●—北熊井城横堀C

五〇メートルにわたって、長大な横堀（C）が構築されている。城の台地を南北に断ち割る空堀は、すべて南端でこの横堀と合流している。

　北熊井城の主郭Iから南西約三〇〇メートルの台地上にある町村集落は周囲に切岸を設け、横矢《よこや》の張出や堀切などの防御遺構も散見される。この「町村町割」と呼ばれる城郭遺構は、北熊井城の城域に含まれると考えることもできるが、城と同時に成立していたかどうかは定かでない。

【武田氏関与の可能性】　北熊井城は大規模な空堀をめぐらし、それに囲まれた曲輪の独立性が高くなる群郭式城郭に近い縄張の城である。中信地域ではこのような縄張の城は非常珍しいため、北熊井城の構築には外部勢力の関与が想定される。そうなると、武田氏がこの城に「鍬立」を行っている事実から、この城の構築に武田氏の関与があった可能性が生じてくる。しかし、他の武田氏構築の丘城の縄張と比較した場合、北熊井城には丸馬出《まるうまだし》や桝形虎口など武田氏特有の遺構が見当らないため、その可能性は低いように思われる。

【参考文献】　長野県教育委員会『長野県中世城館跡』（一九八三）、塩尻市『塩尻市誌』第二巻　歴史（一九九五）

（三島正之）

◆南信

神之峰城の山頂からの眺望 （河西克造撮影）

下伊那南部（飯田盆地とその周囲）が一望できるこの眺望は，
ここが国人領主知久《ちく》氏の本城であることをうかがわせる

●名門・諏訪家滅亡の舞台

桑《くわ》原《ばら》城《じょう》

〔県指定史跡〕

〔所在地〕諏訪市四賀
〔比　高〕二一八メートル
〔分　類〕山城
〔年　代〕不明
〔城　主〕諏訪氏
〔交通アクセス〕県道四二四号線登城口から徒歩三〇分。

【歴史に現れる桑原城】 諏訪盆地の東西は、壁で囲むように山並みが連なる。そのそれぞれの山麓上に点々と残る山城の中で、東側の、古くからの歴史がある桑原の地に桑原城がある。諏訪地方に約三〇の存在が知られる山城は、そのほとんどが築城の時期も築城者も定かでないが、この桑原城もその例に漏れない。ただし、室町時代の史料にわずかながら登場し、それが桑原城を文献上に確認できる最初の記事である。

文明十五年（一四八三）、古来より諏訪上社（現在の諏訪大社上社）の大祝《おおほうり》（現人神）を務め、祭政一致の領主として諏訪を治めてきた諏訪家に内紛が勃発した。大祝には、それを務めている間は諏訪の外に出ることができないという掟があった。そのため祭祀を司る大祝諏訪家と、大祝を退位して武士となった者が政治を司る惣領《そうりょう》諏訪家に分かれていったとされるが、次第に大祝家が惣領家に対抗しようとして争いを重ねてきた末の混乱であった。これに上社と対立していた諏訪下社大祝・金刺興春《かなさしおきはる》も介入し、諏訪全土を巻き込む内乱となった。諏訪上社の神事を司る五つの神官家（五官祝）の一つ、神長官守矢家が残した「守矢満実書留《もりやみつざねかきとめ》」にその顛末が記録されており、その中に金刺興春が高嶋城（茶臼山城）を陥落させ、さらに桑原周辺に火をかけ「高鳥屋城」に入城したという記録があり、この「高鳥屋城」が桑原城であると考えられている。したがって、少なくともこの時代までには城があったと推測できる。

しかし、桑原城が歴史上にその名を知られているのは、何といっても武田信玄の諏訪侵攻による諏訪家滅亡の舞台となったことによる。その様子を残された史料からみてみよう。

【諏訪家と武田家攻防の舞台】 文明十五年に始まる大祝諏訪家と惣領諏訪家の内乱を制したのは惣領諏訪家であった。その立役者は「諏訪氏中興の祖」といわれる諏訪頼満《よりみつ》で、頼満は諏訪下社大祝金刺家を追い落として諏訪を統一したのちは諏訪家の基盤強化と勢力拡大をめざし、隣国甲斐の雄・武田信虎と再三にわたって交戦を繰り返した。一進一退の攻防の末、天文四年（一五三五）に両家は和睦におよび、その証として武田家から信虎の娘・禰々《ねね》が頼満の孫・頼重《よりしげ》（頼満の子・頼隆は早くに死去）の正室に迎えられ、諏訪家と武田家は姻戚関係となった。ところが天文十年、信虎の子・晴信（以後、信玄）が父を追放して武田家の当主となるクーデターを起こすと、諏訪家と武田家の関係が一変する。

信玄は勢力拡大の足掛かりとして隣接する諏訪に目をつけ、諏訪家の一族で惣領家の地位を狙っていた高遠頼継《たかとおよりつぐ》を取り込んで天文十一年、突如として諏訪に侵攻する。義理の兄である信玄のまさかの攻撃に当主・諏訪頼重は対応が遅れ、圧倒的な力の差もあって居城・上原城に火をかけて退却し、桑原城での籠城策を取った。ある晩、戦況の視察のため桑原城から「つるね」と呼ばれた尾根を下る頼重をみた城兵は、総大将の降伏と誤認して逃散し、頼重が城に戻ると残っていたのは一族ら二〇名ほどであったという。頼重は降伏し、甲府に送られて幽閉ののち自害させられ、ここに諏訪家は滅亡したのである。これらの経緯は神長官守矢頼真《よりざね》の書留に克明な記録が残されており、桑原城のことはもちろん、諏訪家滅亡の詳細を知ることのできる貴重な史料となっている。

【城跡の概要】 城跡は、霧ヶ峰からのび下る尾根の先に、やや独立した峰を呈する山頂にある。南東に約二キロ離れた同じ山麓上に諏訪氏の本城であった上原城が位置する。頂部に主郭ⅠとⅡ郭があり、その間は深い堀切《ほりきり》Aで区切られている。主郭Ⅰの東側の周縁には土塁《どるい》が設けられており、眼下の帯《おび》郭《くるわ》とは数メートルの落差を生じ、発達した切岸《きりぎし》となっている。主郭Ⅰの南〜西側にもわずかに地形の高まりがあるため、土塁があったものとみられる。Ⅱ郭は主郭Ⅰの西側に位置し、曲輪の中央部分に南北方向にくぼみをみることができる。これは堀切と考えられるが、曲輪の内部にこのような堀切を設けるのは珍しい例とされている。Ⅱ郭にはさらに南側および西側に小さな曲輪が付随している。

主郭ⅠとⅡ郭の一段下には、北側以外を取り囲むように帯郭がめぐっている。帯郭の北東側の主郭Ⅰ直下には独立した、墳墓のような小さなマウンド状の高まり（B）をみるこ

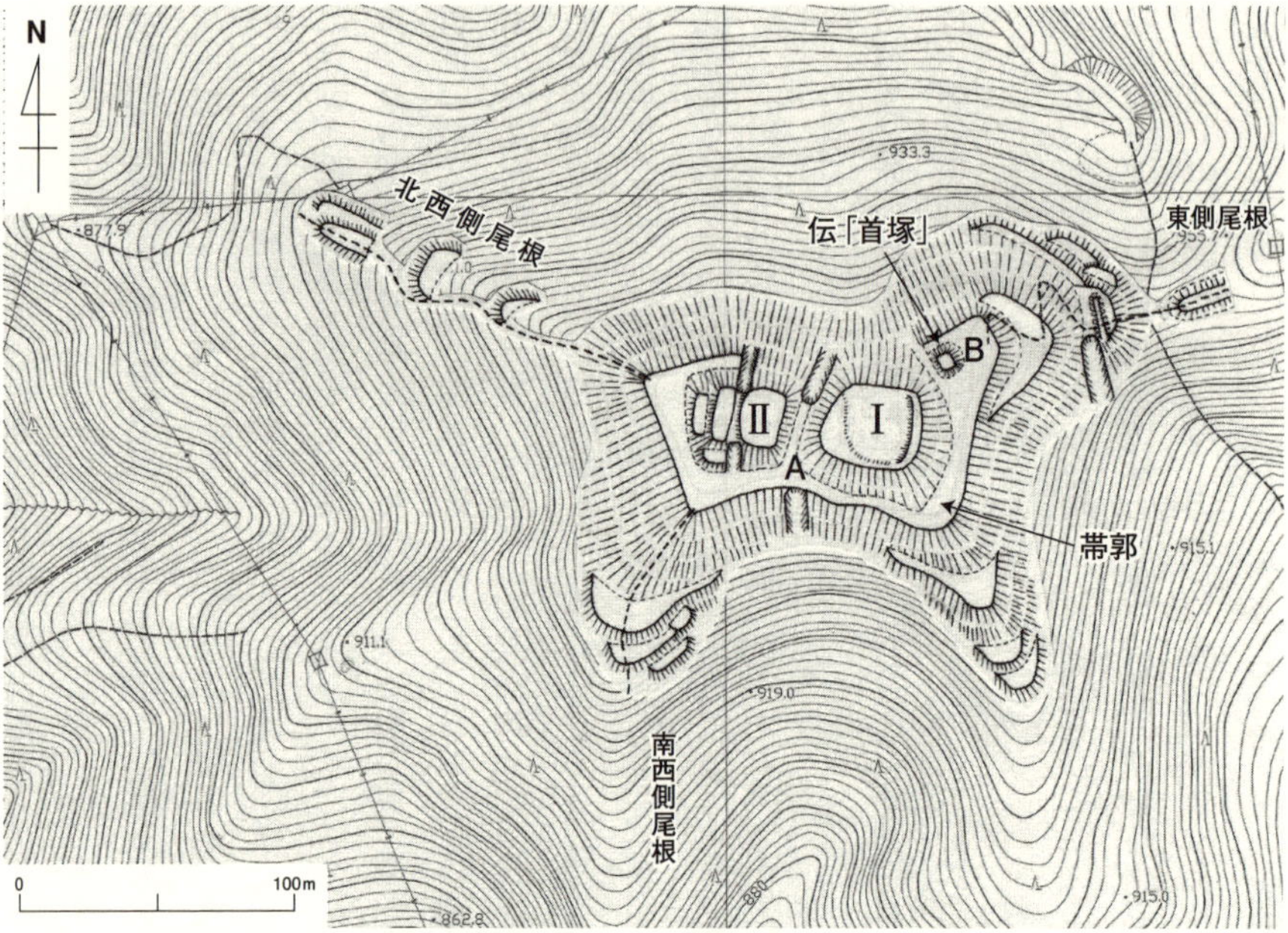

●—桑原城縄張図（中井均原図を参照して，中島透作図）

●—主郭Ⅰ

とができる。あたかも塚のようであり、地元では古くから「首塚」として言い伝えられてきたものであるが、実際に誰かの首を埋葬したというような具体的な伝承はなく、土塁の一部が残存したものとみるのが妥当であろう。

これらの曲輪が桑原城の主たる部分で、ここから放射線状にいくつかの細い尾根がのびており、それぞれ曲輪とみられる若干の平場を確認することができるが、さほど発達したものとは言い難い。ただし北東方向については堀切などの遺構が観察できる。他の部分より念入りな防御施設の構築がみて取れ、独立峰状であるとは言え背後の尾根との遮断を意識した構造となっている。また、南西尾根とその周囲は小規模な平場が階段状に連続するなどの地形が観察できる。多くは後世の耕地によるものとみられるが、一部についてはその複雑さから城跡に関係のある遺構として、この尾根を登城口とする見解もある。ちなみに諏訪頼重が戦況視察に出たという「つるね」は北西側尾根だと考えられている。

【その後の桑原城】　諏訪家滅亡後、諏訪は武田家の支配地となり、諏訪家の本拠地であった上原城には郡代《ぐんだい》と呼ばれた代官が置かれてしばらくは諏訪統治の中心となったが、天文十八年に上原から約三キロほど北西の、諏訪湖にほど近い岡村の地へ拠点が移された。この間、桑原城については武田家統治下で特に使われた形跡がないため、諏訪家滅亡とともにその役割を終えたものと思われる。

●—堀切A

【諏訪頼重ゆかりの寺院】　なお、桑原城から南東の、茅野市との境近くにある神戸《ごうど》地区に神向山頼重院という寺院がある。名前の通り、諏訪頼重の菩提を弔う寺で、もともとは大正院といい、甲府で自害した頼重の遺髪を持ち帰って供養塔を建て、頼重院と寺名を改めたと伝えられている。境内に角柱状の石塔が建っており、大正九年（一九二〇）に台風でこの石塔が倒れ、中から石製の宝篋印塔《ほうきょういんとう》が現れた。これが頼重の供養塔とされるものである。石塔はあたかも宝篋印塔を隠すように作られた覆塔で、武田の目をはばかってこのような形にしたのだとも言われている。供養塔は諏訪市有形文化財に、境内は諏訪市史跡に指定されている。

【現在の城跡】　現在では、上原城とともに諏訪氏ゆかりの城跡として長野県史跡に指定されている。城跡の南北から北東尾根で合流する登城路が整備され、見学の便が図られている。主郭Ⅰおよび Ⅱ郭からは南東方向に諏訪氏の本城・上原城を見通しつつ、諏訪湖から諏訪大社上社にかけての諏訪盆地一帯を見渡すことができ、諏訪家・武田家の攻防の歴史に思いをはせてはいかがだろうか。

【参考文献】　諏訪市教育委員会『諏訪高島城』（一九七〇）、浅川清栄責任編集『図説　高島城と諏訪の城』（郷土出版社、一九九五）、宮坂武男『図解山城探訪　諏訪編』（長野日報社、一九九五）

（中島　透）

●諏訪湖に浮かぶ全国屈指の水城

高《たか》島《しま》城《じょう》

〔諏訪市指定史跡〕

〔所在地〕諏訪市高島
〔比　高〕四メートル
〔分　類〕平城（水城）
〔年　代〕文禄元年（一五九二）
〔城　主〕日根野氏、諏訪氏
〔交通アクセス〕JR中央本線「上諏訪駅」下車、徒歩二〇分。

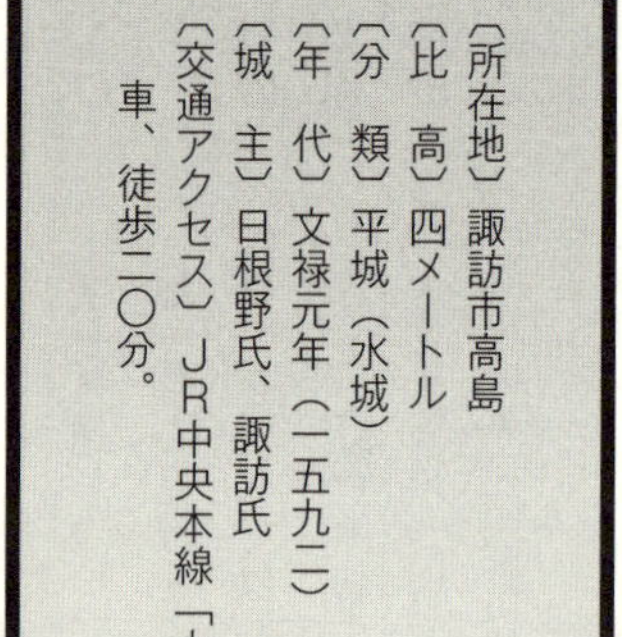

南信

【高島城前史】　七年に一度の御柱祭《おんばしらさい》で知られる諏訪大社が鎮座する信州諏訪地方は、古くからその諏訪社の現人神としてあがめられた大祝《おおほうり》の血筋である諏訪家が諏訪を治めていた。しかし天文十一年（一五四二）、姻戚関係を組んでいた隣国甲斐国の武田晴信（信玄）から突然侵攻を受け、時の諏訪家当主・諏訪頼重《よりしげ》は武田家に降伏して自害し、諏訪家は一時その支配権を失った。その武田家も信玄の後を継いだ武田勝頼が天正十年（一五八二）織田信長に攻められて滅亡し、諏訪は織田家の支配地となるが、その三ヵ月後に信長が本能寺の変で斃れ、諏訪はまたしても支配者を変えることとなった。天正十八年、諏訪は豊臣秀吉の領地となり、秀吉配下の武将の一人である日根野高吉《ひねのたかよし》に宛行《あてが》われた。その石高は二万七〇〇〇石という。日根野は諏訪湖畔の島状地形に目をつけ、そこにあった「高島」という村落を移転させて築城に取りかかった。文禄元年（一五九二）から工事が始まり、慶長三年（一五九八）頃おおむね完成したと考えられている。これが高島城である。

【もう一つの高島城】　実はこれ以前に高島城という城は別にあった。諏訪が武田家の支配下にあった時期に、諏訪統治の拠点をそれまでの上原城（現茅野市）から諏訪湖にほど近い岡村（現在の諏訪市上諏訪）に移転させ、城を整備した。これが高島城と呼ばれていた。それは諏訪湖東岸の丘の上、現在の茶臼山地籍であったとされている。したがって現在では日根野氏築城の高島城と区別して「高嶋城」と呼ばれること

●―高島城復興天守

が多い。織田信長の時代には諏訪は河尻秀隆《ひでたか》に与えられ、河尻が派遣した弓削《ゆげ》重蔵が高嶋城にいたが、本能寺の変のとき、武田の家臣団に組み込まれていた諏訪の旧臣たちが蜂起して高嶋城の弓削を追放し、頼重の叔父・満隣《みつちか》の子で諏訪上社大祝であった諏訪頼忠《よりただ》を主君として迎え入れ、諏訪家は復活した。頼忠は徳川家康に服従して諏訪を治めたが、家康の関東転封に伴って武蔵国（現埼玉県）に移り、代わって諏訪に入って来たのが日根野高吉だったというわけである。

【高島城の特徴】

高島城は諏訪湖畔の島状地形を利用して築かれている。諏訪湖と、湖に流入する河川を堀に取り込み、城の周囲は水に囲まれた「水城」であった。日根野はここに大きく四つの郭を直線的に並べた、いわゆる「連郭《れんかく》式」の縄張を取り入れ、城下町とはたった一本の細い道のみでつなぐという独特の形態を作り上げた。したがって、城の中枢部へは一つ一つ曲輪を攻略して進むしかなく、難攻不落の堅城であった。

その曲輪を順にみていくと、城下町から続く細い道（縄手）を進んで大手《おおて》門に達する。この縄手の両脇にははじめヤナギが植えられていた（のちケヤキに変わった）。大手門をくぐると現在「衣之渡郭《えのどぐるわ》」と呼ばれる最初の郭になる。ここには内海櫓《うつみやぐら》と呼ばれる二層の櫓一基と重臣の屋敷があった。堀の役目を果たす衣之渡川を渡ると三の丸に入る。ここには藩主の私的な空間である三之丸御殿が東半分を占め、諏訪湖側の西側には千野《ちの》家など重臣たちの屋敷があった。特に千野家は諏訪家の分流で古来より諏訪家を支えた名家で、高島藩では家老を務めた。三之丸御殿の敷地内には藩主が趣味を楽しんだ「八詠楼《はちえいろう》」という楼閣や、江戸後期には備荒貯蓄のための倉庫である「常盈倉《じょうえいそう》」が建てられた。やはり堀の役割を果たした三之丸川（現在の中門川）を渡ると二の丸に入る。ここには御作事《さくじ》屋や銭蔵など藩の役所関係の施設や初代藩主の弟で家老を務めた諏訪家の屋敷があった。この諏訪家はのちに三の丸の家老千野家と藩政の主導権を巡って争い、

「二之丸騒動」と呼ばれた御家騒動に発展した。結果、二の丸の諏訪家は敗北して取り潰しとなり、跡地に藩校長善館が建てられた。高島城では数少ない人工的な堀を渡ると本丸である。本丸のみ、他の郭より著しく高い石垣を北~東面に築き、その北西隅に三層の天守がそびえていた。また、北東から東面にかけて二層の櫓を三基設け、それらは多門で繋がれていた。本丸内部には本丸御殿があり、藩政の役所や藩主の儀式、生活の場となっていた。

本丸の南東側に単独の曲輪が突出するように置かれていた。「南之丸」といい、おそらく高島城の中でもっとも独特な歴史を有する曲輪である。というのも、高島藩は江戸幕府の罪人を預かる役目を何度か務めており、その流されてきた罪人が住まう曲輪であったからである。そのもっとも代表的な人物は、徳川家康の六男・松平忠輝《ただてる》と、高家吉良家の最後の当主・吉良義周《よしちか》であろう。松平忠輝は今なおさまざまな説が取りざたされるが徳川秀忠との不和により越後高田六〇万石を没収され、最終的にこの諏訪に来て九二歳で大往生を遂げた。吉良義周はいわゆる忠臣蔵で有名な赤穂浪士吉良邸襲撃事件の際に奮戦するも幕府の裁定で吉良家は取り潰しとな

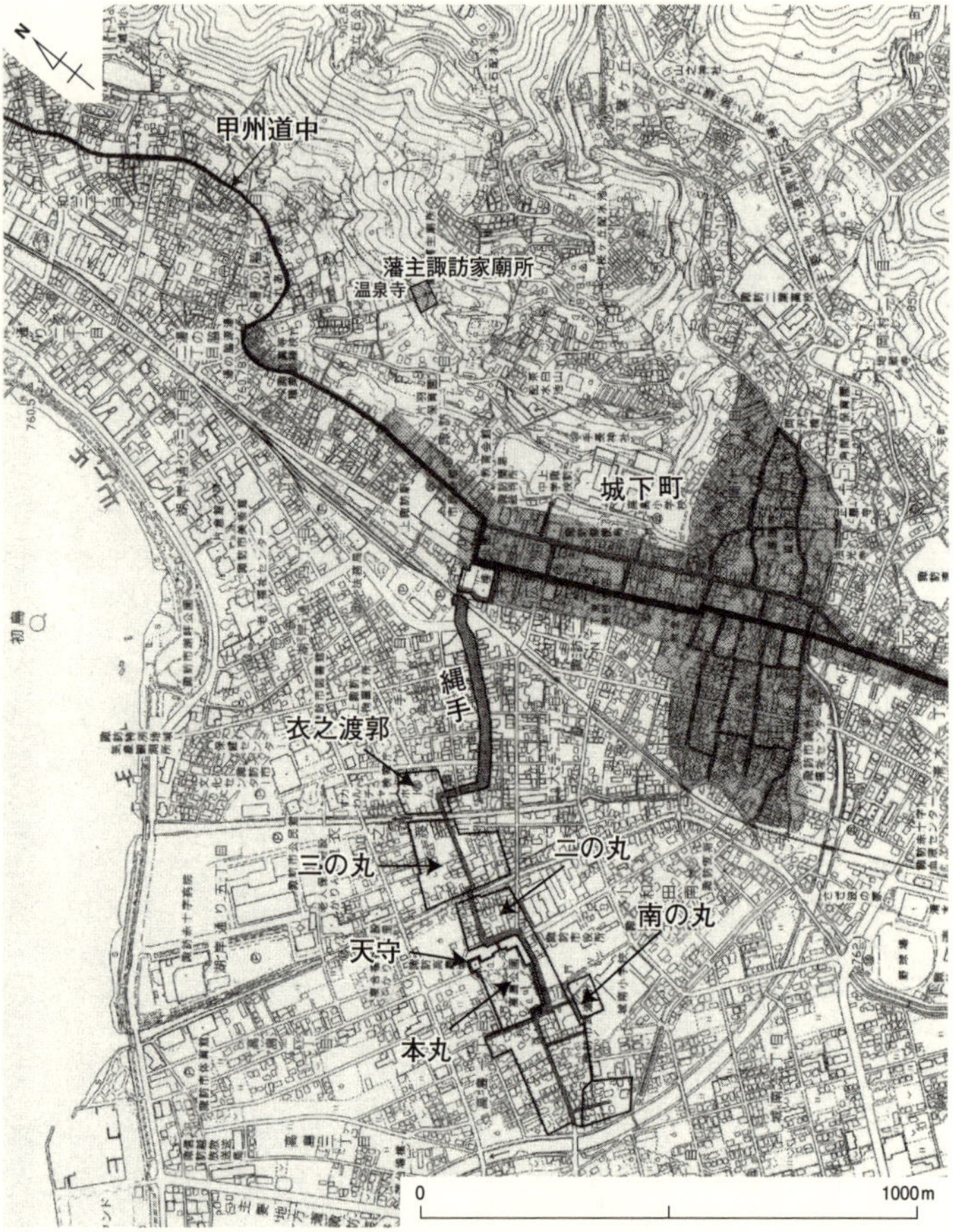

●—江戸時代後期の高島城および城下町範囲図（作図：中島 透）

り、失意のうちに二一歳でここ南之丸で死去した。赤穂事件の最大の犠牲者といってよいだろう。

本丸の南側（島崎）は藩の中～上級の藩士の屋敷地だった。その中の一軒（志賀家住宅）が現在も残っており、城下唯一の貴重な武家住宅として諏訪市有形文化財となっている。

高島城の大きな特徴の一つに、屋根のことがある。通常城郭建築の屋根は瓦葺きが多い中、高島城は主要な建築は柿《こけら》葺きであった。これは諏訪で瓦が生産できなかったとか、諏訪湖畔の軟弱地盤で瓦が使えなかったとか言われるがはっきりしたことはわからず、今後の研究課題でもある。

【城下町の構造】 城下町は上原城下から商人などを移転させて高島城の東側に設けられた。高島城周辺は湖や湿地であることから山麓側のこの一帯が適地となったものとみられ、北西―南東に細長く、城とは縄手一本で繋がるのみという独特な形態になっている。のちに甲州道中上諏訪宿としての機能も有した。町の中心部に寺院を集中させ、武家屋敷は城内の島崎のほか、現在の本町～湯の脇地区に設けられた。この城下町がそのまま現在の諏訪市上諏訪地区に引き継がれている。

【その後の高島城】 日根野高吉は慶長五年（一六〇〇）に死去し、跡を息子の吉明《よしあきら》が継いだが同年の関ヶ原の合戦後、下野国（現栃木県）に転封となった。その後諏訪を与えられ高島城に入ったのが、そのとき上野国総社（現群馬県）にいた諏訪頼忠・頼水親子であった。ここに諏訪家は本願の地に復活を果たし、以後変わることなく明治維新まで諏訪家が諏訪を治めた。

日本の城郭史上に異彩を放った高島城は明治維新後、順次破却され、本丸が公園として開放された以外は市街地と化した。昭和四十五年（一九七〇）に天守と本丸門（冠木門《かぶきもん》）、隅櫓の一基などが復興され、天守の外観は古写真をもとに再現された。内部は資料館となっており、高島城や高島藩に関する資料を見学できる。本丸は諏訪市史跡となっているほか、縄手は現在もケヤキ並木が残り、当時の面影をしのぶことができる。また城下の温泉寺は藩主諏訪家の菩提寺で藩主の墓所があるほか、本堂は城内にあった能舞台を、山門は城門を移築したもので諏訪市有形文化財となっている。藩主墓所は平成二十九年（二〇一七）に国史跡に指定された。南の丸で過ごした松平忠輝の墓が城下の貞松院《ていしょういん》に、また吉良義周の墓は諏訪大社上社の近くの法華寺《ほっけじ》にある。

【参考文献】 諏訪市教育委員会『諏訪高島城』（一九七〇）、浅川清栄編『図説　高島城と諏訪の城』（郷土出版社、一九九五）、宮坂武男『図解山城探訪　諏訪編』（長野日報社、一九九五）（中島　透）

●国人領主、諏訪氏の本城

上原《うえはら》城《じょう》・板垣平《いたがきだいら》

〔県指定史跡〕

〔所在地〕茅野市ちの上原
〔比　高〕一三〇メートル
〔分　類〕山城
〔年　代〕文明元年（一四六六）頃〜天正十年（一五八二）
〔城　主〕諏訪信満・政満・頼満・頼隆・頼重
〔交通アクセス〕JR中央本線「茅野駅」下車、アルピコ交通バス岡谷行「頼岳寺下」下車（平日のみ運行）。主郭まで徒歩約1時間。主郭近くに駐車場有。車での登城がお勧め。

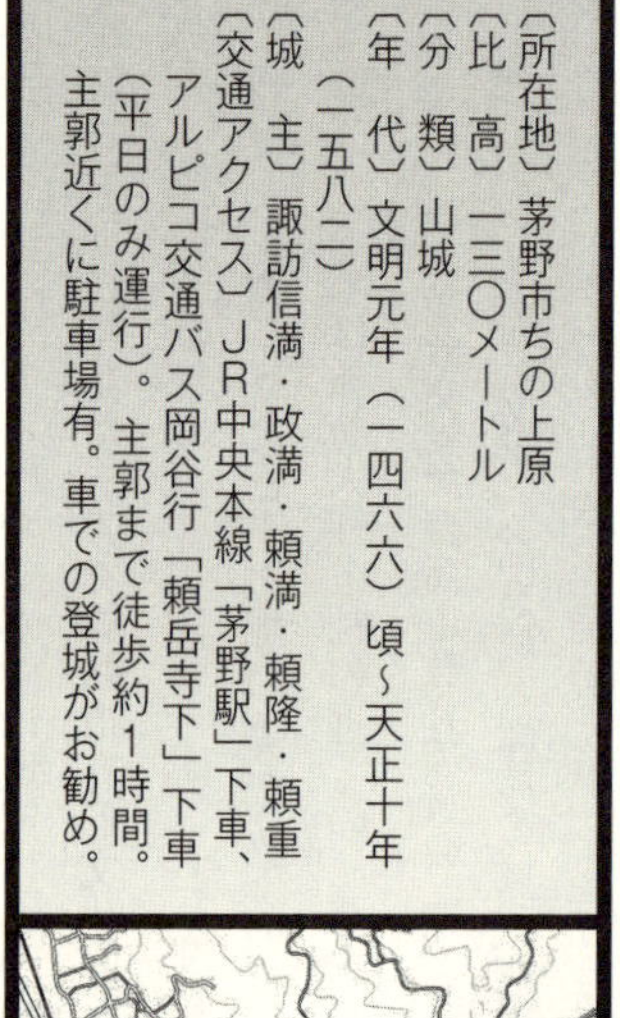

【上原城とその周辺の環境】　長野県のほぼ中央にある諏訪盆地。盆地の多くを長野県最大の湖である諏訪《すわ》湖が占めるこの地を囲む尾根に上原城はある。上原城は永明寺《えいめいじ》山から西側（諏訪盆地側）にのびた尾根の頂部に立地し、諏訪盆地一帯を治めた諏訪総領家の本城として、また諏訪家滅亡後は武田氏の信濃支配の拠点的城郭として重要や役割を担った城である。城からは、眼下に居館（板垣平）と城下が臨め、諏訪盆地や戦国時代に武田信玄が領有した甲斐方向を一望できる。

【諏訪氏の本拠としての上原城】　諏訪大祝《おおほうり》家の記録（『守矢《もりや》満実書留《みつざねかきとめ》』）には、文明元年（一四六六）に諏訪総領家の諏訪安芸守信満《のぶみつ》が諏訪大社下社の御頭役をつとめた記載があることから、諏訪氏は少なくともその頃には上原の地に居住していたと考えられる。しかし、上原城の築城時期を示した文献史料は確認されておらず、諏訪信満段階に上原城が存在したか否かは不明である。『守矢満実書留』によれば、文明十五年に上原城の諏訪総領家と干沢《ひざわ》城の諏訪大祝家で内紛が勃発し、他地域を治める国人《こくじん》領主・土豪層を巻き込み一族内で衝突を繰り返した。その結果、上原城の諏訪総領家が諏訪盆地一帯を治めることとなったが、その状況下に姻戚関係にあった甲斐の武田晴信（以下、信玄）が諏訪に侵入するのである。

信濃支配を目指す信玄は、天文十一年（一五四二）に諏訪に侵入して上原城を攻めた。時の諏訪家当主であった諏訪頼《より》重《しげ》は城に火をかけて約二キロ北西にある桑原城に移ったため、武田氏はそれに乗じて城下に放火した。頼重は桑原城で降伏

●—上原城遠景（写真右下外側に板垣平がある）

した後、武田氏の本拠である甲府に連行された。幽閉された後に自刃した。名門諏訪家はここに滅亡したのである。諏訪の地が支配領域となった信玄は、上原城を改修し、城代として家臣の板垣信方《のぶかた》を入れる。武田家家臣駒井高白斎《こうはくさい》の日記

●—諏訪大祝家の本拠と伊那郡への交通路（杖突峠）を臨む

（『高白斎記』）には、天文十三年に板垣信方は屋敷を普請したことが記載されている。上原城の麓には「板垣平」と呼称されている広大な平場があるが、そこを普請したと考えられる。上原城は信濃支配の拠点的城郭として重要な役割を担うが、後にその機能は天文十八年に築城された高嶋城に移る。

●—主郭Ⅰの近くにある「物見石」（写真右側は金毘羅神社）

天正十年（一五五八）、織田信長・信忠《のぶただ》は甲斐の武田攻めに際して信濃に侵攻する。同年二月に本拠の新府《しんぷ》城から出撃して諏訪に入った武田勝頼は上原城を陣城《じんじろ》として利用するが、家臣穴山梅雪の離反の知らせを受け、新府城に撤退した。同年三月の武田氏滅亡後は廃城となったと考えられる。

【上原城の構造】　上原城は①尾根頂部にある城郭部分、②麓の居館跡（板垣平）、③居館跡の眼下に広がる城下、以上三要素で構成されている。

城郭部分は、標高九七八メートルの尾根頂部に主郭Ⅰがある。主郭Ⅰの縁辺には北・東・南の三方に土塁Aが築かれており、西方（諏訪盆地側）に虎口《こぐち》Bがある。主郭Ⅰの南西側には、物見石《ものみいし》と呼ばれている巨大な石と金毘羅神社がある。物見石は享保十八年（一七三三）につくられた『諏訪藩手元絵図』に描かれている。物見石に登ると、城の存続時はここが物見台としての役割を果たしていたことが容易に想像つく。主郭Ⅰの北側斜面には、階段状に数多くの曲輪が築かれており、「理昌院平《りしょういんだいら》」と呼ばれている曲輪がある。「理昌院」とは、初代高島藩主諏訪頼水の母（理昌院）の名であることから、曲輪の名称は廃城後につけられたものであろう。これら主郭Ⅰとその周辺の曲輪を、永明寺山方向から防御するために掘られたものが堀切《ほりきり》Cである。この堀切は大規模で、南側斜面では堀切Dと収斂して垂下している。主郭の南東斜面には、諏訪の城ではあまりみられない畝状竪堀群《うねじょうたてぼり》Eがある。これら堀切などの配置から、上原城は、永明寺山方向を防御の要点としていることがわかる。

【板垣平と城下の発掘】 居館跡は、現在「板垣平《いたがきだいら》」と呼ばれている平場で、南北約一七〇メートル、東西約一二〇メートルと広大である。板垣平とその周辺の地形を比較すると、山側を掘削して造り出された平場であることが容易に推測される。板垣平と主郭Ⅰとは一三〇メートルの比高差があり、板垣平から主郭Ⅰに向かう山道は、登城道と推定されている。板垣平には、南

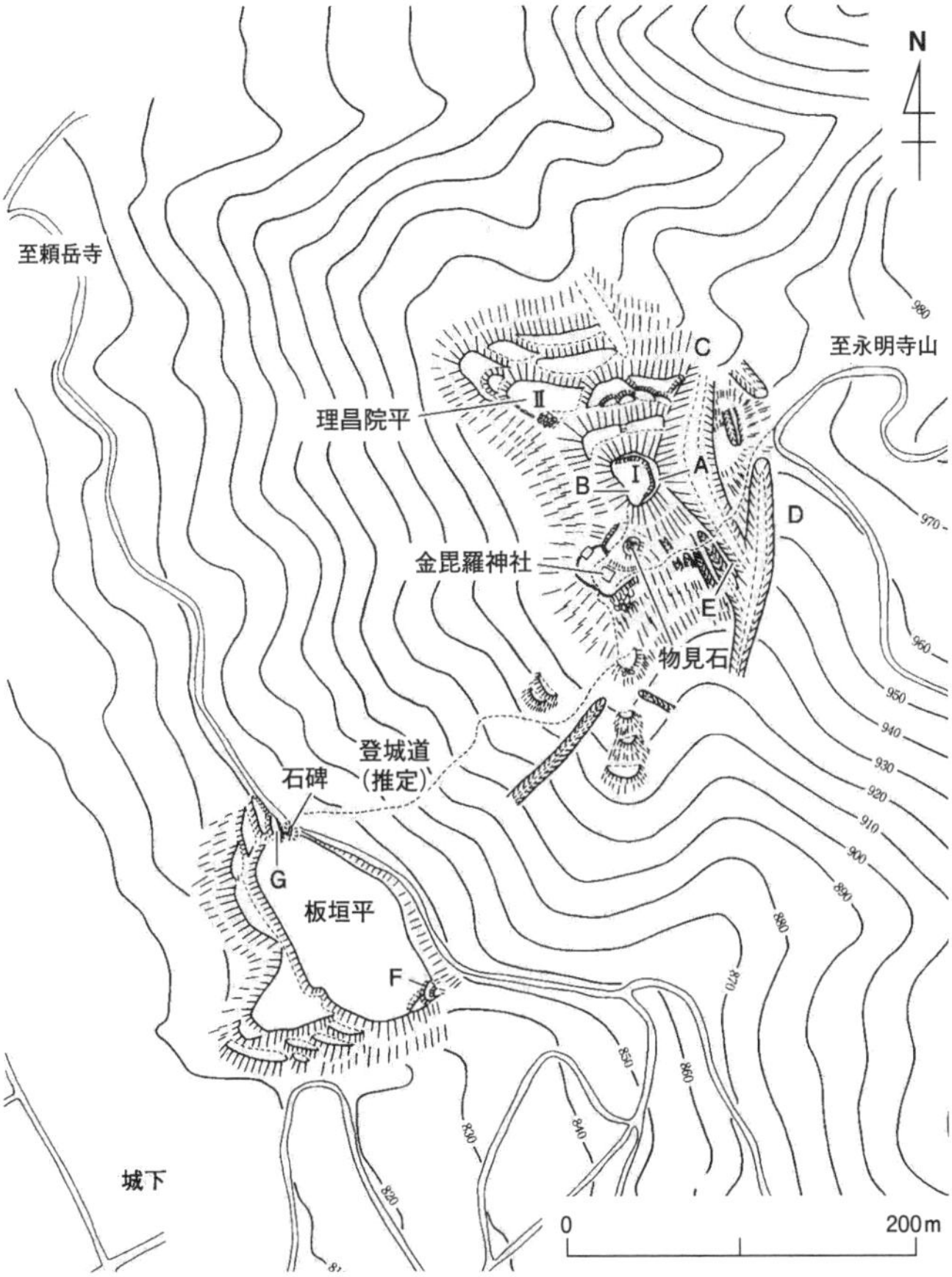

●—上原城縄張図（作図：河西克造ほか 2013）

●—板垣平（写真中央上に諏訪盆地がみえる）

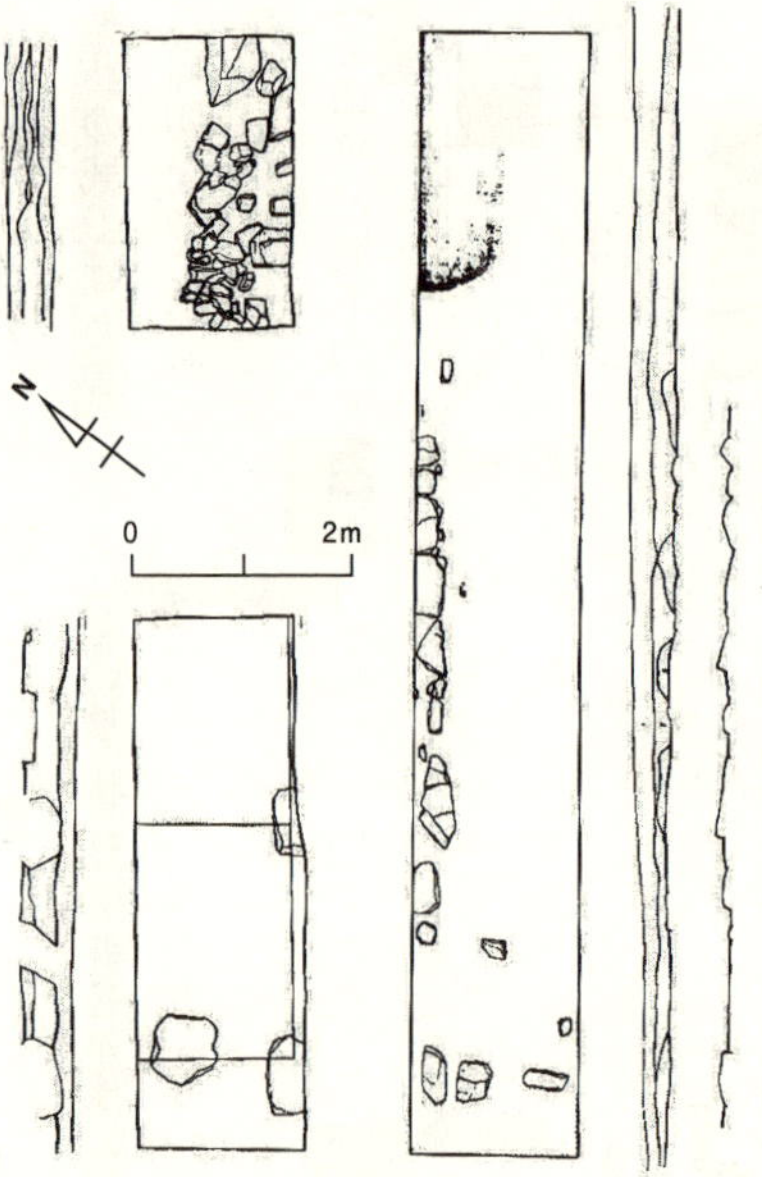

●—板垣平の遺構分布図（茅野市教育委員会 1991）

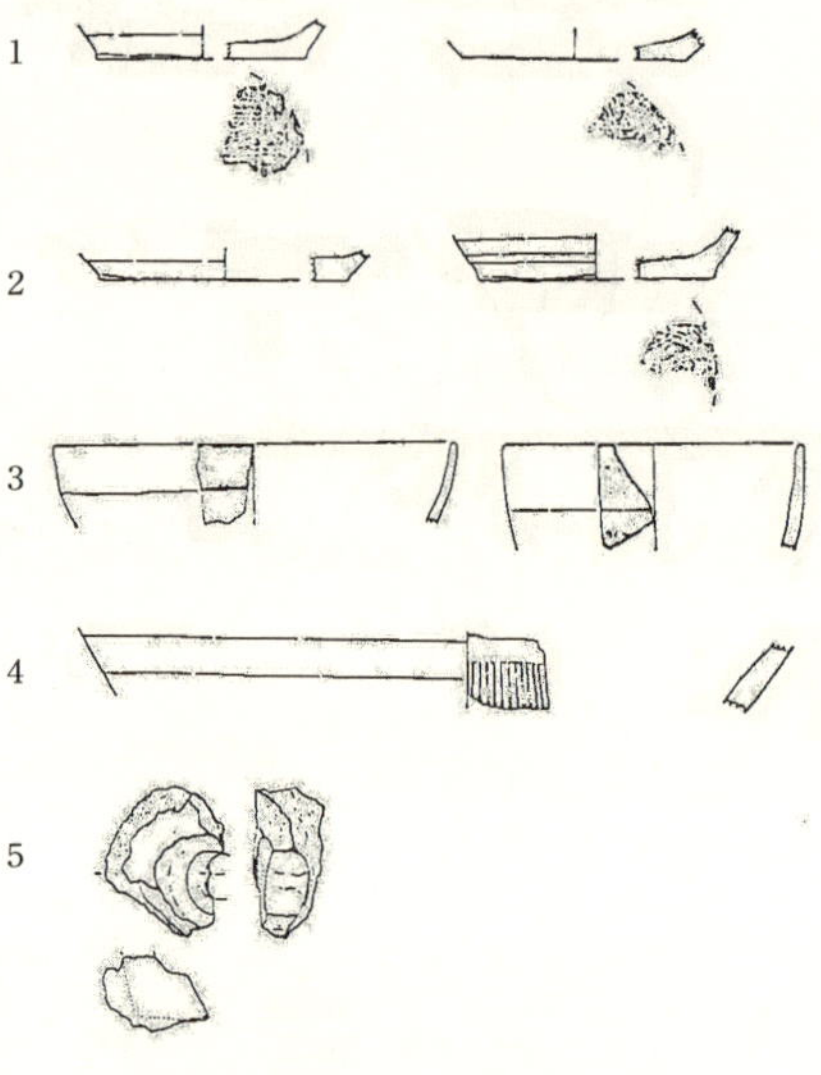

（上から，土師器1・2，天目茶碗片3，すり鉢片4，羽口5）

●—板垣平から出土した遺物（茅野市教育委員会 1987）

東隅に土塁《どるい》Eが残る。また「上原城諏訪氏館跡」と刻まれた石碑が建つ北西側には土塁の痕跡Gが残っており、地形と城郭全体の構造から、この場所に虎口《こぐち》があったものと考えられる。板垣平からは、眼下（上原地籍）に城下が一望できる。

この板垣平では昭和五十七年（一九八二）と平成二年（一九九〇）に調査が行われており、両調査で造成層を挟み二面の生活面と遺構が確認されている。地表面の区画や遺構配置、天目《てんもく》茶碗やすり鉢、羽口《はぐち》などの出土遺物などから、礎石《そせき》建物跡を主体とした上層の遺構は武田氏段階、掘立柱建物跡を主体とした下層の遺構は諏訪氏段階のものと理解されている。『高白斎記』に記載されている板垣屋敷の普請が考古学的に証明されたと言えよう。

板垣平の眼下には、上原城下（上原城下町遺跡）が展開する。城下には、上原城の裾から上川方向に直線的な街路（小路）が並走しており、最近の発掘調査では、近世と中世の遺構・遺物が発見されている。特に城下のなかでも微高地状に高い場所からは、最大幅九メートル、深さ一・四メートル（ともに検出面で計測）の一五世紀後半以降の堀が発見された。

先に引用した『守矢満実書留』には、「五日まち十日町上原まちほりまわり」の記載が確認される。この「ほり」は戦国城下に存在する総構《そうがまえ》的な性格を持つ堀であるか、もしくは城下のなかに存在する複数の「町」もしくは「屋敷地」を区画する性格を持つ堀であるかは、現時点では推測の域を出しない。発見された堀は、この「ほり」の性格を考えるうえで興味深いものである。しかし、今後上原城下町遺跡で確認されている中世遺構を巨視的にみることで、諏訪氏段階もしくは武田氏段階における城下の実像が明らかになるものと考えられる。

●—上原城下の遺構分布図（茅野市教育委員会 2009 に加筆）

【上原城の城郭としての意義】 諏訪の歴史（中世史）を紐解くうえで、上原城は不可欠な城である。諏訪地域、ひいては県内においても城郭と居館がセットで構成され、その構造が分かる城は少ない。加えて、両者が良好に残ることから、上原城は貴重な城であることに間違いない。

【参考文献】茅野市『茅野市史』中巻 中世・近世（一九八七）、茅野市教育委員会『上原城下町遺跡―詳細分布調査報告書―』（一九九一）、河西克造「上原城」『図説高島城と諏訪の諸城』（郷土出版社、一九九五）、茅野市教育委員会『上原城下町遺跡Ⅲ―平成二十年度茅野市上原公民館建設に伴う緊急発掘調査報告書―』（二〇〇九）、河西克造「上原城」『長野の山城ベスト五〇を歩く』（サンライズ出版、二〇一三）

（河西克造）

●諏訪上社大祝諏方氏の城

干《ひ》沢《ざわ》城《じょう》

〔茅野市指定史跡〕

〔所在地〕茅野市宮川安国寺
〔比　高〕約八〇メートル
〔分　類〕山城
〔年　代〕一五世紀～一六世紀前半か
〔城　主〕諏方氏、武田氏?
〔交通アクセス〕ＪＲ中央本線「茅野駅」から徒歩四〇分。中央自動車道諏訪ＩＣから車で五分。

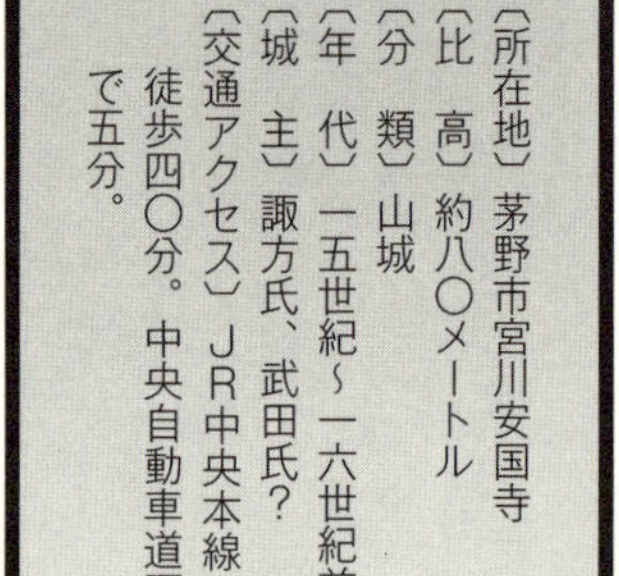

【立　地】　干沢城は、伊那山地の北端にある守屋山から伸びる尾根に作られている山城である。諏訪大社上社前宮の南側に位置する。南側には、現在、国道一五二号線が通っており、杖突峠をへて伊那市高遠へ続いている。北東側に県道岡谷―茅野線が走っており、北方面は諏訪市の西側をへて岡谷へ、南方面は、国道二〇号線と合流して、山梨方面に至る。干沢城の北東側正面には、上原城（茅野市ちの）がある。

【文献にみられる干沢城】　干沢城は、文献史料にみられる城郭である、初見は、『守矢《もりや》満実《みつざね》書留《かきとめ》』（守矢文書）応仁元年（一四六七）十一月二十二日条である。ここでは「次□□精《しょう》進《じん》屋《や》ハ干沢介二郎カ所、御左口神礼一貫文、」とみえる。諏訪上社の神事のためにつくられる精進屋を「干沢介二郎」という人物の所に作るということであるが、干沢城か近辺に居住していた人物であろう。次にみられるのは『守矢満実書留』文明十五年（一四八二）一月十五日条である。上社の大祝であった諏方氏は、一五世紀前半に、上原・桑原（諏訪市四賀）を拠点とする諏方惣領家と大祝諏方家に分裂したと考えられる。

一五世紀前半には両者の間には争いがあったが、おおむね関係は良好だったようだ。しかし、文明十五年一月八日に、大祝諏方継満が惣領諏方政満を、大祝《おおほうり》の居館である前宮の「神殿《ごうどの》」で殺害してから、諏訪地方は戦乱状態となった。

惣領方は、大祝諏方継満《つぐみつ》を攻めたが、一月十五日に、継満が「干沢城上給」とあり、干沢城に籠もったことが記されて

●—干沢城遠景

いる。二月二日には、精進初《しょうじんはじめ》という神事が干沢城中で行われた。非常時であっても大祝継満は神事を挙行した。二月十九日夜の寅刻《とらのこく》（午前四時頃）に大祝継満が籠城していた干沢城を、惣領方の人々が攻撃した。継満は、伊那（高遠か）を目指して、落ちのびたが、卯刻《う》（午前六時頃）に雨が降り、寒風が吹いたため、老人や女性・子供は、凍死したという。

高遠諏方氏は、南北朝期に諏方家から分かれたと考えられており、継満の妻は高遠諏方（以下「高遠」）継宗の妹だったので、頼ったようだ。

翌文明十六年五月三日には、諏方継満が、高遠継宗《たかとおつぐむね》と小笠原政貞《まささだ》・知久《ちく》・笠原《かさはら》とともに、杖突峠《つえつき》を越えて「磯並前山」に着陣し、片山古城を取り立てた。それに対して、惣領方は、干沢城に籠もったとある。結局、継満は上社大祝に復帰できなかったようである。

大祝継満が、まず、干沢城に籠もったのは、大祝居館のある神殿から最も近い城であり、もともと、大祝が避難する城郭として設定されていたためだろうか。

また、文明十六年に干沢城に籠もらなかったのは、前宮が惣領方の手中に収められていたからだと考えられる。

【発掘調査の成果】　発掘調査を行ったのは、Ⅱ郭に当たる場所である。検出された遺構は方形竪穴三基・土間状遺構・柱

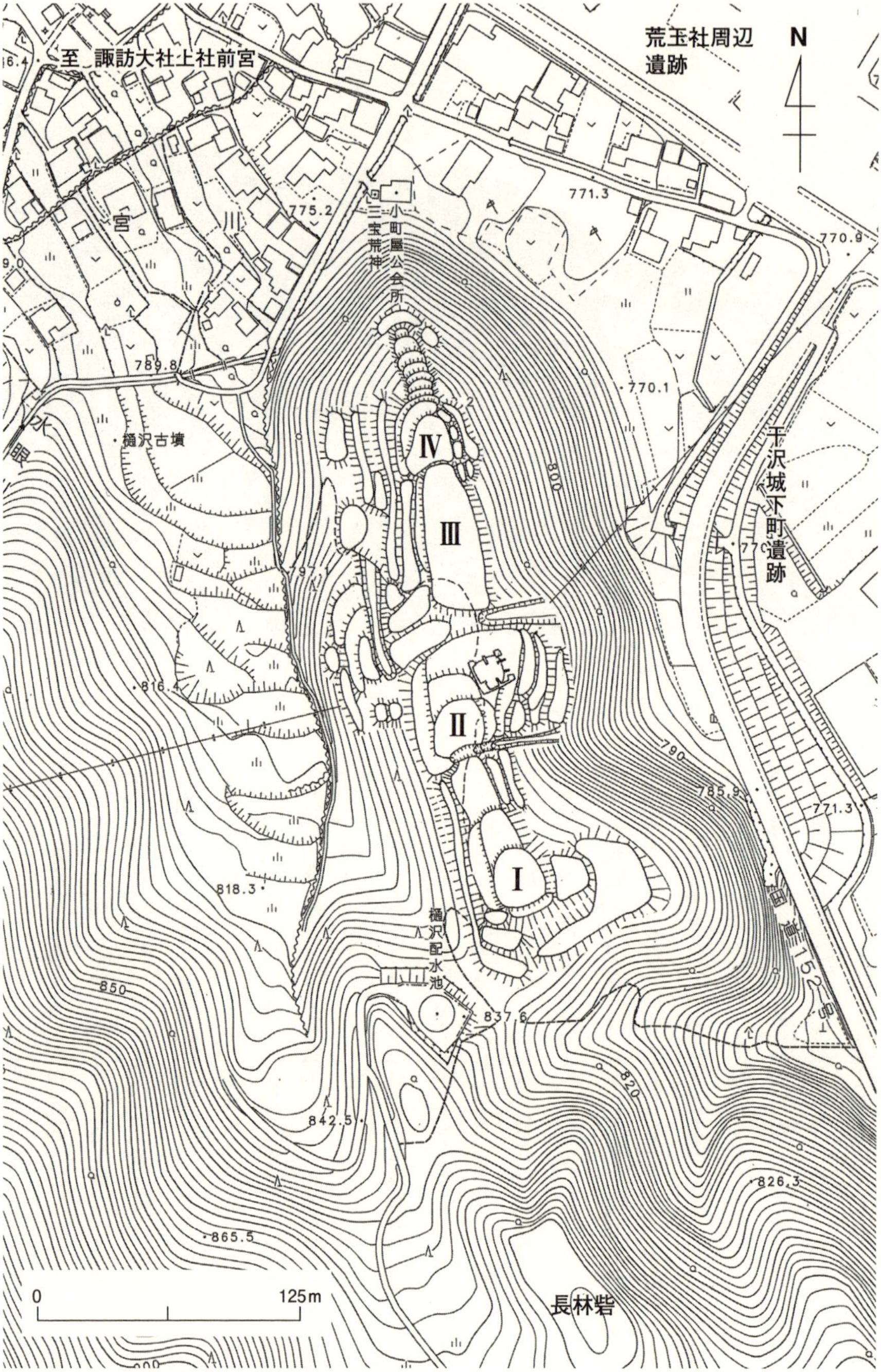

●—千沢城縄張図（作図：柳川英司）

穴状の土坑三二基である。造成が大規模に行われており、尾根を削り、谷を埋めた跡を確認することができた。また、貿易陶磁器や国内産陶器、かわらけ、土器、瓦器が出土した。土器の大半は内耳《ないじ》土器であるが、銅を溶かすために使用されたと考えられる坩堝《るつぼ》が出土している。遺物の時期は、一二世紀後葉～一六世紀前葉である。中心は一五世紀だが、一六世紀前半の瀬戸産の端反皿が出土している。この遺物により干沢城は、一五世紀前半に大規模に普請されていた可能性がある。

【干沢城の構造】 干沢城は、主郭Ⅰ・Ⅱ郭・Ⅲ郭・Ⅳ郭が竪《たて》堀《ぼり》により区切られ、南北に配列されている。南側の尾根の頂部が主郭Ⅰである。主郭Ⅰの標高は八三二・四メートルで、東側の平坦面の比高差は、六〇～八〇メートルである。干沢城と谷を挟んで南西側には長林砦があるとされている。干沢城の全長は南北約五五〇メートル、幅は約一六五メートルであり、諏訪地方では大規模な山城である。

【周辺の遺跡】 干沢城は諏訪上社前宮に隣接しているため、遺跡周辺には諏訪上社に関連する遺跡が多く分布する。また、室町時代には、干沢城付近に信濃安国寺が創建されたことが推定され、安国寺関連の遺跡の存在が考えられる。『守矢頼実書留』天文十一年（一五四二）七月二日条に「安国寺の門前大町」とあり、「大町」という「町」が存在していたことがわかる。

干沢城の周辺の遺跡として、前宮遺跡・干沢城下町遺跡・荒玉社《あらたましゃ》周辺遺跡がある。このうち、干沢城下町遺跡と荒玉社周辺遺跡は、大規模な発掘調査が行われ、中世の遺構・遺物が検出されている。

干沢城下町遺跡は、干沢城の東側直下にある。遺構として掘立柱建物跡・礎石建物跡・方形竪穴・井戸跡・溝跡などが検出されている。遺物もカワラケを中心とし、瀬戸美濃製陶器・中国製陶磁器が数多く出土している。さらに、湿地帯のため、木製品も数多く出土し、漆器・曲物・箸・折敷・下駄・人形・木製卒塔婆《そとうば》などが出土している。礎石建物跡は、方三間であり、宗教施設の存在が予想される。また、建物の前面には、庭園の池らしき遺構が検出された。

荒玉社周辺遺跡は、北東側に広がる遺跡である。干沢城下町遺跡から荒玉社周辺遺跡にかけて、多くの井戸跡や掘立柱建物跡が多く出土しており、古文書にみられる「大町」の跡であると考えられる。また、礎石建物址が七棟検出されており、特殊な場所であったことが考えられる。礎石建物址周辺には数ヵ所のカワラケ溜まりが検出されており、神事ないしは饗膳《きょうぜん》が行われていたことが考えられる。おそらく宗教施設か、有力者の屋敷の跡ではないかと考えられる。

干沢城下町遺跡と荒玉社周辺遺跡は、出土した陶磁器から、一三世紀中頃から一六世紀前半の遺跡と考えられる。遺物が増加するのは、一四世紀後半であり、この頃から、干沢城周辺は発展し、文明十五年の争乱により、衰退したと考えられる。

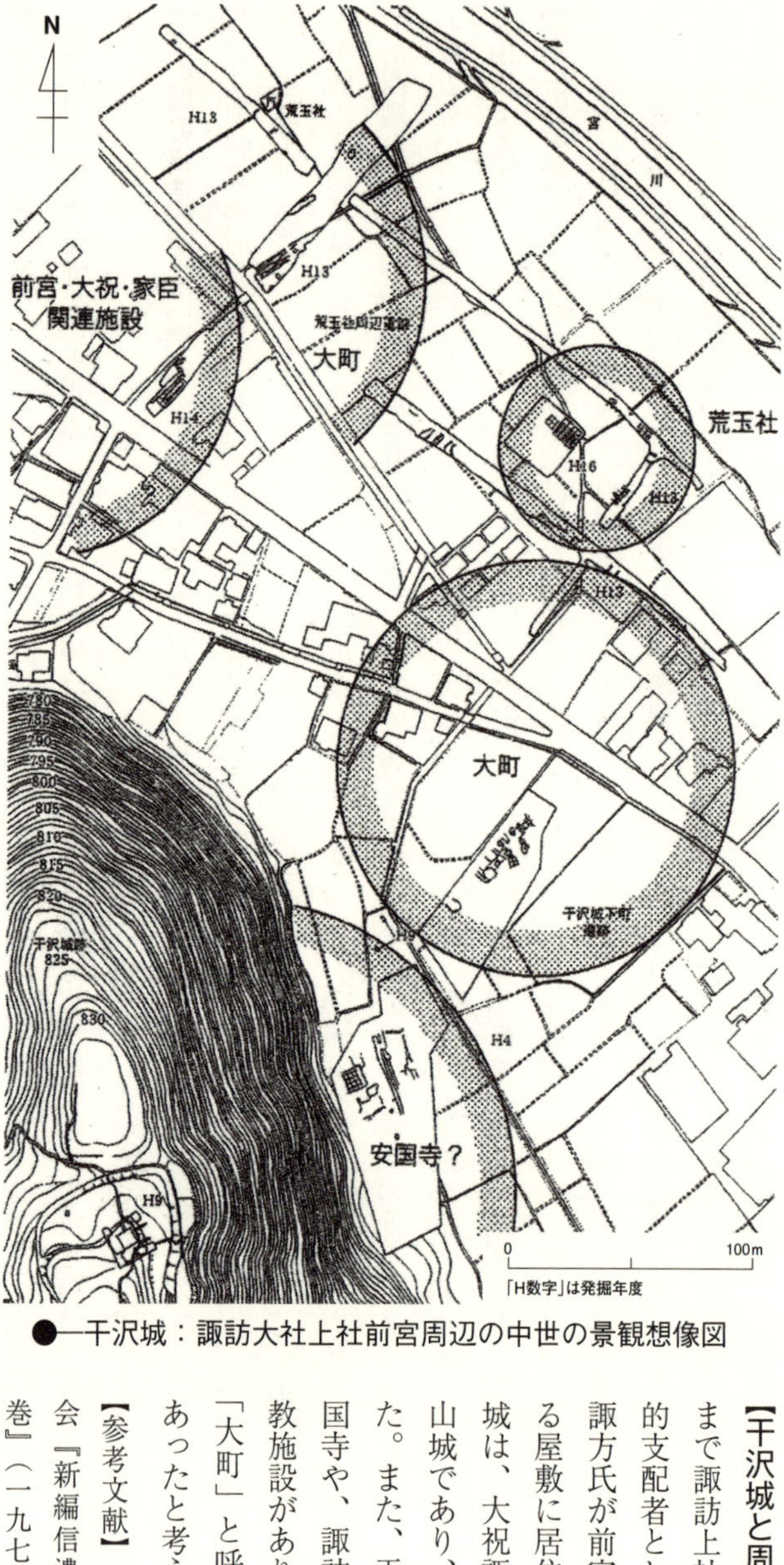

●—干沢城：諏訪大社上社前宮周辺の中世の景観想像図

【干沢城と周辺の景観】　中世まで諏訪上社の宗教的・世俗的支配者として、大祝である諏方氏が前宮の神殿《ごうどの》と呼ばれる屋敷に居住していた。干沢城は、大祝諏方氏に関係する山城であり、実際に使用された。また、干沢城付近には安国寺や、諏訪上社に関する宗教施設があり、その周辺には「大町」と呼ばれる「町」があったと考えられる。

【参考文献】　信濃史料編纂委員会『新編信濃史料叢書　第七巻』（一九七二）、『茅野市史　中巻』（茅野市、一九八七）、茅野市教育委員会『干沢城下町遺跡』（一九九三）、諏訪市史編纂委員会『諏訪市史　上巻』（一九九五）、茅野市教育委員会『干沢城下町遺跡』（一九九八）、茅野市教育委員会『干沢城跡』（一九九八）、茅野市教育委員会『荒玉社周辺遺跡Ⅱ』（二〇〇五）、茅野市教育委員会『荒玉社周辺遺跡』（二〇〇六）

（柳川英司）

●武田晴信に抵抗した藤沢頼親の居城

福《ふく》与《よ》城《じょう》〔県指定史跡〕

〔所在地〕箕輪町大字福与・三日町
〔比　高〕七一八メートル
〔分　類〕平山城
〔年　代〕室町時代？
〔城　主〕藤沢氏、武田氏？
〔交通アクセス〕ＪＲ飯田線「木ノ下駅」下車、徒歩三〇分。

【伊那谷の城】　長野県南部、中央・南両アルプスに囲まれた、南北約七〇キロにもおよぶ伊那谷《いなだに》は、盆地の中央を諏訪湖を源とする天竜川が南へ流れており、その両岸には典型的な河岸段丘が形成されている（最近では活断層により形成されたとされている）。また、その河岸段丘が支流河川によって侵食された地形は田切《たぎり》地形と呼ばれ、伊那谷の特徴的な地形を示している。伊那谷の城は、このような河岸段丘や田切地形による比高差を利用して、段丘上に築かれている場合が多く、特に天竜川の両岸に築かれることが多い。伊那谷北部の交通の要衝に位置する福与城も、こうした段丘上に築かれた典型的な城郭である。

【箕輪郷と藤沢氏】　福与城のある箕輪《みのわ》郷は、古くから諏訪地方の影響が強く、古代までは伊那郡ではなく、諏訪郡に属していたと考えられている。また、一二世紀に箕輪の地に居たと思われる知久《ちく》氏は、一説によると諏訪大祝家の分家といわれている。室町時代から戦国時代頃に箕輪郷を領していたのが藤沢氏であり、福与城は、戦国時代における藤沢氏の居城であった。藤沢氏の出自については定かではないが、諏訪神《みわ》氏の傍流で、藤沢谷の地頭となって漸次勢力をのばして上伊那北部を治めるに至ったとする説や、相模国藤沢の住人であった藤沢行親《ゆきちか》が、建武の功により箕輪六郷を賜ったとする説などがあるが、詳細は不明である。しかし、諸史料から、遅くとも一五世紀中頃には箕輪郷を領していたと考えられる。

【城跡の概観】　城跡は、東西約三三〇メートル、南北約四四〇メートルを

●―Ⅱ郭から主郭Ⅰを望む．福与城跡は大きな土の城という印象を受ける

測る。西側には天竜川の断崖、北東側と南側には支流河川の断崖があり、三方を自然の断崖に囲まれた天然の要害といえる。唯一、南東方向が台地に接しているが、近世に記された『箕輪記』や国立国会図書館所蔵の『日本城郭史資料』をみると、主郭Ⅰから南東方向にかけては三重・四重の空堀が築かれていたものと思われる。現在、城跡の周りには木々が生い茂り、天竜川からみると、伊那谷によくある段丘林にしかみえないが、台地続きの南東方面から主郭方向を眺めると、やや高い権治郭の奥に、さらに高い主郭Ⅰがみえる。

主郭Ⅰの両側（南北）には、現況で上面幅一〇メートル以上の大きな空堀がみられるが、全体としては曲輪や堀の痕跡が残っている程度であり、土塁などは見当たらない。また、主郭南側のⅢ郭（通称「南城」と呼ばれている区域）は、昭和五十年代の土地改良事業で一部の地形が改変されており、『箕輪記』に記されたヤグラ台とされる小高い場所も、今ではその痕跡は見当たらない。しかしながら、帯郭と思われる箇所なども所々に見受けられ、勘解由《かげゆ》坂・乳母《めのと》屋敷・権治《ごんじ》郭・赤穂《あこう》屋敷など、当時の様子を推測できるような小字《こあざ》も残っている。また、城跡の北西段丘下には三日町という集落があり、これは城下に立った市の名残ともいわれている。『箕輪記』の絵図には、この三日町方面へ至る、主郭Ⅰから北西方向に「追手」の文字が記されており、この方向が追手であった可能性が考えられるが、確証はない。

【福与城の戦いと藤沢頼親】 一六世紀中頃の福与城の城主は藤沢頼親《よりちか》という人物であった。若き藤沢頼親は武田晴信（以後、信玄）の信濃侵攻に直面した。天文十四年（一五四五）四月、杖突《つえつき》峠を越えて伊那谷に侵攻した武田軍は、高遠城を落とし、四月二十日に箕輪に到り、福与城を攻撃した。頼親は伊那地方の豪族を福与城に集め、義兄にあたる府中の小笠原長時《ながとき》らの援軍を得て武田軍と対峙した。四月二十九日には比較的大きな戦闘があり、その後も武田軍と対峙した頼親であったが、六月一日に竜ヶ崎城の小笠原長時が武田軍に敗れて府中に撤退すると、援護がなくなった頼親は和議に応じざるを得なくなり、十一日に弟を人質として武田氏に降伏した。しかし頼親は、その後も武田氏に対し臣従と離反を繰り返し、ついには義兄小笠原長時とともに信濃を追われることになる。

　それから三七年後の天正十年（一五八二）三月、織田氏により武田氏が滅亡するが、同年六月に本能寺の変により織田氏の勢力が引き揚げると、藤沢頼親は一時的に旧領を回復した。諸史料から、遅くとも同年七月頃までには旧領回復を果たしていたと思われ、その際に頼親が拠ったのは福与城であった可能性が考えられる。しかし、それもわずかな期間であった。周辺の北条氏と徳川氏、上杉氏が信濃に侵攻する混乱の中、藤沢頼親は徳川氏に帰属した高遠の保科氏に攻撃され、歴史の表舞台から姿を消した。

【福与城と近隣の城】 福与城周辺には、天竜川の段丘上に築かれた、大出城・上ノ平城・松島城・箕輪城などが分布する。このうち大出城については、『諏訪御符礼之古書』に大出に藤沢出羽守という人物がいたことが記されており、藤沢氏と関係がある重要な城であったことが推測される。また、上ノ平城は、近年の発掘調査の結果、V字形の空堀や土塁の痕跡を有する城であり、出土遺物から、一六世紀まで使用されていたことが明らかになった。また、主郭は何らかの理由により火災に遭っていることが明らかになった。

　伊那谷の城は、地形の特徴（背後の山の標高が高いこと）もあって、居城と詰城との関係が明確でないものが多い。しかしながら、段丘上の城を見下ろす小高い峰々には、堀切《ほりきり》や土《ど》塁《るい》を備えた小規模な山城が存在しており、段丘上の城と連携して、物見としての役割や、戦時における一時的な避難場所などの役割を担っていた可能性が考えられる。また、城以外の集落に近い場所においても、例えば、福与城から約八〇〇《メートル》南東の郷沢遺跡では、舌状台地を遮断するように設けら

●—福与城跡概要図（箕輪町教育委員会『福与城跡』緊急発掘調査報告書より）

●—福与城跡から出土したカブト（既出遺物）

れた幅五〜六メートルのV字形の遺構が確認されており、堀と考えられる。さらに、福与城から約一三〇〇メートル南の卯《う》の木集落には、台地を東西に刻む洞地形と「堀畑」の小字が残っており、これも堀と考えられる。こうしたことから、地形を有効に活用した、地域全体の防御機能が形成されていた可能性が考えられる。

●—発掘調査で確認された堀の一部．南城区域にはこのような堀がいくつかあったと思われる

【発掘調査からわかったこと】　福与城跡では、平成十二・十三年度（二〇〇〇・二〇〇一）に、城跡整備事業にともなう発掘調査が行われた。きわめて部分的な調査であったが、福与城跡に初めて発掘調査の手が入ったこととして意義深いものであった。主郭ⅠやⅣ郭（北城）からは、一五世紀中頃〜一六世紀中頃の遺物や、それに伴うと思われる遺構（ピットなど）を確認することができ、出土遺物から、福与城の最終使用段階が一五世紀中頃〜一六世紀中頃であることが明らかになった。また、Ⅲ郭（南城）の一角からはV字形と思われる空堀《からぼり》が確認され、深さは三メートル以上、上位幅は六メートル以上と推測された。この場所は、史料に記された堀の位置に相当し、主郭Ⅰから南東方面にのびる空堀の一つと思われる。

　今後も、発掘調査や文献調査など、地域に残るさまざまな史料を調査・活用し、中世における当地方の実態を解明していかなければならない。

【参考文献】　信濃史料刊行会『信濃史料』第八、九、一一、一五巻（一九七〇）、信濃史料刊行会『新編信濃史料叢書』第二（一九七二）、七巻（一九七四）、長野県上伊那郡教育会『蕗原拾葉』中巻（一九七五）、箕輪町教育委員会『福与城跡』（二〇〇二）、箕輪町郷土博物館『戦国時代のみのわ』（二〇一二）

（柴　秀毅）

●武田氏・織田氏攻防の城

高《たか》遠《とお》城《じょう》

〔国指定史跡〕

〔所在地〕伊那市高遠町東高遠
〔比　高〕八〇メートル
〔分　類〕平山城
〔年　代〕不明（一六世紀中頃に修改築か）～明治五年（一八七二）
〔城　主〕武田氏（諏訪勝頼、仁科盛信等）、保科氏、鳥居氏、内藤氏
〔交通アクセス〕ＪＲ飯田線「伊那市駅」からＪＲバス関東高遠線「高遠駅」下車、徒歩一五分。中央道伊那ＩＣから国道三六一号線で三〇分。

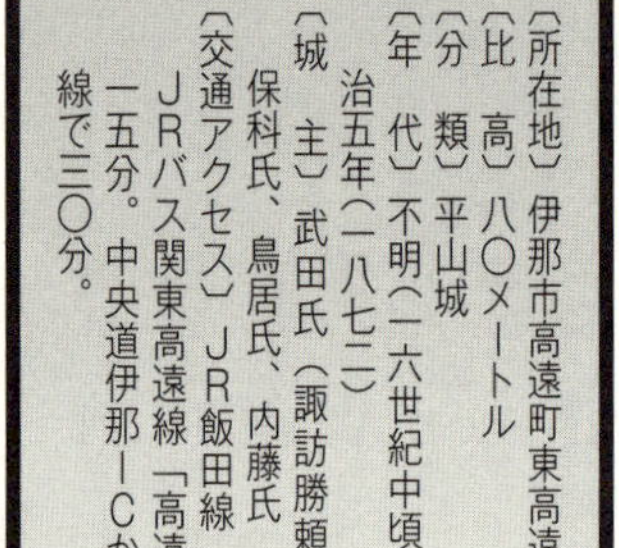

【戦国時代の高遠城】「その地名の高雅さは、たかだかとした一幅の絵をみるようです」と作家司馬遼太郎に評された高遠。現在は伊那市郊外の一地域となっているが、戦国時代から江戸時代には、上伊那地方の政治、経済、文化の中心となった地であり、その中枢にあったのが高遠城である。

高遠城は一般に武田氏の城として知られており、戦国の城というイメージが先行するいっぽうで、当時の姿はほとんど分かっておらず、城内で行われた発掘調査でも戦国時代の様相を示す遺構はほとんど確認できていない。

峠ひとつを隔てて諏訪と隣接する高遠は、古くから諏訪氏とのつながりが強い地域であった。一三世紀中頃、諏訪頼継《すわよりつぐ》の子、信員《のぶかず》が諏訪家から分かれて高遠に居を構えると、後の当主は代々高遠氏を名乗った。天文年間（一五三二～一五五四）には、信濃攻略をめざす武田信玄と、高遠氏の間で攻防が繰り広げられ、最終的に高遠は武田氏の領地となったが、この時の高遠城をめぐる一連の動きが、『高白斎記《こうはくさいき》』という記録で確認できる。天文十四年（一五四五）四月十七日に高遠頼継《よりつぐ》が「自落」（城を捨てて逃走）した後、十八日に武田信玄は高遠屋敷に入りそこを陣所としたこと。また、天文十六年には「高遠山ノ城鍬立《くわだて》」とあり、築城に関わる神事が行われたことが記されている。この「高遠山ノ城」が、文献上に初めて現れる高遠城である。「高遠屋敷」や元々高遠頼継のいた城と、鍬立を行った「山ノ城」がどのような関係にあるのかは明らかでないが、信玄が高遠氏の屋敷や城を接収した

●―高遠城遠景（西側から撮影）

うえで、改築もしくは新たに城を築いたと考えられている。

高遠を抑えた信玄は、城主に家臣の秋山虎繁《あきやまとらしげ》や四男の諏訪勝頼《かつより》を配置したが、勝頼が武田家の後継者として甲府に呼び戻された後は、信玄弟の信廉《のぶかど》や信玄五男の仁科盛信《にしなもりのぶ》が城主となっている。信玄の近親者ばかりが高遠城に置かれたのは、ここが南信濃支配の拠点であり、遠江、信濃、甲斐を繋ぐ交通の要所として重要視されたからだと思われる。

武田氏による高遠支配は三五年間続いたが、織田信長が勢力を拡大する中で、高遠城は武田対織田の壮絶な戦いの場となった。天正十年（一五八二）、城主であった仁科盛信は、敵方の総大将であった信長の嫡男、信忠からの降参の要請に応じず、数万の軍勢を相手に一戦を交えた。織田勢の大軍にひるむことなく戦った盛信であったが、城はわずか一日と持たず、多くの家臣は討ち死にし、盛信も自害した。

【城の構造と遺構・遺物】　高遠城は三峰川《みぶがわ》と藤沢川に挟まれた段丘上に造られた平山城で、伊那市域を一望できる眺望絶景の地にある。本丸の標高は約八〇〇㍍《メートル》で、東に向いた搦《から》手《め》の背後には月蔵山《がつぞうさん》が続き、三峰川に面する南側は切り立った断崖となっている。三峰川から本丸までの高低差は約八〇㍍《メートル》で、地形の険しさを巧みに利用した城である。

現在残る曲輪は、明治五年（一八七二）の廃城時の名残を

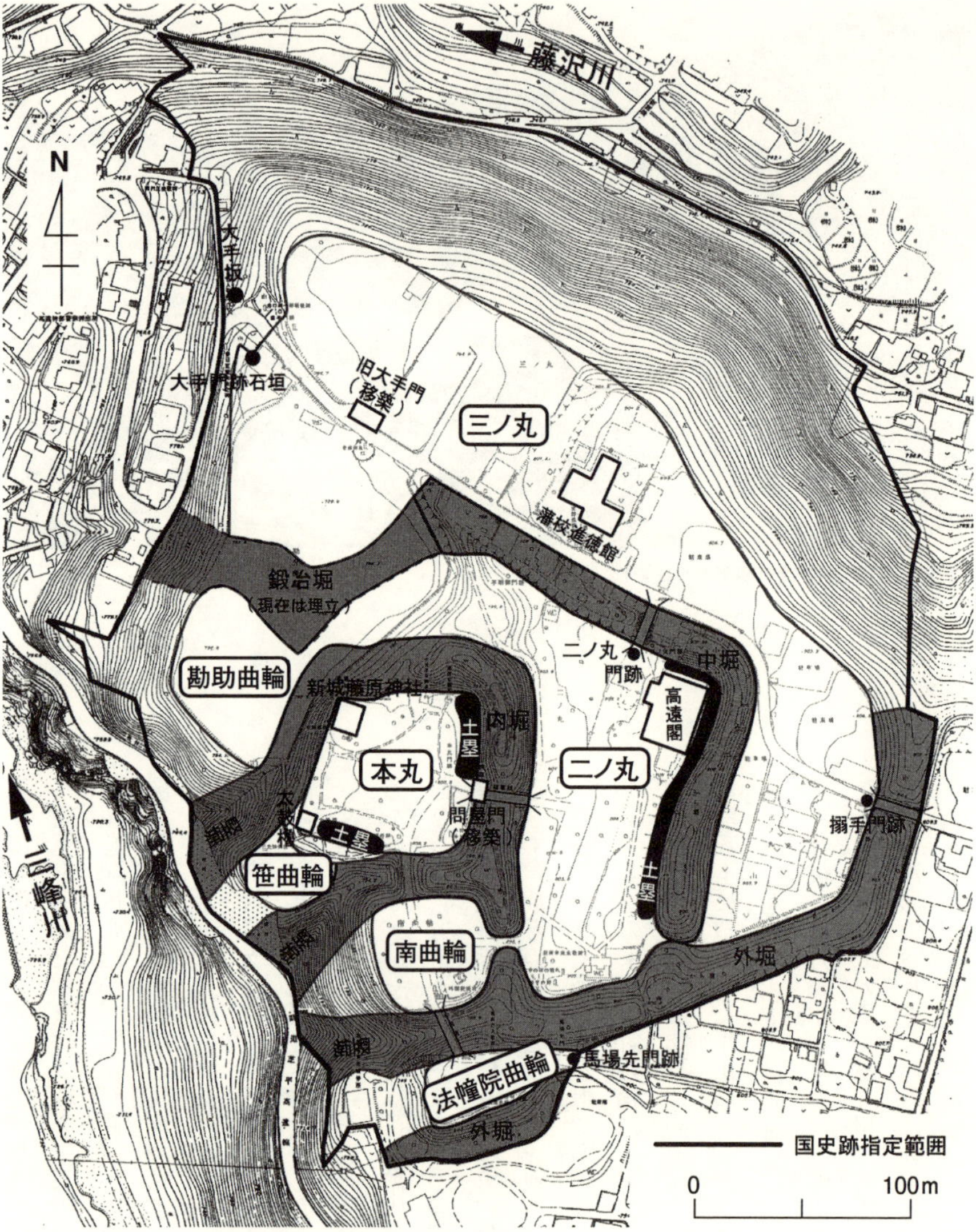

●―高遠城全体図（曲輪・堀は再現，建物は現状）

ほぼ留めているが、これは戦国時代の城の姿ではなく、近世城郭としての姿である。武田氏が滅び、その三ヵ月後に本能寺で織田信長が死んだ後、混乱した地域を制して高遠城を手に入れたのは、武田の旧臣保科正直《ほしなまさなお》であった。江戸時代初期の保科氏時代の絵図では、城はすでに現在の形になっているため、天正十年の戦いで壊滅的な状態となった高遠城は、江戸時代初期までに大改修が行われ、現在の形になったものと考えられる。

大手口は城下町を見下ろす西側に位置しており、周辺に残る石垣は江戸時代の桝形《ますがた》の一部として、城内に唯一残る石垣である。

本丸は約六〇㍍四方で、周囲の一部に土塁《どるい》が残っている。西に構える虎口《こぐち》周辺は、明治以降に何度も改変されており、虎口に建つ門は元々の城門ではなく、かつて城下町にあった町役所の門を移築したものである。本丸と南曲輪《みなみぐるわ》を結ぶ土橋《どばし》は、廃城後に周辺の土塁を削って埋め立てられたものであり、かつてはいったん堀の底へ下りてから曲輪に上がるという導線であった。

本丸の南には笹《ささ》曲輪、南曲輪、法幢院《ほうどういん》曲輪を配置し、本丸の東側から北側にかけては二ノ丸、さらにその外側に三ノ丸が廻っている。それぞれの曲輪を隔てているのは大規模な空堀《からぼり》であるが、発掘調査の結果、二ノ丸東側の堀は現状で約二・八㍍埋まっていることが確認され、急峻な堀の姿が明らかとなった。本丸を囲む堀内に、一部、池のように水が溜まっているところがあるが、この水は地下水で、常時湧き出て枯れることはない。

土塁が残るのは本丸と二ノ丸で、二ノ丸の土塁は北虎口から東側に向かい約一四〇㍍におよび曲輪の周囲を取り囲んでいる。

本丸の西、一段下には、かつて「勘助《かんすけ》曲輪」と呼ばれた曲輪があった。この曲輪は、武田氏時代に山本勘助が付け足したものだという伝承があり、武田氏とのつながりを強く意識させられる場所であるが、廃城後、三ノ丸との間にあった堀が埋め立てられ、現在は広い駐車場になっている。

江戸時代になると、保科氏、鳥居《とりい》氏、内藤《ないとう》氏の三大名が入れ替わりで城主となり、高遠藩の政庁となった城内には、さまざまな施設が設けられた。三ノ丸にある進徳館《しんとくかん》は、幕末に開校した藩校で、廃城後、城内の建物が次々と解体される中、唯一残された往時の建物遺構である。

城内からの出土遺物は、大半が江戸時代以降のものであるが、瀬戸美濃産の丸皿やすり鉢、平碗、四耳壺《しじこ》、緑釉小皿などの陶器の破片、内耳《ないじ》土器片など一六世紀の遺物も出土している。青磁の碗や盤、白磁皿といった中国産の磁器片も出土しており、これらは伊那市立高遠町歴史博物館に展示されている。

【公園化した城跡と現状】　廃城後、明治政府の政策によって

●—三峰川に面した斜面の中腹までのびる竪堀

公園化した城跡は、現在も地域の人々の心のよりどころになっている。明治八年頃から植えられ始めたサクラは、現在一五〇〇本を数え、四月には小ぶりで濃いピンクの花を咲かせる。多くの人が愛でるサクラの下には、まだみぬ遺構が眠っており、今後の調査によっては戦国時代の城の姿が明らかになる可能性も秘めている。

【周辺の山城】　戦国期の城として、高遠城から直線距離で約五〇〇《メートル》北方に「的場城《まとばじょう》」という城がある。藤沢川と杖突《つえつき》街道《かいどう》を間に挟んで高遠城と対面する的場城は、尾根続きに六つの曲輪が連なり、各曲輪の周囲に横堀が廻っているほか、下方に向かって放射状に伸びる竪堀《たてぼり》が何本も設けられている。この城がいつ築かれ、誰の城であったのかは明らかでないが、武田系城郭によくみられる放射状の竪堀があることから、武田氏や高遠城との関係が深い城とみられている。

【参考文献】　高遠町誌編纂委員会『高遠町誌』上巻　歴史一（高遠町誌刊行会、一九八三）、高遠町観光協会『高遠案内』（高遠町観光協会、一九九六）、山梨県『山梨県史』資料編6　中世3上　県内記録（山梨日日新聞社、二〇〇一）、高遠町教育委員会『史跡高遠城跡二ノ丸・三ノ丸ほか　埋蔵文化財発掘調査報告書』（二〇〇四）

（大澤佳寿子）

●織田軍が一夜にして築いたとされる謎多き陣城

一《いち》夜《や》の城《じょう》

〔所在地〕伊那市富県貝沼
〔比　高〕〇メートル
〔分　類〕陣城
〔年　代〕一五世紀～一六世紀
〔城　主〕土豪、織田信忠
〔交通アクセス〕ＪＲ飯田線「伊那市駅」下車、車で一五分。（伊那市駅方面から県道一八号を南下、原新田の信号を東へ曲がり、約一・五キロ）。または伊那市コミュニティバス「宮の花」下車すぐ。

【織田信忠軍が一夜にして築いたとされる城】　三峰《みぶ》川左岸に位置する伊那市富県《とみがた》の貝沼《かいぬま》地区桜井の宮花《みやのはな》八幡神社の五〇メートルほど東に「一夜の城」と呼ばれている城跡がある。天正十年（一五八二）、武田氏攻めのため織田信長の子、信忠《のぶただ》の総勢五万の軍が伊那谷《いなだに》を北上して来た。その織田信忠が高遠城を攻略するために一夜の陣を構えたと伝えられるのがこの一辺約五〇メートルの方形の城である。伝承通りであれば、東日本では唯一現存する織田軍の陣城で、非常に貴重な遺跡となる。

【一夜の城の立地】　この「一夜の城」、三峰川の南側の河岸段丘上に存在する。東に山、北西に段丘崖があり、南側に開けた平地となっている。ここより東に六キロ先、三峰川北岸の高遠城からは直接「一夜の城」を望むことはできないが、「一夜の城」東側の山に登れば高遠城とその周囲の様子をみることができる。高遠城を攻め落とすために大軍が陣取るには最適ともいえる場所である。注目すべきは、この段丘上には「城」と名のつく「一夜の城」と同規模の城跡がほかにも八遺跡分布しているが、織田の陣と伝えられる「一夜の城」と形態が異なることである。これらはすべて地元の有力者の屋敷地と考えられ、現在もその大半に居住者がいる。

【文献・伝承上の一夜の城】　織田信長の一代記『信長公記』には、「信忠は、三月一日飯島から軍勢を動かし、天竜川を越えてかいぬま原に軍を展開させた。そして、自ら、お供を一〇人ほど伴い、仁科五郎盛信《にしなごろうもりのぶ》（武田信玄の五男）がたてこもる高遠城から川を隔てた山に登って、敵城の様子を見聞した。そしてその日は、かいぬま原に陣取った」とある。ここでは、高遠城を攻める際「かいぬま原」に陣取ったとだけ記され、伝承のように一夜で城を築いたという内容は出てこない。「一夜の城」という言葉は、明治三十四年（一九〇一）

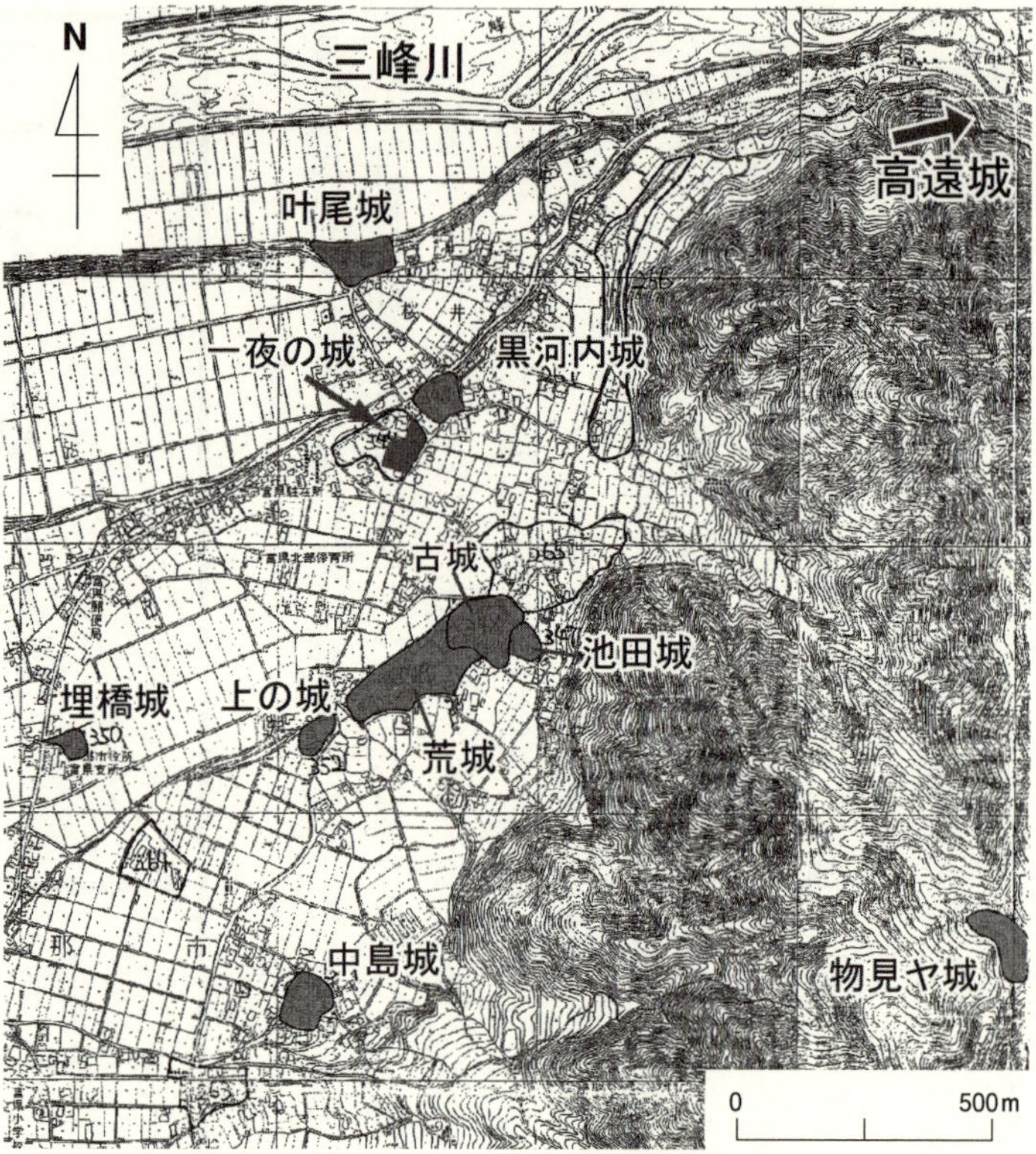

●―「一夜の城」周辺図

に刊行された『南信伊那史料』に初めてみることができる。この中では、「一夜の城と称するは、天正十年織田信忠、高遠城攻撃の際、一夜に堡塁《ほるい》を築きて、陣せしと云う」とある。しかし、この文献以前の明治八年、「一夜の城」の敷地に「貝沼学校」を建てる際、富県村から筑摩《ちくま》県に出された公文書『学校敷地願』中には、この土地が「延引坊《えんにんぼう》城址」と記されていた。「延引坊」とは「一夜の城」東の山腹にある観浄寺《かんじょうじ》と関係する僧侶が住んでいた坊である。この「延引坊」は「一夜の城」の北側に隣接した場所にあり、明治二十年頃まで存在していた。平成元年（一九八九）に出版された『伊那市の小字名』によると、「一夜の城」の小字名は「延引畑《えんにんばた》」とあるる。小字名は城とは無関係の「延引坊」の畑とされているが、『学校敷地願』によって、地元では古くからこの土地が城跡と認識されていたことがわかる。

また、周辺住民によると、「一夜の城」の事は親や地区の古老から代々伝え聞いているという。中には「織田軍は城を築くために道具を近隣の二〇～三〇戸の家からすべて持っていった。村の女・子どもは伊那富士（戸倉《とくら》山、「一夜の城」より山頂まで直線距離で南へ約一〇キロ）へ避難した。道具は高遠城を攻めた後ですべて洗って返してくれた」と、かなり具体的な内容のものもあった。しかし、『信長公記』以降、明治時代まで文字として残された記録はなく、文献からは本遺跡が本当に「一夜の城」であるのか確固たる根拠を見出すことはできない。

【「一夜の城」の構造】 現在の城の状況は、南北約五〇〜五九メートル、東西約五三〜六三メートルの土塁《どるい》に囲まれた単郭方形《たんかくほうけい》の構造を持ち、東側に虎口《こぐち》がある。東と南の土塁は現在も約二〜三メートルの高さで残存しているが、西と北の土塁は高さ〇・五メートル程まで削平されてしまっている。これは昭和の初め、土塁の土を他の農地へ運び出したためと聞く。しかし、先に触れた『学校敷地願』に描かれた図面をみると、土塁は東西南北すべて高さ「一間半」（約二・七メートル）、土塁上の平坦面の幅は「五尺」（約一・五メートル）とある。略図であるとは言え、堅固な土塁を持った「一夜の城」の様子を伺い知ることができる。

また、当時の状況は明治二十四年富県村地籍図からもわかる。土塁や虎口の形状が地割にはっきりと残されているが、多くの城が地籍図上で堀を認識できるなか、一夜の城に関しては堀らしき地割を見出すことができない。「貝沼学校」敷地図面にも堀らしき表現はなく、虎口のすぐ外側は道となっている。このように堀の存在が確認できない点が、伝承通り織田軍が一夜にして築いた「陣城」であるとする説を後押ししていた。いっぽうで、やはりこの地域に多く分布する「城」と呼ばれる土豪の「屋敷地」の一つであるという考えもあり、発掘調査を行うまでは不明な点が多かった。

【発掘調査による新発見】 伊那市の「一夜の城」は図らずも、虎口前を通る市道を拡幅する工事にともない土塁の一部を削平する計画があるということに対して、文化財保護の観点から多くの意見が上がり全国的にも注目されることとなった。明治の一文献にその名が載るばかりの伝説の「一夜の城」、いったいこの城はいつ、誰がつくったものなのか、その本質を探るために市教育委員会は平成二十三年（二〇一一）に発掘調査を行った。対象地は、宅地や耕作地として現在も使用されている土地であるため、調査範囲は限定されたが、地権者の好意により六カ所の調査区を設定することができた。土塁の北・西・南側で行った調査により、城の四周に空堀《からぼり》が存在したことがほぼ明らかとなった。北・西側の調査では、堀の一部を確認したのみであったが、南側の調査地では、地山であるテフラ層を掘り込んだ幅六メートル、深さ二・六メートルの空堀を検出した。一時の陣城として急造されたものならば堀は存在しないとも考えられていたため、今回検出した堀の

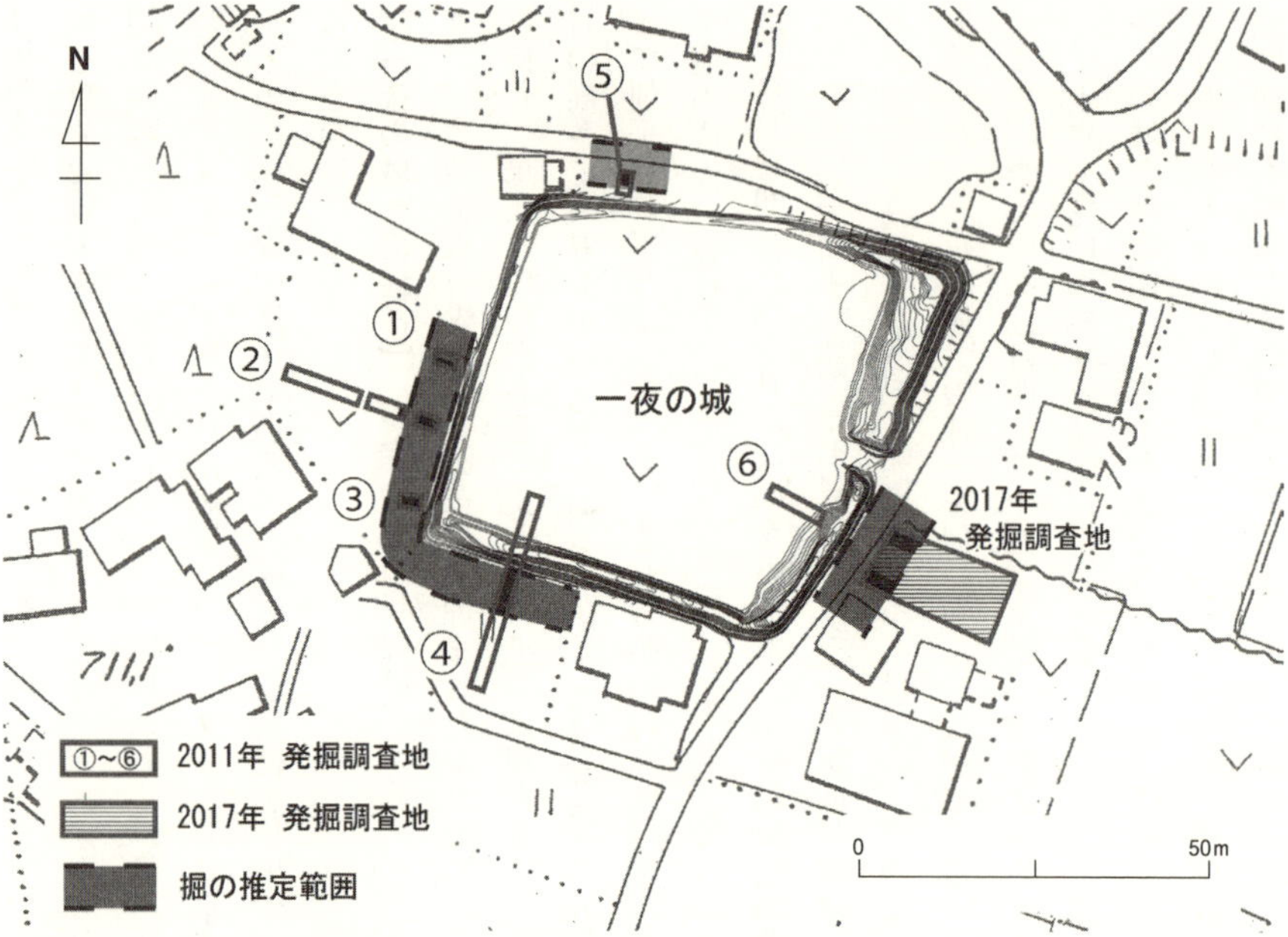

●—「一夜の城」測量図（2017 年伊那市教育委員会作成）

●—土塁と虎口

南信

存在は、城の性格を考える上で重要な手懸りとなると思われる。また、断面がU字形を示す堀の底部の一部が深く落ちくぼんでおり、堀の埋土の状態と併せて考えると、堀の改修痕跡の可能性がある。これは、堀を一定期間使用していたことを意味する。さらに、南側の調査地では、堀の延長上の土塁も調査することで、赤土と黒色土を交互に積んだ様子が確認でき、堀の掘削の際に出た赤土を土塁に使用した可能性が高いことがわかった。築城当初から土塁も掘も存在していたと思われる。

　出土遺物としては、各調査区から縄文・平安時代の遺物が複数点出土したが、中世の遺物は天目茶碗、古瀬戸四耳壺《こせとしじこ》、内耳《ないじ》鍋の三点のみを確認している。いずれも小片ではあるが、古瀬戸四耳壺は少なくとも一六世紀以前につくられたものであり、織田軍が高遠城を攻めた時期よりも一〇〇年以上古い。また、城内の調査区から出土した内耳鍋は東日本を中心に一般的に使われた調理用の土鍋であり、在地系の特徴を持っていた。織田軍侵攻の際に運ばれて来たものではなく、この地域で作られ城内で使用されていたものである。このように、平成二十三年の調査では、堀の存在と出土遺物から、本遺跡は織田軍侵攻より以前に存在していた可能性が高いことがわかった。

　そして平成二十九年には、前回調査できなかった「一夜の城」の東側を発掘する機会に恵まれた。調査範囲内の二ヵ所で、底部が一部落ちくぼんだ形状の堀を再び確認することができた。堀が東側にも廻っていることが確認でき、堀の改修があったと考えた前回の調査結果を裏づける結果となった。

　発掘調査により、織田軍が一夜にして築いた城ではないことが明らかとなってきた。しかし検出された堀の規模と、本来はさらに一メートル以上も高かったと記録も残る土塁の存在からは、この「一夜の城」が近辺に分布する城館跡の中で最も防御に優れたものであったことがいえる。当時、織田信忠がこの守りに堅い城館を一時の本陣として使用したのであるが、その話が少しずつ変わり、最終的に「織田軍が一夜にして築いた城」という伝承が地元に残ったのではないだろうか。

【参考文献】伊那市教育委員会『伊那市の小字名』（一九八九）、佐野重直編『南信伊那史料』（一九〇一）

（濵　慎一）

●伊那谷を代表する巨大な城

船《ふな》山《やま》城《じょう》

〔県指定史跡〕

〔所在地〕松川町上片桐・中川村片桐
〔比　高〕八〇メートル
〔分　類〕丘城
〔時　代〕室町時代か
〔城　主〕片切（片桐）氏
〔交通アクセス〕ＪＲ飯田線「上片桐駅」下車、徒歩一二分。

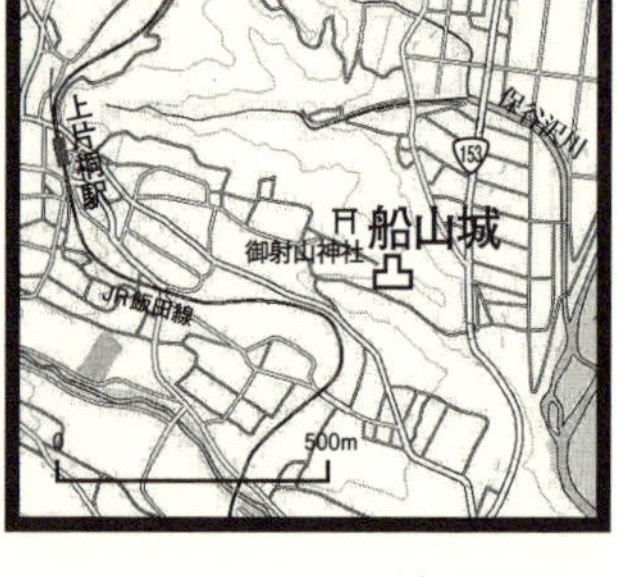

【信濃源氏片切氏】　片切氏は清和源氏満快《みつやす》流といわれ、平安時代末期、その曾孫為基《ためもと》が伊那郡片切郷に住んでから片切氏を称するようになったといわれる。保元の乱（一一五六）においては、為基孫為重《ためしげ》が源為義《ためよし》に属して戦死し、為重弟景重《かげしげ》は、源為義に属したが平治の乱で源氏が没落したことにより、平氏に所領を没収された。その後、鎌倉幕府が成立すると、頼朝に所領を安堵されて、幕府御家人として再興した。飯島氏、赤須氏、名子氏、大島氏、岩間氏、前沢氏ら中伊那の諸氏は、片切氏の庶流といわれ、また大坂の陣の原因とされた方広寺《ほうこうじ》鐘銘事件で知られる片桐且元《かつもと》も、祖先の出自は伊那片切氏といわれている。

鎌倉幕府滅亡後、小笠原氏が伊賀良荘を掌握して南信で勢力を拡大すると、中伊那の片切氏は小笠原氏に与した。大《おお》塔《とう》合戦（一四〇〇）には片切中務丞《なかつかさのじょう》などが登場し、結城合戦（一四四〇）では、同族の大島氏などが登場する。その後、諏訪大社の五月会などの勤仕が確認できるが、室町時代、小笠原氏のような派手な戦歴は確認できない。天文十四年（一五四五）に上伊那福与城をめぐる武田と小笠原の攻防戦には小笠原信定にしたがい出陣しているが、天文二十三年に武田信玄が下伊那に侵攻するとこれにしたがった。生島足島《いくしまたるしま》神社起請文に、片切昌為《まさため》などが起請文を提出している。武田配下では、同族の飯島氏などと春近五人衆として五〇騎の軍役であった。

【表舞台から去る】　天正十年（一五八二）の武田攻めでは、

●—船山城縄張図（作図：羽生俊郎）

●—三日月堀跡といわれる堀F

二月十七日以降に大島城へ織田信忠《のぶただ》らが入り、さらに先手を飯島に進めている。本城は自落し、難なく通過されたのであろう、『信長公記』に片切氏に関する記載はない。

天正壬午の乱では、片桐意釣はじめ片切衆、大草衆など中伊那の国衆が下条頼安《よりやす》を通じて徳川家康にしたがっている。しかし、北条氏が南進すると、少なくとも隣接する大草郷までが北条氏にしたがっており、徳川方下条氏は飯田城に立籠る事態となっていた。片切氏の動向はみえないが、船山城も北条氏の支配下にあったであろう。乱の後に伊那郡を支配したのは徳川氏で、以降、片切氏の活動は確認できない。片切氏は帰農し、あるいは各地に散ったといわれている。

【伊那谷の風景】　伊那谷は南アルプス・中央アルプスに挟まれた盆地である。片切郷は、律令時代の東山道の駅名に「堅《かた》錐《ぎり》」がみられ、段丘を開析《かいせき》した田切地形に由来するといわれている。松川町から中川村にかけては、両アルプスと段丘が美しくみえる場所が多い。城跡の西側には、本棟造と呼ばれる中南信地方の豪農の民家が点在する。その緩やかな勾配の屋根が伊那谷の風土によく合っている。

中央アルプスの前には烏帽子《えぼし》岳と小八郎《こはちろう》岳（一四七〇メートル）が聳《そび》えている。この小八郎岳、保元の乱（一一五六）で源義朝にしたがい武勇を馳せた、片切小八郎景重《かげしげ》の避暑地といわれる。山頂には平場があるが城郭遺構と断定はできない。しかし伝説とは別に、伊那谷に散見される、標高一〇〇〇メートル超の通信基地である可能性もある。登山口から小一時間もかからず登ることができる手頃な里山なうえ、伊那谷を見下ろす景観が素晴らしい。城好きなら、下伊那の諸城を同定するのも楽しい。

【遺構概観】　船山城とは、その段丘の先端部が船を伏せたような形状をしていることに由来するらしい。本城跡は堀Dを境に、段丘の中央部を利用した平城部分と、尾根を利用した山城部分に大きく別けられる。古くは山城部分を主郭とし、時代が下がるにつれて段丘部分へ移ったという。段丘の下は、天竜川の氾濫原《はんらんげん》が広がっており、肥沃な生産域である。この氾濫原の北端の少し高い場所に「蔵人《くろうど》屋敷」と呼ばれる一画があり、『上片桐村誌』では当初の居館跡と推定している。

尾根部分は地山の砂礫層が露出している場所が多い。崩れやすく、大小の礫が豊富にあり、防御には有利かもしれないが、現在の遺構形状は往時よりもかなり痩せたものであろう。Ⅰ郭は北側に窪地状の地形Gがあり、北東尾根伝いの虎《こ》口《ぐち》かもしれない。尾根の先端側は、落差の激しい堀切《ほりきり》Aで一刀し、その両端は竪堀《たてぼり》状に落ちているものの、自然地形との区分が難しい。台地側の土塁《どるい》は、三角形に突出している。Ⅱ郭内は土塁状の凹凸があり、いくつかに細分される。Ⅲ郭の土塁Hは、高さはほとんどないが、幅が分厚い。堀切C・Dは尾根を斜めに断っている。

城の南斜面には、腰郭《こしくるわ》や横堀やその痕跡に似た地形があり、Ⅴ郭ではこれに石塁の痕跡ともとれる通路状の地形Iがある。これらが城郭遺構か後世の通路などかは即断できないが、横堀にしても台地側の空堀《からぼり》との連携が不十分で、大島城などの横堀とは異なる。なお、明治年間に南沢に面した斜面から、「十大」の刻印がある茶臼が出土している。

東側では堀切を設けている枝尾根Jもあるが、北斜面は藪で詳細は不明だが特別な処理はされてなさそうだ。

堀Eは半分以上埋没し、堀Fの一部は池となっている。池は三日月堀の跡といわれるが、丸馬出《まるうまだし》にともなう三日月堀とは形状が異なり、地表面観察でその痕跡を見出すことは難しい。とはいえ、何の工夫もない堀でもなく、御射山《みさやま》神社から池にかけてはわずかに折れの痕跡が残っている。社殿の裏側は一段高くなっており、櫓台《やぐらだい》を想定できる幅広の土塁があったと思われる。もっとも、自然地形で段丘の北縁が堤防状に高くなっていたらしく、その地形を利用したものであろう。堀Fより西は城下とされ、寺院地名の混同もあると思うが、大手待や横小路などの地名があるらしい。

【伊那谷の広過ぎる城】 Ⅳ・Ⅴ郭は、それぞれ東西一一〇《メートル》超、南北一四〇《メートル》超の規模だ。伊那谷の丘城は、在地の勢力とは不釣り合いに広過ぎると言われることがある。その理由は防御ラインを重ねた結果、戦国大名下での物資集結地、城下町や生活空間を取込んだ結果など諸説あるが、城ごとに事情は異なるであろう。本城跡も広大な丘城であり、曲輪の広さが最大の特徴である。片切氏や片切郷の歴史からして、天正十年より後の可能性は低そうだ。築城や廃城などの来歴も不明な点が多いが、この地に多くの分族をもった片切氏の本城であり、構造も実に伊那谷らしい城である。

【参考文献】 宮坂武男『信濃の山城と館　上伊那編』第五巻（戎光祥出版、二〇一三）、赤羽篤・石川正臣『定本　伊那谷の城』（郷土出版社、一九九六）

（羽生俊郎）

●武田氏の伊那郡の拠点

大《おお》島《しま》城《じょう》

〔松川町指定史跡〕

南信

〔所在地〕松川町元大島、古町
〔比　高〕〇メートル
〔分　類〕平城
〔年　代〕天文二十三年（一五五四）～天正十年（一五八二）
〔城　主〕大島氏、日向大和守
〔交通アクセス〕ＪＲ飯田線「伊那大島駅」下車、徒歩三〇分。

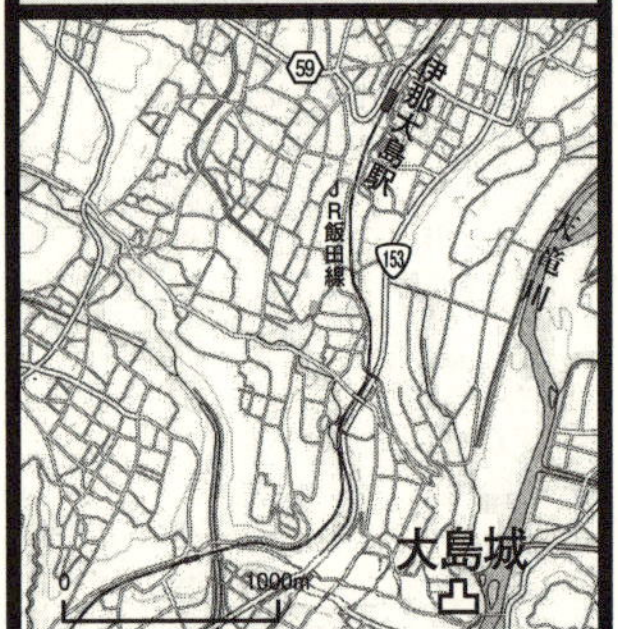

【天竜川に臨む台地上の城】　大島城は、伊那谷《いな》のほぼ中央部に位置し、北から南に流れ下る天竜川の右岸に立地している。天竜川に面した古町段丘の南端は半島状に氾濫原へ突出し、「島《しま》」地形の典型をなし、「大島」の地名の由縁となっているが、この突出部分に構えられたのが大島城である。城跡の西側はかつて「大島町」（「織田信長禁制《きんぜい》」）と呼ばれた町屋が所在した台地に続き、豊かな田園風景が広がっていいる。

城の北・東・南の三方は天竜川の氾濫原に臨む段丘崖で、天竜の激流が裾を洗う断崖絶壁下には「大蛇ヶ城《だいじゃがしろ》」の伝説の元となった大蛇ヶ淵がある。武田氏統治時代、伊那谷の拠点となった「大島の城」は「大城《だいじょう》」とも呼ばれ、これが今「台城《だいじょう》」となり、地元では大島城というよりは「台城」あるいは「台城の城」と呼ばれている。

【武田氏の城普請】　大島城は、もともとは在地領主大島氏の所領の南端部に構えられた小規模な城郭であった。天文二十三年（一五五四）、下伊那を制圧した武田信玄《たけだしんげん》は、伊那の大島城に着目し、ここを大島氏から接収して城普請《ふしん》を行った。大島城には府中在番の日向大和守を城将として置き、上伊那の拠点である高遠城と下伊那の拠点である飯田城の間の連絡と監視を目的とした城として戦略的に重要視した。

大島城の城郭施設は三期に分けられる。主郭Ⅰは大島氏時代のもの（Ⅰ期）で、武田氏による最初の拡張がⅡ郭とその前面の丸馬出《まるうまだし》までとみられる（Ⅱ期）。信長追討の西上作戦敢行に先立つ元亀二年（一五七一）三月十七日、信玄は大島

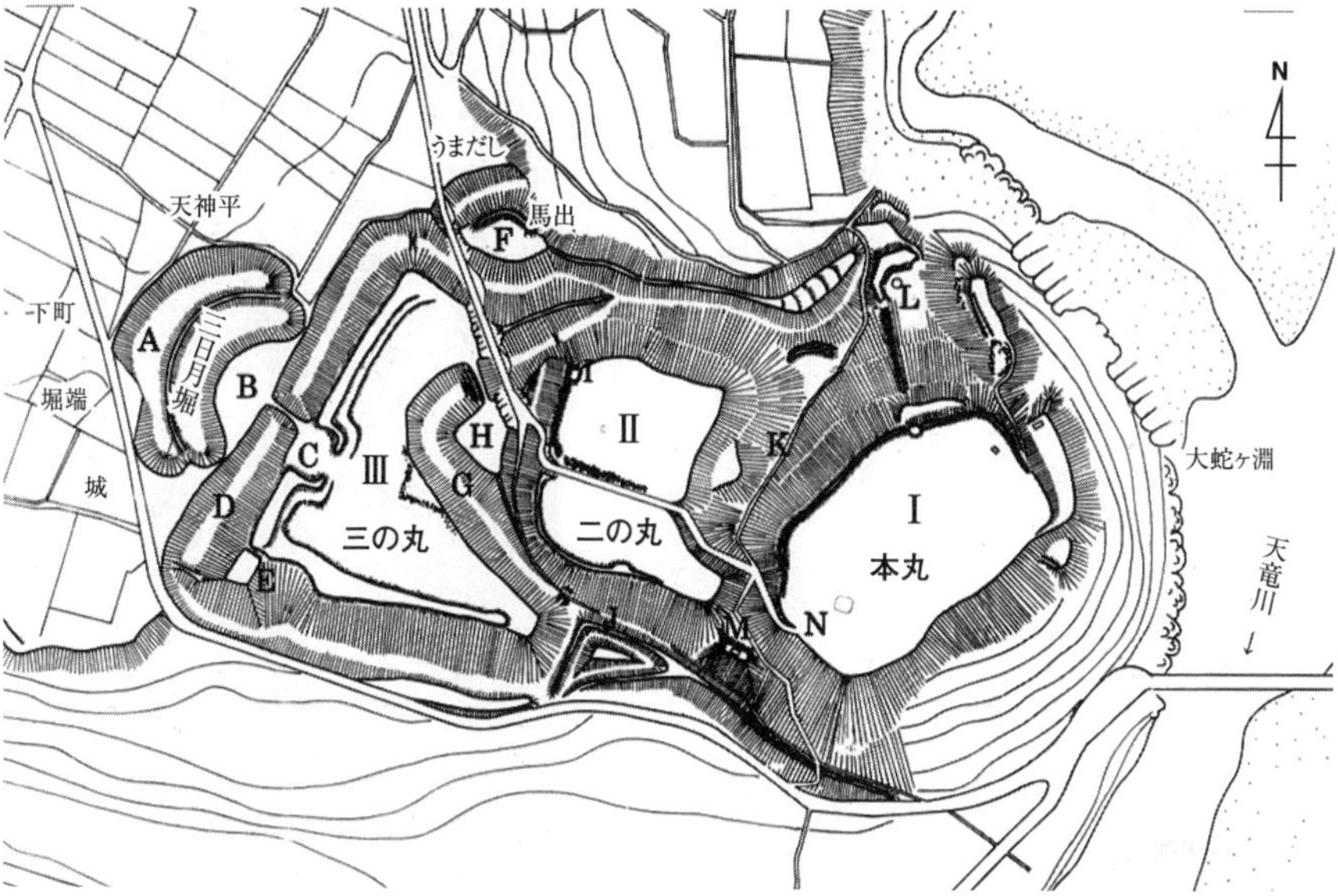

●―大島城縄張図（原図：松川町資料館）

●―天竜川に裾を沈める大島城（東方から）

城の普請を飯田に在城した伊那郡代秋山信友《あきやまのぶとも》に命じた。大島城を三河侵攻並びに西上作戦敢行のための拠点とし、合わせて織田・徳川軍の侵入に対する本国甲斐の防禦とするためであった。大島城の普請役《ぶしんやく》について定めた朱印状、『武田信玄下知《げち》状』（工藤文書）は陣馬奉行の原昌胤《はらまさたね》がこの旨を秋山信友に宛てて差し出したもので、「下伊那十九の郷民と知久《ちく》・今田の二衆に大島城の普請役を命じる」というものである。この普請によって拡張されたのがⅢ郭とその前面の丸馬出Bで、今日残る大島城の縄張が形成された（Ⅲ期）。

【遺構の概要】 段丘の末端の微傾斜地に位置する大島城は、その城域が城外（西方）より低い弱点があるため、大手虎口《こぐち》の前面には規模の大きな二重の三日月堀Aによって画された丸馬出Bを構え、虎口の防御効果を高めている。丸馬出Bから土橋でⅢ郭の大手虎口に至るが、現在堀Dの南側は埋められている。土塁《どるい》で囲まれた桝形《ますがた》虎口Cはその痕跡をよく残し、土塁南端には矢倉台跡Eがある。Ⅲ郭は極めて不定形であるが、これは第Ⅱ期までの縄張をそのまま取り込んで前面を拡張したためであろう。Ⅲ郭の北隅には堀を隔てて馬出Fがある。大手馬出を擁護する二次的な虎口である。Ⅲ郭とⅡ郭の間には小規模な曲輪があるが、これはⅡ期に属する大手虎口（馬出H）である。Ⅲ郭からの土《ど》橋《ばし》は現存するが、Ⅱ郭へは木橋で連絡していたものとみられる。Ⅲ郭の南端部は堀で分断され、その先に馬出とみる曲輪Jがある。Ⅱ郭の西縁は土塁が盛られ、虎口と矢倉台跡Iが明瞭に残る。Ⅱ郭と主郭Ⅰ間は自然地形に普請を加えた巨大な堀切《ほりきり》Kで、堀底を北に下ると井戸郭を通って天竜川の河原に下りる。堀切Kの南端部には土塁状の高まりMがある。重要な主郭Ⅰ防御や堀底の遮蔽《しゃへい》等を考慮した施設であろう。堀底は通路であるが、通常Ⅱ郭から主郭Ⅰへの連絡は堀幅のもっとも狭い部分に木橋が架けられていたものとみられ、主郭Ⅰ側に木戸跡N（虎口）が確認されている。主郭Ⅰの西縁には土塁の痕跡が残る。主郭Ⅰのほぼ中央部より、過去の発掘で平石を並べた雨落溝や靴脱石が確認されており、主殿《しゅでん》建築のような構造物が想定されている。主郭Ⅰの中央やや西よりに築山《つきやま》・池の跡があり、「本丸の庭園跡」などと紹介される書籍もあるが、これは大正時代の公園化の際、菖蒲《しょうぶ》池が造られた跡で、城とは関係がない。主郭Ⅰの奥にある小社は猿ヶ鼻《さるがばな》神社で、歴代城主の霊が祀られるが、これも城の存続と直接の関係はないものである。小社の裏手から坂道を下ると土塁で遮蔽された井戸郭へ至る。石積をともなう井戸は落城の際の金鶏譚《きんけいたん》を伝えている。

●—主郭Ⅰで確認された建物跡

【廃城の経緯】 武田氏による修築から十一年後の天正十年（一五八二）二月十六日、甲斐の武田攻めで織田軍が信濃に侵攻する。大島城は戦わず自落したことが『信長公記』などの史料によって知られる。この時、大島城には城将日向《ひなた》玄徳斎《げんとくさい》が小原丹後守《おばらたんごのかみ》、武田信廉《のぶかど》、安中七郎《あんなかしちろう》らを加勢に加えて織田軍に対峙していたが、十七日、織田信忠《のぶただ》が馬を寄せたところ、大島城兵は飯田落城を聞いて前夜のうちに逃亡し、城はもぬけの空であった。数日大島に在城した信忠は、河尻《かわじり》秀隆《ひでたか》、毛利秀頼《もうりひでより》をここにおいて飯島に進んだ（『信長公記』）。後発して信濃に入った信長は三月某日、「禁制　大島町」として、占領地において武士（進駐した将兵）の乱暴《らんぼう》や狼藉《ろうぜき》を禁止した禁制を大島町に発給《はっきゅう》した（「宮下文書」）。これにより、城の前面に城下集落のような町屋が形成され、「大島町」と呼ばれていたことがわかる。三月末、信長の国割りにより伊那郡を領した毛利秀頼が大島城に入ったが、六月二日に勃発した本能寺の変により、秀頼は兵を率いて上方《かみがた》へ向かい、以後、ふたたび大島城へ入るものはなく、廃城《はいじょう》となった。

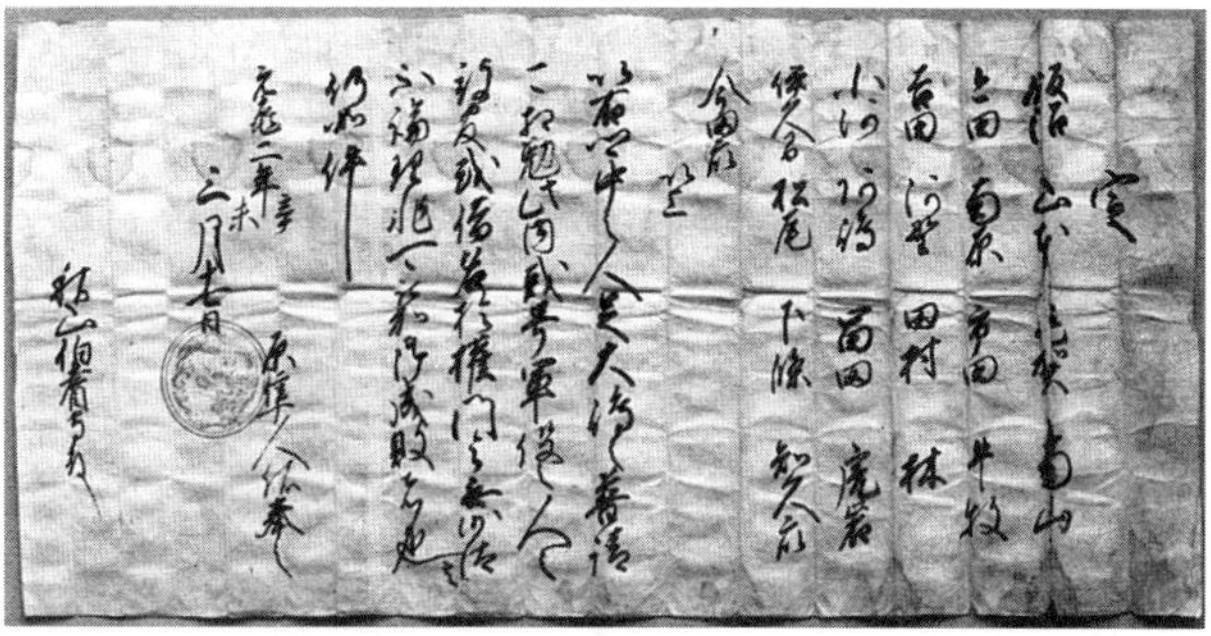

●―武田信玄が大島城の普請役を定めた下知状（工藤文書）

【廃城後の城跡】天正十年に廃城となった後、城跡がどのような経緯をたどったのかはわからないが、城跡は山林原野に帰し、平坦な場所であっても宅地や耕作地にならず、近代を迎えた。大正十年以降、地元古町では台城保存会を結成し、主郭部分を公園化した。戦時中、主郭Ⅰで芋などを栽培したことはあったが、これ以外の開発が行われることはなく、城跡はほぼ廃城当時のままで山林原野に埋もれてきた。その後、戦後の公園整備や一部人家の存在などから、遺構の一部が破壊、改変されている。

【存続時期の短い城郭】大島城は築城・廃城の時期や経緯が文献史料ではっきりしていること、元亀二年の修築から一一年という短期間に廃城となっているため、この地域における戦国末期の拠点城郭の姿をほぼそのまま伝えている代表的な城郭として貴重である。大島城の学術的な発掘調査等は行われていないが、過去の公園整備などに出土した遺物や、往時の大島町跡から出土した考古資料、大島城跡関連資料は松川町資料館に展示・保存されている。

【参考文献】大島村誌編纂委員会『大島村誌』（大島村役場、一九五六）、酒井幸則『武田氏と伊那大島城』（松川町資料館、二〇一一）

（酒井幸則）

●城主来歴の伝わらない城

南《みなみ》本《ほん》城《じょう》城《じょう》

〔県指定史跡〕

〔所在地〕飯田市座光寺
〔比　高〕七〇メートル
〔分　類〕山城
〔年　代〕一六世紀か
〔城　主〕座光寺氏か
〔交通アクセス〕ＪＲ飯田線「元善光寺」下車、徒歩一〇分。駐車場有。

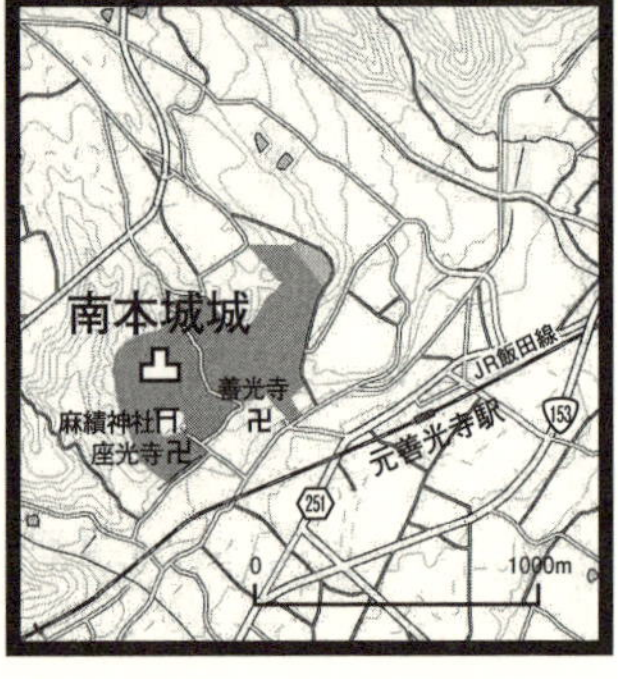

南信

【伊那郡の中心地】　座光寺《ざこうじ》地区は、天竜川支流を境に北は松岡氏、南は飯沼氏・坂西氏の所領に接している。古代には郡《ぐん》衙《が》が設置されるなど、伊那郡の中心地であった。その地名の由来は、官衙に近接して開かれた定額寺《じょうがくじ》である寂光寺《じゃくこうじ》とする説がある。官衙はＪＲ飯田線の駅の東に広がっており、城跡はこの段丘よりも九〇メートル程高い段丘の末端にある。両側を小河川に開析《かいせき》された尾根となっており、比高差は兎も角、形態は丘城ではなく山城といえる。

【遺構概観】　かつて藪《やぶ》に阻まれていた城跡も、現在は地区の方々の尽力によって、遺構が大変みやすくなっている。主郭Ｉは尾根の最高点にある。西側を中心に三辺に土塁《どるい》を築き、北端に平虎口《ひらこぐち》Ａがある。その対面の縁の造り出しは緩いが、わずかに低い空間があり、こちらも虎口であろう。主郭周辺の帯郭《おびくるわ》は、中心部を迂回するルートとなっている。各方面の尾根の付根をＢ～Ｆの堀や切岸《きりぎし》で切って囲み、主郭Ｉを中心とした曲輪群をまとまりあるものとしている。西側の腰《こし》郭《くるわ》の北端では、川原石でない、比較的大きな扁平な自然石による石積が露出している。

東側尾根は、竪堀《たてぼり》とも横堀とも区分し難い堀Ｇ・Ｈなどで区画し、その中を段築で埋めている。西尾根（堀Ｆ西側）も堀状の地形があり、やはり段築が多くあるが、尾根筋よりも洞に多くみられる。耕作地の可能性もあるが、周辺の段丘崖にはみられない地形なので、城郭遺構であろうか。南尾根の巨大な堀切《ほりきり》Ｉより外は自然地形である。

●—南本城城近景

特徴的なのは、尾根続きの北側の遺構群である。方形に区画された土塁Ｊがあり、その隣の空間は造成が不十分である。ジグザグに折れた堀Ｋ・Ｌは、直線的な堀切で尾根を断つことが多い郡下の山城とも、横堀と竪堀、桝形《ますがた》虎口を組み合わせた武田系といわれる山城のものとも異なる。ただし、具体的な導入経路の復元は難く、現在の遊歩道とは違うものとみられる。城域・遺構の規模からして土木工事量は多いが、地形を無視した縄張ではない。

【南北二つの本城】 さて、南本城城を語るうえで欠かせないのが、北本城城である。五七〇×四〇〇メートルの範囲に遺構が分布する広大な丘城で、東西南北の四つの曲輪を配置している。さらにその台地側にも堀の痕跡を認めることができ、外郭部には江戸初期に当地へ移ったといわれる耕雲寺《こううんじ》がある。城の主要部は現在小学校などによりみることはできないが、台地を縦断する本沢井は堀であり、耕雲寺の前後に空堀Ｍ・Ｎなどが、段丘崖には障子《しょうじ》をともなう横堀Ｐ、土塁などが残されている。横堀や土塁には小児頭大の河原石が多く、石積があったかもしれない。東側段丘崖には横堀が三重にあった可能性もあるが、南東側の段丘崖下の集落との間は、わずかな段郭と一重の堀切Ｑ・Ｒで断つのみで、南本城城や松岡城のような二重三重の備えはない。この南北二つの「本城」は、居館的な城と軍事専一の

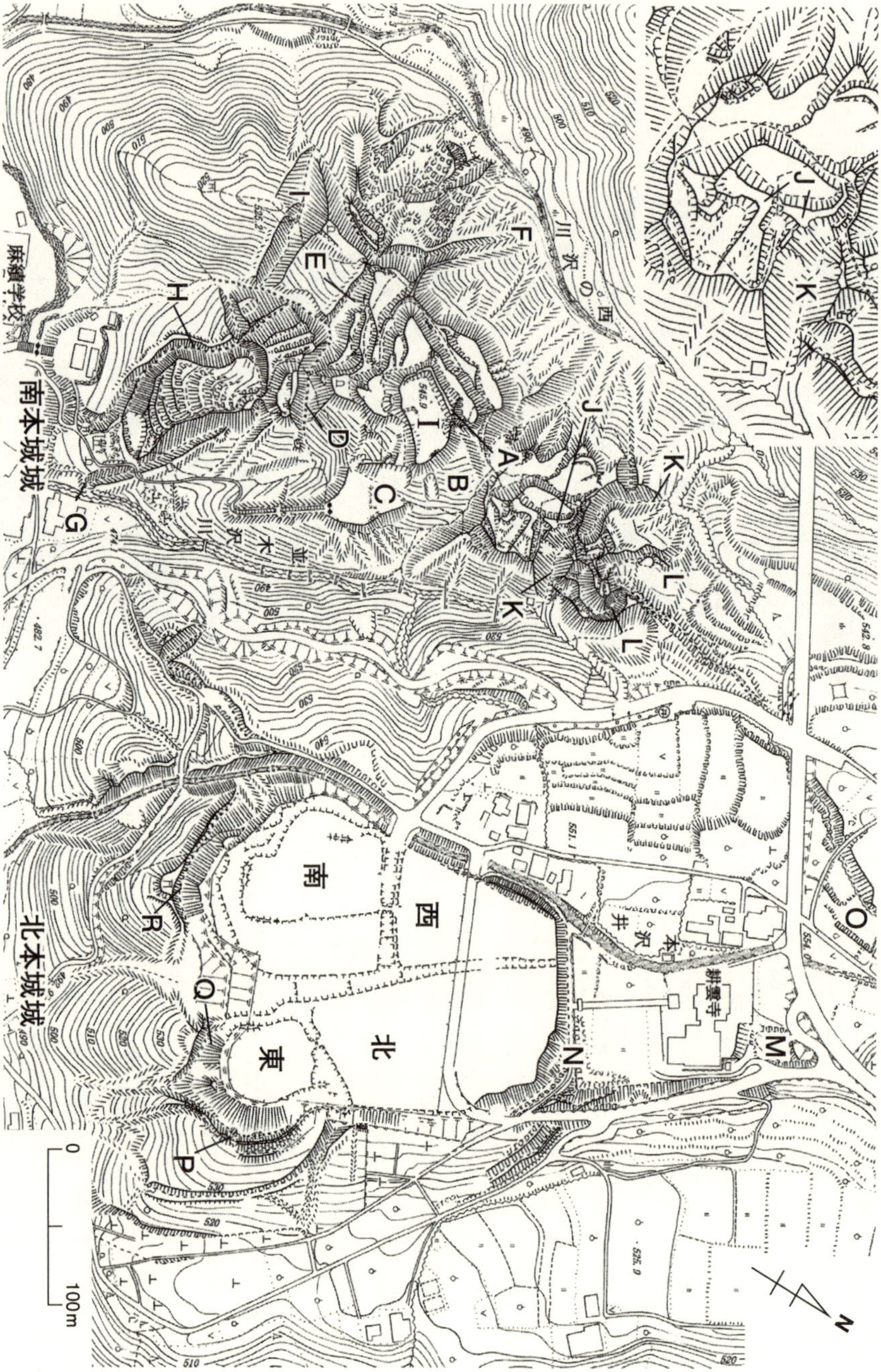

●—上野城（南本城城・北本城城）縄張図（作図：羽生俊郎）

●—南本城城主郭Ⅰの虎口と土塁

城としてしばしば対比され、両者を一体の城とする考えもある。両者をまとめて上野城と呼ばれることもある。北本城城の最外郭を区画する堀Oは、井水の調整も兼ねていたとみられるが、南本城城の尾根も分断している。

【城主来歴不詳】 この二つの城は、人里近くにありながら城主来歴が伝わっていない。こうしたことから臨戦築城の可能性があるが、本城の地名は、ここを本拠地とする在地勢力があったことを伝えている。その勢力は地理的に座光寺氏とみられ、諏訪大社の祭典の記録に度々登場することから、諏訪氏の神《みわ》氏と考えられている。北本城城や南本城城の発掘調査で出土した陶磁器の製造年代は、一五世紀後半から一六世紀前半と、諏訪大社祭礼の記録と重なる。しかし、座光寺氏が単独でこのような城を造り得たかは疑問であり、現在残る縄張は戦国大名間の抗争時のものである可能性が高い。なお、発掘調査では、私銭を鋳造した際の銅の滓（湯道《ゆみち》）が出土している。

【武田家臣の座光寺氏】 天文二十三年（一五五四）、武田氏が下伊那を支配するが、武田氏の家臣として座光寺氏が登場する。『甲陽軍艦』によれば、当初三〇騎の信濃先方衆であったが、天正元年（一五七三）には九〇騎となり、織田信長の抑えとして美濃岩村城に在城している。

天正三年六月、岩村城は織田信忠に包囲された。『信長公記』によれば城主秋山虎繁《とらしげ》と座光寺氏・大島氏は降伏し、十一月二十一日、織田信長に挨拶に伺ったところを騙し討ちにあい、長良川で磔《はりつけ》にされた。岩村城内の兵も全員が殺され、座光寺氏は滅亡したとみられる。天正六年の座光寺郷は、「神使御頭足之書」には「主なき」、「上諏訪大宮同前宮瑞籬外垣造宮帳」には「代官片切左馬允、神兵衛」とある。

【激動の天正年間】 天正十年二月、織田軍が伊那谷に侵入すると、下伊那の諸将はことごとく織田に下り、あるいは高遠へ退いた。『信長公記』には、北隣の印田（市田）での追撃戦が記録されるが、座光寺に関する記録はない。だが、元善光寺の寺伝では、織田の兵火で伽藍《がらん》が焼失したといい、岩村城の件も考えれば座光寺郷が執拗に攻撃されたとしても不思議ではない。

信長の死後、下伊那の大半は徳川方の下条頼安《よりやす》が抑えたが、八月になると後北条軍が諏訪から南下し、下条氏らは飯田城に立て籠もる事態となった。この時、座光寺北隣の松岡氏までが後北条方に与していた可能性が指摘されている。とすると、座光寺は徳川方と後北条方の境目にあたる。この年の十一月、松岡氏が家臣今牧氏に安堵《あんど》状を出しており、座光寺郷は松岡領であった。南本城城は、後北条方最前線の城として普請された可能性もある。

十月末、徳川・後北条両氏が和睦して、伊那谷は徳川支配下に戻った。極度の緊張は緩和されたが、国衆同士の対立が再燃し、徳川氏と豊臣氏の対立も加わった。天正十三年には松岡氏が豊臣方に同調し、徳川方高遠城を攻めた。これを松岡家臣の座光寺為時《ためとき》が徳川方へ密告して改易に追い込んだ。為時は後に山吹《やまぶき》藩（高森町）藩主となった。山吹藩座光寺氏の系図には、氏祖が武田家に仕えたことが記されるものの、美濃岩村で滅んだ武田家臣座光寺氏との関連は明らかでない。

本城は、天正三年以前の武田氏が改修したか、もしくは、天正十年以後の徳川氏などが改修した可能性があるが、天正十年の北条軍と徳川軍の対立との関わりは注目すべきである。

【参考文献】 飯田市教育委員会『南本城城跡』（二〇一一）

（羽生俊郎）

●内陸交通の要衝

飯《いい》田《だ》城《じょう》

〔所在地〕飯田市追手町・常盤町・主税町
〔比　高〕五〇メートル
〔分　類〕丘城
〔年　代〕室町時代〜一九世紀後半
〔城　主〕坂西氏　跡部忠勝・秋山信友・坂西織部・保科正直（武田氏）　下条氏長（織田氏）　下条頼安・菅沼定利（徳川氏）　毛利秀頼・京極高知（豊臣氏）　小笠原秀政　脇坂氏　堀氏
〔交通アクセス〕ＪＲ飯田線「飯田駅」下車、徒歩二〇分。

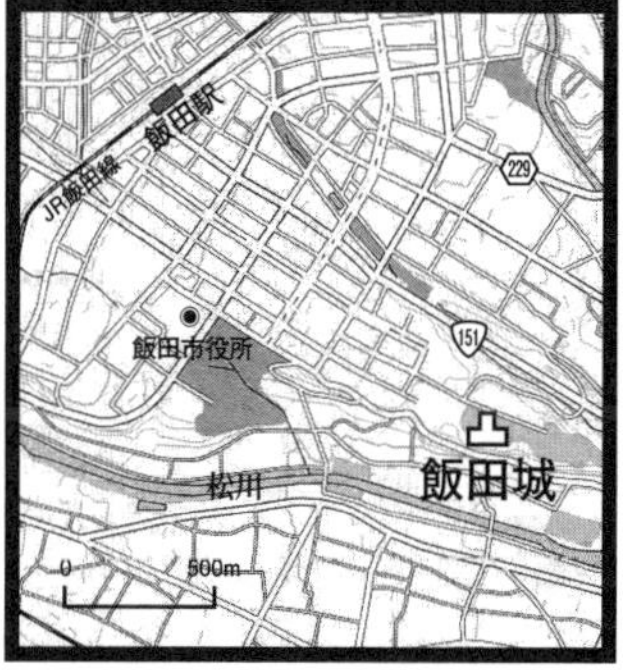

【飯田城の起源】 飯田城は飯田市の中央部の天竜川右岸、支流の松川と谷川に開析《かいせき》された段丘面の先端に位置する。東西約八〇〇メートル、南北約三〇〇メートルの大規模な城で、東側下位段丘との比高差は約五〇メートルを測る。飯田城は飯田下伊那地域で明治維新まで存続したほぼ唯一の城である。

飯田城は古くは「三本杉城」「六本杉城」と呼ばれたという。築城時期は明確ではないが、坂西《ばんざい》氏によって室町時代に築かれたといわれている。坂西氏については、鎌倉時代に地頭として入部した近藤六郎周家《ちかいえ》（源義経の家臣、阿波国坂西の住人）を祖とするもの（近藤坂西氏）と、信濃国守護小笠原貞宗の三男宗満《むねみつ》を祖とするもの（小笠原坂西氏）などの説がある。近年前述の両城はそれぞれ別の城で、谷川を挟んだ旧飯田測候所付近に近藤坂西氏の「三本杉飯田城」が、現飯田城には小笠原坂西氏の「家山飯田城」があったという説が出されている。しかし、旧測候所整備のための調査では、藩政期、馬場調練場であった時の土留め工の痕跡は確認されたが、建物跡、堀や土塁などはみつかっていない。

【歴代の城主】 坂西氏以降の城主の変遷は、戦国期には、武田晴信（以後、信玄）が信濃に覇権を争い、天文二十三年（一五五四）下伊那に侵攻、支配した。侵攻後、上洛に備え諸城の改修を行い、特に伊那谷支配の拠点となった高遠城・大島城は大規模に改修された。同様に飯田城も秋山信友により改修され堅固な城になったとされている。

信玄が没すると、織田信長は天正十年（一五八二）武田氏の勢力を駆逐し、毛利秀頼を大島城において伊那郡を支配し、飯田城には下条氏長を城代としておいた。同年、本能寺の変で織田氏が倒れた後は、飯田は徳川家康が治め、下条頼《より》安《やす》、続いて配下の菅沼定利《さだとし》が配された。豊臣氏が全国を統一すると毛利秀頼、続いて京極高知が治めることとなった。

関ヶ原の戦い後、飯田城主は小笠原秀政（一六〇一～一六一三）、脇坂安元・安政（一六一七～一六七二）をへて、堀親《ちか》昌《ひさ》以下一二代（一六七二～一八七一）が明治初年まで在城した。

【遺構の概観】　飯田城は連郭《れんかく》式の城で、東側の段丘先端から、山伏丸Ⅵ・本丸Ⅰ・二の丸Ⅱと、桜丸《さくらのまる》Ⅳ・出丸《でまる》Ⅴ・三の丸Ⅲで構成され、水堀の南堀・北堀で城下町と分かたれる。各郭の入口に枡形《ますがた》が設置され、本丸・二の丸・出丸の入口は外枡形、追手門など城内への入口には内枡形となっていた。

江戸前期の脇坂氏時代の絵図によると、本丸には御殿と奥御殿があり、幕末堀氏の時代には総坪数約四一二坪、五二四畳半の畳が敷かれた平屋建ての御殿であった。このほか本丸御門（一の門）と東側の山伏丸に抜ける埋門、東隅と南隅の二基の櫓《やぐら》、水汲門《みずくみもん》と番所、それに御殿を取り巻く白壁があった。東の櫓があったところには土塁《どるい》Kと石積の一部が現在

●—飯田城縄張図「この地図（図面）の作成に当たっては，飯田市長の承認を得て，同市発行の1/2,500図を使用した．（承認番号　29飯地計第221号）」

残っている。

山伏丸は、江戸前期には甲冑・武具を収めた御庫《おくら》があり、裏門と二基の櫓、白壁があった。別の絵図によれば、御用水を引き込んだ池、それに番所が確認できる。古くは本郭だったとも考えられる。

二の丸は二の丸御門（二の門、八間門ともいう）とそこから本丸に直線でのびる本城道《ほんじょうみち》、そして桝形が中心線上にあり、本城道の南側、本丸方向に御用水が引かれていた。このほか、南北の崖際に櫓がそれぞれ建てられていた。

●—飯田城桜丸御門（通称赤門，飯田市有形文化財）

脇坂氏時代には家老・御典医《ごてんい》の屋敷や城米倉、堀氏時代には家老安富《やすとみ》氏の屋敷と御宝蔵《ごほうぞう》があり、多くは御花畑であった。桜丸は、脇坂氏時代に初代安元が二代安政を養子に迎えるために御殿が建てられ、安元が多くの桜を植えたことから、桜丸と名付けられたといわれる。また、

堀氏治世下では若殿や隠居御殿として使われたところで、安政二年（一八五五）の大地震で本丸御殿が大破した後は藩主がここで政務を執った。飯田城の遺構として唯一現地に残る「飯田城桜丸御門（通称赤門）」（市有形文化財）は宝暦四年（一七五四）に建てられたものである。

出丸は現在追手町小学校（国登録有形文化財）が建つ郭で、佐倉騒動により改易《かいえき》となった堀田正信（脇坂安政の実兄）が蟄居《ちっきょ》させられた御殿があったが、延宝六年（一六七八）火災で焼失、五棟の米蔵（千俵蔵《せんびょうくら》）が置かれた。

三の丸は桜丸・出丸から北堀・南堀までの広い部分で、内桝形を持つ追手門、その南隣の太鼓櫓と北側の不明門《あかずのもん》（松尾口御門）などがあり、主に上中級の藩士の屋敷や、会所《かいしょ》（後の藩校「文武講習所」）、八間蔵（武器庫、藁《わら》置き場、牢屋）があった。

●—旧飯田城の八間門（松尾久井・木下家，飯田市有形文化財）

このほか、各郭間は、三の丸と出丸の間の欅堀《けやきぼり》D、御《お》亭堀《ちんぼり》E（当初は空堀《からぼり》）、それに城下との境をなす南堀F・北堀G以外は空堀であった。城の北側は谷川の深い谷によって備えH・Iとし、南は本丸下の水の手に番所Jを設けている。

【発掘調査】飯田城内では、これまでに美術博物館建設に先立つ二の丸調査、博物館付属施設建設に先立つ本丸調査、小学校昇降口建設に先立つ出丸調査、再開発ビル建設に先立つ北堀調査が行われている。本丸の調査では本丸御門とみられる建物跡や貯水池と考えられる石積がみつかっている。

二の丸調査では、本城道の跡と家老安富氏の屋敷跡、それに現在の本丸と二の丸間の空堀B西側に中世の堀跡が発見されている（位置L）。幅六・六㍍、深さ三・五㍍で、上からみると直線状でなく喰違《くいちが》いとなっている。これより西側には、方形竪穴と呼ばれる建物跡が多数みつかっていることから、中世の飯田城は段丘先端に寄っており、かつ近世飯田城の三分の一程度と小さかったことが分かる。この近世以前の堀は埋め立てられており、上層は主に黒色土、下層は褐色土・暗褐色土の大きく二層に分かれていた。堀上層出土の遺物には一六世紀末の三河地方の内耳《ないじ》土器片が含まれていることから、少なくとも堀上部は織田氏の侵攻以降に埋め立てられたと考えられる。また、痕跡や遺物は確認されていないが、堀下層の埋立ては武田氏が改修拡張したことを示すものかもしれない。

出丸の調査では欅堀の肩や石組の排水施設が調査され、御用窯の風越焼《かざこしやき》とみられる磁器が出土している。

北堀は幅約二一㍍、深さ約七㍍あり、城内側は土塁があって堀に面した土塁部分のみ石垣が積まれていたと考えられる。記録によれば、明治四年（一八七一）九月十四日から堀の埋立てが始まり、翌十五日には追手門を取り壊し、十月十二日には城門の石垣や建物の礎石が撤去されたとあり、調査で確認された土塁が城内側から城下町に向かって掻き崩された状況は、廃城の過程を彷彿《ほうふつ》とさせるものがある。飯田城絵図の中には土塁上に松が描かれるものがあり、城内を見通せないようにしたといわれているが、堀内からは松の球果《きゅうか》や株がみつかり、これを裏づける。ほかに、堀埋土中からは飯田藩主堀氏の家紋「向梅鉢《むこううめばち》」の軒丸瓦や鯱《しゃち》瓦が出土している。

飯田城は明治新政府の命により徹底的に破壊され、本丸の一寓《いちぐう》に残る石垣と櫓台跡、水の手御門等の石垣、井戸跡、それに桜丸御門（通称赤門）にそのよすがを偲ぶばかりである。

【参考文献】『飯田城ガイドブック』（飯田市美術博物館、二〇〇五）

（馬場保之）

●乱世を乗り切った小笠原氏の本城

松《まつ》尾《お》城《じょう》

〔県指定史跡〕

〔所在地〕飯田市松尾代田・鼎名古熊
〔比　高〕約九〇メートル
〔分　類〕丘城
〔年　代〕室町時代か
〔城　主〕小笠原氏
〔交通アクセス〕ＪＲ飯田線「毛賀駅」下車、徒歩三〇分。駐車場有。または飯田駅から飯田市コミュニティバス「名古熊東」下車、徒歩二〇分。

【信濃守護と伊賀良荘地頭】　伊賀良荘は信濃最南端の荘園で、いわば東国の入口である。鎌倉幕府滅亡から秀吉の天下統一までの約二五〇年間に亙って当地を支配したのが信濃小笠原氏である。小笠原氏は松尾城、鈴岡城などを築き、府中も含めて三つ巴の抗争を繰り返した。この抗争劇こそ松尾城・鈴岡城が県史跡の理由でもあるので、少々長くなるが、まずは小笠原氏の来歴について触れたい。

小笠原氏は甲斐源氏《かいげんじ》の庶流で、元々鎌倉幕府の配下であったが、足利尊氏とともに朝廷側に属し、建武政権の樹立に貢献した。鎌倉時代の信濃国守護、伊賀良荘地頭は北条氏で、小笠原氏は阿波国守護であった。小笠原氏が鎌倉時代に松尾館で生まれたと記載する系図類もあるが、同氏の信濃土着は、貞宗が信濃守護に補任された建武二年（一三三五）以降とする説が一般的だ。康永三年（一三四四）貞宗は信濃守護と伊賀良荘地頭を嫡子政長に譲渡して以降、これらは小笠原氏に相伝された。もっとも、当主は在京して守護代、地頭代を置くことが慣例であったらしい。小笠原氏は、応永七年（一四〇〇）の大塔《おおとう》合戦で敗北して没落したが、結城合戦（一四四〇）では政康が武功をあげて威勢を取り戻した。

【内訌と三家分裂】　遡って、小笠原長基は、何らかの事由で長子長将《ながまさ》ではなく長秀《ながひで》に総領識を譲ったが、長秀は失政し、弟の政康《まさやす》が中興した（次頁系図）。嘉吉二年（一四四二）、政康は没するが、総領識を子宗康《むねやす》に継がせた。長基《ながもと》嫡流の持長《もちなが》はこれに反発し、天安二年（一四四五）、幕府に訴え、次いで武力に訴え、翌年、宗康は戦死した。同年、幕府は宗康弟の光康《みつやす》の信濃守護職と所領の安堵を認めているが、その後、管領が細川氏から畠山氏に移る煽りを受けてか、信濃守護職は宝徳三年（一四五一）頃に持長に移る。その後管領が細川氏に戻ると、享徳二年（一四五三）頃にふたたび光康に戻った。

持長は信濃守護所、松本の井川館に居り、子の清宗は林城に移ったとされる。この系統を府中（深志）小笠原氏と呼んでいる。政康は、第二子の光康を伊那郡松尾に住まわせ伊賀良荘の管掌にあたらせたので、光康の系統を松尾小笠原氏と呼んでいる。第一子の宗康は井川館に居たが戦死し、幼少であった政秀は伊那に逃れて叔父光康を頼った。その後、鈴岡に居城したといい、この系統を鈴岡小笠原氏と呼んでいる。

【戦国時代の幕開け】 応仁元年（一四六七）、鈴岡の政秀《まさひで》は父の遺恨を晴らすべく府中へ攻入り、長朝を更級郡に駆逐した。政秀は信濃守護となったが、したがう者は少なかったようだ。長享二年（一四八八）、ふたたび井川館を襲っているが、やはり筑摩郡の国人《こくじん》の支持を得られなかった。そこで、長朝を鈴岡小笠原家の養子として和睦し、府中を長朝に渡して鈴岡へ戻った。延徳二年（一四九〇）以降とみられている。

いっぽう、政秀は勢いを増すとともに、かつて庇護してくれた光康と伊那郡で対立し、文明十年（一四七八）、同十二年と諏訪大祝《おおほうり》氏とともに松尾小笠原家を攻めている。この時、家長が戦死したとされるが、異説もある。明応二年（一四九三）正月四日、政秀父子は、松尾城にて定基《さだもと》に暗殺された。政秀の室や遺臣らは、縁戚の下条氏や府中の長朝《ながとも》を頼った。長朝は援軍を送り、下条氏とともに定基を攻めたが、当主を失った鈴岡小笠原は回復できず、伊賀良荘は松尾の定基が抑えた。定基は、永正三年（一五〇六）に北条早雲から遠州出兵を求められるなど南信濃の有力者となったが、天文三

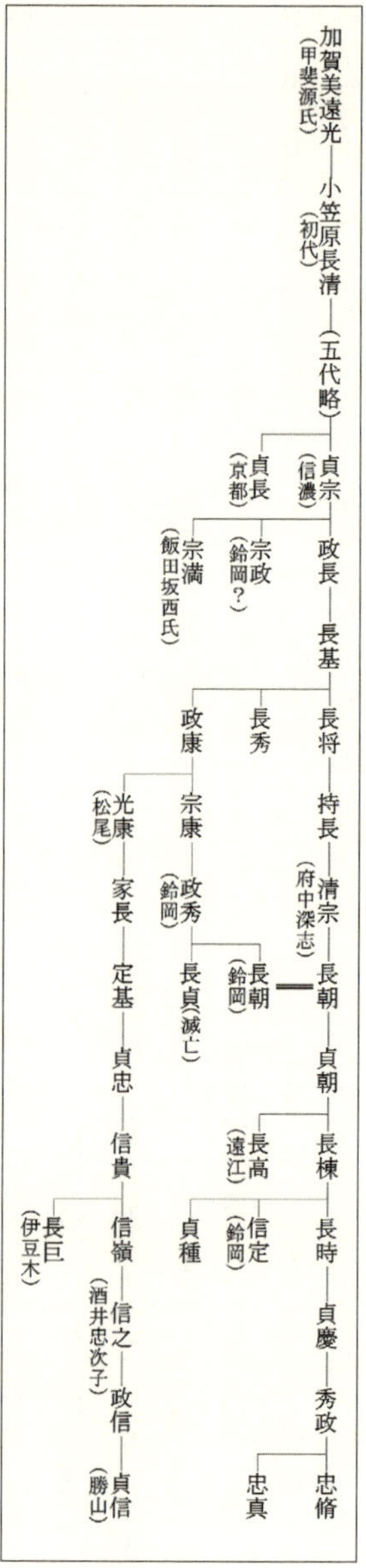

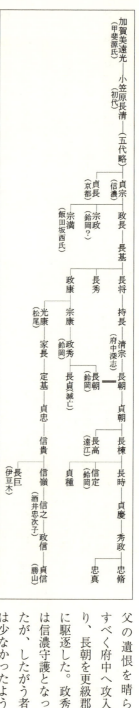

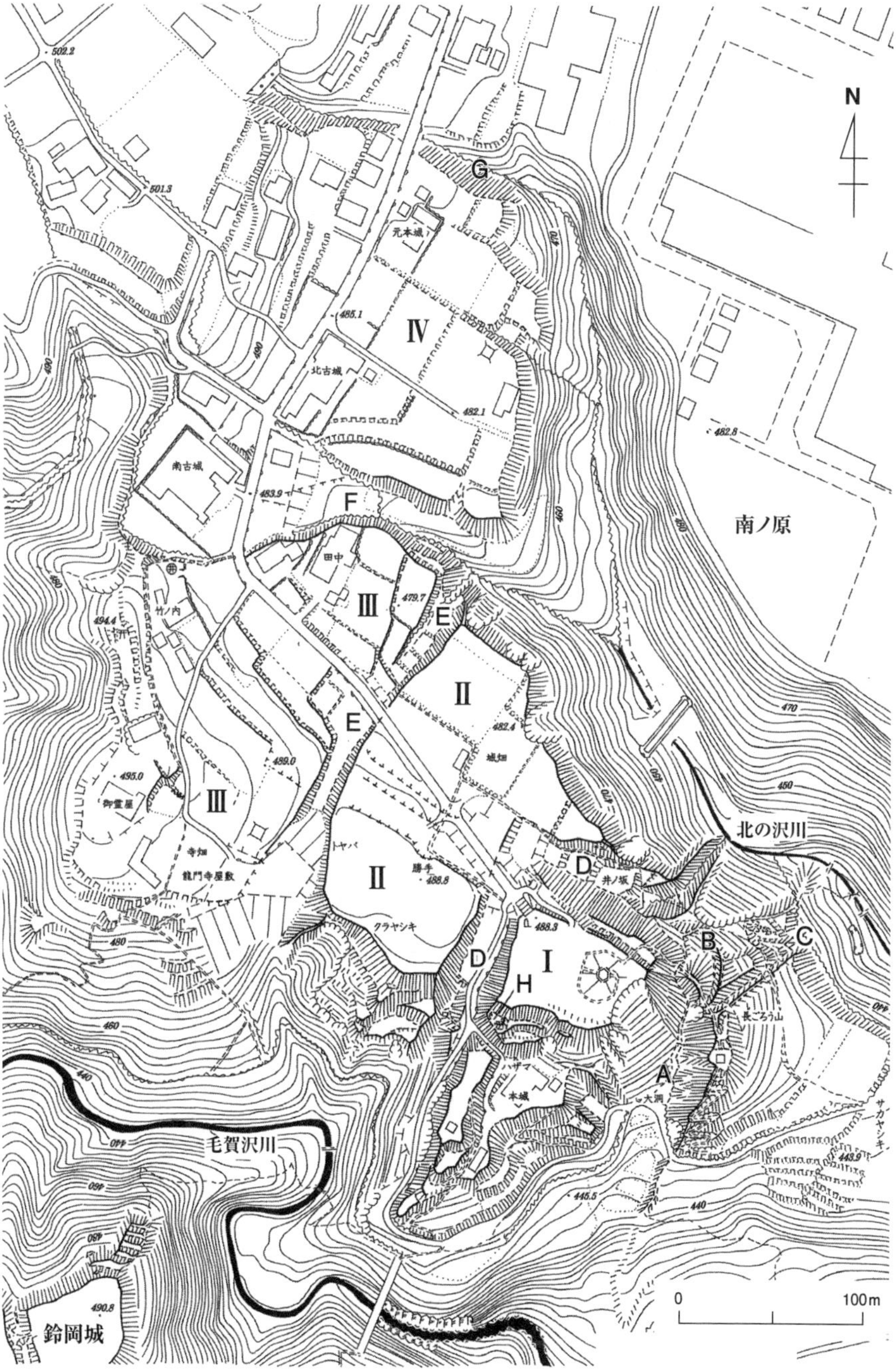

●—松尾城縄張図（作図：羽生俊郎）

年（一五三四）に府中の長棟に松尾小笠原氏は甲斐へ追いやられ、鈴岡城に入った信定に替わられた。

【武田氏の伊那侵攻】　天文十四年、長時は上伊那の福与城をめぐり武田信玄と対峙した。これに鈴岡の信定が援軍に出ており、信定配下の田科惣蔵《だしなそうぞう》が交戦を進言したが長時《ながとき》に却下されたため、信定は伊那衆とともに下伊那に引き揚げてしまった。結果、福与城は武田に奪われ、天文十七年には長時自身が武田に敗れ、越後、次いで鈴岡に逃れた。武田氏は天文二十三年に下伊那へ侵攻した。下伊那の大半の武将は下ったが、鈴岡の信定と兄長時、竜東の知久氏は抗戦した。鈴岡は、先に甲斐に逃れた松尾小笠原家の信貴《のぶたか》らに攻められ、八月に落城した。信定らは下条をへて各地へ散り、鈴岡は途絶えた。

【武田家臣の小笠原氏】　伊那郡に復帰した松尾小笠原家は一〇〇騎の信濃先方衆で、山県昌景《まさかげ》の相備えとなった。信貴《のぶたか》・信嶺《のぶみね》の信は、武田信玄の偏諱《へんき》授与と指摘されており、信嶺の室は信玄の姪である。元亀三年（一五七二）、信玄は伊那谷を南下して三河遠江に侵攻した。信嶺は長篠城に在番し、遠江井伊谷を宛行《あてが》われた。天正三年（一五七五）の長篠敗戦後は、武田家の信濃防衛の前線部隊として下条信氏《のぶうじ》とともに山本在陣を命じられている。しかし、天正十年正月、知久氏によって小笠原彦三郎外四・五人が討取られ、鈴岡城、松尾城は落城した。織田派、武田派に割れた境目の国衆同士の抗争ともいわれる。信嶺はすでに武田に母を人質に出していたが、織田に弟長巨《ながなお》を出して従属した。二月十四日、信嶺は織田先陣を清内路街道から伊那谷に招き入れ、次いで高遠攻めの先陣を務めた。なお、信長は先陣の河尻秀隆《ひでたか》に対し、松尾・駒場など二・三ヵ所で伝えの城・繫《つなぎ》の城を普請して用心するよう厳命している。ただ織田先陣の北上は迅速で、どの程度遺構に反映されているかは分からない。

【乱世の終わり】　信長の死後、伊那谷を確保したのは徳川家康であり、この時に下伊那を取りまとめたのは下条氏であった。小笠原氏は出遅れたらしいが、翌天正十一年、川路地区周辺で下条氏と二度の合戦におよび、翌年正月に下条頼安を暗殺して、信嶺は下伊那での地位を取り戻した。いっぽう、知久氏や松岡氏などは豊臣方に与した嫌疑などにより、徳川施政下で淘汰され、下伊那で乱世を切り抜けた国衆は小笠原氏だけであった。天正十八年、家康の関東移封とともに武蔵本庄へ移った。関ヶ原の合戦後、長巨は旧領伊那郡に戻り、伊豆木に陣屋を構えた（二九三～六頁）。いっぽう、信之は松尾に戻らず、子孫が各地を転々とした後、越前勝山に落ち着いた。なお、小笠原氏には時を変えて似た戦暦があり、歴史に混乱が少なくない。

【遺構・発掘概観】 松尾城は段丘の突端に築かれている。毛賀沢川を挟んで、鈴岡城とは指呼《しこ》の間だ。段丘の先端に主郭Ⅰを置き、背後の尾根は横堀B、竪堀《たてぼり》Cを組み合わせた大小三条の堀で備えている。主郭南側の尾根には腰郭《こしくるわ》があり、尾根の付根には小規模ながら桝形《ますがた》状の土塁《どるい》Hがある。この付近にハザマの地名がある。台地側を断つ空堀《からぼり》Dは巨大で、北側で横堀、竪堀となる。Ⅱ郭は広大で、南側が高く、段差によりいくつかの曲輪に細分できるが、当時の地形かは分からない。Ⅲ郭には龍門寺屋敷の地名があり、かつて小笠原氏菩提の龍門寺（創建天文元年）があった。やはり南西側が高く、自然地形が残るいっぽう、開墾地も多いとみられ、台地側の堀はほとんどが埋まっている。これより北には城にまつわる屋号が残り、北の沢川Gを堀と見立てることもできるが、防御には不向きな段丘崖下である。いっぽう、沢を挟んだ北東対岸の南の原遺跡からは、緑釉《りょくゆう》天目《てんもく》の優品（飯田市美術博物館所蔵）などが出土しており、小笠原氏の家臣団の屋敷地といわれている。主郭Ⅰからは、掘立柱建物跡などの他、陶磁器が出土している。陶磁器は一五世紀後半から一六世紀前半にかけて製造されたもので、城の歴史をすべて反映している訳ではなかろう。

●—主郭Ⅰ（左側）とⅡ郭を隔てる巨大な空堀

　小笠原氏の経歴などからすれば、本城は小笠原氏の内訌《ないこう》が深まる応仁の乱に前後した頃に築城されたと考えられ、家康の関東移封まで存続した。現在の姿は戦国末期のものと推察されるが、寺院や地名などからは、武田氏以前から城域がⅢ郭まであったとみられ、信濃守護小笠原氏の威勢をうかがうことができる。かつては毛賀沢川を挟んで相争った鈴岡城とは現在遊歩道で繋がっている。

【参考文献】河西克造・三島正之・中井均『長野県の山城ベスト五〇を歩く』（サンライズ出版、二〇一三）、赤羽篤・石川正臣『定本　伊那谷の城』（郷土出版社、一九九六）

（羽生俊郎）

●信濃小笠原氏内訌の歴史

鈴《すず》岡《おか》城《じょう》〔県指定史跡〕

〔所在地〕飯田市駄科
〔比　高〕四〇メートル
〔分　類〕丘城
〔年　代〕室町時代か
〔城　主〕小笠原氏
〔交通アクセス〕ＪＲ飯田線「駄科」下車、徒歩二五分。駐車場有。信南交通市民バス千代線「駄科南平」下車、徒歩一五分。

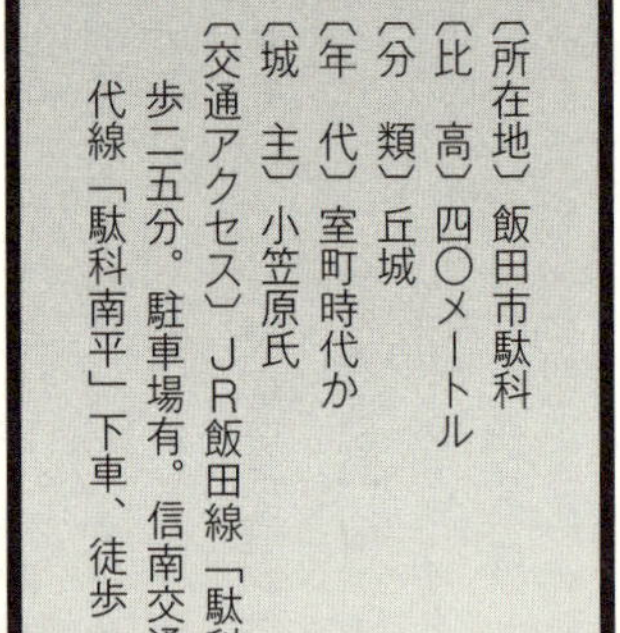

【後堅固の城】　鈴岡城は段丘を利用した後堅固《うしろけんご》の城だ。比高差約四〇メートルの段丘崖に加え、堀Ｃを回しており、背後の心配は要らない。北は毛賀沢《けがさわ》川、南は大井川《おおいがわ》で区切られ、尾根続きの西側に防御を重ねている。Ⅲ郭は出丸といわれるが、標高や堀の回し方などから主郭Ⅰよりも上位の曲輪である。Ⅱ郭は西側を中心に三辺に土塁の痕跡が残る。Ⅳ郭は前後を堀に挟まれて横方向に細長い。有機的な繋がりの濃い曲輪はここまでで、Ⅴ郭はやや離れており、堀の規模も異なる。ただし、この曲輪の先端の尾根は松尾城まで繋がっているためか、段築を設けている。一段高い西の尾根は遠見原《とおみはら》と呼ばれ、堀切Ｆで城外となる。その間は自然の傾斜や耕作地とみられ、遺構ははっきりしない。堀切Ｆより外側は、堀切を設けても良さそうな痩せ尾根だが、遺構は確認できない。堀Ｃ外側の段築は、耕作地と区別がつかない。自然地形では東側の主郭Ⅰ側が低いはずであるが、台地の西側をより多く削りとり、いずれの曲輪でも中心側を高くさせている。現在は公園化によってⅡ郭が約七〇センチ盛土されているので、若干感覚が異なっている。

【横　堀】　この城の見所はⅡ郭を大胆に囲繞《いじょう》する堀Ｃである。堀の外側の土塁《どるい》は現在道路となってⅣ郭と結びついており、往時も通路であったと考えると、迎撃と逆襲の要となっている。途中、Ⅱ郭南側で屏風《びょうぶ》折れとなっているのも、遺構であろう。堀Ｃは、Ⅱ郭の西隅で幅が狭くなるが、Ⅳ郭を挟んだ堀Ｄは逆に北側が狭くなっており、Ⅱ郭の下でⅣ郭を北から南へ迂回する経路となっている。

【発掘の成果】　Ⅱ郭の周辺が部分的であるが発掘されている。主郭Ⅰに近い東側では、地表に近いローム層上部が削平され、ローム層下部や段丘礫《れき》層が生活面となっていた。先に述べた主郭Ⅰの優位性確保のためであろう。注穴は不規則な配置で具体的な建物プランは不明である。注穴は土塁Gの下からも確認されており、堀Cと土塁Gが同時に造られたとすると、曲輪の空間確保よりも防御施設の強化を迫られた時期があったことを示している。遺物は、青磁の碗・輪花皿、瀬戸・美濃産の擂鉢《すりばち》・鉢・丸碗・平碗・天目《てんもく》茶碗・壺・茶壺・茶入、土鍋等が出土しており、一五世紀後半から一六世紀前半にかけて製造されたものである。炭化米の出土もある。

　興味深いのは、やはり堀Cである。薬研堀《やげんぼり》だが、Ⅱ郭南側では断面が

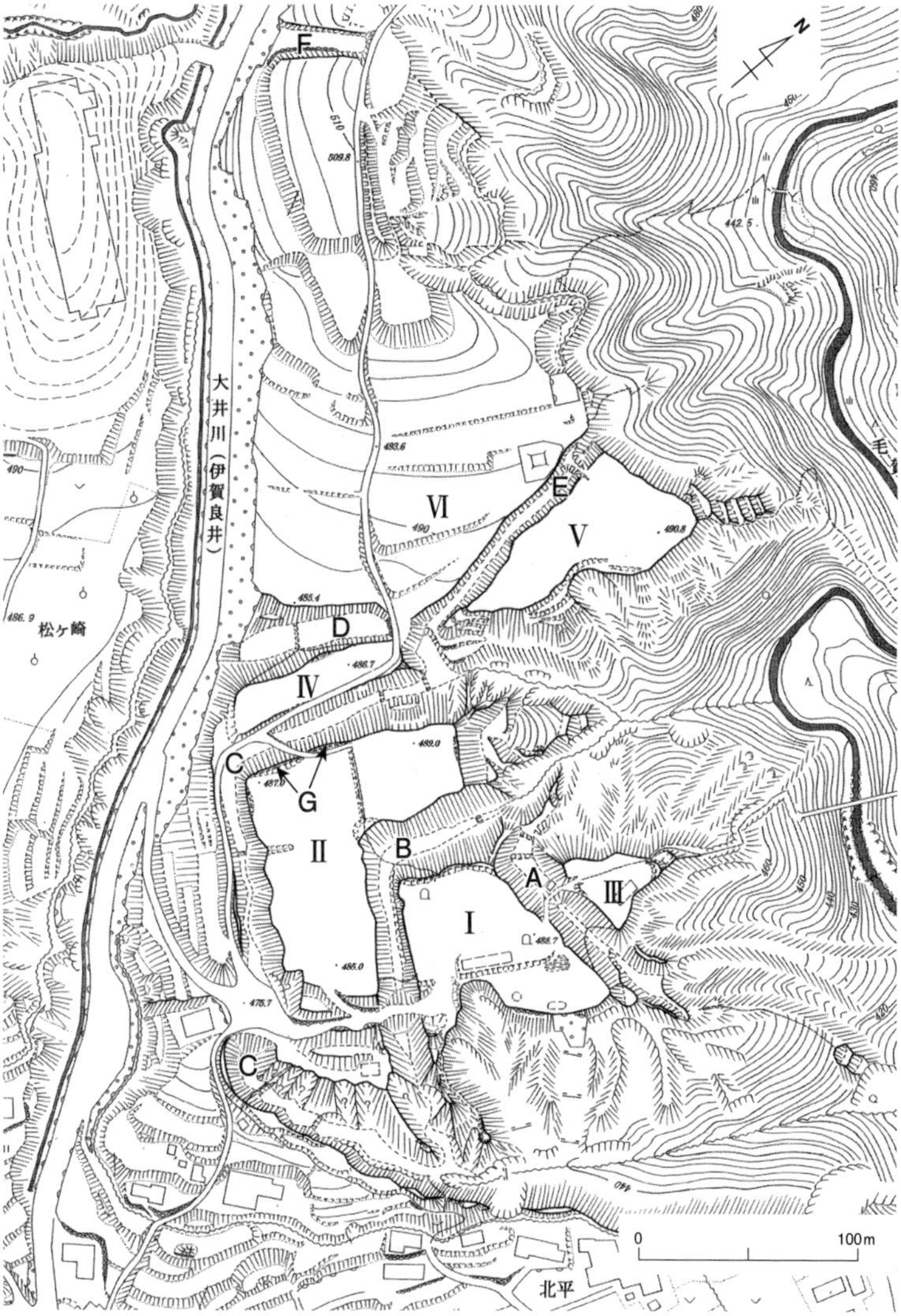

●—鈴岡縄張図（作図：羽生俊郎）

南信

「W」字状となった二重の堀底があった。時期差の可能性もあるが、障子堀の可能性もある。Ⅱ郭西隅の部分では、堀に直交する土塁が大小三畝、Ⅳ郭から伸びていた。これは地山を掘り残したものなので、堀C掘削当初からの遺構である。

●—堀Cと土塁，Ⅱ郭

Ⅱ郭と繋がっていない土塁もあり、Ⅱ郭とは五メートル前後の高低差があるため、土橋《どばし》、橋脚台、障子堀が考えられるが、いずれにしてもこの場所が守備上の要であろう。だが土塁も堀底も平に埋まり、その面が焼けていることが確認された。戦火か破却によるものと考えられる。この遺構は十分に機能を発揮しないままに廃城を迎えたことになる。

【城の来歴】 本城には宗政《むねまさ》がいたといわれるが、不明な点が多い。松尾城と同じく、小笠原氏の内訌《ないこう》激化とともに造られたと考えている。その後、何度かの落城をへて弱点が強化され、優れた縄張となったのであろう。下限は関東移封だが、より絞り込むとすれば、天正十五年（一五八七）の下条氏没落が城にとって一つの契機である。

その詳細は松尾城をご覧いただきたいが、小笠原氏は乱世を乗り切った。主郭Ⅰには、深志小笠原家の後裔で、最後の小倉藩主小笠原長幹《ながよし》の公園碑、同じく唐津藩小笠原家の長生の筆による城址碑が建っている。

【参考文献】 飯田市教育委員会『鈴岡城址』（二〇〇九）

（羽生俊郎）

●三遠南信国境の城

久《く》米《め》ヶ《が》城《じょう》

〔所在地〕飯田市久米・竹佐・伊豆木
〔比　高〕一一〇〜二一〇メートル
〔分　類〕山城
〔年　代〕南北朝時代〜天正年間か
〔城　主〕小笠原氏、下条氏?
〔交通アクセス〕信南交通乗合バス駒場線「南平」下車、徒歩三五分。駐車場有。

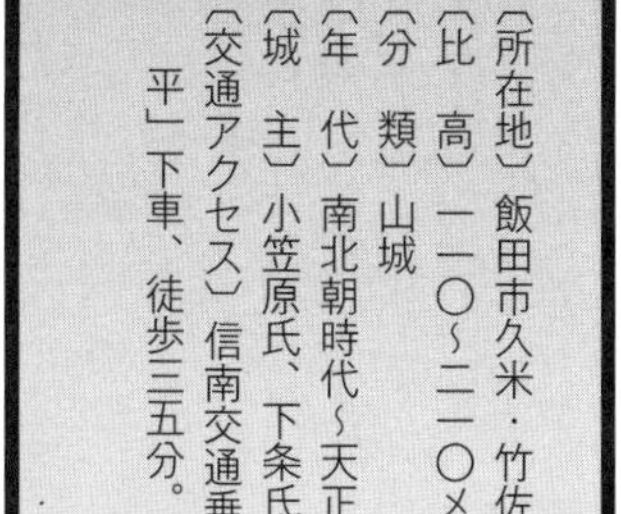

【信濃の玄関口】　三遠南信《さんえんなんしん》とは、三河・遠州・南信州の略である。伊那谷は東西を山脈に阻まれており、文物の移動は南北に限られる。南はここ飯田市山本地区・阿智村辺りを境に山深い三河高原となり、過去も現在も国境地帯となっている。山本には三州街道・清内路《せいないじ》街道が通り、遠州街道も近い。清内路街道はかつてみの道ともいわれ、木曽谷をへて美濃とも繋がっている。山本周辺は、まさに信濃国の玄関といえる要衝である。西平城や茶臼山城、坊主ヶ城、麦種城、川路城山城、駒場城（阿智村）など、大小の城が密集する。

久米ヶ城は、中央アルプス前衛の山塊からは切り離された独立峰に築かれている。眼下の山本の盆地をはじめ、飯田市街地や梨子野《なしの》峠（清内路街道）、竜東（天竜川左岸）、阿智村、下條村方面の眺望が利く。城跡は公園化されており、車で山頂まで上がることができる。復元ではないが物見櫓《ものみやぐら》が設置されており、眺望は申し分ない。山城シーズンならば、冠雪した南アルプスや恵那山に沈む夕日が美しい。

【巨大な城域】　遺構は南北約五七〇メートル、東西約三四〇メートルに分布する。周辺のみならず郡下でも最大規模の山城だ。一部公園化等で不明ながら、桝形虎口《ますがたこぐち》や横堀は発達していない。見応えある遺構は主郭Ⅰ北側の堀切《ほりきり》B・Hであるが、特徴的な遺構としては竪堀《たてぼり》C〜G他が挙げられる。放射状でも長大でもなく、あまり目を引く存在ではないが、下伊那では珍しい遺構といえる。そして、最大の特徴は広範囲に尾根を埋め尽くす腰郭《こしくるわ》群であろう。段築のあり方は一様でなく、途中堀

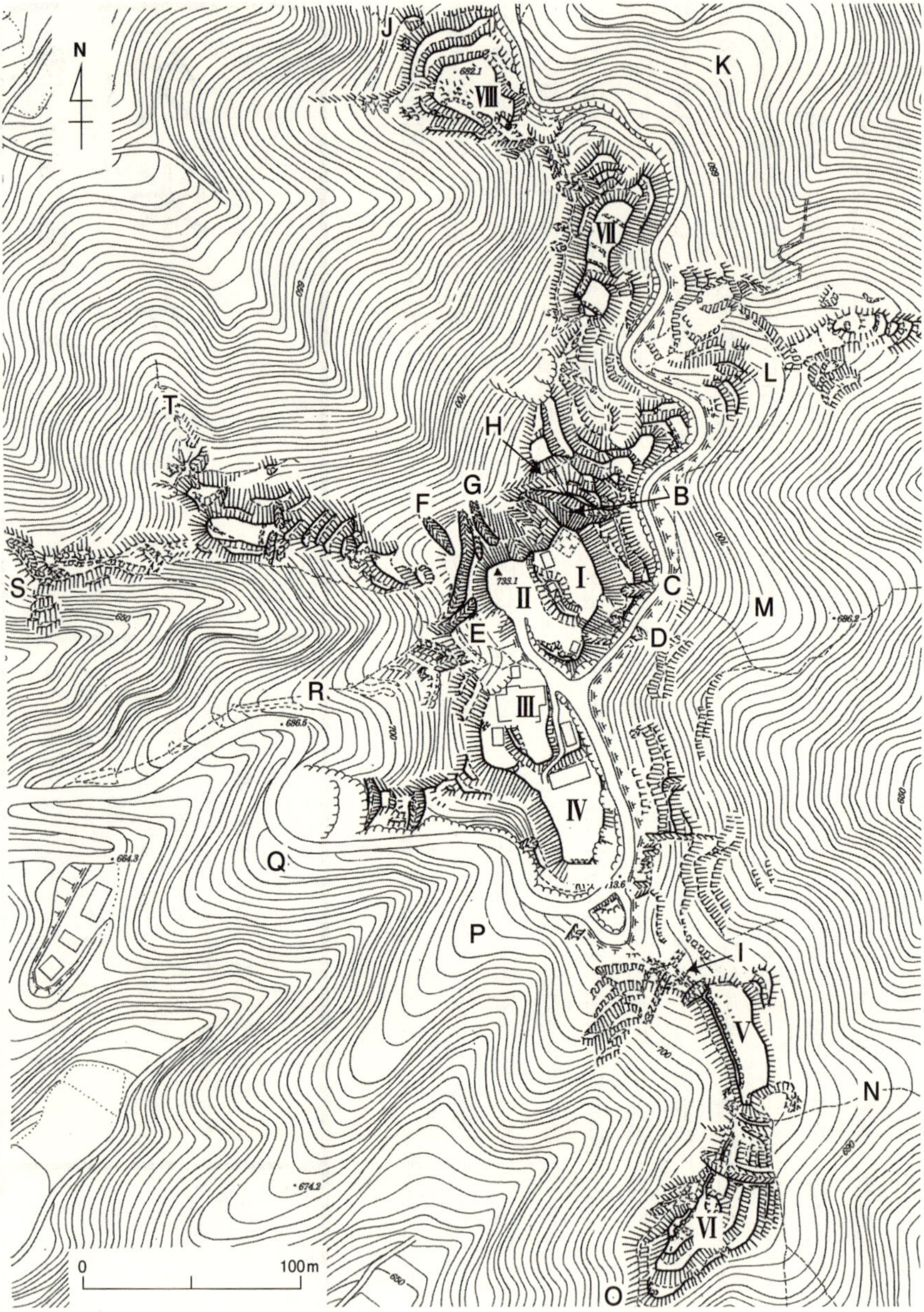

●—久米ヶ城縄張図（作図：羽生俊郎）

切と組み合わさる尾根Q・Tと段築主体の尾根J・Lがある。段築のすべてが城郭遺構と断定できないものの、尾根上の平場は、基本的に山頂から続いている。いっぽう、洞の段築も稜線付近まで迫るものもあり、水の手もそれなりに必要かと思うが、法面《のりめん》が生々しくもみえ、大半は耕作地の可能性が高い。Ⅳ・Ⅴ郭の間は緩やかな自然地形で稜線上に土塁状のわずかな高まりⅠがある。Ⅴ・Ⅵ郭に土塁がみられるいっぽう、領界に土塁を盛ったとみられる事例が近隣にあることから、これらもこうした事例の可能性が高い。

●—Ⅷ郭北側の段築

【指向性の強い縄張】　さて、地勢的・地形的にみて、南側・西側に備えていると思いきや、北西側に偏った縄張である。この方面は久米川が遮り、自然地形も十分険しいのだが、尾根Jでは、主郭Ⅰから比高差七〇㍍余り、水平距離二二〇㍍にわたり腰郭が展開する。いっぽう、主郭の南側は、稜線上の主な郭Ⅰ～Ⅵこそ西側に土塁が伴っているものの、Ⅴ郭の周辺からは低く緩慢な切岸となり、そのまま緩い尾根Oとなる。尾根M・N・O・P・Rは比較的緩やかであるにも関わらず防御施設がなく、ガラ空きといってよい。特に尾根Rは、尾根Sに比べて高低差も斜面も厳しくなく、何より山本盆地と尾根続きであり、現在も登山道が存在するもっとも備えるべき尾根に思えるのだが、謎である。

【「かもん」】　山全体は城山と呼ばれており、Ⅴ郭は鍛冶ヶ城、Ⅷ郭は蔵屋敷と伝わる。蔵屋敷からは焼米《やきごめ》が、城内からはかつて陶磁器が多く出土したという。さて、明治の土地台帳をみると、東側山麓の集落に、加門屋敷・嘉門畑など、かもんと読める字がある（図外、尾根Kの末端）。伊賀良荘でかもんと聞いてまず思い浮かぶのが、小笠原掃部《かもん》大夫《のたいふ》信嶺《のぶみね》である。参考に、信濃史料と長野県史南信史料編をあたってみたが、管見の限りでは信嶺以外に見当たらなかった。歴史背景からしても、小笠原信嶺と関連のありそうな地名だ。ただ、この字《あざ》名周辺と尾根筋Kに城郭遺構は確認できなかった。さて、城主について『山本村誌』では、開善寺の小笠原氏系図の記載を根拠に、松尾城主小笠原貞宗《さだむね》の弟貞長《さだなが》を初代とし、建武以降戦国の中頃まで二〇〇年間余り続いたという。小笠原氏の概略は松尾城（一一二頁）を参照されたい。草創が南北朝まで遡るかは不明だが、いずれにしても、現在の姿は戦国後半のものであろう。

【武田氏の信濃防衛】 天正三年（一五七五）、長篠での敗戦を機に、武田家は三河遠江方面で守勢に立たされる。異説もあるが、おそらくその年であろう八月、武田家は織田・徳川に対する信濃の防衛について指示を出している。清内路口には小笠原信嶺の、波合口《なみあい》・新野口《にいの》には下条信氏の軍勢を警固にあたらせ、信嶺・信氏ら本人は山本に在陣させた。山小屋へは武装した民衆を、山の峰々には上下貴賤を集め、敵の通路を遮ること、つまりはゲリラ戦で補給路を断つ指示である。切岸《きりぎし》と平場の単純な繰返しが雑兵の戦闘に適した縄張であるとするなら、山本周辺に多数の段築から成る巨大な山城が集まる状況と一致する。

劣勢の武田氏が腐心したのが、国衆から民衆まで領国内の離反であり、人質や誓詞《せいし》、勢力の分断や金品でこれを抑え込もうとした。しかし、天正十年一月、織田の軍勢が美濃に押し寄せると、下条氏・小笠原氏らは織田方が主流派となり、織田軍を伊那口から信濃に招き入れることとなった。特に信嶺は、清内路街道梨子野《なしの》峠から織田先陣を案内しており、その働きぶりを信長から褒められている。この時、国境の多くの城は自落したと考えられる。

【依然残る縄張の謎】 久米ヶ城もこうした流れの中で理解されようが、北尾根の説明には不十分だ。この地で北からの脅威は、天文二年（一五三三）前後の小笠原氏内訌《ないこう》、同二十三年の武田氏の伊那侵攻、天正十年の北条軍の南下が挙げられる。また、天正十一年の小笠原氏と下条氏の合戦、小牧・長久手合戦なども戦場が近い。本城がこれらの戦争に関連していた可能性が高いが、やはりどれも尾根J・Sの遺構群の決め手とはいえない。場所によって、土塁、竪堀、段築と堀切の組合せなどのあり方に差異があり、いずれにしても数度の普請をへて今の姿になっているのであろう。山頂にて四方を眺めながら、戦国武将の気分となって作戦を立案するのも、山城を訪れる楽しみである。

【参考文献】 宮坂武男『信濃の山城と館　諏訪・下伊那編』第六巻（戎光祥出版、二〇一三）、赤羽篤・石川正臣『定本　伊那谷の城』（郷土出版社、一九九六）

（羽生俊郎）

●竜東の雄知久氏の居城

神《かん》之《の》峰《みね》城《じょう》

〔飯田市指定史跡〕

〔所在地〕飯田市上久堅下平
〔比　高〕七〇～一四〇メートル
〔分　類〕山城
〔年　代〕室町時代
〔城　主〕知久氏
〔交通アクセス〕信南交通市民バス久堅線「下平」「風張」下車、徒歩二五分。駐車場有。

伊那谷の城館の多くは段丘崖にある。山頂や尾根を利用した山城も多くあるが、伝承はともかく、実際に城主が居住した山城は少ないだろう。神之峰城は、一次史料にも登場する稀有な山城といえる。『天文二年信州下向記』には、醍醐寺理性院の厳助《げんじょ》僧正が「神峯」に登山していることが記載されている。なお、城名の標記は、「之」「ノ」「の」「峰」「峯」などとさまざまであるが、ここでは市史跡の説明板と同じ「神之峰」を用いる。

【天賦の要害地】　伊那谷は段丘が雛壇《ひなだん》のように発達している。この中から頭一つ突き出ている独立峰が神之峰城で、天竜川左岸の大半を支配した知《ち》久《く》氏の本城である。眺望は大変よく、一部上伊那地方をも眺望することができる。西側の傾斜は厳しく、この方面から攻め上がることは大変困難だ。東側は緩やかな尾根となっているが、末端は途切れている。また、どのくらいの人数を賄えるか不明だが、山頂付近にあっても水利があり、地の利は申し分ない。また、麓を信州と遠州を結ぶ秋葉街道が通過する要衝で、伊那山脈を越えて遠山谷へ通じている。かつて武田信玄が遠州出馬の際に通過した道といわれている。現在はこれに替わり、三遠南信自動車道が整備されつつある。

【遺構概観】　現在はⅡ郭が本丸と呼ばれているが、出丸《でまる》と呼ばれる場所の方が標高も高く、尾根側から奥まった位置にあり、主郭Ⅰとみられる。南・北の他に、図の外だが西小屋という地名があり、やはり主郭Ⅰが中心となる。曲輪内には巨

●—神の峰城遠景（中央左寄りの山が神之峰、右手前がジタジタ峠）

石が多く、往時は城の鎮守として祀られていたかもしれない。主郭ⅠとⅡ郭の間にはかつて堀があったといい、Ⅱ郭の東側には小規模な堀切《ほりきり》Aが残っている。Ⅲ郭は、南と西側はほとんど自然地形に任せており、東とⅡ郭側に対して切岸《きりぎし》を立てている。東からの小道はいずれもⅣ郭に通じており、Ⅳ郭はⅡ郭とⅢ郭から挟まれた形となっている。Ⅲ郭の東側尾根には腰郭《こしくるわ》を設け、さらに南東側の尾根上に遺構は確認されないが、東側に分かれた枝尾根の付根に一条の堀Bがある。この間の地形には手が加えられていない。堀Bの北側にはキトワキ（木戸脇）の地名があり、湿地を挟んで対岸の尾根にも段築Cがある。一帯は耕作地であるので、すべての地形が城郭遺構とはいえないが、遺構B・Cを抜きに考えても、全体的に東側に備えた城となっている。

先行研究では、Ⅱ郭北側の緩斜地Ⅴを知久氏の主殿跡地と推定している。現在は宅地や耕作地となっており、詳細は不明である。この東側の洞が麓から登城する大手（D）といわれており、「城坂」の小字《こあざ》が残る。

【地名と伝承】　篝岩《かがりいわ》は狼煙《のろし》の場所といわれ、霧穴《きりあな》は霧が出て城を隠したという。武田に攻められた旧暦八月は新暦で九月下旬にあたり、実際に霧で覆われることもある。蔵屋敷《くらやしき》一帯では、焼米が層になって出土したという。主郭Ⅰ北尾根の提灯堂《ちょうちんどう》、城坂東側の尾根の火振峠《ひふりとうげ》など、いかにも通信や合戦に関係がありそうな地名もある。

玉川を挟んで城の西対岸はジタジタ峠といわれている。山本勘介が神之峰を囲み、玉川に兵を配置して水の手を断とうとしたところ、篝岩で馬を洗っている様が目撃された。米を水にみせかけ水が豊富であると思わせた白米伝説であるが、勘介は地団太を踏んで悔しがったことに由来するという。他にも提灯づるね、山本勘助物見の松など、神之峰落城にまつわる伝説が多い。

●—神之峰城縄張図（作図：羽生俊郎）

【知久十八ヶ寺】 知久氏の所領、とりわけ神之峰周辺には寺院が数多くあったとされ、知久十八ヶ寺といわれている。興禅寺、玉川寺は現存するが、その他については史料に載らず不明な寺も多い。しかし近年、長野県埋蔵文化財センターの発掘調査によって、寺院跡が調査された。主郭I北尾根の提灯堂の下の法心院《ほうしんいん》の推定地では、寺院と推定される礎石建物址や平坦地が確認され、一五世紀後半から一六世紀前半の遺物が出土した。また、小河川を挟んだ対岸の谷状地形では、一五世紀後半の堂とみられる一辺三間の礎石建物跡が確認されている。ここは龍源寺跡の推定地である。

【知久氏栄枯盛衰の城】　知久氏は、諏訪氏の一族である神《みわ》氏であり、元々上伊那郡にいた。承久の乱（一二二一）の後に下伊那に移り、当初は知久平城にいたが、室町時代中頃、世の情勢に呼応して神之峰に移ったとされる。『信州下向記』には、天文二年（一五三三）、醍醐寺理性院の厳助僧正が文永寺と「神峯」を訪れていること、そのために「路次」を造ったこと、府中の小笠原氏が下伊那に攻入り、知久氏と争ったこと等が記されている。

天文二十三年、武田晴信（信玄）によって「文永寺その外知久郷悉《ことごと》く放火」され、神之峰城も落城した。知久頼元《よりもと》父子は翌年に殺害され、知久氏は没落、知久領は武田御料所となった。いっぽうで京都へ逃れた知久四郎や、武田氏にしたがった知久分族もいた。『甲陽軍鑑』によれば、五五騎で秋山虎繁《とらしげ》の相備であった。

天正十年（一五八二）、武田滅亡とともに、かつて武田に追われた知久頼氏《よりうじ》が二八年振りに復帰した。信長の死後は徳川家康にしたがって甲斐へ出陣するも、その留守の間、後北条勢が下伊那まで南下し、知久領内でも伴野氏がこれに同調するなど、きわどい時期であったようだ。天正十一年には、徳川家臣菅沼定利《さだとし》が下伊那支配に動き出し、知久平に城を築いた。同年、理由は不明ながら頼氏は浜松城で自害する。知久氏は再度没落し、神之峰城も廃城になったとみられる。その後、頼氏の子則直が三〇〇〇石の旗本として再興し、阿島（喬木村）に陣屋を構え、幕末を迎えた。久堅《ひさかた》神社脇の岩には則直の懐述「かわりゆく　世に色かえぬ　松かぜの　音のみのこる　神のみねかな」がある。

なお、知久平城は現在、遺構のほとんどは埋没しているが、市村咸人《みなと》の昭和十四年（一九三九）報告の縄張図からは、丸馬出《まるうまだし》に似た箇所や櫓台《やぐらだい》を思わせる大規模な土塁《どるい》、何重もの堀を備えた梯郭《ていかく》式の縄張が確認できる。知久氏縁故の城郭ではあるが、天正十一年に奥三河出身の菅沼定利が普請している。知久平城は天正十四年に飯田城へ菅沼氏が移るまでは、徳川氏の下伊那支配の拠点であった。先に述べた縄張も戦国末期のものとみられ、史料からも天正十年代前半に年代を限定できる徳川家臣の平城という点で、学術上の価値が高い遺跡である。

【参考文献】宮坂武男『信濃の山城と館　諏訪・下伊那編』第六巻（戎光祥出版、二〇一三）、下久堅村誌刊行会『下久堅村誌』（一九七三）

（羽生俊郎）

●飯田藩の抑え

伊《い》豆《ず》木《き》陣《じん》屋《や》

〔所在地〕飯田市伊豆木
〔比　高〕一〇メートル
〔分　類〕陣屋
〔年　代〕江戸時代
〔城　主〕伊豆木小笠原氏
〔交通アクセス〕ＪＲ飯田線「天竜峡駅」下車、徒歩二〇分。中央自動車道飯田ＩＣから。

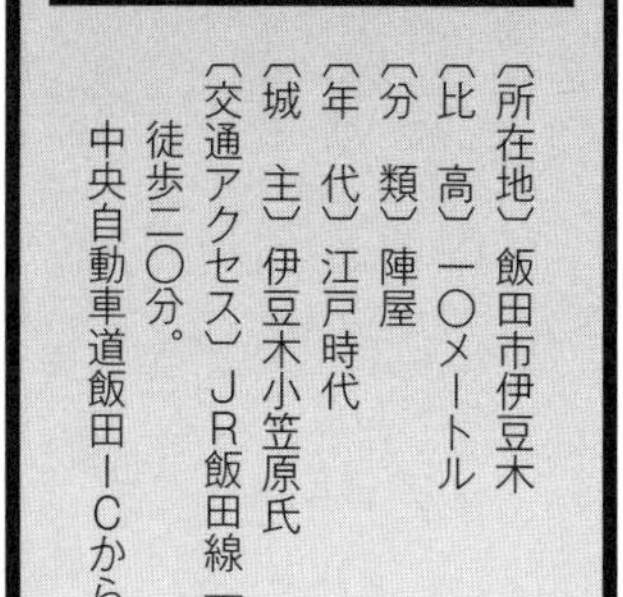

【伊豆木陣屋】　春には「春の女神」ギフチョウが舞い、秋には市田柿《いちだがき》の柿すだれがそこここの軒を彩る——飯田市の西部、三穂《みほ》地区に昔日の伊豆木陣屋をしのぶ唯一の遺構、旧小笠原家書院（重要文化財）はひっそりと佇《たたず》んでいる。江戸時代前期に建てられた懸造《がけづくり》の書院で、その脇には伊豆木小笠原氏縁の妹島和世《せじまかずよ》の設計になるモダンな小笠原資料館が絶妙なハーモニーを奏でて建つ。

　伊豆木陣屋（小笠原館）は、独立山塊水晶山の東麓山腹に位置する。慶長五年（一六〇〇）、松尾小笠原氏の流れを汲む小笠原長巨《ながなお》が、旗本として松尾旧領のうち伊豆木一〇〇〇石を拝領して武蔵国本庄から移封されて以降、明治五年（一八七二）一一代長裕《ながかた》が帰農するまでの二七二年間ここにあった。

【伊豆木小笠原氏】　初代長巨は松尾小笠原氏の信貴《のぶたか》の次子として生まれ、兄は信嶺《のぶみね》、母は諏訪薩摩守満隆の女《むすめ》、妻は武田兵庫頭信実（晴信〈信玄〉の弟）の女である。松尾小笠原氏は深志小笠原長棟《ながむね》に敗れた後、武田氏、織田氏、さらに徳川家康の配下となる。家康の関東移封にともない、長巨は信嶺とともに武蔵国本庄に移る。秀吉が没すると、家康と盟約した飯田城主京極高知《たかとも》について異心のないことを探索し家康に報告するなど、かつて当地方を領した利を活かして活躍した。慶長十九年（一六一四）大坂冬の陣の折には、子の二代長泰《ながやす》と箱根の関を守り、翌二十年の夏の陣では枚方に知久則直などとともに布陣している。

長巨は、始祖小笠原長清に始まる弓馬の式作法、「糾方的《きゅうほうてき》伝《でん》」を受け継いでおり、また、夫人は家康の孫娘が礼式の家深志小笠原秀政《ひでまさ》に嫁するにあたり選ばれて待女房をつとめたという、夫妻そろって当代における礼法の第一人者であった。

【伊豆木陣屋の役目】 伊豆木小笠原氏は、座光寺《ざこうじ》氏の山吹陣屋（高森町山吹）、知久氏の阿島陣屋（喬木村）とともに、伊那郡に異変等の起こった際に注進する御用場として、伊那郡のうち一〇万四〇〇〇石の支配を命じられた。旗本は在府が原則だったが、この「信濃衆」三家は参勤交代する交代寄合の旗本として明治維新まで当地に居住した。当初三氏とも参府、道中の費用がかさむため嘆願し、三代長朝の代延宝八年（一六八〇）以降一人在所に残り二人が出府、さらに七代長熈《ながひろ》の代の天明四年（一七八四）からは一人参府二人在所となった。江戸城中の詰所は帝鑑《ていかん》の間または柳の間に定められ、大名なみの殊遇を受けていた。

【伊豆木陣屋と伊豆木城】 伊豆木陣屋は、元々、西村右近宗則の屋敷であった。長巨は入部《にゅうぶ》にあたり、中世山城の伊豆木城と近世的な旗本の居館を連結させ、陣屋を構えた。伊豆木城（別名羽根ヶ城）の下にあったので、羽根ノ下ともいった。

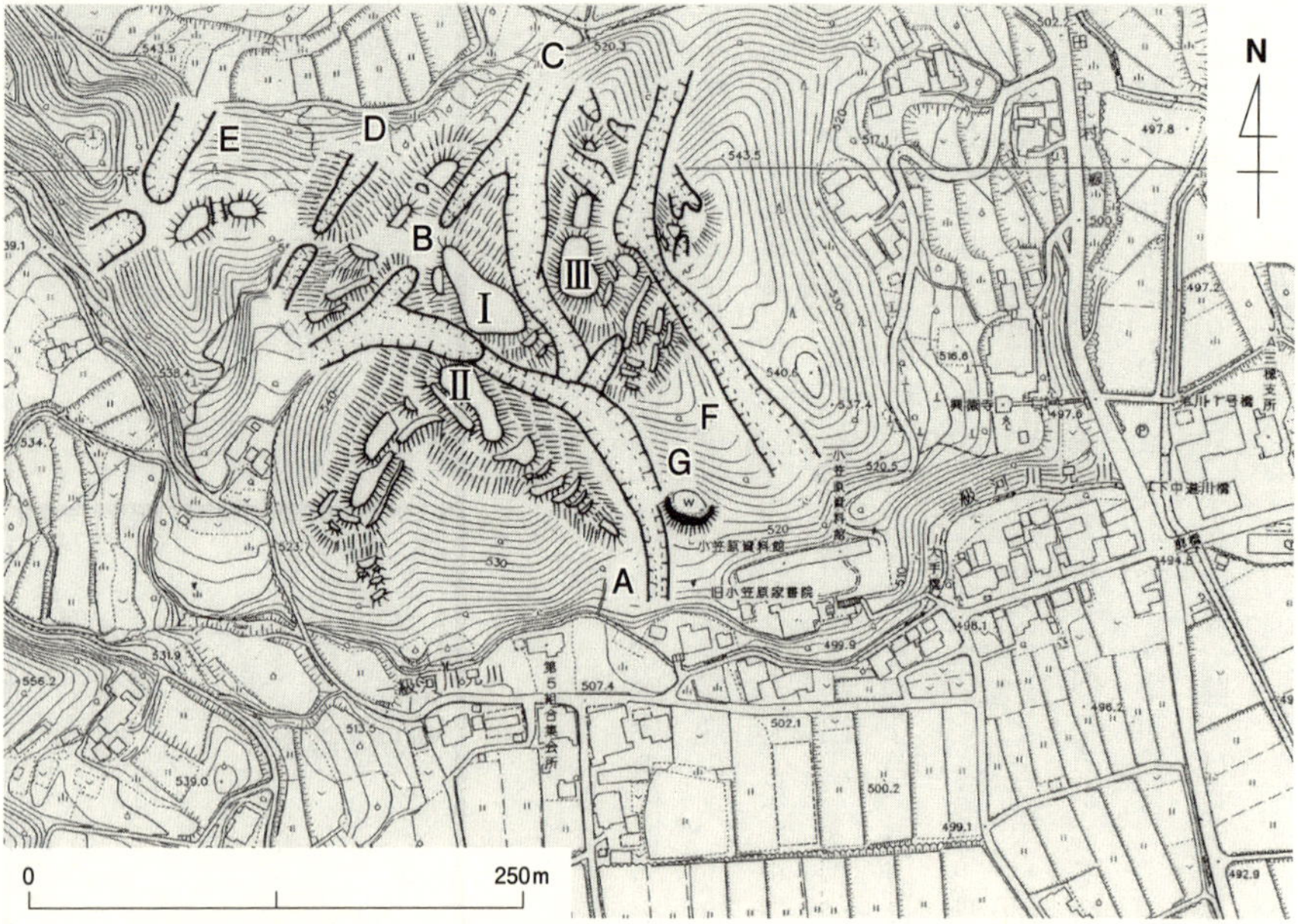

●—伊豆木城跡縄張図（作図：馬場保之）「この地図（図面）の作成に当たっては，飯田市長の承認を得て，同市発行の 1/2,500 図を使用した．（承認番号　29 飯地計第 221 号）」

伊豆木城の旧主、伊豆木氏の出自については、坂西《ばんざい》氏の流れを汲むともいうが詳細は不明である。南北朝の頃から伊豆木に在住したことから伊豆木氏を称し、小笠原氏の被官であったらしいと推測されている。

伊豆木城は伊豆木陣屋の裏手、標高五八〇メートルの三つに分かれた頂にあり、郭、帯郭《おびくるわ》、堀切《ほりきり》などからなる。

主郭Ⅰは（中央）南北四七メートル、東西二四メートルの三角形を呈する郭で、北西側は一段低くなっている。南東側突端部に小郭が付属、堀切Bを隔てた北東に伸びる尾根にも小郭がある。Ⅱ郭は主郭の南方に位置し、不整形をなす。南北五一メートル、幅二一メートルのほぼ平坦な郭である。南西側斜面下に帯郭、さらに南西に伸びる尾根上に小郭が連続して配される。Ⅱ郭の南東端から堀切Aに沿って伸びる尾根にも連続して小郭が配される。Ⅲ郭は主郭の東、南北四七メートル、東西二二メートルの鉤形《かぎがた》を呈する郭で、中央部が窪んだマウンドがある。烽火台《のろしだい》と考えられる。主郭とⅢ郭の間は比高差約一〇メートルの堀切Cで画している。南東斜面には連続して帯郭が配される。このほか、御泉水Gなど五ヵ所の水の手がある。

【往時の伊豆木陣屋の構え】　明治五年（一八七二）廃城時に記された陣屋の建物構成は門および櫓《やぐら》、常御殿《つねごてん》、御西《おにし》と呼ばれる隠居所等である。御門①は、現在、市内伝馬町専照寺《せんしょうじ》の鐘楼門として移築されている。物見櫓②は現在、市内の個人宅茶室として移築、大太鼓は興徳寺《こうとくじ》蔵となっている。

陣屋の公式空間と当主の日常的なスペースである常御殿は、御用所③（間口六間×奥行一三間、平家柿葺）、御書院④（間口六間×奥行七間、平屋　柿葺《こけらぶき》）、御居間⑤、御用部屋⑥、

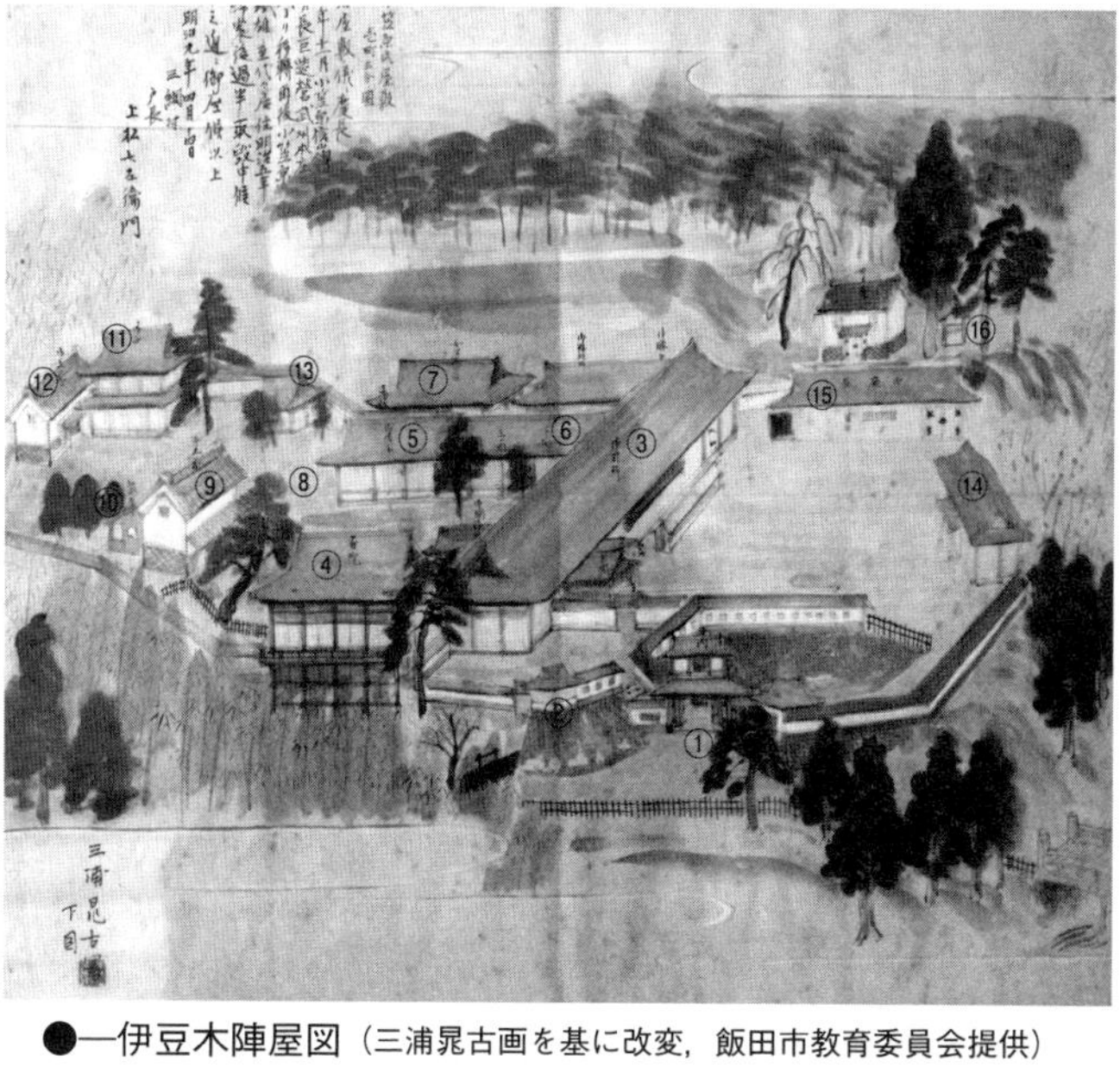

●―伊豆木陣屋図（三浦晁古画を基に改変，飯田市教育委員会提供）

●—旧小笠原家書院（重要文化財）
（飯田市教育委員会提供）

女中部屋⑦（間口三間×奥行八間、平屋）、雑部屋（間口六間×奥行二間）、庭園⑧、御宝蔵⑨（三間×二間、二階建）、御茶室⑩（九尺四方、外に三畳敷の扣席《ひかえ》が付属）からなる。また、御西は隠居屋敷⑪（四間×六間、二階建）、御蔵⑫からなり、常御殿と御西との間には御守殿《ごしゅでん》⑬（二間×三間、茅葺）があった。その他の建物として、米蔵⑭（二間×六間、平屋建）、馬屋⑮（四間×一〇間）、鉄砲蔵（三間×四間、板葺）、矢場⑯、米蔵（二間半×五間）、火薬庫（六尺四方）、薪小舎（二間×六間、茅葺）が記されている（写真参照）。

敷地は約一五〇〇坪で、館全体を土塀で囲い、前面に兄川、東は興徳寺、背面は旧伊豆木城で備えとなす。マツ・トウヒの大木やシダレ桜の他は、竹とスギの大木で屋敷全体を蔽《おお》い、館内がみえないようにされていた。城下は久留環《くるわ》と呼ばれ、分家のお下《した》屋敷、松尾・本庄以来の老臣両木下家の屋敷が並ぶ。

【重要文化財　旧小笠原家書院】　寛永初年（一六二四）頃建築された入母屋造《いりもやづくり》、柿葺の建物で、内部の大菱欄間《らんま》や格天《ごうてん》井《じょう》などに桃山風の豪壮さを伝える、近世初期の地方武家住宅を知ることができる遺構である。明治五年長裕の住宅として改築され、御表の玄関を引き移して、正面に門を新設し板塀で囲むなどしている。玄関より南側は懸造である。

【地域文化の振興】　前述の小笠原流のみならず、伊豆木小笠原氏は文芸にも通じ、化政期以降領内では和歌が盛行した。とりわけ、九代長計の室三千子は「学識博《がくしきひろ》ク和歌ニ堪能ニシテ書ニ巧ナリ」と評され、一〇代長厚、その子長裕（号雄風）に影響を与えた。

また、飯田下伊那地域では江戸時代中期以降、地芝居・人形浄瑠璃が盛んになり、伊豆木にも伊豆木人形があった。これは、五代長暉《ながてる》の享保九年（一七二四）、淡路の人形遣いが伊豆木を訪れ人形浄瑠璃を上演したことをきっかけに始まったとされる。のち長熙と八代長著《ながあきら》は頭《かしら》を彫刻したことでも知られ、長厚は庶民へ人形を貸し与えて奨励した。

伊豆木では八幡宮のお祭りに鯖《さば》の姿鮨を供え、一般家庭でも鯖寿司を作って食べる。長巨が京都の方から鯖鮨の調理法を聞いて領内に伝えたものと考えられている。

【参考文献】『三穂村史』（三穂村史編纂刊行会、一九八八）

（馬場保之）

執筆者略歴

遠藤　公洋（えんどう　きみひろ）	1964年生まれ	長野県立歴史館専門主事
大澤佳寿子（おおさわ　かずこ）	1978年生まれ	伊那市教育委員会
大澤　慶哲（おおさわ　けいてつ）	1953年生まれ	安曇野市文化財保護審議会委員
尾見　智志（おみ　さとし）	1961年生まれ	信濃国分寺資料館館長
河西　克造（かさい　かつぞう）	別掲	
酒井　健次（さかい　けんじ）	1962年生まれ	須坂東高等学校教諭
酒井　幸則（さかい　ゆきのり）	1950年生まれ	
柴　　秀毅（しば　ひでき）	1970年生まれ	箕輪町教育委員会
宿野　隆史（しゅくの　たかし）	1974年生まれ	長野市教育委員会
鋤柄　俊夫（すきがら　としお）	1958年生まれ	同志社大学文化情報学部教授
関沢　　聡（せきざわ　さとし）	1960年生まれ	松本市教育委員会
高橋　陽一（たかはし　よういち）	1979年生まれ	小諸市教育委員会
竹原　　学（たけはら　まなぶ）	1964年生まれ	松本市教育委員会
田辺　智隆（たなべ　ともたか）	1961年生まれ	戸隠地質化石博物館
中井　　均（なかい　ひとし）	1955年生まれ	滋賀県立大学人間文化学部教授
中澤　克昭（なかざわ　かつあき）	別掲	
中島　　透（なかじま　とおる）	1974年生まれ	諏訪市博物館
羽毛田卓也（はけた　たくや）	1961年生まれ	佐久市教育委員会
羽生　俊郎（はにゅう　としろう）	1978年生まれ	飯田市教育委員会
馬場　保之（ばば　やすゆき）	1961年生まれ	飯田市教育委員会
濱　　慎一（はま　しんいち）	1976年生まれ	伊那市教育委員会
原田　和彦（はらだ　かずひこ）	1963年生まれ	長野市立博物館
藤森　英二（ふじもり　えいじ）	1972年生まれ	北相木村教育委員会
三島　正之（みしま　まさゆき）	1955年生まれ	中世城郭研究会
村石　正行（むらいし　まさゆき）	1971年生まれ	長野県立歴史館専門主事・学芸員
森泉かよ子（もりいずみ　かよこ）	1956年生まれ	佐久市教育委員会
柳川　英司（やながわ　えいじ）	1968年生まれ	茅野市教育委員会
和根崎　剛（わねざき　つよし）	1969年生まれ	上田市教育委員会

編者略歴

中澤克昭

一九六六年、長野県に生まれる
一九九五年、青山学院大学大学院博士後期課程退学
一九九九年、博士（歴史学）
現在、上智大学文学部教授

〔主要著書〕
『中世の武力と城郭』（吉川弘文館、一九九九）、『人と動物の日本史2 歴史のなかの動物たち』（編著、吉川弘文館、二〇〇九）、『真田氏三代と信濃・大坂の合戦』（吉川弘文館、二〇一六）

河西克造

一九六一年、長野県に生まれる
一九八六年、立正大学大学院文学研究科史学専攻修士課程退学
現在、一般財団法人 長野県文化振興事業団 長野県埋蔵文化財センター 主任調査研究員

〔主要共著書〕
『図説高島城と諏訪の城』（共著、郷土出版社、一九九五）、『探訪信州の古城』（共著、郷土出版社、二〇〇七）、『川中島の戦いと北信濃』（共著、信濃毎日新聞社、二〇〇九）、『長野の山城ベスト50を歩く』（共編著、サンライズ出版、二〇一三）

甲信越の名城を歩く 長野編

二〇一八年（平成三十）一月一日 第一刷発行

編者 中《なか》澤《ざわ》克《かつ》昭《あき》
　　 河《か》西《さい》克《かつ》造《ぞう》

発行者 吉川道郎

発行所 株式会社 吉川弘文館
郵便番号一一三―〇〇三三
東京都文京区本郷七丁目二番八号
電話〇三―三八一三―九一五一〈代〉
振替口座〇〇一〇〇―五―二四四番
http://www.yoshikawa-k.co.jp/

組版・製作＝有限会社 秋耕社
印刷＝株式会社 平文社
製本＝ナショナル製本協同組合
装幀＝河村 誠

ISBN978-4-642-08289-1

福原圭一・水澤幸一編　名城五九を上・中・下越と佐渡に分け紹介。A5判・二六〇頁

甲信越の名城を歩く　新潟編

二五〇〇円

山下孝司・平山　優編　名城六一を国中五地域と郡内に分け紹介。A5判・二九二頁

甲信越の名城を歩く　山梨編

二五〇〇円

◎既刊

峰岸純夫・齋藤慎一編　一都六県の名城一二八を紹介！　A5判・平均三一四頁

関東の名城を歩く　北関東編

茨城・栃木・群馬　二二〇〇円

関東の名城を歩く　南関東編

埼玉・千葉・東京・神奈川　二三〇〇円

吉川弘文館
（価格は税別）